순서 파괴

지구상 가장 스마트한 기업 아마존의 유일한 성공 원칙

WORKING

순서 파괴

BACK
WARDS

콜린 브라이어·빌 카 지음 | 유정식 옮김

다산북스

사라Sarah와 린Lynn에게

"'순서 파괴'로 당신의 작업량을 줄일 순 없다. 하지만 명백한 진실은 이로써 실패 확률이 '제로'에 가까워진다는 것이다!"

— 제프 베이조스Jeff Bezos, 아마존 CEO

"아마존의 찬란한 역사를 만든 두 저자는 고객에게서 시작해 거꾸로 일하는 '워킹 백워드'를 만든 장본인이다. 제프의 '은밀한 방'을 드나들던 선택받은 두 저자는 아마존의 경영을 파헤친 최초의 내부자로서 '성공'의 원리를 정확히 꿰뚫고 있다."

— 제프 윌케Jeff Wilke, 아마존 월드와이드컨슈머Worldwide Consumer CEO

"콜린과 빌은 내부자의 시선으로 아마존이 놀라운 성장기를 어떻게 거쳐왔는지 우리에게 알려준다. 레드햇Red Hat과 IBM에 근무하면서 아마존웹서비스(AWS)와 파트너 관계를 맺어온 나는, 고객을 향한 그들의 끊임없는 헌신을 입증해 보일 수 있다. 내가 베이조스라면 변호사와 진지하게 '영업기밀 유출'에 대해 고민했을 것이다."

— 짐 화이트허스트Jim Whitehurst, IBM 사장

"크고 작은 방식으로 세상을 바꾸려는 사람들에게, 나는 과감히 '순서 파괴'에 뛰어들 것을 강력하게 추천한다. 콜린과 빌은 뛰어난 판단력이 지닌 엄청난 가치를 몸소 증명해 보인 아마존의 인재들이다. 머지않아 전 세계 모든 회의실과 강의실에서 앞다퉈 이 책을 읽게 되리라 확신한다."

– 제이슨 킬라Jason Kilar, 워너미디어Warner Media CEO

"이 책은 점차 감당하지 못할 비즈니스 무게에 짓눌릴 이 땅의 모든 리더들에게 선물과도 같은 책이다. 조직이 비즈니스 토양에 효과적으로 뿌리내릴 수 있도록 리더가 갖춰야 하는 원칙과 운영 리듬, 견고한 메커니즘 등 탁월한 청사진을 제공한다. 성장에 초점을 맞춘 전 세계 기업가들의 필독서다."

– 마리아나 가라바글리아Mariana Garavaglia, 펠로톤Peloton CBO

"두 저자는 아마존의 성공을 뒷받침해온 '워킹 백워드' 프로세스의 산증인들이다. 특히 성공한 리더가 '진실'로 향하는 지름길을 찾으려면 '내러티브'와 '지표'에 어떻게 집중해야 하는지 이 책에 그 모든 통찰이 담겨 있다. 지금 당장 형광펜을 집어 들고 닥치는 대로 모방하라."

– 킴 스콧Kim Scott, 『실리콘밸리의 팀장들』 저자

"콜린과 빌은 아마존의 고유한 기업문화를 매우 정확하게 포착하고 혁신에 대한 그들의 접근 방식과 기업의 정수를 이 책에 거침없이 쏟아낸다. 그들은 비즈니스 모델을 재창조하려는 대기업과 빠른 확장을 원하는 스타트업을 위해 여러 귀중한 교훈을 들려준다. 또한 매우 희소하게도 아마존 내부자의 관점을 제공한다. 이 책은 혁신으로 가는 여정을 담은 최고의 플레이북이다."

– 세르게이 네티신Serguei Netessine, 와튼스쿨Wharton School 부학장

"제프 베이조스는 구글이나 애플과 달리 아마존에는 커다란 장점이 없어서, 자신들의 작은 장점 여러 개를 밧줄로 꽁꽁 동여매야 한다고 말한 적 있다. 아마존은 어느 한 사람의 기막힌 천재성으로 성장한 회사가 아니다. 그들은 일관되고도 대담한 혁신 메커니즘을 통해 성공을 이룩해왔다. 마침내 '베이조스'라는 후광을 걷어내고 아마존의 본질에 도달한 첫 책.

– 팀 오라일리Tim O'Reilly, 오라일리미디어O'Reilly Media CEO

"21세기를 사는 리더라면 반드시 읽어야 할 책이다."

– 스티븐 데닝Steve Denning, 『애자일, 민첩하고 유연한 조직의 비밀』 저자

코로나 이후,
조직은 어떻게
달라져야 하는가

결국 코로나19 팬데믹은 끝날 테고, 사람들은 다시 회의실로 돌아가 회의를 열기 시작할 것이다. 여기서 우리는 원격 근무가 예상치 못한 성공을 거두었다는 사실을 기억해야 한다. 우려와 달리 원격 근무는 조직의 생산성을 크게 무너뜨리지도 않았고 직원들의 선호마저 충족시켰다. 우리는 앞으로도 많은 모임이 계속해서 온라인으로 운영되리라는 것을 짐작할 수 있다. 즉, 새로운 일의 표준이 원격 회의와 대면 회의가 공존하는 모습으로 자리 잡을 가능성이 크다.

만약 그런 일이 현실이 된다면 이 책에 집약해놓은 아마존이라는 거대한 기술 기업의 경험은 당신의 기업에 상당한 교훈이 될 것이다. 앞으로 차차 이야기하겠지만, 그저 첫인상으로 결정되는 채용 과정과 파워포인트가 난무하는 업무 회의는 이제 역사 속으로 사라질 것이다.

지금 당장 파워포인트를 몰아내라

파워포인트로 이끌어가는 회의의 관행은 여러 해 동안 비판의 대상이 되어왔다. 팬데믹 사태로 잠시나마 다시 인기를 얻는 듯했지만, 이는 줌Zoom을 통한 생소한 회의 방식에 긴장한 발표자들이 슬라이드로 화면을 채울 수 있어서였을 뿐 효용성 측면에서 주목받은 게 아니었다.

얼굴을 맞댈 청중이 없다는 건 은근히 긴장되는 일이다. 발표자는 청중의 반응을 파악하기가 어려워 슬라이드에 크게 의존할 수밖에 없는데, 문제는 파워포인트가 효과적인 프레젠테이션과는 거리가 멀다는 데 있다. 파워포인트의 치명적인 약점은 바로 다양한 데이터 요소 간에 연결고리를 나타내지 못한다는 점이다. 즉, 비구조적이고 단편적인 방식이다. 이럴 때 노련한 발표자는 청중의 표정을 살피며 그들의 이해도를 파악하는데, 줌을 통한 원격회의에서는 이 과정이 불가능에 가깝다.

그렇다면 대안은 무엇일까? 1990년대에 활동한 정보디자인 분야의 전문가 에드워드 터프티Edward Tufte는 "파워포인트 슬라이드를 글로 된 내러티브Narratives로 대체할 것"을 주장했다. 이렇게 바뀐 회의에서 참석자들은 조용히 내러티브를 읽으며 회의를 시작한다. 그리고 모두가 다 읽고 나서야 비로소 발표 내용에 관한 토론을 이어간다.

발표할 내용을 내러티브, 즉 줄글로 표현하면 데이터 요소 간의 연결고리를 설명할 수밖에 없고 이 때문에 슬라이드보다 훨씬 많은 정보를 전달할 수 있다. 또한 참석자들은 '듣는' 속도보다 '읽는' 속도가 훨씬 빠르기 때문에 정보 전달에 드는 시간을 크게 아낄 수 있다. 이렇게 절약한 시간으로 참석자들은 보다 면밀한 질문을 던지며 우려 사항을 검토할 시간을 확보할 수 있다.

물론 최신 도구를 사용하면 파워포인트 슬라이드를 만드는 시간이 문서로 된 내러티브를 작성하는 시간보다 훨씬 짧을 수 있다. 슬라이드는 한데 취합하기가 쉽고 발표자가 회의를 통제하기 쉽게 만들어주기 때문이다(바로 그런 이유 탓에 파워포인트는 '청중'이 아닌 '발표자'를 위한 수단에 머문다). 1990년대만 해도 급진적으로 보였던 터프티의 아이디어는 아마존에 상당한 영향을 끼쳤다. 파워포인트를 몰아내기로 한 2004년의 조치는 터프티가 제시한 청사진에서 큰 영향을 받았다. 이후 아마존의 모든 사람은 침묵하며 내러티브를 읽고 코멘트와 질문을 입력한다. 그렇게 회의가 끝나고 나면 발표팀은 그 코멘트와 질문을 영구 기록한다. 이는 발표자와 청중의 유대 관계를 더욱더 끈끈하게 할 뿐만 아니라 이렇게 바뀐 회의 방식 덕에 참석자들은 발표자에게 '무차별 사격'과도 같은 질문을 퍼붓지 않고 오히려 그들을 돕고 싶어 한다.

이런 회의 문화를 도입한 이후 아마존은 단 한 순간도 후퇴한 적이 없었다. 그리고 우리는 지난 몇 년간 수많은 기업을 컨설팅하며, 이런 문화가 아마존이라는 '독종 집단'에서만 통하는 게 아니라는 확신에 이르렀다. 이는 다양한 기업에서도 보편적으로 통할 업무 수행 방식이다.

기업 환경에서 '대면 활동'의 관행은 팬데믹으로 인해 마침내 영구히 무너졌다. 이런 적기에 이 책을 집어 든 당신에게도 빛나는 혜안과 통찰이 가득하기를 바란다.

2021년 2월

콜린 브라이어·빌 카

머리말

아마존을 가리켜 '독특한 기업'이라고 평한다면 그건 절제된 표현이다. 이 회사가 내놓은 '의미 있는' 추진 계획들은 이미 여러 번 비판받았고 심지어는 '어리석은 짓'이라며 조롱당했다. 어느 비즈니스 전문가는 이들에게 '아마존.토스트Amazon.toast'('아마존은 끝장이다'라는 의미 – 옮긴이)라는 별명을 붙여줄 정도였다.[1] 하지만 아마존은 몇 번이고 이러한 의심이 틀렸다는 것을 증명했다.

기존의 경쟁자들과 야심만만한 시장의 신규 진입자들은 각자 외부인의 시각으로 아마존의 성공 비밀을 밝히고 배우기 위해 연구했다. 하지만 가장 열렬한 신봉자들조차 아마존의 유명 원칙과 실천법을 그대로 수용했음에도 아마존을 늘 선두 자리에 세우는 혁신 문화를 똑같이 따라 하지는 못했다.

물론 아마존의 몇 가지 비즈니스 방법은 철저한 검토 대상이 됐고, 때로는 맹렬한 비판을 받기도 했다. 어떤 사람들은 비즈니스 세계에서, 아니 우리 사회 전반에서 아마존의 영향력을 문제 삼기도 했다.[2] 분명 이러한 이슈는 중요하다. 아마존이 사람과 공동체의 삶에 영향을 미친다는 사실은 분명하고, 만약 이들이 좋지 않은 영향을 끼칠 경우 회사의 평판과 재무 상태에도 심각한 위협이 되기 때문이다. 그러나 이러한 이슈는 이 책이 다루는 범위를 한참 넘어선다. 이 책은 주로 아마존의 독특한 원칙과 프로세스를 보여주는 데 집중할 것이고, 이를 충분히 상세하게 다뤄 당신의 조직에서 구현하는 데 기여할 것이다.

우리는 둘이 합해 총 27년을 아마존에서 일했다. 회사의 발전과 성장 과정에서 가장 결정적인 순간들을 바로 옆에서 지켜본 셈이다. 사람들은 우리가 '아마존에서 일한 적이 있다'고 말할 때마다 회사의 독보적인 성공 비결을 캐내기 위해 질문을 쏟아대고는 한다. 분석가, 경쟁자, 고객 등 너 나 할 것 없이 비즈니스 모델이나 조직문화의 관점으로 아마존의 성공 비결을 압축한다. 하지만 가장 단순하면서도 최고의 본질이라고 할 수 있는 것은 창립자 제프 베이조스(이후 '제프'라 부름)가 한 이 말이 아닐까?

"우리는 주주의 장기적 관심과 고객의 관심을 완벽하게 일치시킨다는 확고한 신념을 갖고 있습니다."[3]

달리 말해, 이익을 추구하면 주주가치가 상승하기는 하지만, 아마존에서는 고객 우선주의를 추구하는 쪽이 이익보다 훨씬 더 장기적 성장을 이끌어낸다고 믿는다.

만약 당신에게 제프와 같은 확신이 있었다면 당신은 어떤 회사를 설립했을까? 2018년 항공 우주 및 사이버 콘퍼런스Air, Space and Cyber Conference 좌담회에서 제프는 아마존을 이렇게 설명했다. "우리에게는 네 가지 문화가 있습니다. '경쟁자가 아닌 고객에게 집착할 것', '장기적 관점에서 적극적으로 사고하며 다른 기업들보다 길게 투자할 것', '실패할 위험이 있더라도 발명에 열정을 불태울 것', '탁월한 운영에 대해 전문가적 자부심을 느낄 것'입니다."

이 말은 아마존 초창기부터 유효했다. 아마존이 상장한 첫해인 1997년, 제프가 주주들에게 처음으로 보낸 편지에는 '고객에 대한 집착', '장기적인Long-term 것이 중요하다', '우리는 성공과 실패, 이 모두를 통해 항상 배울 것이다'라는 문구가 나온다. 여기에 1년 후에 쓴 편지 속 '운영의 탁월함'이 추가되면서 지금껏 이어진 아마존 조직문화의 '네 가지 원칙'이 완성되었다. 디테일한 문구는 그동안의 '교훈'과 '상처'를 반영하며 조금씩 수정되었지만, 아마존은 절대 이 네 가지 핵심 원칙에 헌신하는 일을 게을리하지 않았다. 그리고 이 네 가지 핵심 원칙은 2015년 연 매출 1000억 달러를 달성하며 전 세계 그 어느 기업보다 아마존이 '빠르게 성장하는 기업'으로 올라선 이유가 되기도 했다. 놀랍게도 같은 해 아마존웹서비스Amazon Web Services, AWS는 연 매출 100억 달러를 달성하며, 아마존의 성장 속도보다 훨씬 더 빠른 성과를 나타냈다.[4]

그러나 이 문화적 시금석은 그 방법까지 친절하게 일러주지는 않았다. 즉, 네 가지 원칙을 유지하기 위해 개인과 팀이 어떻게 해야 하는지는 명확히 설명하지 못했다. 제프와 경영진은 문화적 목표를 지속해서 추구하고자 열네 가지의 리더십 원칙을 고안했고, 그에 따른 명쾌하면서도 실용적인 방법론을 광범위하게 제시했다. 여기에는 우수한 인재를 꾸준히 확보하기 위한 '채용 기준 높이기'(이후 '바 레이저Bar Raiser'라 부름) 프로세스의 도입, 전달과 혁신의 속도를 최적화하는 개별 목표를 지닌 리더들의 독립적인 팀 운영, 복잡한 이슈에도 깊은 이해를 바탕으로 결정할 수 있도록 파워포인트 대신 '내러티브 서술 방식'(이후 '내러티브'라 부름) 도입, 비즈니스를 추진하는 일에 팀이 매진할 수 있도록 '인풋Input' 지표에 철저히 집중하는 법 등이 포함되어 있다. 그리고 마지막으로, 이 책의 원제목이기도 한 제품 개발 프로세스인 '워킹 백워드 Working Backwards'(아마존에서 공식적으로 사용하는 용어이기에 원어를 살려 '워킹 백워드'라 표현함 – 옮긴이)가 있다. 조직이 추구하는 고객 경험Customer Experience을 제품과 프로세스를 개발하고 출시하는 일에 출발점으로 삼으라는 의미다.

아마존이 직면한 많은 비즈니스 문제는 그 규모가 크건 작건 여느 회사에서 마주치는 것들과 크게 다르지 않다. 차이가 있다면, 아마존이 항상 자신들만의 독특한 '아마존식 해결책Amazonian Solution'을 제시한다는 점이다. 그리고 이 요소들이 결합하여 '아마존인 되기Being Amazonian'라는 하나의 사고방식과 관리 방식, 일하는 방식을 형성한다. '아마존인 되기'는 이 책의 목적을 구현하기 위해 우리가 고안해낸 말이다. 우리 두 사람은 또 다른 고위 경영진들과 함께 '그 방'에 머무르며 '아마존인이 된다는 것'의 의미를 만들고 다듬었다. 우리 둘은 제프와 여러 업무를 두루 경험했고 아마존이 이룬 수많은 불후의 성공작(몇 번의 눈에 띄는 실패작은 말할 것도 없고)을 창조하는 데 적극적으로 참여했다. 우리는 아마존에 있는 동안 살면서 가장 왕성하게 활동했다고 감히 말할 수 있다.

콜린Colin

대학교를 졸업하고 처음으로 얻은 직업은 오라클Oracle에서 데이터베이스 애플리케이션을 설계하고 구축하는 일이었다. 이후 두 명의 동료와 함께 서버테크놀로지스그룹Server Technologies Group이라는 회사를 공동 창업했다. 대규모 데이터베이스 시스템을 다룬 경력을 바탕으로 기업의 비즈니스 활동을 (그 당시 초창기였던) '웹'으로 전환하도록 돕는 회사였다. 보잉Boeing, 마이크로소프트Microsoft, 그리고 당시에는 작은 회사였던 아마존이 우리의 고객이었다. 우리는 아마존이 뭔가 특별하다는 것을 알게 되었다. 그러고는 1998년에 아마존으로 이직했다. 나는 아마존에서 12년간 임원으로 일했고, 그중 2년은 제프와 같은 방에 앉아 논의하는 역할을 맡았다. 그 덕에 나는 아마존의 성장과 혁신 과정에서 아주 특별한 순간들을 함께했다.

2003년 여름, 제프는 나에게 기술 자문 역할을 제안했다. 아마존 내부에서 일명 '제프의 그림자Jeff's Shadow'라 불리는 역할이었다. 다른 회사의 '수석 보좌관'(참모 중 가장 높은 직위 – 옮긴이) 자리와 비슷한 역할이라고 볼 수 있다. 이 자리는 현재 아마존웹서비스의 최고경영자Chief Executive Officer, CEO인(그리고 제프에 이어 아마존의 CEO가 될) 앤디 재시Andy Jassy가 나보다 18개월 전에 최초의 전담 기술 자문이 되면서 공식적으로 만들어졌다. 기술 자문은 두 가지 책임을 수행한다. 하나는 가능한 한 효과적으로 제프를 돕는 것이고, 다른 하나는 제프가 내게 말한 것처럼 "서로에게 모범이 되고 서로에게 배우는 것"이었다. 이 말은 이 자리에 오른 사람은 언젠가 회사에서 더 큰 역할로 이동할 수 있다는 뜻이었다.

제프와 앤디는 내게 기술 자문의 자리가 관찰자나 감사관의 역할도, 훈련관의 역할도 아니라는 점을 명확히 했다. 제프를 위해 아이디어를 제시하고, 리스크를 수용하며, 솔직하게 자문하는 것이 나에게 주어질 임무였다. 제안을 수락하기 전에 나는 주말 동안 생각할 시간을 달라고 말했고, 두 명의 친구에게 전화를 걸었다. 한 명은 나와 비슷하게 《포천Fortune》 10대 기업에 속한 기업의 CEO를 보좌하는 친구였고, 다른 한 명은 주요 정부 인사의 '오른 팔' 격인 친구였다. 두 친구 모두 이렇게 말했다. "제정신이야? 이건 인생에 한 번뿐인 기회라고. 그 자리에서 당장 제안을 받아들였어야지!" 그러면서 두 친구는 나의 스케줄이 앞으로는 나의 것이 아니라고 이야기하며 내가 상상할 수 있는 것보다 더 많은 것을 배우게 될 거라고도 말했다. 한 친구는 자신이 그런 일을 수행하면서 엄청나게 많이 배우기는 했지만, 사실 그리 재미있는 일은 아니었다고도 고백했다.

친구들이 내게 해준 조언은 대부분 옳았다. '제프의 그림자가 되는 일'이 실제로 '정말 재미있었다'는 것만 빼고 말이다.

어느 날 나는 아마존 신규 의류 스토어를 홍보할 목적으로 제프와 함께 뉴욕으로 출장을 떠났다. 그랜드센터터미널Grand Center Terminal에서 열린 테니스 시범 경기에도 참석하고 여러 회의와 행사에 얼굴을 비칠 계획이었다. 비행기에서 제프는 자신의 테니스 실력이 예전 같지 않다고 말했다. 그러면서 비행기가 뉴욕에 도착하면 내게 연습 삼아 테니스를 함께 쳐줄 수 있겠느냐고 물었다. 제프가 마지막으로 테니스를 쳤던 때는 2년 전 모 자선 행사에서 빌 게이츠Bill Gates와 앤드리 애거시Andre Agassi, 피트 샘프러스Pete Sampras와 벌인 경기가 전부였다. "공개적인 자리에서 다시 테니스를 치게 될 줄은 몰랐어요." 나는 이 말에 2년 전 동네 코트에서 친구 존John과 친 기억이 최근이라고 답했다. "그러니까 제게 A급 테니스 선수들을 꺾도록 도와달라는 말씀이로군요." 그러고는 덧붙여 이렇게 말했다. "제 역할이 뭡니까? 당신이 하라면 당연히 해야죠. 오늘 밤 테니스 코트에서 모두를 박살 내 버리자고요." 제프는 웃으면서 고개를 끄덕였다.

이런 일은 자주 있는 기회가 아니었다. 내가 제프와 함께 보낸 시간의 95퍼센트는 콘퍼런스나 대중 연설, 스포츠 경기와 같은 외부 행사가 아닌 내부 업무에 치중되어 있었다. 그러나 제프는 이와 같은 도전적인 상황(엄청난 관중 앞에서 거의 연습해보지 않은 운동경기를 벌여야 하는 것)을 낙천주의와 유머, 그리고 타인에게 전염시키는 듯한 특유의 웃음으로 받아들이곤 했다. 이런 태도는 대부분의 사람이 평생 일하면서 내리는 결정보다 더 큰 결정을 매일 내려야 하는 상황에서도 여전했다. 그는 "열심히 일하고, 재미있게 일하고, 역사를 만들라Work hard, have fun, make history"라는 아마존의 모토 그 자체였다.

나는 제프가 사무실에 있는 오전 10시부터 오후 7시까지 그와 함께 일했다. 하루에도 5~7번씩 제품팀 또는 경영진과 함께 하는 회의가 매일 열렸다. 나는 제프가 출근하기 전이나 퇴근하고 난 시간에는 제품팀과 경영진에게 가서 어떻게 하면 생산적인 회의를 할 수 있을지 그 준비를 도왔다.

나는 제프에게서 끝없이 쏟아지는 아이디어를 받아내야만 하는 직원들의 마음이 어떤지, 그리고 그 아이디어를 터무니없을 만큼 높은 기준에 신속하게 도달시켜야만 하는 입장이 어떤지 잘 알고 있었다. 나는 자주 이런 질문을 받았다. "제프가 이 아이디어에 어떻게 반응할까요?" 일반적인 내 대답은 이랬다. "그가 무슨 말을 할지는 감을 잡을 수 없어요. 하지만 그의 대답이 어떨지를 미리 알려주는 원칙들이 있는데…."

제프와 함께 일하는 동안, 아마존 비즈니스의 중추가 된 아마존프라임Amazon Prime, 아마존웹서비스, 킨들Kindle, 주문처리센터 Fulfillment Center 등이 세상에 나왔다. 여기에 파워포인트 대신 내러티브로 서술하기, 워킹 백워드로 고객 경험을 출발점으로 삼기 등이제는 '아마존인 되기'라는 개념으로 단단히 확립된 비즈니스

프로세스가 몇 가지 제시되었다.

나는 2년 넘는 기간 동안 매일 제프, 그리고 아마존의 고위 경영진과 함께 어깨를 나란히 했다. 이런 흔치 않은 기회를 얻었다는 것은 나에게 큰 행운이었다. 나는 매 순간 '배우겠다'는 마음을 다잡았다. 제프와 함께 자동차를 타거나 점심을 먹거나 회의실에 걸어가거나 하는 모든 활동을 절대로 놓쳐서는 안 될 소중한 배움의 기회로 여겼다. 한번은 어떤 친구가 노트에 긴 목록을 적어 내려가는 나를 보며 뭘 하느냐고 물었다. 나는 대답했다. "음, 이번 주에 제프와 다섯 시간 동안 비행기를 같이 타고 가야 하는데, 자유롭게 질문하고 토론할 수 있는 시간이 다섯 시간이나 있다는 게 어디야? 그 시간을 그냥 보내고 싶지 않아서 그래."

무엇이 제프에게 핵심적인 결정을 내리도록 이끌었으며, 그 통찰 이면에 어떤 특별한 생각이 담겨 있는지를 시간이 날 때마다 그에게 직접 물어왔다. 그리고 통찰 이면에 담긴 논리는 제프의 통찰 그 자체보다 내게 더 많은 것을 보여주었다.

빌Bill

나는 조금은 먼 길을 돌아서 아마존에 합류했다. 대학 졸업 후에 MBA 학위를 따기 전 몇 년 동안 영업사원으로 일했다. 프록터앤드갬블Procter&Gamble, P&G에서 영업 직무를 수행했고, 이후 같은 회사에서 K마트Kmart 담당 분석가로 일했다. 기술 분야에서 일하길 희망했던 나는 P&G를 그만두고 이베어Evare라는 소프트웨어 전문 스타트업에 입사했다. 그러다가 1999년 5월, 대학 친구의 제안으로 아마존에 면접을 보러 갔다. 당시 아마존은 시애틀 세컨드애비뉴에 있는 건물 한쪽에 자리를 잡고 있었다. 공간은 너무나 비좁았다. 여러 번의 면접 중 한 번은 파티션 너머로 직원들이 커피를 마시며 잡담을 하는 휴게실에서 봐야 할 정도였다. 나는 비디오(VHS/DVD) 제품 관리자 직무를 맨 처음 제안받았고, 이후로 15년 동안 아마존에서 다양한 역할을 수행했다.

첫 5년 동안은 당시 아마존에서 가장 큰 비즈니스였던 도서, 음악, 비디오를 총괄하는 미국피지컬미디어그룹U.S. Physical Media Group에서 일했다. 이 부서에서 나는 이사 자리까지 승진했다. 제프가 콜린을 기술 자문에 앉히고 몇 달이 지난 2004년 1월, 나의 상사이자 좋은 친구 스티브 케셀Steve Kessel이 내게 폭탄 발언을 했다. 제프의 요청으로 자신이 수석 부사장으로 승진하면서 회사의 디지털 비즈니스를 총괄하게 됐다는 것이었다. 그러면서 그는 내가 부사장으로 승진할 거라는 사실을 들려주며 함께 일하기를 희망한다는 말을 전했다.

스티브는 내게 '지금이 바로 고객들에게 디지털화한 도서, 비디오, 음악을 구입하고 즐기도록 아마존이 적극적으로 나서야 할 때'라는 제프의 결심을 들려주었다. 회사는 기로에 있었다. 물리적 도서와 CD, VHS/DVD는 아마존에서 가장 인기 있는 비즈니스였지만, 냅스터Napster와 애플Apple의 아이팟iPod · 아이튠즈iTunes의 출현, 인터넷과 디바이스 기술의 변화로 물리적 비즈니스가 더는 살아남지 못하리라는 진실이 분명해지고 있었다. 시간이 지날수록 물리적 미디어 비즈니스는 디지털화에 밀려 쇠퇴할 터였다. 우리는 이런 변화에 즉시 대응해야 한다고 생각했다.

당시 제프는 비즈니스를 혁신하고 신규 비즈니스를 구축하려는 노력을 표현하면서 종종 이런 비유를 들곤 했다. "우리는 씨앗을 많이 심어야 합니다. 어떤 씨앗이 거대한 떡갈나무로 자랄지는 아무도 모르기 때문이에요." 그것은 적절한 비유였다. 떡갈나무는 숲에서 가장 단단하고 가장 오래 사는 나무 중 하나다. 한 그루의 떡갈나무는 수천 개의 도토리를 만들어내는데, 수많은 씨앗 중 단하나가 하늘을 찌를 듯이 성장한다.

돌이켜 생각하면, 이때가 아마존의 르네상스 시기였다. 아마존이 2004년부터 심은 씨앗들은 킨들 e북 리더, 파이어Fire 태블릿, 파이어TV, 프라임비디오Prime Video, 아마존뮤직Amazon Music, 아마존스튜디오스Amazon Studios, 음성으로 활성화되는 아마존에코Amazon Echo 스피커, 음성 비서 알렉사Alexa의 기초 기술 등으로 성장했다. 그리고 이 중 몇몇은 아마존에서 가장 강력하고 가장 빠르게 성장하는 신규 비즈니스의 훌륭한 가치 동인(動因)이 되었다(2018년에 이르러 이 비즈니스 부문들은 전 세계 수천만 명의 소비자가 매일 사용하는 디바이스와 서비스를 창조하며 회사에 수백억 달러의 연 매출을 선사했다).

나는 운이 좋았다. 10년 동안 줄곧 운전석과 전망 좋은 승객석을 번갈아 앉아가며 이 새로운 제품들의 출시와 성공을 함께했으니 말이다. 아마존에 있는 동안 내 역할은 발전했고, 아마존에서

나는 전 세계 디지털 음악과 비디오 비즈니스, 엔지니어링 조직의
리더가 되었다. 나는 팀원들과 함께 지금은 아마존뮤직, 프라임비
디오, 아마존스튜디오스라고 불리는 서비스의 출시, 개발, 성장을
이끌었다. 이런 경험을 통해 나는 신제품뿐만이 아니라, 제2의 성
장을 이끌며 아마존을 지구상에서 가장 가치 있는 기업 중 하나
로 만들어준 일련의 '아마존 프로세스'를 관찰하고, 참여하며, 학
습할 기회를 누렸다.

아마존북Amazon Book에서 이루어진 워킹 백워드

내 아내 린과 절친한 콜린의 아내 사라 덕에 우리 둘은 친구가 되
었다. 린과 사라는 각각 MBA를 취득하고 2000년 아마존토이즈
Amazon Toys의 카테고리팀에서 함께 일하며 친구 사이로 발전했
다. 우리 두 남자는 골프에 대한 애정이 같았고, 밴던 듄스Bandon
Dunes로 자주 골프를 치러 가며 우정을 쌓았다. 그러면서 우리는
2018년에 이 책을 쓰기로 결심했다. 그때 우리는 두 개의 트렌드
를 발견했다. 하나는 아마존의 인기가 폭발적이어서 미디어에 나
오지 않는 날이 없었는데, 이는 분명 사람들이 아마존에 대해 더
많은 것을 알고 싶어 한다는 뜻이었다. 다른 하나는 우리가 내부
에서 경험한 것과 달리 아마존이 세간에 잘못 알려져 있다는 사
실이었다. 월스트리트Wall Street의 분석가들은 아마존이 미래 성장
을 위해 신제품에 현금을 재투자하느라 이익을 내지 못한다는 사

실을 파악하지 못했다. 또한 언론에서는 킨들과 아마존프라임, 아마존웹서비스와 같은 신제품에 어리둥절해하며 비판적인 모습을 자주 보였다.

우리 둘은 새로운 경력을 쌓고자 아마존에서 나왔지만(콜린은 2010년, 빌은 2014년에 퇴사했다) 아마존에서의 경험이 지금의 우리를 만들었다고 해도 과언이 아니다. 우리는 다양한 기업들과 여러 벤처 투자자와 함께 일했다. 우리가 일하면서 가장 자주 들은 말은 어느 《포천》 100대 기업 CEO가 언급한 말이라고 할 수 있다. "나는 아마존이 어떻게 일하는지 알지 못합니다. 그들은 유통부터 아마존웹서비스, 디지털미디어에 이르기까지 매우 많은 비즈니스를 구축하고 여기서 성공을 거두는 능력까지 지녔습니다. 그에 반해 우리는 30년 넘게 같은 일을 해왔지만, 아직도 우리의 핵심 비즈니스를 통달하지 못했습니다."

우리는 괴리가 존재한다는 것을 깨달았다. 아마존의 기이한 행동의 이유를 설명해주고 아마존이 어떻게 비범한 성과를 창출했는지, 그 질문에 답하는 마땅한 책이나 자료가 없었다. 그 질문의 답을 알고 있는 우리가 이 책에서 상세히 풀어야만 할 일이었다.

아마존을 떠나 우리 둘은 각자의 조직에서 아마존의 여러 요소를 도입하기 위해 부단히 노력했다. 그러나 우리가 동료들에게 이러한 원칙을 도입하자고 주장할 때마다 항상 이런 식의 반응과 마주했다. "하지만 아마존에는 훨씬 많은 자원과 돈이 있지 않습니까? 제프 베이조스는 말할 것도 없고요. 우리에게는 그런 사람이 없어요."

이 자리에서 확실히 말하건대, 당신에게는 아마존 수준의 자본이 절대 필요치 않다(사실 우리는 아마존에 있던 대부분의 시간 동안 자본 조달에 애를 먹었다). 제프 베이조스도 필요 없다(물론 당신이 그와 함께 프로젝트를 진행한다면 강력히 추천할 것이다!). 아마존의 구체적이고 복제 가능한 원칙과 실천법은 누구나 배울 수 있고, 잘 정제해서 조직 전체에 퍼뜨릴 수 있다. 희망컨대, 당신이 이 책을 읽고 나면 '아마존인 되기'가 신비주의적인 '리더십 컬트'가 아닌 유연한 '마인드 셋'이라는 걸 깨닫게 될 것이다. 당신은 이 책에 적힌 요소들을 필요한 만큼 취할 수 있고, 또한 원하는 대로 그것들을 조건부로 수정할 수 있다. 이 개념은 놀라울 정도로 '프랙털Fractal'(작은 구조가 전체 구조와 비슷한 형태로 끝없이 되풀이되는 구조 – 옮긴이)적이어서 조직 규모에 상관없이 도움을 받을 수 있다. 우리는 직원이 열 명인 스타트업부터 수십만 명에 이르는 글로벌 기업까지 여러 조직에서 아마존의 원칙을 성공적으로 도입한 사례를 직접 목격했다.

이 책에서 우리는 '자신만의 방식으로 아마존인이 되는 길'로 당신을 안내할 것이다. 우리는 아마존에 있는 동안 각종 이벤트, 이야기, 대화, 성격, 농담과 같은 아마존의 '구전설화'를 모아놓았다. 우리는 그 구전설화를 통해 당신에게 구체적이고도 실용적인 조언을 할 것이다.

우리는 '아마존인 되기'가 성공적인 조직을 구축하는 유일한 방법이라고 생각하지 않는다. 제프도 이런 말을 한 적이 있다. "고맙게도 세상에는 성과 위주의, 매우 독특한 기업문화로 가득 차 있

다. 우리는 우리의 접근 방식이 옳다고 주장하지 않는다. 단지 그
것은 우리의 것일 뿐이다."⁵

그리고 이제 그것은 당신의 것일 수도 있다.

차 례

한국어판 서문 | 코로나 이후, 조직은 어떻게 달라져야 하는가   **- 9**

머리말   **- 13**

1부 | 원칙 | '아마존인'이 된다는 것

1부를 시작하며

1장 경영 전략: 리더십 원칙과 메커니즘   **- 37**
제프 베이조스가 없어도 망하지 않는 아마존의 시스템 혁명

2장 채용: 바 레이저 프로세스   **- 67**
적어도 한 가지 면에서는 기존 직원들보다 월등히 앞선 인재를 뽑을 것!

3장 조직화: 싱글 스레드 리더십   **- 113**
협업하지 말고 분리할 것!

4장 커뮤니케이션: 내러티브와 6-페이저   **- 153**
이미지가 아닌 글에 의존할 것!

5장 워킹 백워드: 고객 경험해서 시작하라   **- 187**
기획이 시작된 순간, 가장 먼저 보도자료부터 작성할 것!

6장 성과지표: 아웃풋이 아닌 인풋을 관리하라   **- 227**
스스로 통제할 수 있는 일에 매달릴 것!

2부 | 실전 | '발명 머신'이 된다는 것

2부를 시작하며

7장 킨들: 종이책을 넘어 미지의 디지털 영역으로   - 287

8장 아마존프라임: 고객들은 언제나 신속한 무료 배송을 갈망한다   - 325

9장 프라임비디오: 고객의 집 거실로 초대받는 가장 짜릿한 방법   - 361

10장 아마존웹서비스(AWS): 혁신 기술을 뿜어내는 용광로   - 399

맺음말 | 아마존을 넘어 '아마존인 되기'   - 425

부록 1 | 인터뷰 피드백 사례   - 431

부록 2 | 내러티브 규범과 FAQ 샘플   - 436

부록 3 | 이 책에 나온 사건의 연대   - 443

감사의 글   - 445

옮긴이의 말   - 447

주   - 453

WORK
ING

1부

원칙
'아마존인'이 된다는 것

BACK
WARDS

1부를 시작하며

이 책의 절반을 차지하는 1부에서 우리는 '아마존인 되기'를 정의하는 몇 가지 결정적인 원칙과 프로세스를 상세하게 펼쳐 보일 예정이다. 수년에 걸쳐 끈기 있게 연마한 이 '일하는 방식'은 아마존의 괄목할 만한 효율과 전무후무한 성장을 가능하게 했다. 아마존의 원칙과 프로세스는 '발명을 독려'하고 '고객 감동을 최우선으로 하는 것'을 아마존의 문화로 정착시켰다. 우리는 이 원칙과 프로세스가 정착하기까지 숨겨진 이야기를 몇 가지 들려줄 것이다. 그리하여 그 원칙과 프로세스가 어떻게 '마음껏 발명'하고, '고객을 꾸준히 만족시키는 능력'을 저해하는 문제들에 해결책이 되어왔는지 생생하게 보여줄 것이다.

　1장에서는 아마존의 리더십 원칙Leadership Principle을 집중적으로 다룬다. 세 개의 작은 방에서 몇 안 되는 직원들이 일하던 초창기에는 공식적인 리더십 원칙이랄 게 없었다. 제프가 곧 리더십 원칙이었기 때문이다. 당시 그는 직접 직무기술서를 썼고, 모든 지원자를 인터뷰했으며, 제품 상자를 포장하고 배송하며, 고객에게 발송하는 이메일을 모두 읽었다. 그는 비즈니스의 모든 부분에 관여하면서, 비교적 작은 그룹의 직원들과 비공식적으로 자신의 철학에 대해 소통할 수 있었다. 하지만 회사가 엄청난 속도로 성장하는 바람에 그런 비공식적인 방법은 더 이상 불가능해졌다. 이런 배경에 따라 리더십 원칙의 필요성이 대두되었다. 앞으로 우리는 어떻게 아마존의 리더십 원칙이 탄생했는지(그 자체가 아마존 스토리의 정수라고 말할 수 있다), 또 어떻게 이 원칙이 회사 운영의 모든 모세혈관으로 주입됐는지 살펴볼 것이다.

1장에서는 리더십 원칙과 함께 메커니즘Mechanism도 구체적으로 다룬다. 여기서 말하는 '메커니즘'이란 리더십 원칙을 매년, 매일 강화하는 지속적이고 반복적인 프로세스를 뜻한다. 우리는 아마존이 어떻게 개별 팀과 회사 전체의 연간 계획을 수립하고, 이 두 주체 간의 목표를 어떻게 정렬시키는지 그 방법에 대해 예를 들어 보여줄 것이다. 나아가 직원들이 내부 경쟁과 단기적 이익을 둘러싼 유혹을 극복하고 협업과 장기적 관점에 관심을 두도록 독려하는 아마존 내부의 독특한 보상 체계에 관해 설명할 것이다.

2장에서는 아마존의 독특한 채용 프로세스인 '바 레이저'를 다룬다. 바 레이저 역시 리더십 원칙과 마찬가지로 회사가 엄청나게 빨리 성장하면서 탄생했다. 신규 직원을 단기간에 대규모로 채용할 때 우리는 종종 함정에 빠지곤 한다. 가장 심각한 오류 중 하나는 과중한 업무에 치여 일손이 급한 나머지 지원자의 단점을 간과하는 '시급성 편향Urgency Bias'이다. 바 레이저는 각 팀이 절차를 무시하지 않으면서도 효율적이고 신속하게 원하는 인재를 뽑는 강력한 채용 프로세스다.

'독창성'으로 유명한 아마존에서도 '싱글 스레드Single-threaded'(본뜻을 살리기 위해 원어를 그대로 사용함 – 옮긴이) 리더십은 가장 유용한 발명품 중 하나다. 이것은 부서 간 상호 의존성 때문에 발생하는 비효율을 최소화하는 조직 운영 전략이다. 싱글 스레드 리더십의 기본 전제는 '한 사람의 리더는 하나의 프로젝트에만 집중하고, 리더는 그 프로젝트에 함께 집중하는 구성원을 관리 감독한다'는 것이다. 3장에서는 싱글 스레드 리더십을 설명하고, 나아가 아마존이 이 같은 리더십에 도달하게 된 과정을 상세히 다룬다. 그 과정에서 어떤 문제가 발생했는지, 정말로 효과적인 해결책을 도출하기 전에 임시방편으로 사용하던 불완전한 해결책에는 어떤 허점이 있었는지 개괄적으로 설명할 것이다. 또한 독립적인 싱글 스레드 팀을 구현하기 위해 기술을 개발하고 배치하는 방식까지 완전히 바꿔야 했던 이유와 그 방법을 이야기하려 한다.

아마존은 많은 회사에서 시행해온 회의 운영 방식이 '효과성'과는 거리가 멀다는 사실을 발견했다. 시각적 소통 도구와 발표의 용도로 파워포인트를 애용하는 회사가 많은데, 아마존은 이 파워포인트가 한 시간 남짓의 회의에서 새로운 계획과 진행 중인 프로젝트에 관한 복잡한 정보를 다루기에는 최상의 포맷이 아니라는 걸 어렵사리 습득했다. 아마존은 파워포인트 대신 6페이지짜리 '내러티브 문서'가 회의 참석자 모두에게 프로젝트 상황을 빠르고 효율적으로 파악하게 하는 최상의 방법임을 깨달았다. 동시에 담당 팀에서 내러티브 문서를 작성하려면, 자신들이 해왔던 일이나 앞으로 해야 할 일을 더욱 깊이 생각해야 하고 그것을 다른 사람에게 명확한 글로 표현할 수 있어야 한다는 것도 알게 되었다. 우리는 4장에서 내러티브에 관한 상세한 이야기를 구체적인 예로써 설명할 계획이다.

5장에서는 아마존이 새로운 아이디어와 신제품을 개발하는 방법, 즉 추구하는 '고객 경험'을 먼저 설정하고 이를 출발점으로 삼아 '아이디어'와 '신제품'을 후속 개발한다는 개념의 '워킹 백워드' 프로세스를 다룬다. 개발에 돌입하기 전 아마존은 '언론 보도 자료Press Release'를 가장 먼저 작성해 새로운 아이디어나 신제품이 고객에게 어떤 혜택을 주는지 명확하게 정의한다. 이어서 '자주 묻는 질문Frequently Asked Question, FAQ'을 만들어 골치 아픈 이슈를 미리 해결한다. 아마존에서는 만족하는 수준에 도달할 때까지 보도 자료와 FAQ를 세심하게 작성하고 수정해야만 비로소 다음 단계로 넘어갈 수 있다.

성과지표를 분석하고 관리하는 방법 역시 고객을 중심으로 이루어진다. 아마존은 아웃풋 지표가 아니라 '통제 가능한 인풋 지표'를 강조한다. 예컨대, 아웃풋 지표가 월매출액이나 주가 등이라면, 통제 가능한 인풋 지표는 제품 가격을 알맞은 수준으로 낮추기 위한 내부 비용 감축, 웹 사이트에 판매용 새 아이템 올리기, 표준 배송 시간 단축 등이다. 통제 가능한 인풋 지표는 원하는 결과나 아웃풋 지표를 창출하는 일련의 활동들을 미리 측정한다. 우리는 6장에서 어떻게 이런 지표를 발견하고 추적하는지 상세하게 설명할 것이다.

아마존에서 개발한 원칙과 프로세스가 1부에 모두 속속들이 담겨 있지는 않다. 우리는 '아마존인 되기'라는 의미를 가장 잘 나타낸다고 생각하는 요소들만 골랐다. 지금부터 우리는 아마존이 각각의 원칙과 프로세스에 어떻게 도달했는지 보여줄 생각이다. 그리고 구체적이고 실천 가능한 정보를 제시함으로써 당신의 회사나 조직이 크건 작건 고객 감동의 잠재력을 극대화할 수 있도록 그 방법을 연마할 길을 열어줄 것이다.

1장 경영 전략

: 리더십 원칙과 메커니즘

제프 베이조스가 없어도 망하지 않는
아마존의 시스템 혁명

아마존이 열네 가지의 리더십 원칙을 어떻게 개발했는지, 그리고 일상의 업무에 이를 어떻게 주입했는지를 논한다. 아울러 리더십 원칙을 강화하는 '견제와 균형(메커니즘)'에 대해서도 설명한다. 리더십 원칙과 메커니즘은 어떻게 압도적인 경쟁 우위를 선사할까? 또한 당신은 이를 어떻게 당신의 회사에 적용할 수 있을까?

1995년 7월, 제프 베이조스는 직접 채용한 몇 명의 직원과 함께 아마존닷컴amazon.com이라는 비즈니스의 문을 열었다. 바로 이전 해 제프는 연간 인터넷 사용 성장률이 2300퍼센트에 이를 것으로 전망하는 보고서를 읽었다. 당시 뉴욕에서 활동하던 그는 정교한 수학적 모델을 기반으로 시장의 비효율을 이용하는 헤지펀드사 D. E. 쇼앤컴퍼니D. E. Shaw & Co.의 수석 부사장이었다. 웹의 성장에 동참하는 것이 일생일대의 기회라고 생각했던 그는, 앞날이 보장된 화려한 경력을 뒤로하고 인터넷 비즈니스를 시작하고자 아내 매켄지MacKenzie와 함께 서쪽으로 차를 몰았다.

시애틀로 가는 길에 그는 자신의 비즈니스 계획을 수립했다. 당시 책은 온라인에서 크게 주목받지 못했지만, 제프는 책이 온라인 상거래에 적합한 이유를 몇 가지 찾아냈다. 그는 책을 구매하는 고객들에게 새롭고 강렬한 경험을 줄 방법을 개략적으로 그려보았다. 첫째, 책은 비교적 무게가 가볍고 상당히 통일된 규격으로 출판된다. 이런 특징은 보관과 포장, 배송이 쉽고 값싸다는 의미다. 둘째, 1994년 당시까지 1억 종이 넘는 책이 출판됐고 그해에만 100만 종이 세상에 나왔지만, 반즈앤드노블Barnes & Noble과 같은 대형서점에서도 고작 몇만 종만 진열할 수 있었다. 하지만 온라인 서점이라면 기존의 오프라인 서점에 어울리는 책은 물론이고, 출판되는 그 어떤 형태의 책도 제공할 수 있다. 셋째, 당시 대형 도서 유통 기업으로 인그램Ingram과 베이커앤드테일러Baker & Taylor가 있었는데, 이들은 거대한 창고 안에 엄청난 도서 재고를 보유하며 출판사와 서점 사이에서 중간 상인 노릇을 했다. 그들은 출판되는 도서 목록을 상세한 전자 카탈로그로 만들어 서점과 도서관에서 책을 주문하기 쉽게 했다. 제프는 인그램과 베이커앤드테일러가 구축한 인프라(바로 배송할 수 있는 책이 가득 찬 물류창고와 도서 목록을 담은 전자 카탈로그)를 한창 성장 중인 웹에 결합할 수 있음을 알아차렸다. 이런 형태의 결합을 잘만 구현하면 소비자들이 어떤 책이든 쉽게 검색해서 구입하고 집으로 직접 배송받을 수 있다고 생각했다. 마지막으로, 웹사이트는 고객 행동을 분석하는 기술을 사용할 수 있었고 각각의 고객을 위해 독특하고 개인화된 경험을 선사할 수 있었다.

최초의 '아마존인'들은 서로 팔뚝이 닿을 정도로 작은 세 개의 방에 나눠 앉아 일했다. 개조한 지하실은 대부분 길 건너의 불용 군수품 가게에서 가져온 물건들로 가득했다. 사용하던 책상은(제프의 것은 말할 것도 없고) 문짝을 떼어내 네 귀퉁이를 금속 앵글 브래킷으로 고정한 것이었다. 최초의 아마존 '물류센터'인 지하실에는 합판으로 만든 문을 달고 통자물쇠로 잠금장치를 했다. 문 위에 스프레이로 상호를 쓸 만큼 일천하기 그지없는 지역 브랜드에 400제곱피트가량의 지하실은 실용적인 공간으로 마지막까지 제 역할을 톡톡히 했다.

지하실과 멀지 않은 곳에 앉은 제프는 의자를 돌리거나 머리를 옆방 출입구 쪽으로 내밀기만 해도 회사의 동향(소프트웨어 개발에서 재무와 운영 업무까지)을 모두 살필 수 있었다. 그는 모든 직원을 알고 있었고, 지극히 중요한 소프트웨어를 구축하는 일을 제외하고는 직원들 옆에서 그들의 업무를 함께 수행했다. 직원들이 요령을 터득할 때까지 말이다. 나아가 일이 제대로 이루어져야 한다는 요구를 숨기지 않았던 그는 고객에 대한 집착과 무자비할 정도로 높은 기준 등의 기본 원칙을 직원들에게 서서히 주입하기 시작했다.

제프는 고객에게 보내는 이메일의 말투부터 상품 검수, 포장 상태에 이르기까지 모든 과정에 걸쳐 하나의 단순한 규칙을 가지고 있었다. "완벽해야 한다." 그는 잘못된 고객 경험 하나가 수백 번의 완벽한 고객 경험에서 비롯된 효과를 물거품으로 만든다는 점을 직원들에게 강조했다. 한번은 도서 유통업체에서 커피 테이블용 책Coffee-table Book(꼼꼼히 읽기보다는 훑어볼 용도로 만든 사진과 그림이 많이 실린 책 - 옮긴이)을 흙 묻은 봉투에 담아 책에 흠집을 낸 상태로 아마존 사무실에 배송했다. 제프는 곧바로 해당 책을 주문한 고객들에게 사과 이메일을 발송했다. 책 상태가 좋지 않아서 고객에게 보낼 책을 출판사에 다시 요청해놓았으니 배송이 조금 늦더라도 양해해달라는 내용이었다. 그러고는 책이 급하게 필요하다면 흠집이 난 책이라도 바로 보내주겠다는 말을 덧붙였다. 고객들은 책을 기다리는 동안 이토록 놀라운 배려가 담긴 이메일을 받았다는 기쁨을 여기저기에 표현했다.

제프는 직원들이 보낸 고객서비스 이메일을 꼼꼼히 교정하기도 했다. 어느 날 기술 분야에서 유명한 한 칼럼니스트가 아마존으로 이메일을 보내왔다. 내용인즉슨, 비즈니스와 신용카드 보안 이슈를 비롯해 여러 개의 날카롭고 도전적인 질문이었다. 제프는 직원들이 그에게 보낸 답장을 읽어보았다. 두 번 정도 내리읽은 그는 이렇게 말했다. "완벽해!" 제프는 그가 주장한 핵심 원칙이 고객서비스에 확실히 내재화되었다는 점을 확인한 후에야, 비로소 직원들의 답장을 체크하는 빈도를 줄일 수 있었다.

제프가 직원들에게 자주 훈계한 내용으로는 한 가지가 더 있다. 고객의 기대를 넘어서려면 항상 '적게 약속하되, 더 많이 제공해야 한다'는 점이다. 아마존 웹사이트에서 표준 배송 옵션이 '미국 우편국의 특급 소포First-Class Mail'(한국의 '보통우편'에 해당한다)로 분명하게 표시되어 있다는 점이 이 원칙에 해당하는 사례다. 하지만 실제로 모든 배송은 미국 내 어느 곳에서도 2~3영업일 이내에 수령할 수 있는 매우 비싼 옵션인 '빠른우편Priority Mail'(우선 취급 우편)으로 보내졌고, 고객에게 보낸 이메일에는 '무료 업그레이드'

라고 표기해 특별한 혜택을 받는 기분을 누리게 했다. '업그레이드'에 감동한 한 고객은 "당신들은 10억 달러를 벌게 될 것입니다 You guys R going to make a billion dollars"라는 이메일을 보내오기도 했다. 제프는 한바탕 크게 웃으며 내용을 읽고는 이메일을 인쇄해 자신의 방으로 가지고 갔다.

창업 초기부터 함께한 직원들을 위해 제프가 직접 작성한 직무 기술서에는 이런 말이 쓰여 있었다. "당신은 거대하고 복잡한(하지만 유지 보수가 가능한) 시스템을 설계하고 구축한 경험을 가지고 있어야 합니다. 그리고 가장 유능한 사람들이 가능하다고 생각하는 시간의 '3분의 1' 안에 그런 시스템을 설계하고 구축해낼 수 있어야 합니다."[6] 1997년 주주들에게 처음으로 보낸 편지에는 이렇게 썼다. "지원자를 인터뷰할 때면 저는 이렇게 말합니다. '당신은 오랫동안 일하거나, 열심히 일하거나, 똑똑하게 일할 수 있습니다. 하지만 아마존닷컴에서는 이 셋 중 두 가지만 고를 수는 없습니다.'"[7]

당시 '아마존 정신'의 대부분은 아마존 직원들이 제프의 도전적 기준을 수용한다는 것을 의미했다. 직원들은 밤늦도록 사무실에서 음악을 쾅쾅 틀어대며 일주일에 최소한 60시간은 일했고, 고객을 만족시키는 데 필요하다면 무엇이든 했다. 오후가 되면 제프는 어김없이 직원들을 지하실로 불러 모아 배송 상자를 포장하게 했는데, 처음에는 콘크리트 바닥 위에 넙죽 엎드려서 작업을 했다. 전 세계에서 다양한 주문이 계속해서 쏟아져 들어왔다. 지구상에 무언가 매우 특별한 일이 벌어지고 있는 게 분명했다. 아마존 직원들은 자신이 그 일원이 됐다는 데 흥분을 감추지 못했다.

이어지는 성장은 역사에 길이 남을 만하고, 사실상 전례 없는 일이었으며, 아마존에도 큰 변화가 있었음을 상징한다. 첫 번째 사무실을 차린 지 몇 개월 만에 더 이상 문짝을 뜯어 만든 책상을 놓을 공간이 없었다. 그래서 회사는 길 아래쪽에 있는 넓은 사무실로 자리를 옮겼다. 이들은 이사하자마자 또 한 번 대박을 터뜨렸고, 다시 더 큰 사무실을 찾아 자리를 옮겼다. 첫 회계연도까지만 해도 제프는 몇 안 되는 리더들과 일별(또는 주별)로 만나며 자신의 메시지를 강하고 분명하게 전달할 수 있었다. 그는 크고 작은 결정에 모두 관여하며, 고객에 대한 집착, 혁신(발명), 절약, 주인의식, 행동 우선, 높은 기준 등과 같은 원칙을 직접 고안하고 적용했다. 하지만 신규 직원(초기에는 제프가 일일이 채용했다)의 수가 리더십에도 새 계층이 필요할 만큼 빠르게 증가하기 시작했다. 1990년대 말이 되자 몇십 명에 불과하던 조직은 500명 이상의 규모로 성장했다. 이런 환상적인 도약은 오히려 제프의 능력을 제한하기 시작했다. 리더 채용에 전적으로 관여하며 자신의 가치 기준을 직접 설파해온 그였기 때문이다. 앞으로는 회사의 윗사람부터 아랫사람까지 그의 기준을 어떻게든 최우선으로 삼겠다고 약속하고, 또 실천해야 그의 기준이 지켜질 수 있었다.

이 장에서는 아마존이 어떻게 일련의 원칙과 메커니즘을 정립해왔는지 살펴볼 것이다. 또한 장기적 주주가치를 창출하기 위해

'고객에 대한 집착'이라는 미션을 고집스럽게 지키면서도, 어떻게 그 원칙과 메커니즘으로 한 사람의 창업자에서 출발한 회사를 수십만 명의 직원이 일하는 회사로 성장시켰는지 이야기할 것이다.[8] 그 방법 중 몇 가지는 이미 잘 알려져 있고 이제는 여러 조직에 널리 도입되었지만, 다른 몇 가지는 여전히 아마존만의 독특한 문화로 남아 있다.

특히 독특한 점은 아마존의 '모든' 프로세스와 기능에 리더십 원칙이 깊이 스며들어 있다는 것이다. 그리고 이는 대개 대부분의 기업에서 운영하는 것과는 다른 사고방식과 다른 업무방식을 이끌어냈다. 새로 채용된 아마존인들은 이 새로운 방식을 학습하고 이에 적응하기 위해 몇 개월 동안 도전적인 과정을 거쳐야 했다. 이런 프로세스와 실천법들은 모든 회의와 문서, 결정, 인터뷰, 성과 토론에 녹아 있었기 때문에 시간이 흐르면서 그것을 지키는 것이 직원들의 제2의 천성이 됐다. 그리고 만약 이를 어기는 직원이 있다면, 그가 누구든 칠판 위를 손톱으로 긁은 사람처럼 눈총을 받아야 했다. 예컨대 어떤 직원이 회의에서 목소리를 높여 누가 봐도 '장기적 사고'를 무시한 채 단기적 판단에 근거한 아이디어를 제시했다면, 또는 '고객 중심'의 판단이 아닌 경쟁자가 기준이 된 제안이나 비판을 내놓았다면, 회의 참석자 중 누군가가 마음에 걸리는 바를 입 밖으로 꺼내기 직전까진 회의실에 불편한 침묵이 흐를 것이다. 이런 실천법이 아마존에만 있진 않겠지만, 아마존이 성공하는 데 본질적 요소 중 하나라는 점은 분명하다.

1990년대 말, 아마존에는 모든 아마존인이 발휘해야 하는 아마존의 핵심 역량이 있었다. 또한 관리자라면 반드시 숙달하고 따라야 할 추가적인 역량들이 있었다. 우리 중 빌은 1999년에 입사해 그 길고 긴 역량 목록을 처음 접했을 때를 생생하게 기억한다. 영감과 위협감에 휩싸인 감정이었다. 엄청나게 높은 기준들이 그토록 폭넓은 분야에 걸쳐 적용되고 있음에 놀랐다. 그러고는 생각했다. '내가 여기서 살아남으려면 지금껏 일해왔던 것보다는 더 열심히, 더 똑똑하게 일해야 한다.'

2004년 당시 인사 책임자였던 마이크 조지Mike George와 그의 동료 로빈 앤드루레비치Robin Andrulevich는 회사가 잡초처럼 성장하는 데 반해 리더는 대부분 경험이 부족한 상태라며 이들에게 공식적인 관리와 리더십 훈련이 필요하다고 진단했다. 마이크는 즉각 로빈에게 리더십 교육 프로그램을 준비하라고 지시했다. 하지만 로빈은 아마존에서 '리더십'이 어떤 의미인지, 분명하고 간단명료하게 규정하는 일이 선행되어야 한다고 강조했다. 이 경우 리더십 프로그램의 개시일은 연기될 수밖에 없었지만, 몇 차례 토론 끝에 그렇게 진행하는 것이 더 가치 있다는 점에 서로 동의했다.

2015년 제프는 주주에게 보내는 편지에 이렇게 썼다. "회사가 어떤 조직문화를 추구하는지 적어본다고 해서 그것을 바로 창조할 수는 없지만, 그래도 그게 무엇을 의미하는지는 밝힐 수 있습니다."[9] 이것이 바로 로빈이 리더십 원칙을 규정하는 작업에 착수할 때 가졌던 가정이었다. 그는 아마존의 유능한 리더들과 급성장하는 조직의 본질을 내재화한 사람들을 만나서 인터뷰했다. 당초 2개월로 계획했던 프로젝트는 9개월이 지나고서야 완료됐지만,

그의 노력은 오늘날 회사를 만들어낸 여러 요소를 규명하는 데 큰 도움이 되었다.

초기의 리더십 원칙은 기본적으로 로빈이 인터뷰한 사람들의 정신을 표현하고 종합한 버전이었다. 어떤 원칙은 (여러 사람의 공통된 특징이 아닌) 한 사람이 보여준 리더십 행동에서 나온 경우도 있었다. 예를 들어, 당시에 월드와이드 부문 운영 담당 수석 부사장이자 현재는 월드와이드컨슈머 비즈니스의 CEO인 제프 윌케는 데이터 기반의 의사결정은 물론이고 함께 일하는 모든 사람에게 자주 점검받는 절차가 리더십 원칙에 포함되어야 한다고 주장했다. 결국 그의 주장은 받아들여졌고 '깊이 파고들기Dive Deep'라는 리더십 원칙의 기초가 되었다.

로빈은 마이크를 비롯한 인사 담당 리더들과 함께 초안을 검토했다. 특히 베테랑 인사 담당 리더인 앨리슨 알고어Alison Allgor와 크리스틴 스트라우트Kristin Strout의 피드백은 값졌다. 그들은 비판적인 시각으로 각각의 원칙을 목록에 꼭 포함해야 하는지 열띤 토론을 벌였다. 포괄적으로 보이거나 관련성이 없는 것들은 목록에서 완전히 폐기했다. 로빈과 제프 윌케는 자주 만나 목록을 검토하고 다듬었다. 릭 달젤Rick Dalzell, 톰 츠쿠택Tom Szkutak, 제이슨 킬라Jason Kilar 등의 리더도 때때로 이 검토 과정에 참여했다. 우리 중 콜린은 제프와 로빈을 정기적으로 만나 리더십 원칙을 함께 검토했다.

특히 '정치적이지 않기·자기비판에 목소리를 높이기' 원칙에 들어갈 '리더는 자신의 몸에서 나는 악취를 향기라고 믿지 않는다'를 둘러싸고 벌어진 격렬한 논쟁이 기억에 남는다. '다양한 유형의 청중과 소통할 때 이런 별난 문장을 사용해도 좋을까?', '사람들이 이 원칙을 진지하게 받아들일까?' 결국 우리는 그 문구가 익숙한 표현은 아니지만, 사람들에게 명확한 이미지를 전달하는 데 엄청나게 효과적일 수 있다는 결론을 내렸다. 그렇게 '몸에서 나는 악취'는 살아남았다.

2004년 말, 수개월에 걸친 토론과 논쟁이 끝나고 로빈은 자신이 생각하기에 최종 버전인, 아홉 가지의 리더십 원칙을 제프에게 이메일로 보냈다. 그때는 좀 많아 보였지만 각각은 모두 핵심적이어서 아무도 문제 삼을 수 없었다.

2005년 초, 제프는 모든 관리자에게 열 가지의 공식적인 아마존 리더십 원칙을 이메일로 선포했다. 로빈의 훌륭한 업적 덕분에 리더십 원칙들은 아마존 특유의 '실행 가능한' 방식으로 표현되었다. 예를 들어 '최고의 기준 고수하기'라는 리더십 원칙은 "리더는 가차 없이 높은 기준을 설정한다. 많은 사람이 그 기준을 터무니없이 높다고 생각할지라도"로 묘사되었다. '가차 없이Relentlessly'라는 말과 '터무니없이 높다Unreasonably High'라는 말은 제프 특유의 화법이고 이는 곧 아마존의 사고방식이자 말하는 방식이다.

리더십 원칙과 핵심 규범에 자주 등장하는 또 하나의 중요하고 '아마존다운' 문구가 있다. 바로 "더 좋은 것을 알지 못한다면Unless you know better ones"이라는 문구다. 이 문구는 구성원에게 항상 현상을 개선하는 방법을 추구하라고 일깨운다.

그 후 몇 년에 걸쳐 이 열 가지 리더십 원칙은 몇 차례 수정되었고, 또 몇 가지가 추가되었다. 지금도 리더십 원칙은 가끔 개선되고 이따금 새로운 통찰과 도전과제가 생길 때마다 그에 맞춰 조정되고 있다.

2021년 2월 현재, 아마존은 열네 가지의 리더십 원칙을 갖고 있다. 대부분의 기업보다 현저하게 많은 편이다. 이 원칙들은 다음과 같은 설명과 함께 아마존 웹사이트에 그대로 게시돼 있다. "새로운 프로젝트를 위해 아이디어를 토론할 때나 문제 해결을 위한 최상의 접근 방식을 결정할 때도, 우리는 우리의 리더십 원칙을 항상 적용한다. 그리고 이는 아마존을 특별하게 하는 것 중 단지 하나일 뿐이다."[10]

사람들은 자주 이렇게 묻는다. "어떻게 열네 가지의 원칙을 모두 기억합니까?" 아마존인들이 특별히 기억력이 좋아서가 아니다. 사실 회사의 원칙을 암기해야 한다면, 그것은 원칙이 조직에 충분히 퍼지지 않았다는 일종의 경고 신호다. 아마존인들이 모든 원칙을 알고 기억할 수 있는 이유는, 의사결정과 행동 과정에서 이 원칙들이 기본 프레임워크가 되기 때문이다. 우리는 매일 원칙을 접했고, 이를 기준으로 자신을 평가했으며, 서로가 같은 무게의 책임감을 느끼도록 일해왔다. 아마존에서 오래 일할수록 이 열네 가지 원칙은 삶의 일부로, 세상을 바라보는 방식으로 더 많이 스며들게 된다.

아마존의 주요 프로세스 중 그 무엇이든 실제로 작동하는 모습을 관찰한다면, 이 원칙들이 중요한 역할을 수행한다는 점을 알게 될 것이다. 직원들의 성과평가가 가장 적절한 사례다. 성과평가에서 동료와 상사의 피드백 중 상당 부분은 해당 직원이 평가 기간에 이 원칙을 얼마나 잘 발휘했는지, 아니면 얼마나 발휘하지 못하였는지에 초점이 맞춰진다. 마찬가지로 아마존에 구직을 희망하는 모든 지원자는 이 리더십 원칙을 기준으로 평가받는다. 인터뷰어(면접관)는 각자 선별된 원칙에 근거해 한 시간가량 지원자를 심사하고, 개별 지원자는 보통 5~7번의 인터뷰를 거친다. 여기에 각 인터뷰어는 30분에서 1시간가량 소요되는 사후 미팅에도 참여해야 한다. 이렇게 한 사람을 채용하는 데 들이는 시간을 공석의 수(이 책을 쓰는 지금, 시애틀에만 1만 개의 공석이 있다)와 곱해보면, 왜 아마존인들이 리더십 원칙을 상세하게 꿰뚫을 수밖에 없는지 이해하게 될 것이다. 아마존의 리더십 원칙은 포스터나 화면보호기에 적힌 단순한 캐치프레이즈가 아니다. 생생하게 살아 숨 쉬는 회사의 '헌법'이다.

아마존의 리더십 원칙[11]

1. 고객에 대한 집착 Customer Obsession.

리더는 고객을 출발점으로 삼고 거꾸로 일을 수행한다(워킹 백워드). 리더는 고객의 신뢰를 얻고 유지하는 데 최선을 다한다. 경쟁자에게 주목해야 할 때라고 해도 리더는 고객에게 지나칠 정도로 집착한다.

2. 주인의식 Ownership. **리더는 주인이다.**

리더는 장기적으로 생각하고, 단기적 결과를 위해 장기적 가치를 희생시키지 않는다. 리더는 자신의 팀을 뛰어넘어 회사 전체의 이익을 위해 행동한다. 리더는 절대 '그것은 내 일이 아니다'라는 말을 하지 않는다.

3. 발명과 단순화Invent and Simplify.

리더는 자신의 팀에 혁신과 발명을 기대하고 요구한다. 그리고 항상 단순화할 방법을 찾는다. 리더는 외적으로 똑똑하고, 모든 곳에서 새로운 아이디어를 찾으며, '여기서는 안 된다'라는 말에 제약받지 않는다. 새로운 것을 수행할 때면 오랫동안 오해받을 수 있다는 점도 받아들인다.

4. 올바름Are Right, A Lot.

리더는 매우 올바른 사람이며 강한 판단력과 훌륭한 직감을 가진 사람이다. 다양한 관점을 탐색하고 자신의 믿음이 틀렸다는 것을 증명하는 데 머뭇거리지 않는다.

5. 학습과 호기심Learn and Be Curious.

리더는 학습을 멈추지 않고 항상 자신을 향상할 방법을 탐색한다. 새로운 가능성에 호기심을 두고 그것을 탐험하기 위해 행동한다.

6. 최고의 인재를 채용하고 개발하기Hier and Develop the Best.

리더는 모든 채용과 승진 과정에서 성과 기준을 높인다. 특출난 인재를 알아보고 그 인재가 조직 전체를 경험할 수 있도록 기꺼이 이동시킨다. 리더는 다른 리더를 육성하고 다른 이를 가르치는 역할에 진지하게 임한다. 우리는 '커리어 초이스Career Choice' 같은 개발 메커니즘을 고안해 '우리 사람'들을 위해 노력한다.

7. 최고의 기준 고수하기Insist on the Highest Standards.

리더는 가차 없이 높은 기준을 설정한다. 많은 사람이 그 기준이 터무
니없이 높다고 생각할지라도 말이다. 리더는 지속해서 기준을 높이고
팀이 고품질의 제품, 서비스, 프로세스를 창출하도록 독려한다. 리더
는 결함을 그냥 흘려보내지 않고 해당 문제가 고정된 상태를 유지하
도록 붙들어 놓는다.

8. 크게 사고하기Think Big.

작게 사고하는 것은 자기충족적 예언Self-fulfilling Prophecy(어떤 주장이나 믿
음을 사실이라고 믿으면 실제로 믿는 대로 이루어진다는 개념)일 뿐이다. 리
더는 결과를 불러일으키는 대담한 방향을 제시하고 소통한다. 리더는
다르게 생각하고 고객에게 봉사하기 위해 모든 방법을 모색한다.

9. 행동 우선시하기Bias for Action.

비즈니스에서는 속도가 중요하다. 많은 결정과 행동은 되돌릴 수 있
기에 대단한 연구가 필요치 않다. 우리는 '리스크의 계획적 수용'에 가
치를 둔다.

10. 절약하기Frugality.

더 적은 것으로 더 많은 것을 성취한다. 제약 조건은 지략과 자급자
족, 발명을 촉진한다. 인력 규모나 예산 규모, 혹은 고정지출 규모를
늘려봤자 추가로 얻을 수 있는 것은 없다.

11. 신뢰 얻기Earn Trust.

리더는 경청하고, 솔직하게 말하며, 타인을 존중한다. 리더는 곤란하거나 당황스러울 때라도 소리 높여 자신을 비판한다. 리더는 자신과 팀원들의 몸에서 나는 악취를 향기라고 믿지 않는다. 리더는 자기 자신과 팀원들을 최고와 비교 평가한다.

12. 깊이 파고들기Dive Deep.

리더는 어떤 계층에서나 일할 수 있고, 상세 사항을 놓치지 않으며, 자주 점검하고, 지표와 현실의 이야기가 다른지 의심한다. 어떤 과업도 간과하지 않는다.

13. 기개 지키기: 타협하지 않고 헌신하기Have Backbone: Disagree and Commit.

리더는 불편하거나 소모적이라고 해도 자신이 동의하지 않는 결정에 정중하게 맞설 의무가 있다. 리더는 확신을 지닌 결연한 사람이다. 사회적 친분을 위해 타협하지 않는다. 하지만 결정이 이루어지면, 그 결정에 전적으로 헌신한다.

14. 결과 창출하기Deliver Results.

리더는 비즈니스의 핵심 인풋에 집중하고 시의적절하게 꼭 맞는 품질의 결과를 창출한다. 이 과정에서 차질이 발생한다고 해도 리더는 난관을 극복하며 절대 안주하지 않는다.

아마존의 리더십 원칙은 회사 전체의 프로세스와 실천 방향 속에 내재돼 있다. 예컨대 회사가 분기별, 연도별 사업 현황을 나타내기 위해 파워포인트의 슬라이드 대신 6페이지짜리의 내러티브를 사용하는 것은 보고하는 사람과 보고받는 사람 모두에게 '깊이 파고들기'와 '최고의 기준 고수하기'를 요구하는 행동이다. 보도자료와 자주 묻는 질문을 작성하는 프로세스는 고객 경험을 출발점으로 삼는 워킹 백워드를 통해 '고객에 대한 집착'을 강화한다(6페이지짜리 내러티브와 보도자료, 자주 묻는 질문에 관한 자세한 내용은 4장과 5장 참고). '도어 데스크 어워드The Door Desk Award'(값싼 문짝에 다리를 달아 책상으로 만들었던 창업 초기의 절약 마인드를 상기하자는 취지로 만든 상이다. 비용 절감에 탁월한 효과를 발휘한 아이디어에 수여한다 – 옮긴이)는 '절약하기'와 '발명과 단순화'에 모범을 보인 사람에게 수여된다. 그리고 '저스트 두 잇 어워드The Just Do It Award'(자신의 직무와 상관없는 영역에서 뛰어난 아이디어를 제시한 직원에게 수여하는 상)는 '행동 우선시하기'를 발휘한 직원에게 비정상적으로 거대한 치수의 해진 나이키 운동화를 선물한다. 이 상이 지극히 '아마존다운' 이유는 채택된 아이디어가 반드시 구현될 필요는 없을뿐더러, 행여 구현된다고 해도 효과가 있을 필요는 전혀 없다는 점을 보여주기 때문이다.

이 책의 2부에서 우리는 아마존의 가장 성공적인 서비스인 킨들과 아마존프라임, 프라임비디오, 아마존웹서비스를 출시하기까지 길고도 험난했던 여정을 다룰 것이다. 이를 통해 아마존의 리더십 원칙이 실제로 어떻게 발휘되었는지 그 사례를 심도 있게 이야기한다. 하지만 리더십 원칙이 회사의 기본 뼈대에 스며들었다고 해도, 그것만으로 일이 효과적으로 구현되지는 않는다. 이는 아마존인들에게 '메커니즘'이라 불리는 새로운 영역의 몫이다.

메커니즘: 리더십 원칙 강화하기

아마존에 있으면 이런 말을 종종 듣는다. "좋은 의도만으로는 안 된다. 메커니즘이 있어야 한다." 어떤 기업도 프로세스를 개선하며, 문제를 해결하고, 실수를 바로잡기 위해 "우리는 열심히 노력해야 한다" 또는 "다음에는 ○○○을 명심해야 한다"와 같은 좋은 의도에만 머물지 않는다. 사람들은 처음으로 문제가 불쑥 나타날 때 이미 '좋은 의도'가 무엇인지는 잘 알고 있다. 아마존은 근본적인 조건을 바꾸지 않으면 문제가 다시 발생한다는 진리를 일찌감치 깨달았다.

여러 해에 걸쳐 아마존은 리더십 원칙을 행동으로 '번역'하는 메커니즘을 마련했다. 세 가지 기초적 메커니즘은 다음과 같으며 하나씩 자세히 살펴보기로 하자.

1. 연간 계획: OP1과 OP2

아마존은 자율적으로 활동하는 싱글 스레드 팀(3장 참고)에 크게 의존한다. 이 팀들은 외부와의 마찰을 최소화하며 회사를 민첩하고 신속하게 움직이도록 하지만, 자율권을 부여받는 대신 각 팀의 독자적인 계획을 회사의 중요한 목표와 정렬시키는 정교한 목표 수립 과정을 반드시 거쳐야 한다.

아마존의 연간 계획은 여름에 수립되기 시작한다. 회사 내 모든 팀의 관리자를 비롯해 여러 직원이 집중적으로 달라붙어서 4주에서 8주 동안 해내야 하는 고통스러운 과정이다. 이런 집중적인 노력은 반드시 필요하다. 행여 계획이 엉성하게 수립되면(혹은 아예 계획이 없으면) 매우 큰 하류비용Downstream Cost(프로세스 초반에 생긴 문제로 프로세스 후반에 발생한 비용 – 옮긴이)이 들 수 있기 때문이다.

연간 계획 수립 과정은 가장 먼저 S-팀S-Team(아마존의 수석 부사장급과 제프 베이조스의 직속 팀으로 구성)에서 전사적 관점의 목표와 기대치를 제시하면서 시작된다. 예컨대 CEO와 최고재무책임자Chief Financial Officer, CFO가 "매출을 100억 달러에서 150억 달러로 성장시킨다" 혹은 "고정비용을 5퍼센트 절감한다"와 같이 대강의 목표를 제시하면, S-팀은 시간을 들여 이를 좀 더 상세한 목표로 세분화해 긴 목록으로 만든다. 이를테면 이런 식이다. '지역별 또는 비즈니스 세그먼트별 매출 성장 목표치 만들기', '영업 레버리지(회사의 영업비용 중 영업고정비가 차지하는 비율 – 옮긴이) 목표치 만들기', '생산성 향상을 통한 가격 인하 후 고객에게 비용 절감분을 돌려줄 방법 마련하기', '강력한 잉여현금흐름 창출하기', '신규 비즈니스와 제품, 서비스에 대한 투자 수준 정하기' 등이다.

이러한 전사적 차원의 목표가 수립되면, 각 그룹은 좀 더 세밀한 자체 운영 계획(이를 '운영 계획 1Operating Plan 1, OP1'이라 부른다)을 수립한다. 이렇게 개별 그룹이 각자의 '보텀업Bottom-up' 제안서를 제출하면, 아마존은 내러티브 프로세스Narrative Process(4장 참고)를 통해 일반 기업들에서 동일한 기간에 평가하는 정보량의 열 배를 평가한다. OP1 내러티브의 주요 요소는 다음과 같다.

- 과거 성과 평가(달성한 목표, 미달한 목표, 교훈을 포함)
- 내년도 핵심 계획
- 상세한 손익계산서
- 필요 자원에 대한 요구사항(그 이유도 포함): 신규 채용, 마케팅 비용, 장비, 기타 고정자산 등

각 그룹은 재무팀과 인사팀 담당자와 협력해 상세 계획을 수립하고, 이렇게 수립한 계획을 '리더 패널Leader Panel'에게 보고한다. 어떤 급의 리더(이사, 부사장 혹은 S-팀)가 리더 패널에 포함되는지는 각 그룹의 크기와 영향력, 전략적 중요도에 따라 결정된다. 이렇게 구성된 리더 패널은 각 그룹의 보텀업 제안서와 그들이 달성해야 하는 '톱다운Top-down' 목표 사이의 격차를 조정한다. 때때로 각 팀은 톱다운 목표와 보텀업 계획이 일치할 때까지 계획을 다시 수립해 보고하라는 지시를 받기도 한다.

OP1 프로세스는 가을 내내 진행되다가 4분기 휴가 시즌이 시작되기 전에 완료한다. 그렇게 이듬해 1월 휴가 시즌이 끝나면, 필요에 따라 OP1은 4분기 결산을 포함해 비즈니스의 최신 상황까지 반영하여 다시 한 번 조정된다. OP1보다 짧은 기간이 소요되는 이 과정을 '운영 계획 2Operating Plan 2, OP2'라고 부르는데, 바로 이 OP2를 끝으로 해당 연도의 최종 계획이 도출된다.

OP2는 각 그룹의 계획을 회사의 목표에 맞춰 조정한다. 모든 구성원은 매출과 비용, 성과에 관한 목표치를 포함해 전체적인 목표를 인지한다. 합의된 지표는 모든 팀이 달성해야 할 목표치로 자리를 잡는다. OP2는 각 그룹이 무엇에 헌신해야 하는지, 어떻게 그 목표를 달성해야 하는지, 목표를 달성하는 데 필요한 자원이 무엇인지를 매우 명확하게 정해준다. 물론 일정 부분의 변경은 불가피한데, OP2 과정에서 발생하는 모든 변화는 그 어떠한 사안이라도 S-팀의 공식적인 승인을 받아야 한다.

2. S-팀 목표

S-팀은 OP1이 진행되는 동안, 즉 여러 그룹에서 올린 운영 계획을 검토할 동안 가장 중요하다고 생각하는 각 팀의 계획과 목표를 선별한다. 이렇게 선택된 목표들을 간단하게 'S-팀 목표S-Team Goal'라고 부른다. 예를 들면 이런 식이다. 아마존뮤직을 담당하던 빌의 팀은 2012년 운영 계획에 23개 목표와 계획을 담았다. 물론 이 팀에는 23개의 목표를 모두 달성해야 할 책임이 있으나, S-팀에서 선택한 6개의 목표를 달성하는 데 (나머지 17개의 목표보다) 우선으로 자원을 배분해야 했다.

S-팀 목표에서 '아마존다운' 특징을 세 가지만 꼽자면, '비정상적으로 많은 개수'와 '엄청난 수준의 상세함', '지나친 공격성'이라 할 수 있다. 한때 S-팀 목표의 개수는 수십 개에 불과했지만, 이제는 회사 전체에 걸쳐 수백 개로 늘어났다.

S-팀 목표는 팀마다 해당 연도에 우선순위를 두고 수행해야 하

는 특정 활동이다. 즉, 달성할 경우 원하는 비즈니스 결과를 얻을 수 있는 특정 활동으로, 주로 '인풋 위주'의 지표들로 구성돼 있다. 6장에서 우리는 아마존이 개별 팀의 목표를 확실하게 달성하기 위해, 어떻게 그토록 정교하면서도 구체적인 지표를 만들었는지 좀 더 상세하게 살펴볼 예정이다. S-팀 목표는 구체적이면서 Specific, 측정 가능하고Measurable, 달성할 수 있으며Attainable, 의미가 있고Relevant, 시기가 분명해야 한다Timely(첫 글자를 따 'SMART'라고도 한다). S-팀 목표는 실제로 다음과 같이 구체적이다.

"아마존프랑스amazon.fr 악기 카테고리에 500개의 새 제품을 추가한다 (100개를 1분기에, 200개를 2분기에…)."

"소프트웨어 서비스 'Y'에 대한 모든 요청 사항 중 99.99퍼센트를 10 밀리초 안에 성공적으로 대응한다."

"내년 3분기까지 '반복 광고주Repeat Advertiser'(계속해서 광고를 의뢰하는 업체 – 옮긴이)의 광고 비율을 50퍼센트에서 75퍼센트로 증가시킨다."

S-팀 목표는 그중 4분의 3만이 해당 연도에 완전히 달성될 것이라 기대할 만큼 충분히 공격적이다. 만약 S-팀 목표가 모두 실현된다면 이는 기준을 너무 낮게 설정했다는 분명한 신호다.

전사 차원에서 S-팀 목표가 취합되고 나면 이후부터는 재무팀의 집중 관리 도구로 추적·관리된다. 목표들은 분기마다 철저한 사전준비가 필요한 집중 검토 회의를 거치는데, 한 차례 회의에서 S-팀의 목표를 모두 점검하는 게 아니라 수시로 열리는 S-팀 회

S-팀 목표는

1) 구체적이면서(Specific)
2) 측정 가능하고(Measurable)
3) 달성할 수 있으며(Attainable)
4) 의미가 있고(Relevant)
5) 시기가 분명해야 한다(Timely).

의 때마다 각각의 목표를 검토하는 식이다.

많은 기업의 고위 경영진 회의에서는 '실행'보다 '큰 그림의 최상위 전략 이슈'에 좀 더 집중하는 경향이 있다. 하지만 아마존은 그와 반대다. 리더들이 실행 과정에서 상세 사항을 집요하게 파고들며 몸소 "리더는 어떤 계층에서나 일할 수 있고, 상세 사항을 놓치지 않으며, 자주 점검하고, 지표와 현실의 이야기가 다른지 의심한다. 어떤 과업도 간과하지 않는다"라는 아마존 리더십 원칙, 즉 '깊이 파고들기'의 롤모델이 된다.

1년 내내 S-팀 목표를 추적하는 재무팀은 그 진척도를 녹색, 황색, 적색의 색으로 표시한다. 녹색은 목표를 향해 제대로 진행되고 있다는 뜻이고, 황색은 해당 목표치에 미달할 리스크가 어느 정도 존재하며, 적색은 중요한 무언가를 변화시키지 않으면 해당 목표치를 달성할 가능성이 없다는 뜻이다. 이렇게 주기적으로 검토되어 황색이나 적색으로 표시된 목표들은, 해당 팀에 집중 조명을 가하기 마련이다. 실행 과정에서 무엇이 잘못되었는지, 어떻게 해결할 것인지를 두고 팀 내에 솔직한 토론이 뒤따른다.

연간 계획(OP1과 OP2) 수립 프로세스는 회사 전체가 해당 연도에 정말로 달성해야 할 목표에 집중하도록 만든다. S-팀 목표는 회사에서 가장 크거나 긴급한 목표에 우선순위를 부여하여 이 같은 정렬 과정을 좀 더 세부적으로 다듬고, 검토 세션은 도중에 어떤 일이 발생하든 목표가 흔들림 없이 유지되도록 도움을 준다. 아마존은 이러한 구조 덕에 각각의 전사 목표를 책임지고 수행할 사람(혹은 팀)을 지정할 수 있다.

마지막으로, 아마존은 성장하면서 이러한 프로세스를 진화시켜 왔다. 전반적인 구조는 그대로지만 현재 유통 비즈니스와 아마존 웹서비스의 경영진은 분리되었고, 심지어 여러 개의 대규모 비즈니스에서 각각을 담당하는 팀이 독립적으로 운영되고 있다. 이처럼 독립된 조직들은 저마다의 이름표를 단 채 자체적인 S-팀 목표를 운용하고 있다.

3. 아마존의 보상 체계는 장기적 사고를 강화한다

이렇게 최상의 수준으로 모든 준비가 잘 이루어진다고 해도 다른 요소들 때문에 무너질 수 있다. 그중 가장 은밀하게 파고드는 요소는 다른 기업에서는 너무도 흔한 '성과 기반Performance-based'의 임원 보상이다. 리더십 원칙과 연간 계획이 아무리 명확하다고 해도 금전적인 인센티브에 비하면 사람들의 귀를 솔깃하게 하지는 못한다. 돈은 이렇게 속삭인다. "리더십 원칙, 연간 계획, 금전적인 인센티브가 단단하게 서로 결속돼 있지 않으면 올바른 결과를 얻지 못할 것"이라고 말이다.

아마존은 '성과 기반 보상'이라는 말의 의미를 나름대로 정의했다. 여기서 '성과'란 회사 전체의 성과, 즉 주주의 최고 관심사와 연계되어야 한다고 믿는다. 이는 다시 말해 고객의 최고 관심사에 완벽하게 부합해야 한다는 뜻이다. 따라서 아마존 S-팀 멤버들과 모든 고위 리더의 보상은 몇 년 동안 벌어들인 자본에 따라 가중치가 결정된다. 최대 연봉 자체는 미국의 동종업계 수준을 훨씬 밑돈다. 우리가 아마존에 있을 때, 직원의 최대 기본 연봉은 16만 달러였다(지금도 이 정도 수준인 듯하다). 새로 채용된 몇몇 임원들은 '사이닝 보너스Signing Bonus'(회사에 입사할 때 주는 일회성 보너스로, 몇 년 안에 이직할 수 없다는 조건을 달기도 함 – 옮긴이)를 받기도 하지만, 그들의 보상은 대부분 회사의 장기적 가치에 따라 결정된다.

잘못된 보상 관행은 두 가지 방향으로 '부정교합'을 일으킬 수 있다. 첫째, 장기적 가치 창조를 희생하면서 단기적 목표에 보상하는 것, 둘째, 회사 전체에 이득이 되는지와는 관계없이 단위 부서의 목표 달성에 따라 보상하는 것이다. 두 가지 모두 회사의 궁극적인 목표와 크게 상반되는 행동을 조장할 수 있다.

다른 산업들, 예를 들어 미디어나 금융 서비스 산업에서는 연간 성과급이 임원 보상의 큰 부분을 차지한다. 이러한 단기적 목표들(그렇다, 1년은 확실히 단기다)은 장기적 가치 창조를 방해할 수 있는데, 더 높은 보상을 받기 위해 단기적인 목표치에 치중하다가 일부러 미래의 매출을 끌어오는 식이다. 이는 미래의 결과를 갉아먹는 행위이자, 현재의 도전을 어렵게 하는 행동이기도 하다. 또 어떤 사람은 눈앞의 판매량을 높이기 위해 마케팅 자금을 초과 지출할 수 있다. 당장은 단기적 판매 목표를 달성하겠지만, 결국에는 바로 그다음 분기나 장기적 판매를 희생시키는 꼴이다. 누군가는 해당 분기에 비용 절감 목표를 맞추고자 지출을 연기하고, 유지 보수를 미루며, 채용을 줄이려는 유혹을 받을지도 모른다. 그리고 이런 행동은 모두 장기적으로 부정적인 영향을 끼친다. 몇몇 사람은 회사에서 중요한 역할을 맡아달라는 요청에 "보너스가 보장되어야 움직이겠다"라고 말하며 회사의 중대한 계획을 지연시킬 수 있다.

그렇다면 어떻게 해야 할까? 장기적 '주식 기반Stock-based'의 보상 인센티브는 이같이 이기적이고 비용이 많이 드는 행동들을 허튼수작으로 만들어 완벽히 제거한다. 많은 기업에서 회사 전체의 목표를 고려하지 않고 각 부서의 핵심 인재에게 독립적인 목표를 부여하는데, 이런 조치들은 부서 간 내적 갈등과 정보 비공개, 자원 독점을 너무나 쉽게 야기한다. 각각의 리더가 다른 리더를 방해하도록 '장려'하는 탓이다. 반면, 아마존의 보상은 단순하면서도 장기적 관점에 초점이 맞춰져 있다. 아마존에서는 승진할수록 현금보다는 장기 주식으로 보상하는 비율이 커진다. '절약하기'라는 리더십 원칙은 그 이유를 아주 명확하게 설명해준다. "인력 규모, 예산 규모, 혹은 고정 지출을 늘려봤자 추가로 얻을 수 있는 것은 없다."

이런 접근 방식에서 한 가지 분명한 단점은 주머니가 두둑한 다른 기업들이 엄청난 현금 보상을 제안하며 최고의 직원들을 빼갈 수 있다는 것이다. 맞는 말이다. 몇몇 직원은 단기적으로 현금 보상을 많이 받기 위해 회사를 떠난다. 하지만 긍정적인 측면에서 보면, 아마존의 접근 방식은 발전을 추구하는 문화를 강화해준다. 장기적 관점으로 행동하는 사람들이 확실한 '우리 편'이 되면, 단기적 관점을 지닌 사람들은 잃어도 괜찮다.

아마존은 IMDb, 재포스Zappos, 트위치Twitch와 같은 완전소유 자회사(전액 출자한 자회사) 안에서도 보상에 관해 발생할 수 있는 욕구 충돌을 방지하기 위해 '장기 주식'이라는 보상 구조를 동일하게 적용한다. 그 회사의 임원들은 아마존의 다른 임원들과 똑같이 기본급과 함께 아마존 주식과 강하게 연동되는 성과급을 받는다.

인력 규모,
예산 규모,
고정 지출을 늘려봤자
추가로 얻을 수 있는 것은 없다.

그리고 이런 보상 구조는 협업을 독려한다.

*　*　*

리더십 원칙과 메커니즘이 몇 개여야 하는지 정해진 '마법의 숫자'는 없다. 마법은 그 원칙이 실천되는 순간에 발휘된다. 당신에게는 몇 개의 원칙이 필요한가? 어떤 원칙이 회사의 비전을 명확하게 하고, 주주와 이해관계자에게 유의미한 장기적 가치를 창조하도록 행동을 불러일으키는가(심지어 CEO가 자리에 없어도 말이다)? 이 질문에 초점을 맞춰라.

필요하다면 당신이 만든 원칙을 발전시켜야 한다. 즉, 회사가 성장하고 변화해가는 과정에서 원칙을 수정하고, 제거하고, 추가할 수 있어야 한다. '학습과 호기심'이라는 아마존 리더십 원칙은 가장 최근에 추가되었다. 그 대신 '자기비판에 목소리 높이기' 원칙은 삭제되었고, 그 내용 대부분이 '신뢰 얻기' 원칙에 통합되었다. 변화하는 환경에 따라 원칙을 더하거나, 빼고, 수정하는 것은 '해야 할 일을 올바르게 하고 있다'는 좋은 신호다.

강력한 리더십 원칙은 회사의 비전을 명확히 나타내고, 사내에 올바르고 신속한 의사결정을 촉진한다. 물론 그러한 원칙들을 성문화하는 것은 지금껏 살펴본 바와 같이 매우 큰 진전이지만, 그 다음에 또 해야 할 중요한 일들이 남아 있다. 바로 그 원칙들을 인재 채용과 성과 관리, 계획과 운영, 경력 개발 등 회사의 모든 핵심 프로세스에 내재화하는 일이다.

2장　채용

: 바 레이저 프로세스

적어도 한 가지 면에서는 기존 직원들보다
월등히 앞선 인재를 뽑을 것!

채용의 중요성을 논하고, 성급한 채용 프로세스가 불러오는 엄청난 대가에 관해 이야기한다. '그린 컴퍼니'라는 가상 사례를 통해 전통적인 채용 방식의 결점을 설명할 것이다. '바 레이저' 프로세스는 어떻게 개발되었고, 그것이 어떻게 아마존 전체의 역량과 인재 수준을 지속해서 향상시켰을까? 당신의 회사에도 적용할 수 있는 바 레이저 프로세스를 살핀다.

아마존의 한 전직 부사장은 우리에게 수십억 달러 규모의 회사에서 면접을 봤던 일화를 들려주었다. 그가 지원한 자리는 최고운영책임자Chief Operating Officer, COO 역할이었다. CEO는 그에게 업무와는 무관한 질문을 던지며 인터뷰를 시작했다. 딱히 무언가를 캐내기 위한 질문은 아니었다. 어색할 정도로 긴 침묵이 간간이 이어졌고, CEO는 이렇게 물었다. "당신에 대해 이력서에 적지 않은 내용을 말해줄 수 있겠소?" 당신도 만약 똑같은 질문을 받는다면, 이렇게 답하는 편이 좋겠다. "적지 않은 것을 말인가요? 그게 무엇인지, 어떻게 찾아야 하는지 모르겠는데요. 그러니까 그게 뭔지 좀 알려주시겠습니까?"

아마존에서 '빠른 성장'은 채용이라는 '게임'의 수준을 높이기 위해 엄격한 프로세스를 개발해야 했다는 의미다. 하지만 이는 쉽사리 이루어지지 않았다. 초기에 우리는 SAT 점수가 높은 지원자 중에서 "시애틀에 얼마나 많은 창문이 있습니까?"와 같은 어려운 질문에 답할 수 있는 똑똑한 사람을 찾는 데 집중했다. 하지만 이런 프로세스는 그가 아마존에서 얼마나 성장할 수 있는 인재인지 알려주지는 못했다. 제프는 종종 이렇게 말하고는 했다. "우리는 '선교사'를 원합니다. '용병'이 아니라요."

우리는 지금껏 일하며 많은 용병을 접했다. 벼락부자가 되기 위해 합류한 용병들은 조직의 최고 관심사를 염두에 두지 않고, 힘든 시기에도 회사와 함께 가겠다는 의지를 다지지 않았다. 제프 식 정의에 따르면 '선교사'는 아마존의 미션을 믿을 뿐만 아니라 아마존의 리더십 원칙을 내재화하는 사람이다. 그들은 조직과 하나가 된다. 우리는 실리콘밸리의 평균 근속 기간인 18~24개월을 넘어, 5년 이상을 동고동락하며 성장할 수 있는 인재를 원했다. 1999년, 아마존은 마침내 이런 조건에 부합하는 사람을 뽑기 위해 채용 프로세스 개발에 착수했다.

우리가 '바 레이저' 프로세스라 이름 붙인 이 절차가 얼마나 성공적이었는지는 계량화하기 어렵다. 또한 이 절차가 아마존의 '빠른 성장'에 얼마나 기여했는지도 측정하기 어렵다. 다만 우리가 장담할 수 있는 것은 경력 입사자들이 입을 모아 했던 말이다. 바 레이저 프로세스는 "지금껏 봐온 채용 절차들과 다를 뿐만 아니라", 단연코 "아마존의 비밀 병기"라는 평가다. 우리는 '바 레이저' 프로세스가 인재를 뽑는 유일한 최선책이라고 생각하지는 않는다. 나아가 잘못된 채용 결정을 완전히 없애준다고도 여기지 않는다. 다만 한 가지 확실한 점은 많은 기업에서 사용하는 방법보다 월등히 낫고, 타율을 크게 높일 수 있다는 점이다. 우리는 외부에서 채용한 인재를 주요 역할에 즉시 배치했음에도 뛰어난 성과를 보여준 사례와, 10년 이상 회사와 함께해온 수없이 많은 리더의 사례를 언제든 보여줄 수 있다.

* * *

한 기업의 역사를 통틀어 채용은 이토록 중요한데, 얼마나 많은 기업에서 허술한 채용 프로세스를 적용하고 있고 그 분석은 또 얼마나 엉성한지를 깨닫게 된다면 분명 큰 충격에 휩싸일 것이다 (얼마나 많은 기업이 아까운 시간을 채용에 쏟아붓는지는 말할 것도 없다). 허술한 채용 프로세스의 대가는 크다. 만약 이번 장에서 처음 언급한 전직 부사장이자 우리의 동료가 면접을 통과해 COO 자리에 앉는다면, 그는 앞으로 회사가 성공하는 데 떼려야 뗄 수 없는 전략적 결정을 내릴 것이다. CEO가 단 한 차례, 한 시간짜리 회의에서 어려운 결정을 해야 한다고 가정해보자. 그 회의는 새로운 제품군이나 공장에 수백만 달러를 투자해야 할지 말지를 선택하는 자리다. CEO는 의심할 여지 없이 경영진에게 도움을 받으려고 할 것이고, 광범위한 분석을 수행하라고 지시를 내릴 것이다. CEO는 올바른 결정을 내리려면 어떤 정보가 필요한지, 경영진에게 어떤 질문을 던져야 하는지 깊이 생각했을 것이다. 또한 그는 회의를 준비하기 전에 오랜 시간 고심했을 것이다.

하지만 우리의 동료가 COO 자리에 지원했던 그 기술 기업의 CEO는 인터뷰를 준비하는 일에 최소한의 시간도 쓸 수 없었던 것 같다. 그리고 지원자가 좋은 인재인지를 판단하는 데 어떤 정보가 필요한지 한 번도 생각해본 적이 없는 것처럼 인터뷰에 임했다. COO는 회사의 성공에 직접적으로 영향을 끼치는 전략적으로 매우 중요한 자리다. 따라서 그 CEO는 수백만 달러 규모의 투자 결정과 동일한 수준으로 COO 채용에 심혈을 기울였어야 했다. 우리의 동료가 입사를 포기하기로 한 이유에는 CEO의 무성의한 태도도 한몫했다.

우리는 '아마존 역시 모든 기업이 직면한 문제를 동일하게 겪었다'라는 점을 계속해서 강조할 것이다. 차이가 있다면, 아마존은 커다란 경쟁 우위를 가져다줄 참신한 해결책을 고민하고 마련했다는 점이다. 채용에 접근하는 방식도 그러했다. 바 레이저 프로세스는 널리 확장 가능하며, 반복적으로 적용할 수 있고, 다른 이들에게 전수할 수 있는, 아마존 최초의 가장 성공적인 실천법 중 하나였다.

* * *

아마존의 채용 프로세스가 효과적으로 작동한 이유를 이해하기에 앞서, 전통적인 채용 방식의 문제점부터 짚어보자. 채용 프로세스 안에서 자신의 역할을 확실하게 모르는 인터뷰어(면접관)는 여러 오류에 빠질 소지가 다분하다. 아마 그 오류들은 당신에게 불편함을 줄 정도로 익숙할 것이다. 매우 똑똑한 인터뷰어조차 목적이 없는 질문을 던지는 바람에, 지원자의 미래 성과를 전혀 파악할 수 없는 답변을 얻고는 한다. 그렇게 명확하지 않고 의도치 않은 편향에 사로잡힌 인터뷰어의 피드백이 여러 팀원에게 전달된다. 지원자의 자질 중 성과 창출의 가능성을 확실하게 알려주지 못하는 자질에 집중하면, 인터뷰어는 왜곡된 의사결정을 내릴 수 있다. 비구조화된 채용 결정 회의는 '집단사고Groupthink'와 '확증 편향Confirmation Bias' 등 당시에는 옳다고 느끼지만 결국에는 허술한 결정을 낳고 마는 여러 가지 '인지적 함정Cognitive Trap'에 빠지게 한다.

빠르게 성장하는 가상의 기업 '그린 컴퍼니'를 예로 들어보자. 레아Leah는 그린 컴퍼니에서 디지털미디어 비즈니스를 이끄는 리더다. 그의 팀은 주요 제품 관리직이 몇 달 동안 공석이었던 탓에 성과 목표에서 점차 멀어지고 있었다. 압박감을 느낀 레아는 얼른 공석을 채우기 위해 리크루터Recruiter(지원자를 발굴하는 책임을 지닌 내부 혹은 외부 담당자 – 옮긴이)에게 압력을 넣었고, 마침내 리크루터는 '레드 컴퍼니'에서 일하던 직원 조Joe를 찾아냈다. 레아의 팀이 활동하는 분야에 꼭 맞는 경력을 담은 조의 이력서는 훌륭했다. 조는 관심을 보였고 그린 컴퍼니로 입사하기를 희망했다. 인터뷰가 있기 전날 밤, 레아는 마침내 적임자를 찾았다는 안도감과 행복감에 모처럼 단잠을 잘 수 있었다. 적어도 그날만큼은.

조는 '인터뷰 루프Interview Loop'라고 불리는 하루짜리 인터뷰에 참여하기 위해 그린 컴퍼니에 도착했다. 인터뷰 루프는 레아의 팀원 네 명과 각각 일대일로 진행됐다. 인터뷰어 중 한 명인 카슨 Carson은 장기근속자로서 동료들의 존경을 한 몸에 받는 사람이었고 가장 영향력 있는 팀원이었다. 각각의 인터뷰어는 조와 면접을 마치고 다음 인터뷰어에게 조를 넘길 때마다 자기 자리로 돌아와 지원자가 얼마나 인상적이었는지를 신나게 이야기했다. 최종 인터뷰는 레아 차례였다. 그는 조와 가볍게 커피를 마시며 팀원들이 말한 내용이 사실이라는 걸 확인했다. 조는 뛰어난 지원자인 듯 보였다.

이틀 후 레아는 조와의 인터뷰를 복기하기 위해 팀원들을 불러 모았다. 레아는 곧 중요한 자리를 채울 수 있게 될 것이고, 그 자리에 앉게 될 조가 팀을 안정 궤도에 올려놓으리라는 조심스러운 낙관을 하며 회의실로 들어섰다. 팀원들 모두 일주일 전보다는 궁지에서 한 발짝 벗어난 모습이었다. '마침내 우리 팀이 완전체가 될 거야!'

그들은 인터뷰어들이 작성한 세 장의 평가서를 읽으며 회의를 시작했다. 평가서의 분량은 거의 같았고, 적혀 있는 내용과 느낌 또한 비슷했다. 좀 더 정확히 말하자면, 대부분 긍정적인 의견을 내놓았지만 그다지 구체적이지는 않았다. 제품 관리자 브랜던 Brandon의 평가는 이랬다.

"나는 제품 관리자로 조를 채용할 의향이 있다. 그는 레드 컴퍼니를 비롯해 다른 두 군데 회사에서 전략을 수립하고 실행한 확실한 경력이 있다. 그는 우리의 비즈니스가 처한 독특한 도전과제를 잘 이해한다는 인상을 주었다. 또한 급변하는 시장 세그먼트에 우리가 진입해야 할 방향을 구체적으로 파악하고 있었다. 레드 컴퍼니에서의 경력은 파트너십을 맺거나 인수할 회사를 평가하고 분석하는 데 유용할 것이다. 이 산업에서 쌓은 그의 경력과 열정이 마음에 든다."

이와 비슷한 논조의 다른 평가서를 읽고서 레아는 카슨에게 얼굴을 돌렸다. 카슨은 인터뷰 보고서를 제출하지 못했다. 급한 일의 불을 끄느라 피드백 작성을 놓친 것이다. 그는 본인의 업무뿐만 아니라 공석인 제품 관리자의 업무도 대행해야 했기에 늘 정신이 없었다.

카슨의 의견은 간단했다. 그는 다른 팀원들의 피드백과 자신의 의견이 일치한다고 말했다. 하지만 사실 카슨은 조에게 무언가 희미하지만 불편한 감정을 느꼈다. 인터뷰 후에 너무 바쁘고 경황이 없어서 기록을 남기지 못한 탓에, 그게 무엇이었는지는 명확하게 떠올릴 수 없었다. 더욱이 회의실 분위기는 열정적이었고, 동료들의 평가서도 극찬 일색이었기 때문에 그는 동료들의 판단을 믿기로 했다.

마침내 결정의 시간이 다가왔다. 그들은 테이블에 둘러앉아 한 명씩 '채용' 혹은 '채용 불가' 의견을 제시했다. 한 명씩 채용을 추천한다는 의견을 내놓자 분위기는 달아올랐다. 마지막 발언자인 카슨은 '채용' 의견을 내며 동의했다. 레아는 그날 오후 늦게 조에게 채용 소식을 알리겠다고 말했다.

그린 컴퍼니의 채용 프로세스에는 몇 가지 중대한 오류가 있다. 첫째, 팀원들은 인터뷰를 마치자마자 자기 생각을 육성으로 공유했다. 이 경우 다음 인터뷰어는 편견을 가질 가능성이 크다. 둘째, 카슨은 인터뷰를 마치고 난 직후 평가서를 작성하지 않았다. 이는 레아의 팀에서 가장 경험이 많고 통찰력 깊은 팀원의 지혜를 놓쳤다는 뜻이다.

먼저 카슨의 행동부터 짚어보자. 평소 본인답지 않았던 그의 행동은 그저 '시급성 편향'의 결과였지만, 전체 프로세스에 영향을 끼쳤다. 핵심 자리에 공석이 생기면서 그 역할을 다른 핵심 직원(카슨)이 메우는 바람에, 팀원들도 빨리 공석을 채워야 한다는 시간적 압박을 느꼈다. 팀원들은 지원자의 긍정적인 측면에 지나치게 집중할 수밖에 없었고, 인터뷰에서 드러난 단점을 자신들도 모르게 간과하고 말았다.

팀원들이 작성한 평가서의 질도 문제가 있다. 브랜던의 평가서는 그가 한 질문에 구체성과 목적성이 없었다는 점을 보여준다. 그는 조가 "전략을 수립하고 실행한 확실한 경력이 있다"라고 언급했지만, 조는 실제로 그런 평가에 부합할 만한 구체적이고 믿을 만한 사례를 알려주지 않았다. 그런데 팀원들은 어떻게 그가 과거의 경력을 디딤돌 삼아 그린 컴퍼니에서 높은 성과를 내는 직원이 될 거라고 확신할 수 있었을까?

팀원들은 또한 심각한 '확증 편향'에 사로잡히고 말았다. 다른 사람들이 발견한 긍정적 요소에 초점을 맞추다 보니 부정적 요소와 모순되는 신호들은 애써 무시하려고 했다. 인터뷰어들은 인터뷰 루프가 한창 진행되는 동안 회의실에서 사담을 나눴다. 조와 막 인터뷰를 마치고 나온 팀원이 긍정적인 피드백을 하면, 바통을 이어받은 다음 인터뷰어는 조에게서 그가 말한 긍정적인 면을 찾게 된다. 그렇게 서로는 조를 평가하는 데 영향을 미치고 말았다. 피드백 회의 자체도 구조화된 절차가 아니어서, 집단사고에 불이 붙을 수밖에 없었다. 그들은 조를 채용하는 데 적극적으로 동의함으로써, 공석으로 발생한 문제를 서둘러 해결하려 했다.

마지막으로, 레아 역시 중대한 실수를 저질렀다. 그의 실수는 조의 채용과는 직접적인 연관이 없었지만, 팀의 장기적인 성과에는 영향을 끼치고 말았다. 모든 팀원은 피드백 문서를 작성하지 않은 카슨이 인터뷰어로서 해야 할 책임을 다하지 못했다는 걸 잘 알고 있다. 하지만 레아는 카슨에게 평가서를 작성하라고 요구하지 않았다. 그는 문서로 된 피드백이 채용 프로세스에는 필수적이며, 바쁘다는 핑계는 결코 중요한 일을 빼먹어도 된다는 '프리패스Free Pass'가 아니라는 걸 강조하지 못했다. 아마존의 리더십 원칙 중 하나인 '높은 기준'을 요구하지 않았을뿐더러, 오히려 그 기준을 낮추고 말았다.

잘못된 채용 결정에는 반드시 대가가 따른다. 새로 뽑은 사람이 '적합한 자'가 아닐 때 최상의 결과는 그가 바로 그만두는 것이다. 하지만 그렇다고 하더라도 단기적으로 지출되는 비용은 상당하다. 공석은 예상보다 더 오래 공석으로 남게 되고, 인터뷰어는 각자의 소중한 시간을 낭비하는 꼴이 되기 때문이다. 심지어는 좋은 지원자가 따로 있었는데 중간에 돌려보냈을지도 모른다. 하지만 이보다 더 최악의 경우는, 잘못 뽑은 사람이 계속 회사에 다니며 발생 가능한 모든 나쁜 결과를 촉발하는 경우다. 그렇게 그는 팀 전체를 기준 이하로 끌어내릴 것이고, 그가 회사를 그만둔 후에도 오랫동안 없어지지 않을 장기적인 손해를 끼칠 것이다. 결국 레아와 팀원들은 자신들이 저지른 실수의 대가를 톡톡히 치르게 된다.

애석하게도 정말 이 시나리오처럼 됐다. 조가 부적합한 인재로 판명되면서 팀원들은 졸지에 조가 처리하지 못하는 일을 대신 수행해야 했다. 그가 저지른 실수를 대신 해결하면서 말이다. 결국 레아와 조는 6개월이 지난 후에야 해결 가능성이 없다는 데 동의하였고, 조는 회사를 떠났다. 여전히 팀원들은 시간적 압박에 시달려야 했고, 이제는 두 번 다시 채용 실수를 저질러서는 안 된다는 부담감을 느끼며 전체 채용 프로세스를 다시 진행해야 했다.

개인 편향과 성급한 채용이 기업에 미치는 영향

채용 프로세스에 영향을 주는 인지 편향(사람이나 상황에 대한 비논리적인 추론에 따라 잘못된 판단을 내리는 패턴)에는 여러 가지가 있다. 그중 특히 해로운 것은 당신이 좋아하는 사람들로 당신 주변을 채우려는 '개인 편향Personal Bias'이다. 이는 인간의 자연스러운 본능이기도 하다. 사람들은 교육 환경과 직업 경력, 직무 관련 전문성과 삶의 경험 등에서 자신과 비슷한 특징을 지닌 사람을 채용하려는 욕구가 있다. 미시간대학교University of Michigan를 졸업하고 현재는 맥킨지McKinsey에서 근무하며 가족과 함께 교외에 살면서 골프를 즐기는 한 중년 관리자는 자신과 비슷한 속성을 지닌 지원자에게 끌릴 것이다. 그는 눈앞에 쌓여 있는 이력서 중에서 본인과 가장 비슷해 보이는 지원자를 선택할 것이고, 그 지원자에게 긍정적인 기대를 품고 인터뷰 장소에 들어설 것이다. 이런 편향의 문제는 자명하다. 첫째, 그런 피상적인 동질성은 보통 업무 성과와 아무런 상관이 없다는 것이고, 둘째, 그런 지원자를 채용하게 되면 고만고만한 비전을 지닌, 생각이 다양하지 않은 인력들로 조직을 채울 수밖에 없다는 것이다.

한편 특정 분야에서 '시급성'은 유용할 수 있다. 필수적인 요소에 초점을 맞추도록 유도하기 때문이다. 하지만 앞서 레아의 사례에서 봤듯이, 채용의 영역에서 시급성은 절박함을 낳는다. 그리고 그런 절박함은 지름길을 택해 필수적인 프로세스를 무시하게 함으로써, 끝내 대단히 파괴적인 결과를 불러일으키고는 한다. 당신이 아마존에서 빠르게 성장하는 사업부의 소속팀을 관리하고 있다고 상상해보라. 당신은 아주 중요한 프로젝트를 수행하고 있고, 그 프로젝트에는 여러 개의 S-팀 목표가 부여되었다. 당신은 팀원을 충원하지 않으면 그 목표를 달성할 수 없다는 것을 잘 알고 있다. 팀원들은 감당하기 어려울 정도로 과중한 업무에 시달리고 있으며, 사기는 곤두박질치고 있다. 그런데 당신은 그러한 업무 외에도 직무기술서를 작성해야 하고, 리크루터와 채용 일정을 조정해야 하며, 이력서를 검토하고, 전화와 대면 인터뷰를 진행해 피드백을 남기고, 팀원들과 그 내용을 돌려 읽으며 인터뷰 결과 보고 회의에 참석해야 한다. 여기서 끝나지 않는다. 채용을 결정한 지원자에게 합격 소식을 알리며 연봉 협상을 완료해야 하고, 이미 스트레스를 받을 대로 받은 팀원들에게 지원자를 인터뷰하는 데 각자의 시간을 할애해달라고 요구해야 한다. 소프트웨어 개발 엔지니어나 머신러닝 전문가처럼 조직 내 수요가 매우 많은 역할을 채워야 할 때는 시급성이 더욱 커진다. 해야 할 일의 강도가 높아지는 것은 두말할 필요도 없다. 세쿼이아캐피털Sequoia Capital에 따르면, 실리콘밸리의 스타트업들은 열두 명의 소프트웨어 엔지니어를 채용하는 데 평균 990시간을 쓴다.[12] 한 명을 뽑는 데 80시간 이상이 드는 꼴인데, 이미 인력이 모자라 데드라인 맞추기에도 허덕이는 팀원들이 인터뷰에 시간을 빼앗기게 되면 '사람을 충원해야 한다'는 시급성은 더욱 커지고 만다.

'슈퍼 스타'를 발견하고 '썩은 사과'를 골라내는 일에는 시간이 거의 들지 않지만, 유감스럽게도 지원자 대부분은 그 사이 어딘가(슈퍼 스타도 아니고 썩은 사과도 아닌 경우 – 옮긴이)에 위치한다. 이런 경우가 바로 편향이 효력을 발휘하기 쉬운 상황이다. 당신과 비슷한 성향의 사람, 이미 친숙하게 느껴지는 사람을 뽑는다면, 왠지 그가 입사 후 일을 더 잘해낼 것 같은 환상에 사로잡힌다. '그들이 언젠가 성공을 거두리라'는 믿음은 상황을 더욱 악화시킨다. 그런 믿음이 당신의 채용 프로세스가 '이 정도면 충분히 괜찮다'라는 생각을 강화하기 때문이다.

공식적인 프로세스가 없고 훈련이 부족하다는 것 역시 성공적인 채용을 방해한다. 스타트업처럼 빠르게 성장하는 기업들은 제대로 된 프로세스 없이 신규 채용을 진행할 가능성이 크다. 물론 기존의 많은 기업도 같은 문제를 끌어안고 있다. 부임한 지 2주밖에 되지 않은 관리자가 신규 직원 열 명을 신속하게 채용해달라는 요청을 받기도 한다. 인터뷰 방식과 채용 프로세스에 공식적으로 정의된 프레임워크가 없다면 관리자는 목적·데이터·분석이 아닌 시급성·편향·편의성을 기준으로 채용을 진행할 것이다.

이는 빠르게 성장하는 기업에 엄청나게 충격적인 결과를 가져올 수 있다. 직원 수가 단기간(예를 들면 1년)에 50명에서 150명으로 확대될 수 있고, 전도유망한 비즈니스 모델을 확보하고 투자자금이 은행에 두둑하게 남아 있는 고도성장의 후반부에는 150명에서 500명까지 뛰어오를 수 있다. 하룻밤 사이에 신규 직원의 규모가 기존 직원의 수를 크게 앞지르는 경우도 발생한다. 그리고 이런 역동적인 변화는 기업문화를 완전히 재정의할 수도 있다. 리더십 코치이자 네이비실Navy SEAL(미 해군 특수부대) 참전 베테랑인 브렌트 글리슨Brent Gleeson은 이렇게 말했다. "조직문화는 두 갈래로 나뉜다. 하나는 조직이 만들어짐과 동시에 단호하게 설정되고 꾸준히 육성되며 보호받는 경우이고, 다른 하나는 팀원들의 믿음과 경험, 행동의 총합으로 불쑥 나타나는 경우다(후자가 일반적이다). 어느 경우든 우리는 그것을 '조직문화'라고 부른다. 좋든 나쁘든 간에."[13]

직원 수가 급증하는 시기에 종종 창립자와 초기 직원들은 회사에 대한 통제력이 약해졌다고 느낀다. 그들이 만들고자 계획했던 조직과는 다른 조직이 되었다고 말이다. 그들은 그렇게 과거를 돌이켜본다. 그 과정에서 문제의 근본 원인은 채용 프로세스의 미흡함과 부재였다는 걸 깨닫는다. 그간 회사의 문화를 내재화하고 강화하며 기여할 사람을 뽑았던 게 아니라, 아예 다른 문화로 바꾸어버릴 사람을 수십 명이나 채용했다는 걸 알게 되면서 말이다.

바 레이저 이전의 아마존 채용 방식

아마존이라고 해서 크게 다르지 않았다. 초창기에 제프는 모든 인터뷰와 채용을 혼자서 도맡았다. 불명예스럽게도 그는 지원자에게 SAT 점수를 묻고는 했다. 지원자가 SAT 점수와 관련이 없는 고객지원 부서나 물류센터에 지원했다고 해도 말이다. 학력이 높은 제프(명문 프린스턴대학교Princeton University에서 전기공학 및 컴퓨터공학을 전공했다 – 옮긴이)는 비슷한 학력 수준을 지닌 사람에게 편향적이었다. 회사에서 떠돌던 이야기에 따르면, 제프는 다음과 같은 질문을 무작위로 던지는 것을 좋아했다. "1년에 로스앤젤레스 국제공항을 이용하는 여행객은 몇 명이나 될까요?", "왜 맨홀 뚜껑은 원형인가요?" 그 결과 초기에 채용된 직원의 상당수는 좋은 대학교에서 높은 학위를 받은 사람들이었다. 또한 의외의 질문에 능숙하게 답변을 고안해내는 선수들이었다(맨홀 뚜껑이 둥근 데는 몇 가지 이유가 있다. 하나는 뚜껑이 둥글어야 동그란 구멍 속으로 떨어지지 않아서이고, 다른 하나는 굴리기 쉬워서다). 물론 이런 질문은 지원자의 기초적인 지능과 독립적으로 사고하는 능력을 평가하는 데 도움이 될지도 모른다. 하지만 지원자가 해당 직무를 얼마나 잘 수행할지, 또 조직에서 사람들을 얼마나 효과적으로 이끌지를 알려주는 지표로는 부족했다.

시애틀 본사에 직원 수가 늘면서 제프는 더 이상 모든 인터뷰에 참여하지 못했다. 채용 프로세스를 진행하는 책임이 각 부서장에게 돌아가면서, 모든 채용 결정은 개별 팀 안에서 이루어지게 됐다. 아마존의 초기 구성원이자 콜린의 동료인 존 블라스텔리카John Vlastelica는 이런 현상을 한마디로 요약했다. "우리는 새로운 사람을 채용했고, 그 사람은 다시 새로운 사람을 채용했다."

조엘 슈피겔Joel Spiegel과 릭 달젤Rick Dalzell은 1999년에 아마존의 소프트웨어팀을 공동으로 이끌었다. 당시 최고기술경영자Chief Technology Officer, CTO인 셸 카판Shel Kaphan을 제외한 모든 제품 개발 직원들은 조엘과 릭의 결재를 받아야 했다. 소프트웨어팀 구성원들은 채용 목표를 공격적으로 설정할 수밖에 없었다. 새로운 사람을 신속하게 뽑지 못하면, 그 팀은 그해에 해야 할 업무를 완료하지 못할 가능성이 컸기 때문이다.

우리는 거대 유통회사에 다니던 사람을 이사로 채용했다. 그러고 나서 그에게 새로운 팀을 몇 개 만들라는 임무를 부여했다. 그가 가장 처음으로 채용한 직원은 전 직장에서 같이 일하던 관리자들이었다. 그렇게 뽑힌 관리자들은 각자의 재량에 따라 또 다른 직원을 채용했다. 당시 우리가 '비좁은 공간'에서 일했다고 말한다면, 그것은 절제된 표현이다. 우리는 '더 이상 공간이 없을 때까지' 사무실에 두 개, 세 개, 아니 네 개의 책상을 더 놓았다. 만약 복도가 넓었더라면 벽을 따라 책상을 나란히 놓았을 것이다. 문자 그대로 동료와 옆으로 '나란히 앉아' 일했으니, 누가 일을 잘하는 지 누가 죽을 쑤는지 아는 데는 그리 오래 걸리지 않았다. 새로 뽑은 직원들의 능력이 기존 소프트웨어 팀원들보다 현저히 낮다는 게 곧바로 분명해졌다. 신임 이사가 이끄는 조직은 물론이고, 전반적인 제품 개발 그룹의 능력 수준이 올라가기는커녕 하락하고 있었다.

당시 이런 문제에 직면한 회사의 대응 방식은 릭이나 조엘이 "똑똑하고 능력 있는 엔지니어를 뽑도록 노력하라"라며 신임 이사를 압박하는 것, 즉 '선한 의도'에 의존하는 방법이었을지 모른다. 하지만 진짜 문제는 신임 이사가 아마존에서 고려하는 '훌륭한 채용'이 무엇인지 알 방법이 없었다는 점, 더불어 자신의 팀을 평균 이하의 직원으로 채우지 못하게 가르치거나 막는 규정과 프로세스가 없었다는 점이다. 그들의 '선한 의도'는 1997년에 약 600명이던 직원 수가 2000년에 9000명, 2013년에 10만 명으로 빠르게 늘며 성장할 동안, 아마존에 고착된 채용 문제를 끝내 해결하지 못했다(이 책을 쓰는 2020년에 직원 수는 100만 명에 이른다).

하지만 결국 메커니즘이 해냈다. 릭과 조엘은 1999년에 채용 문제를 하나씩 해결해나가며, 회사가 이대로 팽창하다가는 지금과 같은 문제가 다시금 발생하리라는 걸 확신했다. 릭과 조엘은 존 블라스텔리카와 함께 회사의 기술 인력 채용을 전적으로 책임지기로 했다. 그러면서 아마존 문화에 걸맞은 우수 인재를 채용하

기 위한 프로세스를 성문화하는 데 착수했다(흔히 떠돌던 이야기와
는 달리 바 레이저 프로세스는 제프가 톱다운 방식으로 지시한 계획이 아
니다). 릭과 조엘, 그리고 존은 일정한 채용 기준을 유지해야 한다
는 핵심 문제에 집중했다. 그들은 문제를 규명한 후에, 원래는 '바
키퍼Bar Keeper'라 불렸지만 곧바로 '바 레이저'라 이름을 바꾼 전파
가능한 해결책을 고안했다. 그들은 제프에게도 바 레이저를 보고
했다. 제프는 이 아이디어에 열성적인 지지를 보내며 몇 가지 개
선점을 제안했다. 그렇게 회의가 끝나고 20개의 바 레이저가 정
해졌다. 바 레이저 프로세스는 시작과 동시에 아마존의 다른 사업
부로 확장되며 그들의 요구사항까지 수용할 만큼 성공적이었고,
21년이 지난 지금까지도 그중 몇몇은 여전히 아마존에서 살아 숨
쉬고 있다.

바 레이저라는 해결책

아마존의 바 레이저는 성공적인 채용 결정을 지속해서 내리기 위
해 공식적이고 반복적이며 전파 가능한 프로세스를 창조한다는
목적으로 만들어졌다. 훌륭한 프로세스가 모두 그러하듯이, 바 레
이저 또한 그 과정을 간단히 이해할 수 있고, 모르는 사람에게 가
르치기 쉬우며, 희소자원(예를 들어 단 한 명의 개인)에 의존하지 않
고, 계속해서 개선할 수 있는 '피드백 루프Feedback Loop'를 갖고 있
다. 이는 '아마존인 되기'를 위한 여러 도구 중 가장 초창기에 만

들어진 가장 성공적인 요소라고 말할 수 있다.

앞에서 언급한 바와 같이 기존의 채용 인터뷰 기법 중 상당수는 비공식적인 구조로 되어 있다. 인터뷰어의 '직감'에 의존하는 바람에 편향이 끼어들기 쉬운 구조다. 물론 탁월한 인터뷰어에게는 훌륭한 채용 결정을 내릴 예리한 본능뿐만 아니라 인터뷰 과정 중에 생기는 여러 가지 편향을 무시할 능력도 있을 것이다. 하지만 소수의 재능 있는 사람에게만 의존한다면 그 노하우를 확대하지 못하고 다른 사람에게 가르치지 못한다는 문제가 발생한다. 이러한 소질은 누구나 일반적으로 가질 수 있는 게 아니어서, 공식적인 프레임워크가 없이는 관련한 모든 사람이 훌륭한 인터뷰를 수행한다고 보장할 수 없다. 아마존의 바 레이저 프로세스는 이 같은 프레임워크를 제공하며, 임의적인 채용 프로세스의 변동성을 최소화하고, 궁극적으로는 채용의 결과를 향상하기 위해 설계되었다.

'바 레이저'는 채용 프로세스를 나타내는 이름이면서, 동시에 이 프로세스의 중심이 되는 개인 집단(기준을 높이는 사람들)을 가리키는 말이다. 바 레이저라는 개념을 만든 릭과 조엘, 그리고 존은 조엘이 아마존에 입사하기 전에 일했던 마이크로소프트에서 영감을 얻었다. 전부는 아니지만 상당수 채용 건에서 마이크로소프트는 '애즈 앱as-app'('as appropiate'의 약자로 적합한 사람을 뜻함 – 옮긴이) 인터뷰어라 불리는 노련한 인터뷰어를 최종 인터뷰에 배정했다. 애즈 앱의 유일한 역할은 채용의 질을 높이는 것이었다. 공석을 채우지 못한다고 해도 문책을 당하지 않았기 때문에 그들의 채용 결정은 시급성 편향에 전혀 영향을 받지 않았다.

아마존의 바 레이저들은 모든 인터뷰 루프에 참여한다. 이름처럼 '기준을 높여야 한다'는 신호가 되어, 신규 입사자가 적어도 한 가지 중요한 측면에서는 다른 구성원들보다 나아야 한다는 메시지를 채용 프로세스에 임하는 모든 사람에게 전달한다. 채용 기준을 높이면 팀은 계속해서 강해지고, 점점 더 강력한 '결과를 창출한다'는 이론이다. 그래서 바 레이저는 채용 관리자Hiring Manager(인사 총괄 관리자가 아닌 자신의 소속 팀원을 채용하는 정도의 역할을 가리킴 – 옮긴이)나 리크루터 수준에 그칠 수는 없었다. 바 레이저는 어떤 채용 과정에서든 거부권을 행사하고 채용 관리자의 결정을 무효로 할 수 있는 막강한 권한을 부여받았고, 특별한 훈련도 받았다.

릭과 조엘, 그리고 존은 인터뷰 스킬과 타인의 재능을 평가하는 능력, 높은 기준을 고수하는 태도, 동료와 리더의 신뢰도, 개인의 리더십 역량에 따라 아마존 최초의 바 레이저를 선발했다.

이 프로그램은 수년간 생각보다 많은 저항을 받았다. 제프나 다른 리더가 설정한 목표를 달성하느라 실무진에서는 애가 타도 필요한 사람을 신속하게 확보할 수 없는 경우가 다반사였고, 일부 관리자에게는 거부권을 지닌 바 레이저가 자신의 앞길을 막아서는 적처럼 보였다. 특히 초창기 바 레이저는 회사에 새로 들어온 경력 입사자(관리자)들을 어리둥절하게 만들었다. 이들은 줄곧 예외가 있을 수 있지 않겠느냐고 물었다. 채용은 늘 긴급하기 마련인데, 그렇다고 해서 관리자들에게 편법이 허용된 적은 없었다.

유능한 관리자들은 채용 프로세스에 상당한 시간을 쏟아야 한다는 점을 재빨리 깨달았다. 그들은 아마존인이 될 지원자를 찾아 인터뷰하고 채용하려는 노력을 배가했다. 반면 일상적인 업무를 수행하면서 동시에 구인과 인터뷰에 시간을 쏟지 못한 관리자들은 살아남지 못했다.

결국 아마존에서 바 레이저는 통했다. 20년 넘는 세월 동안 아마존에서 개발된 수백 개의 프로세스 중에서 아마도 가장 널리 사용되고 가장 오래가는 프로세스일 것이다.

바 레이저 채용 프로세스는 다음의 여덟 단계로 진행된다.

1. 직무기술서 작성Job Description

해당 직무의 역할을 분명히 정의하고 명확하게 기재한 직무기술서 없이는 회사의 기준에 맞는 적합한 인재를 뽑기가 (불가능하지는 않지만) 상당히 어렵다. 아마존에서는 직무기술서를 작성하는 일부터가 채용 관리자의 책임이다. 바 레이저는 직무기술서의 명확성을 검토한다.

좋은 직무기술서는 그 내용이 반드시 구체적이어야 하고 초점이 분명해야 한다. 아마존 리더십 원칙과 같은 몇몇 채용 요건들은 모든 포지션에 걸쳐 공통으로 적용되지만, 주요 요건은 대부분 해당 직무마다 다르다. 예를 들어, 영업 관리자를 위한 직무기술서는 영업의 유형이 무엇인지(내부인지 외부인지), 영업의 대상이 B2B인지 B2C인지(물품의 발주부터 납품까지의 소요 시간인 리드 타임Lead Time은 길되 큰 가치를 얻는 영업인지, 판매가 바로 이루어지되 적은 가치를 얻는 영업인지), 역할의 수준은 무엇인지(수석 관리자인지 이 사인지 부사장인지)를 구체적으로 나타내야 한다. 소프트웨어 개발 엔지니어의 직무기술서라면, 설계 능력과 범용 시스템을 쉽게 관리할 수 있는 컴퓨터 코드 작성 능력을 두루 지녀야 한다는 점을 구체화해야 한다. 또 다른 역할일 경우, 공급업체와 성공적으로 협상하는 능력이나 다기능 팀Cross-functional을 관리하는 능력 등을 구체적으로 특정해야 한다. 만약 새로운 포지션에 관한 직무기술 서라면, 인터뷰어로 참여하는 사람들이 채용 관리자나 바 레이저를 만나 직무기술서를 함께 살펴보고 궁금한 사항을 질문하기도 한다. 이런 질문을 통해 채용 관리자는 자신이 규명하지 못한 해당 직무의 특징을 파악하게 된다.

대부분의 채용 관리자는 채용 프로세스를 진행하는 데 급급한 나머지 직무기술서 검토 과정을 생략하곤 한다. 하지만 이 경우 십중팔구 모호하고 시대에 뒤떨어진 직무기술서를 얻게 된다. 직무기술서가 해당 직무의 책임과 역량을 분명하게 담아내지 못하면 채용 프로세스는 실패할 수밖에 없다. 특히 전화 인터뷰와 대면 인터뷰를 담당하는 사람들에게는 명확한 직무기술서가 있어야 채용 결정에 필요한 올바른 질문을 던질 수 있다. 우리는 여러 차례 인터뷰 결과 보고 회의에 참석하면서 미흡하게 작성된 직무기술서가 인터뷰어와 채용 관리자 간의 충돌을 초래하는 상황을 수없이 목격했다. 저마다 지원자가 지닌 서로 다른 역량을 중요시했기 때문이었다. 이는 회사가 빠르게 성장하고 채워 넣어야 할 역할들이 많아질수록 덩달아 크게 불거질 수밖에 없는 문제였다.

2. 이력서 검토Résumé Review

직무기술서가 만들어지면, 이제는 인터뷰해야 할 지원자에게 집중할 시간이다. 리크루터(보통은 아마존 직원이지만 늘 그런 것은 아니다)와 채용 관리자는 인맥을 동원하거나, 링크드인LinkedIn을 활용하거나, 채용 공고를 통해 수집된 이력서를 검토하면서 후보자를 찾는다. 리크루터는 이력서의 내용이 직무기술서로 정의한 직무 요건을 얼마나 충족하는지 파악한 후 가장 적합해 보이는 지원자들을 추려낸다. 만약 리크루터가 선별한 지원자가 채용 관리자의 기대를 충족시켰다면, 이는 직무기술서가 꽤 명확하고 구체적으로 쓰였다는 의미다. 하지만 반대로 '과녁'을 벗어난 것처럼 보인다면, 그것은 아마도 직무기술서를 다시 작성해야 한다는 뜻일 것이다. 이를테면 아마존이 '자율팀Autonomous Team'(자세한 내용은 3장에서 다룬다) 구조로 전환하던 시기에는 '조율가' 역할을 채용하는 대신 '실행가'와 '발명가' 채용에 힘을 기울여야 했다. 이것은 직무기술서에 좀 더 구체적이고 새로운 요건이 추가되어야 한다는 것을 의미했다.

직무기술서가 수정되기 전까지 우리는 '팀 간 의견 조율' 능력을 지닌 사람들로부터 너무나 많은 이력서를 받았고, 그것들을 모두 폐기할 수밖에 없었다.

3. 전화 인터뷰Phone Screen

이력서 풀에서 지원자들을 선별했다면, 채용 관리자(혹은 특수한 기술 분야라서 채용 관리자로부터 권한을 위임받은 사람)는 각 지원자와 한 시간짜리 전화 인터뷰를 한다. 전화 인터뷰를 하는 동안 채용 관리자는 지원자에게 해당 직무를 상세하게 설명하고, 지원자는 자신의 배경과 아마존에 입사하기로 한 이유를 이야기하면서 어느 정도 유대감을 형성한다. 이 중 45분 정도는 관리자가 지원자에게 질문하고 또 후속 질문을 던지는 시간이다. 채용 관리자가 미리 만들어둔 질문들은 지원자의 과거 행동 사례를 파악하기 위한 것("당신이 …했을 때를 설명해주십시오")과 아마존 리더십 원칙에 지원자가 얼마나 부합하는지 살피기 위한 것들이다. 이후 마지막 15분은 보통 지원자에게 질문할 기회를 주는 시간으로 쓰인다.

이렇게 상세한 전화 인터뷰가 끝나면, 채용 관리자는 지금까지 수집한 데이터에 기반하여 지원자를 뽑고 싶은지 그렇지 않은지를 결정한다. 만약 전자라면, 후보자는 대면 인터뷰에 임하라는 요청을 받을 것이다. 더러 기업에서는 지원자에게 확신이 들지 않을 때에도 채용 결정에 도움을 얻기 위해 대면 인터뷰 기회를 준다. 하지만 이는 잘못된 판단이다. 의심스러운 지원자는 결국 대부분 채용되지 않으며, 그 과정에서 너무 많은 시간과 비용을 낭비하고 만다. 채용 관리자는 전화 인터뷰 후에 채용하고 싶은 마음이 들지 않는 지원자는 과감히 다음 인터뷰에 초청하지 말아야 한다. 평가에 영향을 미치는 변수(주어질 역할, 채용 관리자의 판단력, 검토해야 할 이력서의 양과 질)는 많지만, 전화 인터뷰를 통과하고 대면 인터뷰에 참여하는 비율은 대개 네 명 중 한 명꼴이다.

아마존은 전체 지원자가 '채용 깔때기'를 통과하는 규모와 비율을 추적하고 데이터를 기록하여 이를 프로세스의 개선뿐만 아니라 리크루터와 채용 관리자를 코치하고 교육하는 데 사용한다. 그리고 이것이야말로 훌륭하게 운영되는 채용 프로세스의 전형적인 특징이라고 할 수 있다.

4. 대면 인터뷰In-house Interview

대면 인터뷰를 완료하기까지는 5~7시간가량 걸린다. 그렇기에 대면 인터뷰를 실행하기에 앞서 많은 책임과 과업을 짊어진 여러 사람의 참여, 세심한 준비, 계획이 필요하다. 채용 관리자는 인터뷰 루프를 계획한다. 그는 얼마나 많은 인터뷰어가 루프에 참여해야 하는지를 결정할 뿐 아니라 인터뷰어의 역할과 분야, 직급, 전문성 등을 모두 고려해야 한다. 일반적으로 가장 효과적인 루프는 인터뷰어 5~7명으로 구성된다. 아마존은 이보다 많은 인터뷰어를 참여시킬수록 효과가 줄어든다는 사실과, 이보다 적은 인터뷰어를 선정할 때 지원자를 판단하는 평가의 격차가 자주 발생한다는 사실을 깨달았다. 참여 인원이 몇 명이든 간에 채용 관리자와 리크루터, 한 명의 바 레이저는 반드시 포함돼야 한다.

인터뷰 루프 참여자는 몇 가지 중요한 요건을 충족해야 한다. 첫째, 모든 사람은 회사의 인터뷰 프로세스를 반드시 올바르게 훈련받아야 한다. 아마존은 인터뷰 프로세스가 어떻게 작동하고, 인터뷰를 어떻게 수행해야 하는지 한나절 일정으로 교육한다. 이어서 훈련을 받은 인터뷰어는 실전에 투입되기 전에 적어도 한 번은 고위급 인터뷰어와 짝을 이루어 실제 인터뷰를 함께 수행한다.

둘째, 인터뷰 루프에 참여하는 사람은 지원자가 입사 후 받을 직급보다 한 단계 이상 낮은 직급이어서는 안 된다. 지원자의 부하 직원이 될 사람이 인터뷰어가 돼서는 안 된다는 것이다. 사람들은 종종 자신의 관리자를 뽑는 데 참여하기를 원하며, 자신들이 인터뷰 프로세스에서 제외되면 속상해하기도 한다. 하지만 부하 직원이 미래의 상사를 인터뷰하는 것은 분명 잘못이다. 인터뷰가 진행될 동안 지원자는 불편함을 느낄 것이고, 부하 직원은 지원자의 약점을 발견할 것이며, 인터뷰 결과 보고 회의를 통해 다른 인터뷰어가 지적한 약점들까지 알게 될 것이다. 이것은 훗날 팀이 제 기능을 하는 데 악영향을 끼칠 수 있다. 자신이 원치 않는 지원자가 관리자로 채용된다면 인터뷰에 참여한 부하 직원에게 좋은 일이 일어날 리 만무하다.

초창기 아마존에 바 레이저가 만들어지기 전, 우리의 옛 동료 중 한 명은 자신의 관리자가 될 사람을 뽑는 채용 프로세스에 참여한 적이 있다. 그는 '뽑지 말아야 한다'는 강력한 피드백을 평가서로 제출했지만, 결과적으로 그 지원자는 채용되었다. 리크루터는 신임 관리자에게 그가 쓴 부정적 피드백을 보여주었다. 이후 처음으로 열린 팀 회의에서 신임 관리자는 그가 앉은 테이블 가장자리로 해당 문서를 집어 던졌다. 마치 어디 한번 해보자는 사람처럼, 그의 말마따나 '굉장히 기이한' 행동이었다. 결국 1년 뒤, 그 상사는 짐을 싸서 회사를 떠났다.

그럼 지금부터 아마존에 정착된 독특한 대면 인터뷰의 두 가지 특징을 함께 살펴보자.

1) 행동사건 인터뷰Behavioral Interview

앞서 말한 것처럼 초창기 아마존에는 인터뷰에 관한 공식적인 설명이나 가이드가 별로 없었다. 관리자와 인터뷰어는 자신이 생각하기에 의미가 있다면 그 어떤 질문이든 지원자에게 던졌다.

그러다가 마침내 인터뷰 프로세스의 가장 중요한 목표가 무엇인지 분명하게 결정되었다. 그 목표는 바로 '지원자의 과거 행동과 일하는 방식이 아마존 리더십 원칙에 얼마나 잘 부합하는가'를 판단해야 한다는 것이었다. 관리자와 인터뷰어는 지원자의 기본 정보(학력과 경력의 세부사항)는 아마존 원칙에 부합하는 인재를 찾는 데 별로 신뢰할 만하지 않다는 사실을 깨달았다.

우리는 소프트웨어 엔지니어 지원자에게 화이트보드를 가져다주고는 소프트웨어 코드를 써보라는 식의 매우 일반적인 방법으로 직무 특성에 맞는 기술을 평가했다. 하지만 지원자가 아마존 리더십 원칙을 얼마나 잘 발휘할 수 있는가를 측정하기 위해서는 행동사건 인터뷰 기법을 도입해야 했다. 이 기법은 열네 가지의 리더십 원칙 중 하나 이상을 각 인터뷰어에게 할당하고, 그들이 돌아가면서 지원자에게 관련한 질문을 던지는 방식이다. 이 방식을 사용하면 두 가지 유형의 데이터를 끌어낼 수 있다.

첫째, 인터뷰어는 지원자가 어려운 문제를 해결하는 데 어떤 기여를 해왔고, 아마존에서 겪게 될 비슷한 업무 상황에서 어떻게 행동해왔는지 등 생생한 사례를 얻을 수 있다. 둘째, 인터뷰어는 지원자가 자신의 목표를 어떻게 달성했는지와 그 방법이 아마존 리더십 원칙에 부합하는지를 알 수 있다. 요컨대 "당신의 경력에 관해 이야기해주세요" 혹은 "이력서 내용을 상세히 설명해주세요"와 같은 일반적이고 개방적인 질문은 시간 낭비일 뿐이다. 인터뷰어가 원하는 특정 정보를 드러내지도 않을뿐더러, 질문에 답하는 지원자들은 자신의 경력을 미화시켜 긍정적인 내용을 전달하려 할 것이 틀림없기 때문이다.

반면 각자에게 할당된 리더십 원칙에 따라 질문하면 인터뷰의 효율은 달라진다. 예컨대 '최고의 기준 고수하기'라는 원칙을 담당하는 인터뷰어는 이런 식으로 질문해야 한다. "팀장이 새로운 프로젝트나 계획을 시작하라고 지시했는데, 그 일이 충분히 도전적이지 않아서 계획을 재고해야 한다고 얘기했던 사례가 있다면 말씀해주시겠습니까?"

지원자가 대답을 마치면 인터뷰어는 더 깊이 파고들어야 한다. 특정 정보를 얻기 위해 후속 질문을 하는 것인데, 지원자가 과거에 어떤 임무를 수행했고 어떤 성과를 냈는지 확실히 파악하는 것이 특히 효과적이다. 어떤 지원자는 팀의 성취를 두고 자신의 기여를 과장하거나 혼동하기도 한다. 반대로 겸손한 지원자일수록 행여 떠벌리는 사람처럼 보일까 봐 자신의 역할을 축소해서 말하기도 한다. 두 가지 경우 모두 인터뷰어는 진실을 조심스럽게 캐내야 한다.

아마존의 인터뷰어들이 진실을 파고들기 위해 사용하는 방법은 다음과 같다. 약자를 따서 'STAR(스타)'라고 부른다.

"어떤 상황Situation이었습니까?"

"어떤 과제Task를 맡았습니까?"

"어떤 행동Action을 취했습니까?"

"결과Result는 어땠습니까?"

훌륭한 인터뷰어라면 지원자가 개인적으로 성취한 것과 팀이 수행한 것을 잘 구분할 수 있을 때까지 질문을 이어간다. "당신이 프로젝트 X 대신 다른 프로젝트에 투입되었다면, 프로젝트 X에 어떤 변화가 생겼을까요?", "프로젝트 X에서 가장 힘들었던 결정은 무엇이었고, 누가 그 결정을 내렸나요?"와 같은 질문들로 그런 정보를 얻을 수 있다.

또한 인터뷰어는 인터뷰의 주도권을 유지하도록 훈련받는다. 지원자가 질문을 회피하고 상황을 모면할 목적으로 끝없이 빙빙 도는 답변을 하는 걸 아마도 한 번쯤은 경험했을 것이다. 아니면 지원자가 그저 불안을 잠재울 요량으로 일부러 큰 소리로 떠벌리는 경우도 있었을 것이다. 이럴 때 인터뷰어는 지원자의 말을 정중하게 끊고서 다음 질문으로 넘어갈 줄 알아야 한다.

앞서 우리는 전화 인터뷰 과정에서 인터뷰어와 지원자가 어느 정도 유대감을 형성하는 과정이 필요하다고 언급했다. 대면 인터뷰에서도 마찬가지다. 아마존은 인터뷰어에게 모든 지원자(해당 직무에 자격이 있든 없든 상관없다)가 회사의 잠재 고객이라는 점을 주지시킨다. 지원자들이 자신의 친구나 동료에게 인터뷰 경험을 이야기한다고 가정해보라. 때로는 이 가정을 무너뜨리고 싶은 순간이 찾아올지도 모른다. 특히 지원자가 해당 역할이나 회사에 맞

진실을 파고들기 위한 질문

"어떤 상황(Situation)이었습니까?"
"어떤 과제(Task)를 맡았습니까?"
"어떤 행동(Action)을 취했습니까?"
"결과(Result)는 어땠습니까?"

지 않는다는 확신이 들 때는 더욱 그렇다. 그렇더라도 인터뷰어는 지원자가 회사의 잠재 고객이라는 점을 잊지 말아야 한다(이 과정에 대한 팁은 부록을 참고).

2) 바 레이저

바 레이저는 모든 인터뷰 루프에 관여한다. 인터뷰 프로세스가 제대로 이루어지고 있는지, 잘못된 채용 결정을 내리고 있지는 않은지를 꼼꼼히 살피는 역할이다. 또한 그들은 다른 인터뷰어에게 모범을 보이기 위해 투입된다. 인터뷰를 수행하는 일 이외에 다른 사람들에게 인터뷰 기법을 코치하거나, 인터뷰 결과 보고 회의에서 적절한 탐지용 질문을 던지며, 개인의 편향이 채용 결정에 영향을 끼치지 않도록 단속하는 한편, 지원자가 회사의 채용 기준에 부합하는지를 판단하는 일을 한다.

바 레이저는 인터뷰 프로세스의 모든 면에서 전문가 수준이 되도록 훈련받는다. '바 레이저 코어Bar Raiser Core'라고 불리는 '고참' 바 레이저 그룹이 이 프로그램을 관리하는데, 대부분 부사장급과 이사급으로 이루어져 있다(우리 중 빌은 이 그룹 멤버였다). 코어 멤버들은 보통 수년간 프로그램의 일원이 되어 수많은 인터뷰에 참여한다. 숙달된 인터뷰 기법을 실례로 보여주고, 인터뷰 결과 보고 회의를 진행하며, 채용 결정을 내리면서, 다른 바 레이저들을 가르치고 훈련한다.

바 레이저 후보는 현직 바 레이저들과 바 레이저 코어 멤버들이 선발한다. 후보가 되면 멤버들의 평가를 받는데, 임시로 승인을 받은 후에야 코어 멤버가 주도하는 훈련 세션에 참여할 수 있다. 그들은 먼저 멘토 역할을 할 바 레이저 한 사람과 짝이 되어 활동한다. 이 둘의 활동은 다시 바 레이저 코어가 평가한다. 이 과정을 전부 거친다 해도 모든 후보가 정식으로 바 레이저가 되는 것은 아니다. 이들 중 몇몇은 훈련받은 내용을 실행해내지 못할 수 있고, 또 몇몇은 인터뷰 기술이 부족할 수 있으며, 더러는 인터뷰를 적절하게 이끌지 못하거나 인터뷰 결과 보고 회의를 올바로 진행하지 못할 수 있기 때문이다.

하지만 바 레이저가 되는 스킬은 거의 모든 사람이 배울 수 있다. 모두가 훌륭한 인터뷰어의 자질을 타고난 것은 아니지만, 좋은 지도와 멘토링을 받는다면 지원자에게 날카로운 질문을 던지고 후속 질문으로 탐지하는 능력을 충분히 학습할 수 있다.

바 레이저가 된다고 해서 연봉이나 보너스를 더 받는 것도 아니고, 일상 업무를 일부 면제받는 것도 아니다. 바 레이저로서 공식적으로 얻는 유일한 인정은 회사 온라인 명부에 '아이콘'을 붙여 이름을 올릴 수 있다는 것뿐이다. 그럼에도 바 레이저는 누구나 탐내는 역할이다. 아마존의 채용 수준을 최고의 프로세스로 유지하는 데 직접 참여하는 역할이기 때문이다.

바 레이저 프로세스 또한 아마존의 다른 프로세스들처럼 진화를 거듭해왔다는 점을 주목해야 한다. 오늘날에는 거의 100만 명에 육박하는 채용 수요를 관리하기 위해 여러 개의 바 레이저 코어 팀이 존재한다. 아마존 프로세스가 어떻게 초창기부터 회사의 규모 확대에 대응해왔는지를 보여주는 또 하나의 좋은 사례다.

5. 피드백 작성Written Feedback

앞서 '그린 컴퍼니'의 예시에서 언급했듯이, 인터뷰 후의 피드백 작성은 효과적인 채용 프로세스에 필수적이다. 이 말은 곧 모든 인터뷰어가 반드시 정확하고 상세하게 기록을 (가능한 한 토씨 하나까지 틀리지 않고) 남겨야 한다는 뜻이다. 질문과 공란으로 구성된 질의서를 들고 인터뷰에 임할 수도 있고, 컴퓨터로 기록할 수도 있다. 때로는 지원자의 이력서 뒷면에 손으로 기록을 남길 수도 있다(단, 인터뷰를 시작할 때 기록을 남긴다는 것과 그 이유를 지원자에게 설명할 필요가 있다). 어떤 방식이든 인터뷰에서 수집한 데이터와 기록은 동료 인터뷰어들과 돌려 볼 피드백을 작성하는 데 원천이 된다. 이때 완전하고 상세한 기록을 남기지 않으면 바 레이저의 호출을 받게 된다.

피드백 문서는 인터뷰에서 나온 구체적이고 상세한 사례들로 채워져야 한다. 그러기 위해서는 인터뷰를 완료한 직후 바로 피드백 문서를 작성해야 한다. 그러지 않으면 기억나지 않는 부분이 분명 생기기 마련이다. 아마존은 인터뷰를 마치고 나서 15분을 피드백 작성에 할애하는 게 현명하다는 것을 깨달았다. 피드백 문서는 작성자(인터뷰어)가 자신의 결정이 타당하다는 것을 증명하기 위해 따로 무언가를 제시할 필요가 없을 정도로 철저하고 명확해야 한다. 다시 말하지만, 피드백 작성은 아마존에서 '선택 사항'이 아니다. 마땅히 해야 할 '책임'이며, 문서 대신 구두로 피드백할 수 없다.

피드백 문서에는 지원자에 대한 인터뷰어의 찬반 결정이 들어간다. 찬반 결정은 '매우 채용하고 싶다', '채용하고 싶다', '채용하고 싶지 않다', '매우 채용하고 싶지 않다'라는 네 가지 방향으로 내릴 수 있다. 여기서 '미결정'이라는 선택지는 없다. 알맹이 없이 에둘러 써서도 안 되며, 단서를 달아서도, 주의 사항을 덧붙여서도 안 된다. "채용하고 싶지만 나는 점심 식사를 겸하여 잠깐 인터뷰를 했을 뿐이다. 충분히 대화를 나눌 수 없었다"라거나 "나는 아직 결정을 내리지 못했다. 그래서 다른 사람의 의견을 듣고 싶다"와 같은 언급은 허용되지 않는다. 때에 따라서는 "나는 이 지원자를 고위 관리자급으로 채용하고 싶다. 하지만 이사급으로는 아니다"와 같은 의견이 채택되기도 한다. 일반적으로 직급이 직무기술서에 명시돼 있지만, 간혹 채용 관리자가 여러 직급의 채용을 진행할 수도 있기 때문이다. 물론 이런 조건 역시 직무기술서에 명시해야 한다. 편향을 없애기 위해 인터뷰어는 자신의 피드백을 제출하기 전까지 다른 멤버들의 찬반 결과, 코멘트, 피드백을 열람하거나 서로 토론할 수 없다.

6. 인터뷰 결과 보고와 채용 회의Debrief/Hiring Meeting

대면 인터뷰가 완료되고 피드백 문서와 찬반 결과가 수집되면, 인터뷰어들은 인터뷰 결과를 보고하고 채용 결정을 내리기 위해 곧바로 대면 회의(혹은 화상 회의)에 참석한다. 바 레이저는 가능한 한 즉시 회의가 열리도록 해야 하는데, 보통은 인터뷰가 완료되고 며칠 안에 회의가 열린다. 회의는 참석한 모든 사람이 모든 인터뷰 피드백 문서를 읽으면서 시작된다. 그런 다음 바 레이저는 참석자들에게 이렇게 말하며 토론을 개시한다. "이제 모두가 모든 피드백을 읽어봤습니다. 혹시 결정을 바꾸고 싶은 사람이 있습니까?" 이렇게 말하는 이유는 각 인터뷰어가 처음에는 자신이 진행한 인터뷰에서 얻은 데이터만을 토대로 찬반 결정을 내렸기 때문이다. 인터뷰 루프에 다섯 명의 인터뷰어가 참여했다면, 이 말은 곧 최초의 찬반 결정이 5분의 1 데이터만으로 내려졌다는 뜻이다. 모든 인터뷰 기록과 코멘트를 읽고 나면 결정을 내리는 데 필요한 정보를 네 배 더 많이 가지게 된다(다른 네 명의 인터뷰어가 수집한 데이터를 접하게 된다는 뜻 – 옮긴이). 이렇게 추가로 얻은 데이터는 최초의 결정을 더욱더 확신하게 할 수도 있고, 반대로 바꾸게도 할 수 있다. 그 결과가 어떻든 모두 유효하고 타당하다. 추가 데이터를 접하고 나서 찬반 결정이 바뀐다 해도 절대 부끄러운 일이 아니다.

바 레이저는 화이트보드에 열네 가지의 리더십 원칙을 적어놓고, 지원자가 각각의 기준에 부합하는지, 미흡한지를 따지며 회의를 시작할 수도 있다. 채용 회의는 단지 찬반 결정을 취합하는 수준에서 그치지 않는다. 찬반이 팽팽히 맞서는 경우도 있기 때문이다. 유능한 바 레이저는 소크라테스식 질문법을 사용하여 비판적 사고 프로세스에 시동을 건 다음, '모든 참석자(적어도 참석자의 대다수)가 같은 결론에 도달한다'는 목표로 대화를 이끌어간다. 이후 회의는 바 레이저의 검증 아래 채용 관리자의 결정으로 마무리된다. 만약 채용 관리자나 바 레이저가 결정을 내리기에 정보가 충분하지 않다고 느낀다면, 그것은 프로세스 초기부터 문제가 있었다는 뜻이다. 이를테면 한 명 이상의 인터뷰어가 자신에게 할당된 리더십 원칙을 바탕으로 지원자를 적절히 평가하지 못했다는 방증이다.

바 레이저가 거부권을 행사하는 경우는 극히 드물다. 우리의 경험상 그랬고, 15여 년이 넘을 동안 4000회가량 진행된 인터뷰에 참석했던 인터뷰어를 대상으로 한 비공식적인 조사 결과로도 그렇다. 우리는 거부권이 행사된 경우가 총 세 차례에 불과하다는 사실을 발견했다. 그중 한 번은 채용 프로세스의 초창기인 1999년에 발생했고, 나머지 두 번은 아마존에 새로 합류해 조직에 완벽히 적응하지 못한 채용 관리자들로 인해 벌어졌다. 바 레이저는 거부권을 행사하는 대신 인터뷰 기록에서 올바른 사례를 공유하고, 인터뷰 패널들과 채용 관리자에게 적절한 탐지용 질문을 던지면서, 지원자가 기준에 부합하지 못하고 채용의 질을 끌어올리지 못할 인물이라는 걸 알아차리도록 돕는다.

바 레이저 프로세스 중에서 특히 인터뷰 결과 보고 회의는 익숙해지는 데 시간이 걸린다. 우리는 새로 합류한 채용 관리자들이 바 레이저가 주관하는 첫 번째 인터뷰 결과 보고 회의에서 눈에 띄게 불편해하는 모습을 수도 없이 목격했다. 그들은 자신이나 리크루터가 채용 회의를 이끄는 전통적인 방식에 익숙해 있었다. 그뿐만 아니라 '신참' 채용 관리자는 방 안에 모인 인터뷰어들에게 지원자를 변호하려는 충동을 보이고는 했다.

아마존에서 채용 관리자는 자신이 회의를 주도하지 못한다는 것과 다른 인터뷰어들을 설득하면 안 된다는 것을 곧바로 알게 된다. 인터뷰어의 역할은 채용 관리자가 데이터를 수집하여 그에 따른 결정을 내리도록 돕는 일이지, 채용을 방해해서는 안 된다. 채용 관리자들에게 가장 좋은 '실천법'은 경청하면서 이따금 발언하는 것이다. 다시 한번 상기하지만, 바 레이저 프로세스는 시급성 편향에 의한 시간 낭비와 길고 긴 고통으로 이어지는 잘못된 채용 결정을 막기 위해 설계되었다.

많은 기업이 인터뷰 결과 보고 회의 절차를 무시한다. 그 대신 채용 결정을 내리는 사람(채용 관리자)이 리크루터와 함께 피드백 문서를 살펴보고 둘이서 토론하는 데 그치는 식이다. 반면 아마존의 인터뷰 결과 보고 회의는 각 인터뷰어가 다른 인터뷰어에게 인재를 평가하는 능력을 배울 기회로 활용된다. 앞에서도 언급했듯이, 바 레이저의 역할 중 하나는 인터뷰 루프에 참여하는 인터뷰어들을 가르치고 코치하는 일이다. 만약 바 레이저가 프로세스에서 잘못된 점을 발견하면, 실시간으로 코칭과 피드백을 하면서 프로세스가 다시 정상 궤도에 오를 수 있도록 해야 한다. 훌륭한 바 레이저는 때때로 지원자를 평가하기보다 인터뷰 결과 보고 회의에서 인터뷰어를 가르치고 코칭하는 데 더 많은 시간을 할애하기도 한다.

7. 추천 조사Reference Check

추천 조사는 채용 결정에 거의 영향을 미치지 않기 때문에 요즘에는 그다지 강조되지 않는다. 하지만 프로세스의 구성요소 중 하나이므로 원래는 어떻게 실행되었는지 간략히 소개하기로 한다.

인터뷰 패널들이 지원자를 채용하기로 한다고 해도 프로세스는 그걸로 끝이 아니다. 채용 관리자나 리크루터는 지원자에게 4~5명의 추천인 명단을 제출하라고 요청한다. 이상적인 추천인은 전 직장의 관리자나 동료, 부하 직원처럼 수년 동안 지원자와 함께 일한 사람들이다.

채용 관리자는 추천인에게 전화를 걸어 지원자의 자질과 과거 성과를 알아보고 확신을 얻기 위해 몇몇 질문을 던진다(리크루터에게 이를 맡기지 않는다). 그중 효과적인 답변을 얻어내는 질문은 "기회가 주어진다면 이 사람을 다시 채용하겠습니까?"이다. 또한 "귀하가 함께 일했던 사람 중에서 이 지원자는 상위 몇 퍼센트에 속합니까?"라는 질문도 좋다.

다시 말하지만, 추천 조사는 채용 결정을 검증할 수 있어야 하고 채용 관리자가 같이 일할 사람을 파악하는 데 도움을 주어야 한다.

8. 채용 결정 통보Offer Through Onboarding

팀이 지원자를 합격시키기로 했다면 그다음엔 어떻게 해야 할까? 많은 기업에서는 채용 관리자가 리크루터를 시켜서 채용 결정을 통보하도록 한다. 하지만 이는 또 하나의 잘못된 조치다. 채용 관리자 본인이 채용 결정을 직접 통보해야 하고, 지원자에게 앞으로 그가 맡을 역할과 더불어 회사를 '팔아야Selling' 한다. 회사가 지원자를 선택했다고 해서 지원자가 회사를 선택했다는 뜻은 아니다. 유능한 지원자는 그 사람의 현 고용주는 물론이고 다른 기업에서도 적극적으로 러브콜을 받는 대상이라는 걸 반드시 유념해야 한다. 지원자를 놓칠 리스크는 항상 존재한다. 지원자가 사무실에 출근하기 전까지는 그 무엇도 장담할 수 없다.

이것이 바로 채용 관리자와 그의 팀원들이 채용 결정 통보 프로세스에 계속 관여해야 하는 이유다. 지원자가 회사뿐만 아니라 그가 함께 일할 팀원들에게 계속 흥미를 갖도록 이끌어야 한다. 지원자가 입사하면 아마도 몇 년간은 깨어 있는 시간 대부분을 팀과 함께 보낼 것이다. 그간의 채용 노력이 좋은 결과를 가져오기 바란다면, 채용 결과를 통보하는 시점에도 힘을 쏟아야 한다.

채용 결정 통보를 완료하면 그가 최종 입사 결정을 내릴 때까지 적어도 일주일에 한 번은 팀원 중 한 명이 그와 연락을 유지해야 한다. 이런 연락은 지원자가 팀에 합류하기를 얼마나 기대하는지 표현하는 이메일처럼 간단하게 이루어져도 좋다. 때때로 아마존은 지원자가 좋아할 만한 책들을 묶은 '책 폭탄Book Bomb'이나 여러 장의 DVD를 보내곤 했다. 연락은 커피 한 잔이나 점심 식사로도 이어질 수 있다. 중요한 것은 이런 제스처들이 진실하고 개인적이어야 한다는 점이다.

이 마지막 단계는 지원자에 대해 더 많은 것을 파악하고, 그의 입사 결정에 영향을 미칠 핵심요소를 규명하기 위함이다. 이따금 이 단계에서 파악하게 된 사실 때문에 놀랄 수도 있다. 예컨대 지원자는 역할과 보상을 마음에 들어 하지만, 그의 배우자나 파트너가 직무의 몇 가지 측면을 의심할 수도 있다. 만약 대학교를 갓 졸업한 사람을 채용한다면, 부모가 입사 결정에 영향을 미칠 수 있다. 채용 결정을 통보한 후에 회사는 지원자와 대화를 이어가면서 입사 결정과 관련해 어떤 이슈가 발생하는지 발견하고 대응하며 해결해나가야 한다.

채용 계약이 완료되도록 다른 사람의 도움을 받는 것도 유용할 수 있다. 아마도 직원 중에는 지원자와 같은 직장에 다녔거나, 같은 학교 출신이라거나, 유사한 의구심을 극복했던 사람이라거나, 보상과 업무 스타일 등에서 지원자와 같은 궁금증을 가졌던 사람이 있을 것이다. 특히 조직에서 높은 지위에 있는 사람이 이메일이나 전화로 지원자에게 연락을 취하는 것은 채용 계약을 완료하는 데 큰 도움이 될 수 있다. 부사장이나 CEO에게 어떤 방식으로든 지원자에게 연락해달라고 요청하는 것을 두려워하지 마라.

바 레이저의 변동

이 책에서 논의할 여러 아마존의 프로세스와 마찬가지로, 바 레이저 역시 변화를 거듭했다. 핵심요소들은 아마존이 성장하면서도 꿋꿋이 살아남았지만, 많은 팀은 특정 이슈를 해결하기 위해 프로세스의 일부를 수정했다. 그러니 당신도 이런 변화를 두려워하지 마라.

한번은 아마존에서 초급 소프트웨어 개발 엔지니어를 뽑아야 하는 팀이 있었다. 인터뷰 루프를 마치고 난 그들은 '채용하지 않기로 한' 지원자의 비율이 다른 팀보다 훨씬 높다는 점을 발견했

BAR RAISER

다. 그들은 가설을 하나 세웠다. 전화 인터뷰를 성공적으로 마친 지원자가 너무나 많아서 그들이 모두 대면 인터뷰에 초청됐다는 가설이다. 이 가설을 증명하기 위해 그들은 시애틀 본사로 지원자를 초청하기에 앞서 두 번의 전화 인터뷰를 수행하기로 했다. 그리고 이 방식은 프로세스의 개선 여부와는 별개로 그 동기 자체는 효력을 발휘했다. 그들은 다른 팀들과 채용 지표를 비교함으로써 프로세스에 문제가 있었다는 걸 발견한 것이다.

한편 바 레이저 프로세스를 아주 간단하게 수정하여 놀라울 만큼 긍정적인 결과를 가져온 사례도 있다. 어느 팀의 이사는 성별 다양성을 높이고자 했다. 이후 여러 분기에 걸쳐 노력했는데, 그 성과는 부서 밖에서도 눈에 띌 정도로 놀라웠다. 비결을 묻자 그는 아주 간단한 해결책을 보여줬다. 바로 이력서를 보내온 모든 여성 지원자와 전화 인터뷰를 한 것이다. 이 해결책은 채용 기준을 낮추지 않았을 뿐만 아니라, 자격이 없는 지원자를 '여성'이라는 이유로 우대하지 않았다는 점에서 중요하다. 만약 지원자가 전화 인터뷰를 통과하지 못하면 절대로 다음 단계로 나아갈 수 없었으니 말이다.

이를 통해 여성 지원자에 대한 검토자의 무의식적 편향이 이력서 전형에 영향을 끼친다는 사실이 분명하게 드러났다. 그 결과 훌륭한 자격을 지닌 여성 지원자들이 전화 인터뷰를 받기도 전에 탈락하고 말았다. 그 이사의 통찰력 있는 해결책은 프로세스의 핵심 원칙을 훼손하지 않으면서도 채용 결과를 향상시킬 수 있다는 것을 보여준 훌륭한 사례다. 더불어 편향이 어떻게 채용 결과를 은밀하게 망치는지를 상기하는 좋은 사례가 되었다.

바 레이저와 다양성

이 책의 원고를 완성한 시점인 2020년 6월에는 미국에서 벌어진 '블랙 라이브즈 매터Black Lives Matter' 운동이 인종 차별주의와 다양성, 평등, 포용의 이슈를 전례 없이 첨예한 논쟁으로 확산시켰다. 공평하고 포용적인 방식으로 인적 구조의 다양성을 추구하는 일은 오늘날 모든 회사나 조직에서 추구하는 가장 중요한 목표 가운데 하나다. 다양성에 도달하는 방법에 관해 우리가 알고 있는 입증된 프로세스나 로드맵은 없다. 따라서 이 책에서는 그 해결책을 제시하지 않을 것이다. 하지만 우리는 바 레이저 프로세스가 다양성, 평등, 포용에 도달하기 위한 총체적이고 장기적인 계획이 될 수 있다는 점만큼은 강조하고 싶다.

바 레이저 프로세스는 개인의 편향을 최소화하고, 각 지원자의 업무 본질이 리더십 원칙과 얼마나 일치하는지에 따라 데이터 기반의 채용 결정을 극대화하기 위해 고안되었다. 이 장 서두에서 언급했듯이, 개인적 편향은 비구조적인 인터뷰와 채용 프로세스에서 자연스럽게 발생한다. 사전에 인터뷰 질문을 준비하고, 인터뷰 기록은 반드시 서면으로 남기며, 인터뷰 후(평가하기 전)에 그 기록을 다시 읽고, 인터뷰 결과 보고 회의를 열며, 원칙을 충분히 이해한 상태에서 평가를 하는, 바 레이저 프로세스의 이 총체적인 과정은 모두 개인의 편향을 제거하는 일에 초점을 맞추고 있다. 이 과정에 참여하는 인원을 다양하게 구성한다면, 무의식적 편향이 끼어들 가능성을 확실하게 줄일 수 있다.

그렇다고 해서 조직의 인적 다양성을 달성하는 유일한 방법이 바 레이저라고 말하려는 것은 아니다. 그렇게 되려면 조직의 원칙에서부터 지원자를 모집하는 방법, 직무기술서를 작성하는 방법, 인터뷰어를 선발하는 과정은 물론 채용을 위한 원칙이나 기준 등 채용 프로세스의 모든 과정을 돌아보는 장기적이고 총체적인 사고가 필요하다. 만약 당신이 원하는 결과가 '다양한 인적 구조'라면, 바 레이저가 목표 달성까지는 보장할 수 없어도 하나의 유용한 대안은 되어줄 수 있을 것이다.

처음부터 최고를 채용하고 육성하라

바 레이저 프로세스는 '최고를 채용하고 육성하라'는 아마존의 핵심적인 리더십 원칙을 강화하는 데 기여해왔다. 이는 아마존을 전 세계적으로 성장시키고 확장시키는 데 중요한 역할을 한 리더들을 불러모은 최적의 방법이었다. 또한 다른 조직에도 충분히 확장할 수 있는 방법이라는 게 입증되었다.

무엇보다 아마존 채용 프로세스는 '플라이휠 효과Flywheel Effect'를 발휘한다. 즉, 오래 사용할수록 점점 더 큰 이득을 가져다준다는 이야기다. 이상적으로 보면 채용 기준은 계속해서 높아질 것이

다. 그리고 궁극적으로 직원들은 스스로 이렇게 말할 수 있어야
한다.

"그때 입사했기에 망정이지, 오늘 내가 인터뷰를 했다면 채용될
거라는 확신이 들지 않아."

3장　조직화

: 싱글 스레드 리더십

협업하지 말고 분리할 것!

왜 조직이 성장할수록 조율할 것은 늘어나는 반면 생산성은 감소하는가? 아마존은 '싱글 스레드 리더십'을 통해 각각이 독립된 팀으로 운영되면서 이런 현상을 극복했다. 이 장에서는 거대 기업일수록 팀을 조직화하는 데 더 많은 시간이 필요한 이유를 살펴보고, 팀 간에 독립적으로 일할 수 있도록 의존성을 약화하는 방법에 대해 알아볼 것이다.

"발명에 실패하기 위한 최고의 방법은, 그 일을 누군가에게 파
트타임 업무로 맡기는 것이다."[14]

*장면: 어느 회의실. 제프를 비롯해 S-팀 멤버 몇 명이 테이블 한
쪽에 앉아 있다. 반대편에는 아마존의 거대 비즈니스 부문을 책
임지는 수석 부사장과 그 밑의 부사장 두 명, 이사급 임원 몇 명
이 앉았다. 분기별 사업 현황을 검토하는 이 자리에서 그들은 지
난 2분기 동안 '적색경보' 상태를 벗어나지 못한 모 계획을 논의
중이다. 누군가가 이렇게 묻는다.*
"어떤 방해 요소가 진전을 막고 있습니까?"

X   이   사(새로운 계획을 가장 잘 알고 있는 사람): 아시다시피 이 프로젝

트에는 변동 요소가 많습니다. 지금까지 다섯 건의 미해결 이슈가 발목을 잡고 있다는 걸 발견했습니다. 그것들은….

제　프: (말을 끊으며) 그 이슈들을 언급하기 전에, 누가 이 계획에서 가장 고위급 싱글 스레드 리더이지요?

비즈니스 부문 수석 부사장: (불편한 표정으로 잠시 뜸을 들이다가) 접니다.

제　프: 당신은 비즈니스 부문 전체를 책임지고 있지 않나요? 당신은 이 계획보다 훨씬 큰 전체의 성과에 집중해야 한다고 생각하는데요.

부사장 1: (팀을 위해 희생하려는 듯) 사실 접니다.

제　프: 그렇다면 당신과 당신 팀원들은 오로지 그 계획에만 매달려 일한다는 말이로군요?

부사장 1: 그건 아닙니다. 그 계획을 전담하는 인원은 제품 관리자 한 사람입니다. 하지만 다른 직원 여럿이 파트타임으로 그를 돕고 있습니다.

제　프: (이제 못 참겠다는 듯) 그럼 그 제품 관리자가 일을 진행하는 데 필요한 모든 기술과 권한, 인력을 가지고 있나요?

부사장 1: 그렇지는 않습니다. 하지만 저희는 그 계획을 이끌어갈 이사 한 명을 곧 뽑을 계획입니다.

제　프: 그 한 명의 이사를 뽑으려고 지금까지 얼마나 많은 전화 인터뷰와 대면 인터뷰를 진행했습니까?

부사장 1: 아직 채용 공고를 내지 않았습니다. 직무기술서를 완성하지 못했거든요. 인터뷰는 한 번도 하지 않은 셈입니다.

제　프: 그건 자신을 기만하는 일입니다. 새로운 리더가 자리를 잡지 못하는 한 이 계획은 절대 '그린 라이트'로 나아갈 수 없습니다. 그것이 이 계획이 당면한 진짜 장애물이지요. 그 장애물부터 없앱시다.

부사장 1은 리크루터 책임자에게 "프로젝트 X의 리더를 맡을 이사급 채용"이라는 제목의 간결한 이메일을 급히 써 보낸다.

* * *

'속력Speed', 아니 엄밀히 말해 속력과 방향Direction을 모두 측정하는 지표인 '속도Velocity'는 비즈니스에서 중요하다. 다른 모든 조건이 같다면 신속하게 움직이는 조직이 더 많은 혁신을 이룬다는 이야기다. 그 이유는 단위 시간당 더 많은 실험을 수행할 수 있어서다. 하지만 여전히 많은 기업이 승인과 권한, 책임이 옥상옥(屋上屋) 형태로 쌓인 '관료주의'라는 병폐와 싸우느라 신속하고 결단력 있게 전진하지 못하고 있다.

우리는 아마존이 10명 규모의 회사에서 100만 명 규모로 성장할 동안, 어떻게 그토록 수많은 비즈니스 부문(온라인 유통, 클라우드 컴퓨팅, 디지털 상품, 디바이스, 무인점포)에서 신속한 혁신을 이뤄냈는지, 더불어 관료주의의 유혹은 어떻게 떨쳐냈는지 숱한 질문을 받고는 한다. 아마존은 어떻게 비슷한 규모의 회사에서 공통적으로 발견되는 정체 현상을 이겨내고, 모두를 깜짝 놀래킨 민첩함을 유지할 수 있었을까?

그 답은 '싱글 스레드 리더십'이라 불리는 아마존의 혁신적인 조직 구조에서 찾을 수 있다. 싱글 스레드 리더십이란 '한 사람에게 여러 가지 책임을 동시에 부여하지 않고 오직 하나의 주요 목표에만 집중하도록 하는 것이다. 그리고 해당 목표를 달성하는 일만 전담하는 분리 가능한 자율팀을 이끌도록 한다'라는 뜻이다. 이 장에서 우리는 이 용어의 구체적인 의미와 함께, 우리가 아마존에서 어떻게 이를 구현했고, 또 그것이 어떻게 혁신과 초고속 의사결정의 핵심적인 역할을 했는지 함께 알아볼 것이다.

싱글 스레드 리더십은 좌충우돌과 오랜 시행착오 끝에 얻은 결과물이다. 우리는 우리 자신에게 어려운 질문을 던졌고, 성공적인 아이디어를 추진하면서도 실패한 아이디어는 과감히 폐기하기 위해 대담하고 비판적인 사고와 실험, 가차 없는 자기비판을 거쳐 스스로 그 질문에 답했다. 이 장에서는 어떤 '깨달음의 순간'이 나오지는 않는다. 우리 자신에게 던진 첫 번째 그 어려운 질문에서 싱글 스레드 리더십에 이르기까지도 거의 10년이나 걸렸다. 가장 먼저 융통성 없는 소프트웨어 아키텍처와 그에 따라 성장해온 조직 구조를 해체해야 했고, 그런 다음 신속한 혁신을 돕는 시스템으로 이들을 하나씩 교체해야 했다.

성장의 발목을 잡는 '의존성'이라는 도전 과제

먼저 배경부터 짚고 가자. 아마존의 매출액은 1997년에서 2001년까지 1억 4800만 달러에서 31억 달러로 20배 이상 성장했다.[15] 직원 수와 고객 규모 등 수치화할 수 있는 대부분의 지표가 이와 비슷한 패턴을 보였다. 혁신 또한 맹렬한 속도로 전개되었다. 아마존은 도서만 판매하던 작은 기업(그리고 미국에서만 활동하는 기업)에서 다섯 개국에 물류 기반을 두고 온라인에서 팔 수 있는 거의 모든 것을 취급하는 기업으로 신속하게 탈바꿈했다.

이 과정에서 아마존은 그다지 '긍정적이지 않은' 경향을 하나 터득했다. 바로 '폭발적인 성장은 혁신의 속도를 늦춘다'는 사실이다. 조율하는 일에 많은 시간을 쏟게 되면서, 무언가를 창조하는 일에는 시간을 덜 쓸 수밖에 없었다. 기능이 많아진다는 것은 더 많은 소프트웨어 엔지니어가 더 많은 소프트웨어를 개발하고 지원해야 한다는 뜻이었고, 그에 따라 소프트웨어 코드의 크기와 기술직의 규모가 계속해서 커져야 한다는 뜻이기도 했다. 한때 소프트웨어 엔지니어들은 전체 코드 중 일부 섹션을 자유롭게 수정하면서 새로운 기능을 독자적으로 개발하고 웹사이트에 즉각 배치할 수 있었다. 하지만 소프트웨어 엔지니어가 늘면서 그들의 업무는 중복되었고, 뒤엉켰으며, 각 팀이 독자적으로 개발을 진행하기가 어려운 지경에 이르렀다.

업무의 중복은 '의존성Dependency'을 낳고 말았다. 다시 말해, 팀 안에서 필요로 하는 것을 자기네 힘만으로 확보할 수 없게 되었다는 뜻이다. 만약 A팀이 일을 수행하는데 B팀의 노력이 필요하다면(새로운 것을 만드는 일이든, 참여하는 일이든, 검토하는 일이든) B팀은 A팀의 의존 대상이 된다. 반대로 B팀이 A팀의 무언가를 필요로 한다면, A팀은 B팀의 의존 대상이다.

　이러한 의존 관계에는 '조율'이 필요하다. 둘 이상의 사람이 모여 해결책을 논의하고 끝을 봐야 한다. 그리고 조율하는 데는 당연히 시간이 들 수밖에 없다. 아마존은 성장을 위해 최선의 노력을 기울였다. 하지만 그 과정에서 조율하는 데는 상당히 많은 시간을 할애한 반면, 새로운 무언가를 구축하는 데는 충분한 시간을 들이지 못했다. 직원 규모는 선형적으로 증가했지만, 그에 따라 의사소통이 이루어지는 경로의 수는 기하급수적으로 늘었기 때문이다. 어떤 형태든 모든 의존성은 '지연'을 불러온다. 아마존 역시 의존성이 커질수록 성과가 지지부진해졌고, 불만이 더 늘었으며, 팀의 권한이 약화되고 말았다.

기술 의존성

콜린이 아마존에 입사한 1998년 3월로 시계를 되돌려보자. 그때 이미 조직에는 '의존성'이 크게 퍼져 있었다. 당시 회사는 두 개의 거대 사업부로 이루어져 있었는데, 하나는 비즈니스 사업부였고 다른 하나는 제품 개발 사업부였다. 비즈니스 사업부는 유통, 마케팅, 제품 관리, 주문처리, 공급사슬, 고객서비스 등 비즈니스 기능별로 운영 그룹을 구분했다. 그리고 각 운영 그룹은 제품 개발 사업부에 필요한 기술 인력을 요청하는 시스템으로 돌아갔다. 주로 소프트웨어 엔지니어와 콜린을 포함한 기술 프로그램 관리자들Technical Program Manager, TPM이 그 대상이었다.

콜린은 회사에 들어온 지 일주일도 되지 않아 아마존의 의존성 문제를 절감했다. 당시 킴 라크멜러Kim Rachmeler가 이끄는 그의 그룹은 아마존의 핵심 비즈니스 목표를 달성할 목적으로 구성된 대규모 계획에서 프로젝트와 프로그램 관리 업무를 담당했다. 구체적으로는 음악과 비디오 비즈니스(CD, VHS/DVD) 론칭, 영국과 독일 웹사이트 개설 등이었다. 콜린의 그룹이 해당 계획을 추진하려면 여러 팀과의 조율 작업이 필요했다.

그중 콜린의 첫 번째 임무는 그때까지 제품개발팀에서 큰 주목을 받지 못했던 아마존어소시에이츠프로그램Amazon Associates Program 관련 업무였다. 이 프로그램은 아마존의 서드 파티 업체들Third-parties(보통은 제휴업체라 불린다)이 자신의 웹사이트에 아마존의 제품 링크를 올릴 수 있게 하는 것이었다. 예를 들어, 산악 등반과 관련된 사이트라면 아마존으로 링크되는 '산악 등반 관련 추천 도서 리스트'를 게시할 수 있었다. 방문자가 제휴업체의 웹사이트에서 링크 하나를 클릭하면 책을 소개하는 아마존의 상세 페이지가 열리는 식이다. 만약 방문자가 이 경로를 통해 구매를 하면, 제휴 웹사이트의 소유주는 '추천 수수료' 명목으로 일정 금액을 벌 수 있었다. 오늘날 아마존은 '제휴 마케팅Affiliate Marketing'의 선구자로 손꼽히지만, 당시만 해도 이 새로운 프로그램이 정확히 어떤 효과를 거둘지, 또 향후에 얼마나 더 커질 수 있을지 파악하려고 애쓰던 참이었다. 비록 프로그램은 성장하고 있었지만, 비즈니스의 핵심으로는 널리 인정받지 못했다(바로 이런 면에서 콜린과 같은 '신참'이 이 업무를 맡을 수 있었다고 짐작된다).

콜린은 어소시에이츠프로그램의 잠재력을 간파했다. 알면 알수록 수익성이 매우 뛰어난 비즈니스 모델로 보였다. 당시에 이미 3만 개의 제휴업체가 있었고 프로그램은 빠르게 성장하고 있었다. 제휴업체들은 우리가 제공한 매우 기초적인 도구를 가지고도 창의적인 마케팅을 했다. 그렇게 아마존의 전체 트래픽과 매출 비중에서 그들이 차지하는 비율은 점점 늘어났다. 콜린은 장차 어소시에이츠프로그램이 아마존 비즈니스에 매우 크게 기여할 것이라고 믿었다. 다만 이 같은 거대한 잠재력을 발휘하려면 몇 가지 변화가 필요했다.

병목 현상에 시달렸던 '오비도스'

콜린의 첫 번째 과업은 이 프로그램의 본질적 측면, 즉 '링크를 추적하고 추천 수수료를 지불하는 프로세스'의 개선 계획을 관리하는 일이었다. 당시에 아마존은 제휴업체가 링크한 특정 아이템에 대해서만 추천 수수료를 지불했다. 그런데 콜린의 팀은 방문자가 쇼핑하면서 구매한 모든 아이템에 추천 수수료를 지불하는 방식으로 프로그램을 변경하고자 했다. 그 이유는 제휴 링크를 타고 아마존에 유입된 많은 고객이 추천 아이템을 주문하기보다는 아마존에 머물며 다른 상품을 주문하는 패턴을 보였기 때문이다. 즉, 이런 패턴의 구매 건도 제휴업체에 보상하는 편이 공정해 보였다. 그렇게 되면 아마존과 제휴업체의 관계는 더욱 돈독해질 것이고, 그들에게 아마존으로 접속되는 링크를 더 많이 올려달라고 독려할 수 있을 터였다. 무엇보다 특별히 복잡할 것도 없는 작업이었다. 특정 시점에 기능이 구현되도록 웹사이트 소프트웨어와 데이터베이스에 약간의 신속한 변화만 가하면 됐고, 오히려 대부분의 노력을 리포팅과 회계, 지불 소프트웨어의 변경, 제휴업체를 대상으로 한 마케팅과 커뮤니케이션에 쏟으면 되겠다고 판단했다.

그러나 실상은 녹록지 않았다. 당시 콜린은 아마존의 '기술적 의존성'과 맞서 싸워야 했다. 그때만 해도 아마존 웹사이트의 소프트웨어는 단일 구조로 되어 있었다. '오비도스Obidos'라는 하나의 거대한 실행 프로그램에서 모든 기능을 구현한 것이다. 오비도스는 아마존강에서 유속이 가장 빠른 지점인 브라질의 어느 마을에서 따온 이름이다. 한때는 발랄해 보였던 비유도, 점차 확장되는 특성과 기능성을 지원하기 위해 규모와 복잡성이 증가하면서 어두운 면모가 드러나기 시작했다. 오비도스에서 유속이 가장 빨라지는 이유는 그곳의 강폭이 가장 좁기 때문이다. 의존성이라는 벽을 꾸준히 높여가던 아마존 웹사이트는, 점점 커지는 하나의 거대한 코드 블록Block(마치 한 문단처럼 보이는 코드의 한 부분)을 통해 흘러가며 사실상 아마존의 병목이 돼버렸다.

기술 의존성 1: 공유 코드의 문제

그렇다면 그 '의존성'이란 벽에는 어떤 것들이 쌓여 있었을까? 가장 먼저 상품 페이지를 제작하고, 장바구니에 담고, 주문을 완료하고, 반품을 추적하는 등의 작업을 담당하는 각 팀은 어소시에

이츠프로그램의 전형적인 기술 의존성 문제를 지적했다. 콜린은 팀마다 모든 세부 단계를 함께 조율해야 했다. 어느 한 팀의 작은 실수가 다른 팀의 업무에 영향을 미칠 수 있고, 심하게는 웹사이트 전체를 다운시키는 버그를 낳으며 재앙적인 상황에 치닫기도 했기 때문이다. 반대로 각 팀은 다른 팀에서 변경하는 코드가 자신들에게 어떠한 영향도 끼치지 않도록 모든 코드를 검토하며 촉각을 곤두세워야 했다.

기술 의존성 2: 데이터베이스 보호장치

소프트웨어 코드는 콜린이 직면한 유일한 기술 의존성이 아니었다. 콜린은 아마존의 모든 운영 프로세스가 얽혀 있는 '관계형 데이터베이스Relational Database'(고객, 주문, 배송과 같이 저장된 정보 간의 관계를 인식하기 위해 구조화된 데이터베이스)도 변경해야 했다. 이 데이터베이스의 이름은 'acb'('amazon.combooks'의 약자)로, 만약 이것이 다운되면 쇼핑과 주문, 주문처리 등의 회사 운영 전반이 그야말로 '올 스톱'되고 말 것이었다.

아마존은 필수적인 안전장치의 역할로 acb에 대한 모든 변경 요청을 심사하고 승인·기각하며 최적의 변경 시점을 찾도록 관리하는 그룹인 'DB 카발DB Cabal'(음모를 꾸미는 무리를 뜻한다 – 옮긴이)을 신설했다. 이 그룹에는 CTO와 데이터베이스 관리 책임자, 데이터 책임자가 포함되었다.

DB 카발 멤버들은 당연히 acb를 보호하려 했고, 이 중요한 회사 자산을 감독하는 임무를 훌륭히 수행했다. acb를 조금이나마 변경하고자 했던 사람들은 누구나 철저한 디자인 심사를 받았다. 기술 아키텍처가 복잡하게 뒤엉켜 있어서 이해관계가 컸고, 많은 일이 잘못 진행될 수도 있었기에 능력 있고 조심성 있는 게이트 키퍼Gatekeeper가 필요했다.

DB 카발 멤버의 승인을 얻으려면 제안하려는 변경 사항에 리스크가 적고, 디자인에 흠이 없으며, 바꿀 만한 가치가 있는지를 시연해야 했다. DB 카발 멤버들은 심사 과정 후반부에 요청을 승인하거나 몇 가지 수정할 것을 지시했다. 만약 수정해야 한다면, 지적된 문제점을 해결한 후에 한 차례 더 기다렸다가 또 한 번 심사를 받아야 했다. 이 '막강한' 권한을 행사하는 DB 카발 멤버들은 보통 한 달에 몇 번 모이지 않을뿐더러, 이들의 심사를 기다리는 다른 요청 건도 쌓여 있어서 사이클 타임Cycle Time(변경을 요청하고 승인이 완료될 때까지 걸리는 시간 – 옮긴이)은 미칠 정도로 느렸다.

프로젝트의 시작은 성공적이었으나, 콜린은 그가 통제력을 발휘할 수 있는 영역(리포팅, 회계, 지불 변경, 마케팅 계획 영역)과 그렇지 않은 영역(오비도스와 acb를 변경해야 하는 영역)에서 진행 속도의 차이에 주목했다. 후자의 경우 변경 폭이 아주 미미해도 '짜증이 날' 만큼 프로세스가 아주 느리게 움직였기 때문이다. 이유가 무엇이었을까? 바로 의존성이었다.

기술 의존성은 '변종'이 셀 수 없이 많다. 각각의 변종은 팀원들의 발목을 서로 묶어서 빨리 달려야 하는 경주를 뒤뚱거리며 뛰는 '포대 뛰기Sack Race'(포대 속에 두 발을 넣고 폴짝거리며 뛰는 경기 – 옮긴이)로 바꿔버린다. 그리고 의견 조율을 가장 잘한 팀만을 결승

선에 통과시킨다. 보통 소프트웨어 아키텍처가 엄청나게 많은 기술 의존성을 포함하고 있을 때 이를 '밀착 결합Tightly Coupled'했다고 말한다. 이는 소프트웨어팀의 규모를 두 배나 세 배로 늘리고자 할 때 관련한 모든 이들의 의지를 좌절시키는 나쁜 현상이다. 과거 아마존의 코드도 시간이 지나면서 점점 밀착 결합하는 쪽으로 설계돼 있었다.

조직 의존성

'조직도Organizational Chart'는 프로젝트를 승인하고 수행하는 일련의 과정에서 꼭 필요한 자원을 할당받기 위해 각 팀이 여러 계층의 사람들을 헤치고 지나야 하는 불필요한 일을 만들어낸다. 그리고 이 같은 '조직 의존성Organizational Dependencies'은 기술 의존성과 마찬가지로 조직의 힘을 약화시킨다.

아마존에서도 제품 카테고리별, 기능별, 지리별(예컨대 소비자 가전, 그래픽디자인, 아마존 재팬 등)로 팀을 꾸리자 조직도가 갑자기 커졌다. 회사가 작을 때는 모두가 서로를 잘 알기에, 주위를 둘러보면서 도움을 요청하거나 묻기만 해도 발생 가능한 갈등을 해결할 수 있다. 그런데 조직 규모가 커지면 같은 과제라고 해도 시간이 오래 걸리고 번거로워진다. 누구에게 말해야 하는지, 그 사람의 사무실이 내가 근무하는 건물에 있는지, 그의 상사는 누구인지 등을 파악해야 한다. 그렇게 그를 찾아낸다고 해서 절차가 끝나는 것은 아니다. 그 역시 관리자에게 먼저 보고해야 할 것이고, 그 관리자는 다시 본인의 상사나 동료에게 물을 것이다. 그리고 각각의 단계를 거칠 때마다 시간이 소요된다. 단지 연락이 닿는 선에서 그치는 게 아니라, 제안 내용을 들어달라고 부탁해야 하고 자원 투입을 허용해달라고 요청해야 한다. 하지만 그 사람에게도 자신의 프로젝트가 있다. 즉, 다른 팀의 요청에 신경 쓸 여력이 별로 없다는 이야기다. 어떤 경우든 남의 프로젝트를 위해 자기 프로젝트를 기꺼이 늦추는 사람은 없다. 이런 식으로 몇 번이나 요청해봐도 성공으로 끝나는 경우가 많지 않은 이유다.

만약 당신의 팀에 다른 이들이 필요로 하는 자원이 있다면? 이와 같은 요청은 당신에게도 들이닥칠 수 있다. 때로는 일주일 안에 여러 개가 몰리기도 한다. 이럴 때 당신은 이미 설정한 우선순위에 따라 각 요청 건의 균형을 잡아야 하고, 그런 다음에는 요청한 사람들의 이점을 두고 최선의 판단을 거쳐 무엇을 지원할 수 있는지를 결정해야 한다. 이렇게 커지는 조직 의존성이 아마존에서 얼마나 큰 지연을 야기해왔는지 감을 잡으려면, 프로젝트 자체에 들어가는 노력의 5~10배가 더 들었다고 생각하면 쉽다. 아마존에서는 조직도의 상당 부분이 밀착 결합하는 바람에 프로젝트의 진전이 방해받고 있었다.

어떤 유형이든 '의존성'은 혁신의 속도를 저만치 늦추고, 혁신하려는 의지조차 꺾어버리는 2차 효과를 낳는다. 즉, 팀의 사기를 떨어뜨리는 악영향들이다. 특정 문제를 해결해야 할 팀이 자신들이 낸 해결책으로 성과를 평가받아야 한다면, 그들은 그 일을 완료하는 데 필요한 도구와 권한까지 확보할 수 있어야 한다. 그리고 그들의 성공이 팀 자부심의 원천이어야 한다. 하지만 아마존의 '밀착 결합'한 소프트웨어 아키텍처와 조직도는 각 팀이 제 영향력을 발휘하지 못하고 다른 팀에 너무나 빈번하고 의존할 수밖에 없도록 만들었다. 자신의 운명을 전적으로 통제할 수 있는 팀은 거의 없었고, 많은 팀이 자신의 통제를 벗어난 매우 느린 진행 속도 탓에 좌절을 맛봤다. 영향력을 발휘할 수 없는 직원들은 점차 의욕을 잃었으며, 조직적인 저항에 맞서 혁신적인 아이디어를 추진할 의지조차 사라져갔다.

'더 나은 조율'은 해결책이 아니다

보통은 조직 의존성 문제의 처방으로 '조율'과 '의사소통'을 내놓는다. 그리고 그 의존성이 계속 커질수록 더 많이 조율하고 의사소통 방법을 개선하는 방향으로 진행 속도를 높이고자 한다. 이는 매우 자연스러운 시도다. 회사 차원의 공식적인 실천법부터 전담 코디네이터를 고용하기까지, 다른 팀과의 의사소통을 관리하기 위한 수많은 접근 방식은 모두 살펴봐야 할 숙제처럼 느껴진다.

그러나 아마존은 결국 '팀 간의 의사소통 개선'으로 의존성 문제를 해결할 수 없다는 사실을 깨달았다. 팀 간의 의사소통 자체를 없애야 했다. 꼭 모든 프로젝트에 그토록 많은 개별 독립체가 관여해야 하는 건 아니지 않은가? 우리가 구상해왔던 해결책이 잘못됐다는 걸 말하려는 게 아니다. 그동안 우리는 완전히 '잘못된 문제'를 해결하려고 했다는 소리다. 새로운 해결책은 없지만, 마침내 우리는 우리가 겪은 문제의 진짜 정체를 깨달았다. 그 문제는 바로 '팀 대 팀을 조율하려면 비용이 계속해서 증가한다'는 것이었다. 사고의 전환은 역시나 제프의 '넛지Nudge'(똑똑한 선택을 유도하는 부드러운 개입) 덕분이었다. 아마존에서 일하는 동안 우리는 제프가 이렇게 말하는 것을 자주 듣곤 했다.

"아마존을 (개발자들이) 개발에 전념할 수 있는 곳으로 만들려면, 의사소통을 제거해야 한다. 의사소통을 독려할 필요는 전혀 없다."

팀 간의 '효과적인 의사소통'을 '결함'으로 간주하니, 해결책은 기존과 매우 다르게 보이기 시작했다. 제프는 각 소프트웨어 팀이 모든 시스템과 서비스에 일련의 응용 프로그램 인터페이스Application Program Interface, API(루틴, 프로토콜, 소프트웨어 애플리케이션의 구축과 소프트웨어 요소 간에 상호작용하는 방법을 정의하기 위한 도구의 집합)를 구축하고, 이를 명확하게 문서화해야 한다고 제안했다. 다시 말해, 제프의 생각은 이메일과 회의처럼 '사람'을 통하기보다는, 잘 정의된 API처럼 '기계'를 통한 '약한 결합'에 집중할 필요가 있다는 것이었다. 미리 조치를 잘 취해둔다면, 각 팀이 자율적으로 행동하고 신속하게 움직이는 것은 시간문제였다.

아마존의 첫 번째 해결책: 'NPI'

사실 아마존이 참신한 비즈니스 아이디어 부족에 시달린 적은 없었다. 아니, 오히려 아마존은 실행하거나 지원할 수 있는 수준보다 더 많은 양의 아이디어를 가지고 있었다. 하지만 실질적으로는 매 분기 한 건의 대형 프로젝트만 수행할 수 있을 뿐이었다. 어떤 아이디어를 먼저 추진해야 하는지, 우선순위를 부여하는 일은 미치도록 힘들었다. 아마존에는 희소한 자원(대부분 소프트웨어 엔지니어링팀을 의미함)을 최고의 효과를 가져다줄 프로젝트에 쓰도록 보장하는 일이 무엇보다 중요했다.

이러한 요구는 '글로벌 우선순위'를 설정하는 '뉴 프로젝트 이니셔티브New Project Initiative, NPI' 프로세스를 낳았다. 여기서 '글로벌'이라는 말은 지리적 확장을 뜻하는 단어가 아니다. 특정 프로젝트가 즉시 실행할 가치가 있는지, 혹은 잠시 기다릴 만한 것인지를 결정하기 위해 제안 단계에서 모든 프로젝트를 비교한다는 뜻이다('조직 전체적인'이라는 뜻으로 이해하면 된다 - 옮긴이). 글로벌 우선순위를 설정하는 일은 사실 매우 어려운 작업이었다. '주문처리 센터를 위한 비용 절감 프로젝트'와 '의류 카테고리의 판매를 신장시킬 수 있는 기능 추가', 그리고 '실제 수명을 연장하지 않으면 소용이 없는 오래된 코드 정리' 중 대체 무엇이 더 중요할까? 결과를 예측할 수 없는 것들이 너무나 많았고, 비교해야 할 장기적인 전망 또한 너무나 많았다. 그렇다면 비용 절감의 규모는 확신할 수 있을까? 새로운 기능을 추가하고 매출이 얼마나 오를지 정

"아마존을 개발에
전념할 수 있는 곳으로 만들려면,
의사소통을 제거해야 한다.
의사소통을
독려할 필요는 전혀 없다."

확하게 예측할 수 있을까? 이처럼 모든 프로젝트는 리스크를 동반했고, 대부분 같은 양의 희소 자원을 두고 경쟁하고 있었다.

우선순으로 정렬하기

여러 선택지를 모아 서열을 정하고 그중에서도 '승자'를 선별하는 NPI는 당시 아마존이 가진 최상의 해결책이었다. 직원 중 누구도 이를 좋아한 사람은 없었지만, 회사 차원에서는 꼭 해야만하는 '필요악' 같은 존재였다.

NPI 요청 절차는 이랬다. 각 팀은 분기마다 한 번씩 수행할 가치가 있다고 판단되는 프로젝트 중 '외부 자원'이 필요한 프로젝트의 목록을 만들어 제출했다. 합리적인 규모의 거의 모든 프로젝트가 여지없이 이에 속했다. NPI 요청을 준비하고 제출하는 데는 어느 정도 시간이 필요했다. 1페이지짜리 문서로 만든 '아이디어 요약'과 해당 프로젝트로 영향을 받게 될 팀을 예측한 대강의 예상 결과, 적용 가능한 '소비자 수용 모델Consumer Adoption Model'과 프로젝트의 시급성을 설득하는 자료 등이 포함되어야 했기 때문이다. 즉, NPI 요청 자료를 만들어 아이디어를 제안하는 일 자체가 자원 집약적인 일이었다(인력을 투입해야 하는 일이라는 뜻 – 옮긴이).

이렇게 제출한 NPI 요청은 소규모 심사 그룹에서 검토했다. 만약 내용을 충분히 설명하지 못했거나 회사의 핵심 목표와 관련이 없는 경우, 또는 수용할 만한 비용 대비 이익률을 제시하지 못했거나, 누가 봐도 기준에 미달하는 프로젝트라면 1라운드에서 가차 없이 탈락했다. 유망한 아이디어만이 더 상세한 기술적, 재무적 심사를 받기 위해 다음 라운드로 진출할 수 있다는 의미다. 2라운드에서는 주요 분야별 리더들이 모여 해당 프로젝트가 계획대로 진행되려면 각 팀에서 얼마나 많은 자원을 투여해야 하는지 가늠하는 회의를 열었다. 보통 30~40명이 전체 리스트를 검토했으니 엄청나게 길고 긴 회의가 이어져야 했다.

이후에는 좀 더 소규모 핵심 그룹이 필요한 자원과 보상 예상치를 조정했다. 이 그룹 회의가 끝나면 마침내 실제로 추진할 프로젝트가 결정됐는데, 모든 프로젝트팀 리더들은 다음의 세 가지 형식 중 하나의 제출 결과를 이메일로 통보받았다.

1. "축하합니다. 당신 팀에서 제출한 NPI 프로젝트가 승인되었습니다. 해당 프로젝트를 완료하는 데 도움이 필요하다고 예상했던 다른 팀들도 모두 협력할 준비를 마쳤습니다."

2. "당신 팀의 프로젝트가 선정되지 못했다는 나쁜 소식을 전합니다. 다만 좋은 소식도 하나 있습니다. 오늘 승인이 완료된 NPI 프로젝트 중에서 그 어떤 팀에도 당신 팀의 자원을 제공하지 않아도 된다는 사실입니다."

3. "죄송하게도 당신 팀의 프로젝트가 승인되지 못했습니다. 팀의 목표를 달성하는 데 꼭 필요한 프로젝트였을 텐데, 이 점 아쉽게 생각합니다. 한 가지 더 전할 소식은, 오늘 승인된 타 팀의 NPI 프로젝트 중 당신 팀의 자원을 필요로 하는 프로젝트가 있습니다. 당신의 팀은 내

부 프로젝트 인력을 구성하기 이전에 NPI 프로젝트를 수행하는 데 필요한 인력을 먼저 구성해야 합니다. 행운을 빕니다."

예측 정확도 높이기

많은 NPI 프로젝트는 커다란 오차 표시 바Error Bar를 내포하고 있었다. 즉, 잠재 비용과 예상 수익의 범위를 터무니없이 넓게 잡았다는 뜻이다. 이를테면 이런 식이다. "우리는 이 기능이 최소 400만 달러에서 최고 2000만 달러의 수익을 창출할 것이고, 개발하는 데 필요한 인력은 월 20~40명이라고 예상한다." 이런 식의 예상으로는 프로젝트들을 비교하기가 쉽지 않았다.

소비자 행동을 정확히 예측하는 일은 상당수의 프로젝트팀에 가장 어려운 과제였다. 아마존은 경험으로 깨달은 바가 있다. 소비자의 행동이 때로는 개발 단계에서는 전혀 예측하지 못했던 방향으로 튀어 오른다는 사실이다. 특히 새로운 기능이나 제품을 출시했을 때 이런 경향이 더욱 강해진다는 점을 몇 번이고 경험했다. 소비자의 수용 정도를 예상하기 위해 사용한 가장 엄격한 모델조차 곧잘 빗나갔고, 심지어는 결론이 날 것 같지 않은 길고 격렬한 논쟁에 휘말리기도 했다. 2부에서 소개할 '파이어폰Fire Phone'의 사례도 사실은 "쓰레기 같은 제품이지만, 어쨌든 출시할 거야"라고 생각했던 게 아니다. 다들 해당 제품에 큰 기대를 걸었고 엄청난 시간과 돈을 투자했다.

팀의 예측력을 향상시키기 위한 노력으로 아마존은 '피드백 루프Feedback Loop'를 도입해 책임감을 강화했다. 이것은 팀의 예측과 최종 결과가 얼마나 일치하는지를 측정하는 도구다(제프 윌케는 승인받은 NPI 요청서의 복사본을 보관해두었다가 훗날 실제 결과와 비교했다). 이처럼 투명성과 책임감을 강화하면서 팀의 예측은 실제 결과에 점점 가까워졌다. 하지만 만족할 만한 수준은 아니었다. NPI 요청 시점부터 측정 가능한 결과가 나오기까지는 1년 이상이 걸렸는데, 예측치와 실제 결과를 근사하게 맞히기에는 너무도 긴 시간이었다.

대체로 NPI 프로세스는 환영받지 못했다. NPI 프로세스를 경험한 아마존 직원에게 이를 언급하면, 누구든 얼굴을 찌푸리며 끔찍하다는 듯 이야기할 것이다. 운이 좋아서 프로젝트의 승인부터 일이 원활하게 진행된 사례도 있었지만, 대개는 너무나 자주 계획이 좌절되는 경험을 맛봐야 했다. 심지어는 자신의 프로젝트가 무산되는 아픔과 함께, 다른 팀의 프로젝트를 지원하면서 동시에 본인의 업무도 수행해야 하는 '무자비'함을 겪기도 했다. 그래서 아마존인들에게 "NPI 되다Getting NPI'd"라는 말은 "일은 일대로 하고 남는 건 하나도 없다"라는 뜻으로 통했다.

NPI 프로세스는 직원들의 사기를 꺾어놓았다. 하지만 직원들의 사기를 끌어올리는 일은 아마존답지 않은 방법이다. 다른 기업이었다면 '펀 클럽Fun Club'이나 '문화 위원회Culture Committee' 등을 발족해 사기 진작을 꾀했을 것이다. 보통은 사기 저하 문제를 회사에서 지원하는 기분 전환 프로그램으로 해결할 수 있다고 간주하기 때문이다. 하지만 아마존에서는 전혀 다른 방식으로 접근한다. 그들에게 사기를 북돋는 방법은 '세계 최고 수준의 인재를 끌어모아 고객을 기쁘게 할 무언가를 발명하고 개발하는 데 최대한 자유로운 환경을 제공하는 것'이다. 하지만 분기마다 NPI와 같은 정체불명의 프로세스가 최고의 아이디어를 '때려눕힌다'면 무언가를 발명하고 개발하는 일은 저만치 물 건너가고 만다. 우리는 6장에서 "'아웃풋 지표'가 아닌 '통제 가능한 인풋 지표'에 집중해야 성장할 수 있다"라는 아마존의 믿음에 대해 논할 것이다. 여기서 '직원들의 사기'는 '아웃풋 지표'이고, '발명과 개발의 자유'는 '인풋 지표'에 해당한다. 즉, 개발하는 데 걸리적거리는 장애물을 치워준다면, 직원들의 사기 문제는 자연스럽게 해결될 거라는 의미다.

그렇다면 아마존은 어떻게 이를 실현했을까? 아마존은 '의존성'이라는 큰 파도를 저지하기 위해 몇 가지 방법을 찾아야 했고, 마침내 가장 효과적인 방법을 발굴했다. 이는 '기존에 옳다고 믿었던 가정이 부정확하다는 사실'을 인정하는 것에서 첫걸음을 뗀다. 그렇게 아마존은 마침내 의존성이라는 싹을 원천적으로 잘라내고 문제에서 벗어날 가장 확실한 방법을 고안해냈다.

아마존의 두 번째 해결책: '투 피자 팀'

제프는 단기적인 해결책이 충분하지 않다는 것을 깨달았다. 그는 의존성을 '관리'하기 위해 더 좋은 방법을 찾는 대신, 의존성을 아예 '제거'할 방법을 규명하자고 제안했다. 가장 먼저 소프트웨어 엔지니어들을 피치 못할 때만 다른 팀과 느슨하게 연결되는 소규모 팀으로 재조직하자고 말했다. 그렇게 되면 독립된 팀은 다른 팀의 방해를 받지 않으면서 자신들의 업무를 수행할 수 있고, 조율을 잘하는 데 힘을 쏟기보다는 오히려 조율을 적게 하면서 더 많은 것을 개발할 수 있을 터였다.

그러나 말은 쉽지만 실천하기는 어렵다. 아마존은 어떻게 이런 구조적인 전환을 확실하게 구현할 수 있었을까? 제프는 최고정보책임자Chief Information Officer, CIO인 릭 달젤에게 그 방법을 찾으라는 과제를 주었다. 릭은 전 직원에게 아이디어를 제안받아 이를 취합했다. 그렇게 탄생한 조직 모델이 바로 '투 피자 팀Two-Pizza Team'이다. 팀의 규모가 라지사이즈 피자 두 판을 충분히 먹을 사람의 수보다 커서는 안 된다는 의미다. 그렇게 아마존에서 몇 년간 회자될, 아주 명확하게 정의된 조직 모델이 만들어졌다. 릭은 수백 개의 투 피자 팀이 만들어지면 아마존은 눈부신 속도로 혁신을 이어갈 수 있다고 믿었다. 이 조직 모델의 실험은 제품 개발 조직에서 시작됐는데, 만약 효과가 크다면 회사의 나머지 조직으로도 확산할 계획이었다. 릭은 다음과 같이 투 피자 팀의 특징과 작업 흐름, 관리 방안 등을 설계했다.

투 피자 팀은:

- **작아야 한다.** 열 명을 넘어서는 안 된다.
- **자율적이어야 한다.** 업무를 완료하기 위해 다른 팀과 조율할 필요

가 없어야 한다. 새로운 서비스 기반의 소프트웨어 아키텍처를 수립하면서 어떤 팀이든 다른 팀을 위해 공개한 응용 프로그램 인터페이스(API)를 쉽게 참조할 수 있어야 한다(새로운 소프트웨어 아키텍처에 대해서는 뒤에서 자세히 다룬다).

- **잘 정의된 '적합도 함수**Fitness Function**'로 평가받아야 한다.** 적합도란, 여러 개 지표를 가중평균한 값을 말한다. 예를 들어, 특정 제품 카테고리에서 '구색 확대'를 담당하는 팀은 다음과 같이 평가받을 수 있다.

  1) 얼마나 많은 신종 아이템을 주어진 기간에 추가했는가?(가중치 50퍼센트)

  2) 그 신종 아이템들을 얼마나 많이 판매했는가?(가중치 30퍼센트)

  3) 그 신종 아이템들의 페이지 뷰Page View는 얼마나 많았는가?(가중치 20퍼센트)

- **실시간 모니터링해야 한다.** 적합도 함수에 의해 평가된 팀의 실시간 점수는 다른 모든 투 피자 팀들의 점수와 대시보드(상황판)에 나란히 게시되어야 한다.

- **경영자처럼 행동해야 한다.** 팀은 디자인, 기술, 사업 결과를 포함하여 담당한 영역의 모든 측면을 책임져야 한다. 이러한 패러다임의 전환은 "우리는 윗사람들이 시킨 대로 했을 뿐이다. 그들은 우리에게 잘못된 제품을 만들라고 했다" 또는 "기술팀에서 우리가 요청한 걸 제시간에만 처리했다면 우리는 아마 목표를 달성했을 것이다"처럼 상투적인 변명을 제거할 것이다.

- **여러 직무를 경험한 최고의 리더가 이끌어야 한다.** 리더는 반드시

심도 있는 기술 전문성을 지녀야 하고, 세계 최고 수준의 소프트웨어 엔지니어와 제품 관리자를 채용하는 방법을 알고 있어야 하며, 뛰어난 비즈니스 판단력을 갖춰야 한다.

- **자체적으로 자금을 조달해야 한다.** 팀은 업무에 비용을 쓴 만큼 벌어들여야 한다.
- **S-팀에 미리 승인받아야 한다.** 모든 투 피자 팀의 구성은 S-팀에서 승인해야 한다.

아마존의 여러 주요 혁신과 마찬가지로 이 계획은 그저 시작에 불과했다. 이 '규범' 중 몇 개는 살아남았고, 몇 개는 변화했으며, 몇 개는 수년에 걸쳐 사라졌다. 이런 적응 과정에서 겪은 가장 중요한 부분은 이 장에서 상세히 다룰 만한 가치가 있다.

최초의 투 피자 팀

소규모 자율팀은 속도를 올리기 위해 만들어진다. 팀원들이 공통의 목적지로 향한다면, 단기간에도 먼 길을 갈 수 있다. 하지만 목적지 설정이 일치하지 않는다면 팀은 초기부터 경로를 크게 이탈할 수 있다. 그렇기에 방향을 올바로 설정하면서도, 재빨리 경로를 수정할 수 있는 도구를 가지고 있어야 한다. 이것이 바로 투 피자 팀을 신설하기 전에 제프와 S-팀 관리자들을 만나(보통 두 번 이상이 좋다) 팀의 구성과 선언문, 적합도 함수에 관해 토론해야 하는 이유다.

예를 들어, 재고계획팀은 다음의 기준을 만족하는지 제프와 제프 윌케를 확신시켜야 했다.

1. 우리 팀은 잘 정의된 '목적'을 갖고 있다. 예컨대 다음의 질문에 답할 수 있다. "아마존은 특정 제품에 대한 재고를 얼마나 많이 사들여야 하는가? 그리고 언제 사야 하는가?"
2. 우리 팀은 오너십Ownership의 경계를 잘 알고 있다. 예를 들어, 특정 시기에 특정 제품의 수요가 얼마인지 예측팀에 문의하고, 그 답변을 구매를 결정하는 인풋으로 활용한다.
3. 우리 팀은 성과를 측정하기 위한 지표를 원만히 합의했다. 예를 들어, '재고가 있는 제품 페이지 수'를 '모든 제품 페이지 수'로 나눈 값에는 60퍼센트의 가중치를, '재고 유지 비용'에는 40퍼센트의 가중치를 부여하기로 한다.

중요한 것은 이 회의에서 목표 달성 방법을 위한 구체적인 내용은 논의하지 않는다는 점이다. 목표 달성 방법은 팀이 스스로 규명해야 할 과제다.

이런 회의가 바로 '깊이 파고들기'라는 아마존 리더십 원칙의 고전적인 사례였다. 콜린은 고객 예측과 고객 리뷰, 고객서비스 도구와 같은 업무를 전담할 최초의 투 피자 팀을 구성하기에 앞서 모든 '적합도 함수 정렬 회의Fitness Function Alignment Meeting'에 참석했다. 그 자리에 모인 사람들은 모든 지표를 모든 각도에서 살펴보고자 질문을 던졌다. 데이터를 어떻게 수집할 것인지, 그 결과를 어떻게 사용해 팀을 정확한 목표로 이끌 것인지 등을 캐물었다. 이 회의에서는 기대하는 바가 명확히 제시되었고, 팀의 준비 수준을 확인했다. 중요한 것은 이런 회의가 팀의 자율성(즉, 속도)을 강화하는 한편, 제프와 신규 팀 간에 신뢰를 구축했다는 점이다.

우리는 적은 수의 투 피자 팀을 운용하면서, 이를 회사 전체로 확대하기 전에 무엇이 효과적인지를 학습했다. 또한 그 과정에서 모델을 수차례 개선할 수 있었다. 시작하자마자 중요한 교훈 하나를 분명하게 얻었다. 각 팀은 자신을 억제하는 의존성을 어느 정도 지닌 채 출범했다. 그리고 이를 제거하는 일은 즉각적인 보상이 전혀 없는 어려운 일이었다. 가장 성공적인 팀조차도 초기에 의존성을 제거하고 '기악 편성법Instrumentation'(모든 주요 활동을 측정하는 지표로 사용되는 인프라를 가리키는 아마존의 용어)을 구축하는 데 상당 시간을 투여했다. 혁신을 통해 새로운 기능을 추가하는 건 그다음에 할 일이었다.

예컨대 피킹팀Picking Team은 주문처리센터 직원들을 위해 아이템이 놓인 진열대의 위치를 알려주는 소프트웨어 개발에 전념했다. 첫 9개월 동안은 업스트림Up-stream(공급업체로부터 재고를 수취하는 일)과 다운스트림Down-stream(포장 및 배송) 영역에서 의존성을 체계적으로 규명하고 제거하는 일에 매달렸고, 동시에 자신의 영역에서 발생한 주요 이벤트를 실시간으로 상세하게 추적하는 시스템을 구축했다. 이 과정에서 그들의 비즈니스 결과는 크게 나아지지 못했으나, 의존성을 제거하고 적합도 함수를 구축하면서 자신들만의 시스템을 '편성'하는 투 피자 팀이 얼마나 빠르게 혁신에 도달할 수 있는지 매우 강력하게 입증해 보였다. 그리고 이들은 스스로 이 새로운 업무 수행 방식의 지지자가 되었다.

하지만 다른 팀들은 의존성을 제거하고 시스템을 편성하는 일을 뒤로 미뤘다. 그 대신에 새로운 기능을 개발하는 좀 더 화려한 업무에 초점을 맞추며 초기부터 진전을 이루는 기쁨을 누렸다. 하지만 의존성은 여전히 남아 있었고 이로 인한 업무 지연 현상이 팀의 가속력을 점차 떨어뜨렸다.

잘 편성된 투 피자 팀에는 또 하나의 강력한 강점이 있었다. 실수를 즉시 발견하고 해결하며 경로를 원활하게 수정하는 일이었다. 2016년에 제프는 주주에게 보내는 편지에서 이렇게 말했다(투 피자 팀을 명시적으로 언급하지는 않았다). "결정을 내릴 때는 원하는 정보를 70퍼센트가량 확보한 상태여야 합니다. 90퍼센트가 될 때까지 기다리면 뒤처지기가 쉽지요. 잘못된 결정을 재빠르게 인식하고 수정하는 일에도 능숙해져야 합니다. 경로를 수정하는 데 능숙하면 잘못된 결정을 내려도 생각보다 큰돈이 들지 않습니다. 단, 뒤처진다면 확실히 더 많은 돈이 들겠지요."[16]

피킹팀과 같은 선례는 '선행 투자' 형태로 나타난 장기적 사고가 어떻게 시간이 흐르면서 '복리적 수익'을 창출했는지 생생하게 보여주었다. 때로는 출발이 늦은 팀이 앞서갔고, 오히려 늦게 출발하는 편이 빠르게 움직이는 가장 좋은 방법이었다.

느슨하게 결합된 자율팀이 회사의 전략적 차원에서 목적을 달성하는 데는 최상의 전술적 결정을 내릴 거라고 믿어야 하지만, 사실 최상의 팀에조차 '자율적 결정'은 희망 사항일 뿐이었다.

1장에서 언급한 OP1 프로세스가 자율팀에 매년 연간 목표치를 제시했고, 회사 전략에도 계속 종속시킴으로써 자율성을 통제해 왔다.

게다가 아마존은 자율성을 일정 수준 제한할 필요가 있다고 깨달았다. 팀과 팀 사이에는 계속 엮일 수밖에 없는 다양한 강도의 의존성이 계속 존재했다. 각각의 투 피자 팀은 자신들만의 제품 비전과 개발 로드맵을 구상하면서도, 피치 못할 다기능 프로젝트Cross-functional Project나 톱다운 방식으로 내려온 여러 협업을 피할 도리가 없었다. 예컨대 주문처리센터에서 제품 픽업 알고리즘을 담당하는 투 피자 팀은 (자신의 업무 영역이 아니지만) 창고에서 제품을 이동시키는 로봇 장치를 지원하라고 지시받을 수 있었다.

아마존은 이런 다기능 프로젝트를 회사 전체의 발전을 위해 각 팀이 지불해야 할 일종의 '세금'과도 같다고 간주하기로 했다. 간섭을 최소화하고자 했지만, 모든 간섭을 피할 수는 없었던 것이다. 몇몇 팀은 자신들의 잘못이 아닌데도 다른 팀보다 높은 '과세 등급'을 부여받았다. 이를테면 주문 파이프라인·지불팀은 그들의 원래 선언문에는 없지만, 회사의 거의 모든 신규 계획에 참여해야 했다.

완전히 사라지지 않는 도전과제

투 피자 팀은 아마존에서 굉장히 자주 토론했던 주제다. 그러나 원래 계획과는 달리 다른 많은 새로운 아이디어처럼 회사 전체로 완전하게 확산되지는 못했다. 투 피자 팀은 아마존의 업무 수행

방식을 개선할 어마어마한 잠재력을 보여줬지만, 팀의 성공을 제한하고 팀에 적용하기 어려운 몇 가지 단점 또한 드러냈다.

투 피자 팀은 제품 개발 영역에서만 효과적이었다

투 피자 팀이라는 개념을 얼마나 널리 적용할 수 있을지 확신하지 못했던 아마존은 제품 개발 조직을 재구축하는 방법으로 이를 초기에만 사용했다. 그러다가 혁신 속도를 높이는 데 성공한 아마존은 투 피자 팀이 유통, 법무, HR 등 다른 영역에서도 효과를 발휘할지 궁금해 했다.

결론부터 말하면 '효과 없음'으로 밝혀졌는데, 그 이유는 이 영역들이 제품 개발 조직처럼 '복잡한 의존성'에 시달리지 않았기 때문이다. 그런 부서에 투 피자 팀을 설치하는 일은 스피드 향상에 전혀 도움이 되지 않았다.

적합도 함수에는 더 큰 문제가 있었다

투 피자 팀은 제품 개발 속도를 증진할 목적으로 만들어졌다. 그 때문에 조직이 구성될 때부터 각 팀의 속도를 직접적으로 측정할 '특별 맞춤식' 적합도 함수로 평가받았다. 적합도 함수는 각 팀에 올바른 방향을 가리키고 경로를 벗어날 때마다 경고를 보내 각 팀이 자신들의 목표에만 집중할 수 있도록 이끌었다. 그런데 1년 이상 시험해보니, 이 적합도 함수에서 두 가지 문제점이 드러났다.

첫째, 팀은 가장 의미 있는 적합도 함수를 고안하느라 지나치게 많은 시간을 허비했다. 지표 A에 50퍼센트, 지표 B에 30퍼센트, 지표 C에 20퍼센트를 할당해야 할까? 아니면 지표 A에 45퍼센트, 지표 B에 40퍼센트, 지표 C에 15퍼센트를 배정해야 할까? 이런 논쟁들을 벌이면 얼마나 쉽게 헤맬 수 있는지 상상할 수 있을 것이다. 토론은 점점 의미를 잃었고, 결국에는 '논쟁을 위한 논쟁'으로 변질되고 말았다.

둘째, 몇몇 팀의 적합도 함수는 7개 이상의 지표를 포함하는데, 그중 일부 지표는 하위 지표들의 조합으로 만들어졌다. 적합도 함수를 그래프로 그려보면 추세선이 오른쪽 위로 향하는 것이 나타났지만, 그것이 대체 무엇을 의미하는지는 알 수 없었다. 팀이 올바로(혹은 옳지 않게) 수행하는 것이 무엇인지, 그 추세에 따라 어떻게 대응해야 할지 구체적으로 파악하기는 때때로 불가능했다. 또한 상대적 가중치들은 시간의 흐름에 따라 비즈니스 조건이 바뀌면서 함께 변해갔기에 역사적 추세를 전혀 반영하지 못했다.

아마존은 결국 적합도 함수 대신 '근원적인 지표'를 각각 사용하는 쪽으로 되돌아갔다. 아마존은 팀 안에서 특정 지표에 합의하기 위한 선행 작업을 하고, 각 인풋 지표에 대입할 특정 목표에 동의한다면, 팀이 충분히 올바른 방향으로 나아간다는 걸 수개월의 실험을 통해 증명했다. 하나의 통합 지표에 모든 지표를 통합시키는 일(적합도 함수를 사용하는 것 - 옮긴이)은 매우 영리한 방법이었지만, 아무런 효과가 없는 아이디어였다.

투 피자 팀을 이끌 훌륭한 리더가 부족했다

여러 직무를 두루 경험한 믿음직한 일선 관리자들이 모여 소규모 자율팀을 만들고, 그런 팀들이 또 여러 개 모여 전통적이고 계층적인 조직도에 편입된다는 게 투 피자 팀의 본래 취지였다. 관리자에게는 멘토링을 원활히 진행하고, 기술적 과제부터 재무 모델링, 비즈니스 성과에 이르기까지 깊이 파고드는 역할을 기대했다. 아마존에는 이런 역할을 훌륭하게 수행하는 우수 관리자가 몇 명 있었지만, 충분한 인원을 찾아내는 것은 현실적으로 매우 어려웠다. 한 팀당 한 명의 관리자를 배치한다는 제약 조건을 완화하지 않는 한 투 피자 팀의 수는 제한될 수밖에 없었다.

아마존은 '매트릭스Matrix 조직' 모델에서도 투 피자 팀이 성공적으로 운영될 수 있다는 점을 발견했다. 매트릭스 조직이란, 팀원의 '직접 보고' 라인에 해당 직무와 밀접한 '기능 관리자Functional Manager'(소프트웨어 개발 이사, 제품 관리 이사 등)'를 두고, '간접 보고' 라인에는 '투 피자 관리자Two-pizza Manager'를 두는 조직 구조다. 이 말은 곧, 투 피자 팀의 관리자가 반드시 팀에 요구되는 모든 개발 분야의 전문성을 갖추지 않아도, 팀을 성공으로 이끌 수 있다는 의미였다. 투 피자 팀은 여전히 자체적인 전략으로 프로젝트를 선별하고 우선순위를 매겼지만, 결국에는 이런 기능적 매트릭스가 가장 일반적인 조직 구조가 되었다.

때로는 투 피자 팀보다 더 큰 팀이 필요하다

아마존은 애초에 소규모 팀일수록 일을 더 잘한다고 생각했다.

그러나 곧 깨달았다. 팀의 성공 여부를 가장 잘 예측하는 방법은, 팀의 규모가 아니라 리더의 스킬과 권한 범위라는 것을 말이다. 목표를 완수하는 데 초집중할 수 있도록 인력을 관리한 경험이 있는 리더는 팀을 성공으로 이끌었다.

아마존은 '투 피자'라는 인력 규모에 제한을 두는 이름에서 자유로워지기 위해 조직 구조에 새로운 명칭을 붙여야 했다. 기억하기 쉬운 이름이 잘 떠오르지 않았기에 우리는 '긱덤Geekdom'('Geek'과 'Kingdom'의 합성어로 '괴짜들의 왕국'이라는 뜻 - 옮긴이)에 이와 관련한 의견을 물었고, 그 결과 컴퓨터 과학 용어 중에서 '싱글 스레드'를 선택하게 되었다. 싱글 스레드란 한 번에 한 가지 일만 처리한다는 뜻이다. 그렇게 '싱글 스레드 리더Single-threaded Leader, STL'와 '분리 가능한Separable 싱글 스레드 팀'이라는 말이 생겨났다.

아마존의 마지막 해결책: '싱글 스레드 리더'와 '분리 가능한 싱글 스레드 팀'

계획했던 것과 달리 투 피자 모델이 바로 뿌리내리지 못해 조직 전체로는 확산되지 못했지만, 이 실험적 시도는 제프와 S-팀이 인내심과 규율을 가지고 조직 혁신을 포기하지 않을 거라는 가능성을 충분히 보여주었다. 아마존은 투 피자 팀이라는 아이디어를 조정하고 개선하여 마침내 훨씬 유용한 것을 손에 쥐었다.

원래는 '투 피자 팀 리더2-pizza Team Leader, 2PTL'라고 했던 용어를

'싱글 스레드 리더'로 바꾸었다. STL은 분리 가능한 팀이라는 기본 모델을 확장하여 프로젝트가 요구하는 어떤 인력 규모에서도 핵심 이득을 성취하게 하는 사람이다.

아마존에서는 STL을 두고 '크지만 더 낫다'라고 표현한다. 그렇다면 대체 '무엇보다' 더 나은 것인가? 분명 STL은 투 피자 팀을 기반으로 개선됐는데, 다른 어떤 대안보다 낫다는 것일까? 이 질문에 답하기 전에 새로운 것을 개발할 때 대부분 접근하는 방식부터 살펴보자.

어떤 임원이 혁신 과제나 계획을 주도하라는 지시를 받는다면, 보통 자신이 챙기는 26개의 계획 중 5개를 책임지는 부하직원(편의상 '이사'라고 한다)을 가장 먼저 호출할 것이다. 임원은 그 이사에게 '당신의 부하직원 중 한 사람(편의상 '프로젝트 관리자'라고 한다)을 배정하라'고 지시한다. 그러면 프로젝트 관리자는 자신의 '할 일 목록'에 이 프로젝트를 추가한다. 그러면서 그는 엔지니어링 이사를 설득해 개발팀 중에서 이 프로젝트를 일정에 '구겨 넣을 수' 있는 팀이 있는지를 확인해달라고 할 것이다. 그다음에 일어날 일은 아마존의 디바이스 담당 수석 부사장인 데이브 림프 Dave Limp가 멋지게 요약했다. "무언가를 만드는 데 실패하기 위한 최고의 방법은 그 일을 누군가에게 파트타임 업무로 맡기는 것이다."[17]

아마존은 싱글 스레드 리더가 부족하면 새로운 계획을 순조롭게 시작하기가 힘들다는 것을 어렵게 습득했다. '풀필먼트 바이 아마존Fullfillment by Amazon, FBA'이 바로 그 대표적인 사례다(처음에는

'셀프서비스 오더 풀필먼트Self-Service Order Fullfillment, SSOF'라고 불렸다).
FBA는 아마존의 창고와 배송 서비스를 판매업체에 제공하는 것
을 목적으로 삼는다. 판매업체에서 저장, 픽업, 포장, 배송을 직접
처리하지 않고 물건을 아마존에 보내면, 그 시점부터 아마존이 물
류를 대신해서 처리해주는 시스템이다. 유통팀과 운영팀 임원들
은 꽤 대담하고 흥미로운 아이디어라고 생각했지만, 1년이 넘도
록 FBA는 추진력을 얻지 못했다. 언제나 '개봉 박두'라는 말만 되
풀이할 뿐, 실제로 이루어진 것은 하나도 없었다.

마침내 제프 윌케는 2005년 당시 부사장이던 톰 테일러Tom Taylor
에게 다른 책임은 모두 벗어던지고 FBA에만 전담하라고 지시했
다. 2006년 9월에 정식 론칭한 FBA는 엄청난 성공을 거두었다.
서드 파티 업체들은 제품을 둘 수 있는 창고 공간이 생겼다는 점
에 매우 흡족해했고, 아마존은 고정비가 아닌 변동비용으로 창고
를 운영하게 돼 좋았다. 또한 FBA는 서드 파티 업체들에게 아마
존프라임에 참여할 수 있는 이득을 주었고, 이는 구매자들의 고객
경험을 향상하는 결과로 이어졌다. 제프는 주주에게 보내는 편지
에서 이렇게 말했다. "FBA는 판매업체를 대신해 2011년 마지막
분기에만 수억 개의 아이템을 배송했습니다."[18]

톰 테일러가 일을 전담하기 전에 이 서비스를 추진하느라 애를
썼던 리더들은 모두 예외적이라 할 만큼 능력 있는 사람들이었지
만, 이 밖에도 책임져야 할 업무가 산더미 같았던지라 FBA와 관
련한 무수한 세부 내용을 관리할 여력이 없었다. 만약 제프 윌케
가 톰의 책임을 이 하나의 프로젝트에만 집중하도록 덜어주지 않

았다면, 설령 FBA가 론칭했어도 그 속도는 훨씬 느렸을 것이고 적용하기도 어려웠을 것이다. 톰은 그때까지 공식화되지 않았던 '싱글 스레드 리더'라는 개념의 선구자 격이었다.

STL 모델에서 또 하나의 결정적인 요소는 톰과 같은 싱글 스레드 리더가 이끄는 '분리 가능한 싱글 스레드 팀'이다. 제프 윌케는 이렇게 설명한다. "'분리 가능하다'라는 말은 소프트웨어를 위한 응용 프로그램 인터페이스(API)만큼이나 조직적으로 분리할 수 있다는 뜻입니다. 싱글 스레드란 말은 그 일 이외에 아무 일도 하지 않는다는 의미지요."[19]

이런 팀은 자신이 맡은 기능에 명확한 오너십을 가지고 다른 팀에 최소한의 영향을 받으면서 혁신을 추진할 수 있다. 단지 싱글 스레드 리더를 지정하는 것만으로 충분하지 않다. 싱글 스레드 팀을 설치한다는 의미는 단순히 조직도를 변경하는 것, 그 이상이다. 분리 가능한 싱글 스레드 팀은 기존 팀보다 조직적 의존성이 낮다. 이들은 오너십의 경계를 비롯하여 다른 팀의 이익이 시작되고 끝나는 지점을 명확하게 구분한다. 아마존의 전임 부사장인 톰 킬랄리아Tom Killalea가 정확하게 관찰했듯이, 팀에 자율성이 충분한지 판단하는 좋은 경험법칙은 '행동 전개Deployment 여부'를 살피는 것이다. 즉, 다른 팀과 함께 움직이며 조율하지 않아도, 또한 다른 팀에 승인을 받지 않아도 우리 팀이 단독으로 변화를 추진하며 전개할 수 있느냐는 말이다. 만약 그 대답이 '아니요'라면, 한 가지 해결책은 자율적으로 반복할 수 있는 작은 기능 하나를 찾아내는 것이다(그리고 이 기능을 수행할 수 있도록 싱글 스레드 팀을 신설하는 것이다 – 옮긴이).

싱글 스레드 리더는 소규모 팀을 책임지기도 하지만, 아마존에코와 디지털 뮤직처럼 커다란 서비스 개발을 이끌기도 한다. 실제로 아마존에코와 알렉사는 부사장인 그레그 하트Greg Hart가 싱글 스레드 리더로 임명되지 않았더라면 개발 기간이 훨씬 길어졌을 일이다. 하드웨어 책임자 한 사람과, 소프트웨어 책임자 한 사람을 각각 따로 두어야 했기 때문이다(이때 소프트웨어 책임자는 아마존의 모든 디바이스에 들어갈 소프트웨어를 책임진다). 그랬더라면 두 사람 중 어느 누구도 아마존에코와 알렉사를 구축하는 일부터 론칭하기까지 전 과정을 총괄하지는 못했을 것이다. 싱글 스레드 리더는 신제품의 문제를 평가하고, 어떤 팀이 얼마나 많이 필요하며, 팀 간의 책임은 어떻게 배분해야 하는지, 또 각 팀의 규모를 얼마나 키워야 하는지를 결정할 자유가 있다. 결정적으로 기술적 의존성 문제가 해결된 덕분에, 더는 그 많은 사람이 각각의 소프트웨어 변경 사항을 추적하는 일에 동원될 필요가 없어졌다.

* * *

아마존이 '싱글 스레드 리더'와 '분리 가능한 싱글 스레드 팀'이라는 접근 방식에 도달하기까지는 오랜 시간이 걸렸다. 그 과정에서 'NPI'와 '투 피자 팀'처럼 결과적으로는 사라진 여러 방안도 실험해야 했다. 하지만 그럴 만한 가치가 있었다. 그렇게 진화한 아마존의 혁신적인 접근 방식은 여전히 매우 견고하고 튼튼하게 살아남았기 때문이다. 싱글 스레드 팀으로 도달하기까지의 여정은 아마존에서 줄곧 듣게 될 문구를 대변하는 사례이기도 하다. "비전을 고집하되, 세부 내용에는 유연성을 가져라Be stubborn on the vision but flexible on the details."

싱글 스레드 리더는 혁신을 초고속으로 이루어냈다. 그 결과 아마존은 엄청난 규모로 성장하면서도 발생한 문제에 즉각적으로, 민첩하게 대응할 수 있었다. 모든 계층의 혁신가들은 과도한 의존성이라는 방해 요소가 사라지자 조금 더 빨리 실험하고, 더욱 정교하게 제품을 만들며, 제품 크리에이터들의 몰입 수준을 높일 수 있었다. 또한 오너십과 책임 소지가 훨씬 더 쉽게 정립된 덕분에 각 팀은 회사의 전략에 적절하게 초점을 맞추며 정확하게 몰입할 수 있었다. 이 모든 긍정적인 결과들은 최초의 싱글 스레드 팀이 만들어지기 이전부터 가능했지만, 이제야 비로소 아마존의 혁신을 위한 자연스러운 귀결이 만들어졌다고 말할 수 있다.

4장 커뮤니케이션
: 내러티브와 6-페이저

이미지가 아닌 글에 의존할 것!

아마존 회의실에 흐르는 으스스한 침묵의 정체는 무엇일까? 아마존은 왜 파워포인트를 금지하고 내러티브로 전환하게 됐을까? 이 장에서는 명확한 사고를 이끌고 가치 있는 토론 문화를 유도하는 '내러티브'에 대해 이야기한다. 더불어 효과적으로 '6-페이저6-pager'를 작성하는 방법과 '내러티브 정보 승수Narrative Information Multiplier'에 대해서도 짚어보자.

아마존에 최근 입사한 직원들에게 회사에 다니며 가장 크게 놀랐던 경험을 묻는다면, 아마 대부분은 이렇게 답할 것이다.

"회의가 시작되면 첫 20분 동안 으스스한 침묵이 흐르지요."

회의 참석자들이 인사 겸 잡담을 짧게 나누고 테이블에 앉으면, 그다음부터는 완벽할 정도로 고요한 침묵이 회의실을 감싼다. 침묵 자체가 중요하다고 말하려는 게 아니다. 침묵의 이유가 중요하다. 회의 참석자들은 토론을 시작하기 전에 반드시 6페이지짜리 문서를 읽어야 한다.

아마존은 여느 기업과 달리 문서로 쓰인 '글'을 매우 중요시한다. 아이디어를 발전시키고 소통하는 과정에서 이러한 차이는 엄청난 경쟁우위를 만들어낸다. 이 장에서 우리는 파워포인트를 사용하던 아마존이 어떻게 내러티브로 전환하게 됐는지, 이 방법이 회사에 어떤 효과를 불러왔는지 살펴볼 것이다. 더불어 당신의 회사에도 내러티브가 어떻게 이로울지 이야기할 것이다.

아마존은 내러티브를 두 가지 양식으로 표현한다. 첫 번째 양식은 '6-페이저'이다. 아이디어와 프로세스, 비즈니스를 묘사하거나 검토할 때, 또는 제안할 때 사용한다. 두 번째 양식은 'PR/FAQ'이다. 이는 신제품 개발 단계에서 '워킹 백워드' 프로세스와 밀접하게 연관돼 있다. 이 장에서는 6-페이저에 초점을 맞출 것이고, 다음 장에서는 PR/FAQ를 살필 예정이다.

파워포인트 퇴출 사건

회사 초기 '제프의 그림자'로서 콜린의 중요한 역할은 S-팀의 주간회의 의제를 관리하는 일이었다. S-팀 회의는 통상 매주 화요일에 열렸고 보통 4시간가량 진행됐다. 그중 80퍼센트는 '실행'을 논하는 일에 초점이 맞춰졌다. 다시 말해, 회사가 S-팀 목표에 얼마나 다가가고 있는지가 회의의 주요 관심사였다. 회의에서는 2~4개의 S-팀 목표를 선택하고 그 진척도를 깊이 있게 파고들어 살펴본다. 이 회의에는 제법 큰 비용이 들었는데, 회사의 고위급 리더들이 회의를 준비하고 참석하는 데는 적어도 한나절의 시간을 투자해야 했기 때문이다. 그리고 회의에서 내려지는 결정에 따라 이해관계가 달라졌다.

초창기의 회의는 '깊이 파고들기' 원칙에 따라 관련한 팀이 목표를 얼마나 달성하고 있는지를 보여주는 프레젠테이션으로 시작됐다. 일반적으로 한 명 이상의 팀원이 파워포인트 슬라이드를 띄워가며 구두로 프레젠테이션을 진행했다. 우리는 이런 프레젠테이션이 의도했던 목적에 부합하지 않는다는 것을 너무나 자주 경험했다. 이런 형식으로는 실질적인 진척도를 평가하기가 어려웠을 뿐만 아니라, 계획한 대로 프레젠테이션을 진행하기도 힘들었다. '깊이 파고들기'는 발표자와 청중 모두에게 혼란을 주었고, 썩 효과적이지 않았으며, 이로 인해 자주 실수를 저질렀다.

제프와 콜린은 S-팀 미팅을 개선할 방법을 두고 종종 토론했다. 2004년 초에 이 둘은 특별히 버거웠던 프레젠테이션에 참석하고 난 뒤 바로 출장길에 올랐다. 당시에는 비행기에서 와이파이가 지원되지 않았기에 이동하면서 딱히 할 일이 없었다. 그래서 우리는 예일대학교Yale University 교수이자 정보시각화 분야의 전문가인 에드워드 터프티가 쓴 『파워포인트의 인지적 스타일The Cognitive Style of PowerPoint: Pitching Out Corrupts Within』을 읽고 토론했다.[20] 터프티는 우리가 경험하고 있던 문제를 단 한 문장으로 정리해놓았다. "분석이 인과관계적이고, 변수가 많으며, 상호 비교적이고, 근거를 파고들면서, 상세할수록 글머리기호로 된 목록은 더욱더 해롭다." 이 문장은 복잡하고, 상호연결돼 있으며, 엄청난 양의 정보 조사를 요구하고, 결정의 파급 효과가 큰 S-팀 회의 토론 양상을 정확히 짚어낸 표현이었다. 파워포인트 슬라이드는 (아이디어를 충분히 표현하지 않는) 분절된 문구들을 띄엄띄엄 던지는 양식이면서, 이해를 돕기보다는 주의를 산만하게 하는 각종 시각 효과를 조장하고 있어서 하나의 아이디어를 다른 아이디어와 비교해 살펴보기가 어렵다. 그러니 이런 슬라이드를 순차적으로 발표한다고 해서 S-팀 회의가 요구하는 수준의 분석을 만족시킬 수는 없었다. 파워포인트가 토론을 명확하고 단순화하기보다 오히려 토론에 필요한 중요한 뉘앙스를 날려버릴 수 있었다. 발표자가 별도의 노트나 오디오 자료를 첨부하더라도 절대 만족스럽지 못했다.

게다가 빠듯한 일정을 소화해야 하는 노련한 아마존 임원들에게는 가능한 한 빨리 문제의 본질을 파악하는 일이 중요했다. 그들은 슬라이드의 흐름과 관계없이 질문 폭격을 날리며 사안의 핵심을 드러내도록 발표자를 몰아갔다. 때로는 그런 질문들이 요점을 명확히 하거나 발표를 진전시키지 않고, 회의 참석자 전체를 논점에서 이탈하도록 만들었다. 어떤 임원들은 다음 슬라이드에 바로 나오는 내용을 먼저 질문하는 바람에 발표자가 똑같은 말을 두 번 이상 반복해야 했다.

터프티는 해결책을 제안했다. "중요한 발표 자리일수록 파워포인트 슬라이드를 문장과 숫자, 데이터 그래프와 이미지를 함께 보여주는 종이 핸드아웃으로 대체하는 방법이 유용하다. 상세한 내용이 적힌 핸드아웃은 그걸 읽는 사람에게 증거의 전후 맥락을 살피고 비교하게 하며 재구성할 수 있게 이끈다. 반면 데이터가 빈약하고 금방 잊히는 화면은 청중을 무지하고 수동적으로 만들며 발표자의 신뢰성을 깎아내리는 경향이 있다."

터프티는 첫걸음을 떼는 방법으로 이렇게 조언했다. "거대 조직에서 이러한 변화를 시도하려면 간단명료한 실행 방침을 내려야 한다. '지금부터 발표용 소프트웨어는 마이크로소프트 워드다. 파워포인트가 아니다. 워드에 익숙해져라'라고 말이다." 이것은 실제로 아마존이 했던 일이다.

터프티의 글이 내러티브로 전환하게 된 유일한 자극제는 아니었지만, 우리의 생각을 확고하게 다져준 계기가 됐다. 2004년 6월 9일, S-팀 멤버들은 다음과 같은 제목의 이메일을 받았다. "지금부터 S-팀에서 파워포인트 발표는 금지."[21] 메시지는 단순했지만 충격적이었다. 그날부터 S-팀 멤버들은 S-팀 회의에서 아이디어를 발표하기 위해 짧은 내러티브를 작성해야 했다. 파워포인트는 그날 이후로 '정말' 금지되었다.

그 이메일을 발송한 사람은 콜린이었다. 물론 제프의 지시였다. 회사에서 그런 중대한 변화를 지시할 수 있는 사람은 제프가 유일했다. 콜린은 이메일을 발송하고 기분이 아주 좋았다. 마침내 S-팀 회의의 효과를 드높일 의미 있는 방법을 찾았다고 믿었기 때문이다. 하지만 그 이메일이 다른 많은 사람에게도 환영받을 거라는 예상은 보기 좋게 빗나갔다. 이메일이 조직 전체로 퍼지면서 거의 똑같은 반응이 즉각적으로 들려왔다. "농담하는 거죠?" 그날 밤부터 며칠 동안 콜린은 파워포인트 금지에 항의하는 전화와 이메일 폭탄을 감당해야 했다. 특히 2주 안에 발표를 앞두고 있던 S-팀 멤버들의 항의는 격렬했다. 새로운 내러티브 프로세스를 재빨리 익히면서 내러티브 작성법을 배워야 했을 뿐만 아니라, 몇 개월 동안 어렵사리 개발한 새로운 아이디어의 운명이 내러티브로 바뀐 회의 결과에 달려 있었기 때문이다.

'지금부터 발표용 소프트웨어는
마이크로소프트 워드다.
파워포인트가 아니다.
워드에 익숙해져라.'

이런 반응은 사실 놀라운 게 아니었다. 2004년 6월 8일까지 아마존의 여러 회의에서 파워포인트는 아이디어 소통을 위해 당연히 써야 할 도구로 사용됐다(많은 기업에서는 아직도 그럴 것이다). 모든 사람이 파워포인트의 장단점을 잘 알고 있었다. 카리스마 있는 임원이 간단명료한 문구와 움직이는 클립아트, 멋진 슬라이드 전환 효과를 총동원해 꾸민 슬라이드 앞에서 발표하는 모습만큼이나 재미난 구경거리가 또 있을까? 하지만 며칠이 지나 그 상세한 내용을 기억할 수가 없다면? 칙칙한 템플릿 화면에서 깨알 같은 글씨가 빼곡히 적힌 프레젠테이션을 읽는 것만큼이나 최악의 상황도 없다면? 여기에 심지어 긴장한 발표자가 말을 더듬기라도 한다면?

무엇보다 파워포인트를 사용하는 것이 우리에게 진짜로 위험했던 까닭은, 파워포인트가 의사결정에 부정적인 영향을 끼칠 수도 있다는 점이었다. 언변이 뛰어난 발표자는 형편없는 아이디어로도 쉽게 안건을 승인받을 수 있었다. 반면에 엉성하게 구성된 프레젠테이션은 아무리 아이디어가 좋더라도 토론을 장황하고 지루하게 만들 뿐만 아니라, 사람들을 헷갈리게 하고 진지한 논의를 이어가지 못하게 만들었다. 지루한 프레젠테이션을 들으면 뇌가 정지해버리기라도 하는지, 사람들은 이메일을 뒤적이며 딴청을 피우느라 단조로운 목소리, 시시한 시각 자료 밑에서 웅크리고 있는 훌륭한 아이디어를 놓치고 말았다.

사람들이 내러티브 양식을 완전히 받아들이는 데는 시간이 필요했다. 일단 '내러티브는 이렇게 작성해야 한다'와 관련된 규칙이 아무것도 없었다. 제프는 파워포인트에서 내러티브로 전환하는 이유를 다음과 같이 짧게 설명했다.

> "4페이지의 메모를 쓰는 것이 20페이지짜리 파워포인트를 구성하는 것보다 어려운 이유는 좋은 메모의 내러티브 구조가 우리에게 '무엇이 더 중요한지', '서로 어떻게 연관되어 있는지'를 더 잘 생각하고 이해하도록 유도하기 때문입니다.
>
> 파워포인트 스타일의 프레젠테이션은 아이디어를 위장시키고, 상대적 중요성을 인지하지 못하게 할 뿐만 아니라, 아이디어 간에 상호연결성을 무시하도록 하는 경향이 있습니다."[22]

초기에 작성된 내러티브들은 (오늘날의 기준으로 평가하면) 어이없을 정도로 형편없었다. 어떤 팀들은 '회의 시간 안에 다 읽을 수 있도록 간단명료하게'라는 지침을 어기고 분량 제한을 무시했다. 한정된 분량으로는 자신들의 아이디어를 충분히 담아낼 수 없다고 생각했는지, 열성적인 팀들은 30~40페이지나 되는 장황한 내러티브를 제출하기도 했다. 결국 페이지 수를 엄격하게 제한할 수밖에 없었다. 그러자 이번에는 아주 작은 폰트로 1페이지 안에 가능한 한 많은 내용을 빽빽하게 구겨 넣는 팀들이 나타나기 시작했다. 우리는 서술의 장점을 원했던 것이지 16세기에 유행했을 법한 문서 형태를 보려고 한 게 아니었다.

우리는 점차 표준 포맷을 설정했다. "문서 최대 분량은 여섯 페이지로 하되 포맷에 극단적인 트릭을 쓰지 말 것." "상세 정보나

보충 자료는 부록으로 첨부할 수 있지만, 회의 자리에서는 읽지 않아도 무방한 내용이어야 할 것.”

'6-페이저'를 효과적으로 쓰는 방법

우리는 위에서 정리한 포맷의 문서를 '6-페이저'라고 칭했다. 다만 서술 방식이 매우 다양할 수 있어서 애초에 '완벽한 스타일'을 제시하기는 불가능하다. 그래서 우리는 'S-팀 회의에서는 파워포인트 대신 내러티브를 권장한다'라는 주제로 현재 아마존에서 작성되고 있는 스타일을 적용한 '6-페이저를 위한 6-페이저'를 소개하려 한다. 바로 위에서 그 내용 중 일부를 이미 소개했는데, 방대한 아이디어를 6-페이저로 축약하는 방식을 이해하는 데 도움이 될 것이다.

※ 주의사항: 이 예시는 가로 8.5인치, 세로 11인치 종이(미국 레터Letter 용지 규격)에 행간 여백 없이 폰트 사이즈 11포인트로 작성된 여섯 페이지의 문서다. 이 책의 규격이 이와는 다르기에 여섯 페이지보다 길게 인쇄된 점을 양지하기 바란다.

친애하는 파워포인트: 당신이 아니라 우리!

우리의 의사결정 프로세스는 비즈니스 규모와 복잡성의 급격한 증가 속도를 따라잡지 못했다. 따라서 우리는 S-팀 회의에서 파워포인트 사용을 즉시 중단하고, 대신 여섯 페이지짜리 내러티브를 사용해야 한다고 주장한다.

파워포인트를 사용하면 어떤 문제가 있나?

일반적으로 S-팀 회의는 논의가 필요한 제안이나 비즈니스 분석을 설명하는 파워포인트(이하 'PP') 프레젠테이션으로 시작한다. 슬라이드 덱의 스타일은 팀마다 다르지만, 모두가 PP 형식에서 비롯되는 여러 제약을 공유하고 있다. 기본 개념이 복잡하건 단순하건 여러 개의 작은 문단, 글머리 기호로 표시한 짧은 목록, 그래픽 등으로 표현된다.

열렬한 PP 팬조차 많은 양의 정보가 슬라이드 덱을 망친다는 사실을 인정한다. PP 관련 도서 중에서 아마존 베스트셀러에 오른 책에는 단어 수에 따른 슬라이드 유형을 세 가지로 나눠 설명한다.

1. 75개 단어 이상: 프레젠테이션하기에는 적합하지 않은 집중 토론 문서나 백서. 회의 전에 배포해서 미리 읽게 하는 게 좋다.

2. 50개 내외 단어: 자막기처럼 사용하려는 발표자의 편법. 이런 발표자는 청중을 등지고 내용을 크게 읽고는 한다.

3. 이보다 훨씬 적은 수의 단어: 적절한 프레젠테이션 슬라이드. 주로 발표자가 말하는 내용을 시각적으로 강화하려는 목적으로 쓰인다. 발표자는 이런 유형의 콘텐츠를 만들고 연습하는 데 시간을 투자해야 한다.[23]

널리 쓰이는 경험법칙 중 하나는 '글머리기호 수는 최대 6개로 제한하며, 각각은 6개 단어를 넘지 않는다'라는 소위 '6×6 규칙'이다. 그 밖에 '텍스트는 슬라이드 한 장당 40개 단어를 넘지 않는다', '프레젠테이션 자료는 슬라이드 20장을 넘지 않도록 한다' 등의 가이드라인이 있다. 때에 따라 위의 숫자는 조금씩 달라질 수 있는데, 정보의 밀도를 제한하겠다는 요점은 같아야 한다. 전체적으로 보면 이런 가이드라인은 하나의 목적으로 귀결된다. '청중을 헷갈리게 하거나 방향을 잃게 하지 않으려면 파워포인트 덱에 들어가는 정보를 최대한 줄여야 한다.' 이 관점에서 보면 PP 포맷은 발표자가 아이디어를 압축하도록 몰아가기 때문에 중요한 정보가 줄곧 생략된다.

PP 포맷을 맞출 때까지 발표자는 내용을 '가지치기'하느라 상당한 시간을 소모한다. 또한 발표자는 진행하고 있는 일의 깊이와 넓이를 담으려는 욕구 때문에 슬라이드에 담지 못한 내용을 말로 대신하려 한다. 그 결과 발표자의 대중 연설 스킬과 슬라이드 덱에 담은 그래픽아트 능력이 청중의 이해도에 과도하게(그리고 매우 변화무쌍하게) 영향을 끼친다. 이로 인해 팀에서 아이디어를 제안하고 비즈니스를 분석하는 일에 얼마나 큰 노력을 기울였건 간에, 주요 이슈와는 별로 상관없는 요소들(발표력, 그래픽아트 능력 등 – 옮긴이)로 최종 채택 여부가 결정되고는 한다.

발표를 듣다 보면 발표자가 갑자기 끼어드는 질문을 받고는 "잠시 후에 말씀드리려고 했습니다만…"(또는 "이따가 곧 설명해드리려고 했습니다")이라고 말하며 평정심을 되찾고자 애쓰는 모습을 자주 목격할 것이다. 이때 회의의 흐름은 깨지고, 청중은 불만을 느끼며, 발표자는 당황한다. 질문자는 본인이 중요하게 여기는 포인트에서 '깊이 파고드는' 질문을 던졌지만, 결국 프레젠테이션을 끝까지 들으며 '내가 던진 질문'의 답이 언제 나올지 기다려야 한다. 사실 우리는 모든 PP 프레젠테이션을 들으며 필기해야 한다. 실질적으로 필요한 정보의 대부분이 슬라이드가 아닌 구두로 전달되기 때문이다. 보통은 슬라이드 덱만으로 모든 주장을 전달하거나 기록하기에 충분하지 않다.

우리의 영감Inspiration

우리는 독창적인 책이자 아마존 베스트셀러인 『양적 정보의 시각적 표현The Visual Display of Quantitative Information』을 쓴 에드워드 터프티를 잘 알고 있다. 그는 또 다른 『파워포인트의 인지적 스타일』이라는 도서에서 우리가 겪는 어려움을 정확하게 요약했다.

> "분석이 인과관계적이고, 변수가 많으며, 상호 비교적이고, 근거를 파고들면서, 상세할수록 글머리기호로 된 목록은 더욱더 해롭다."

이 문장은 S-팀 회의의 실상과 꼭 들어맞는다. 복잡하고, 서로 연관되며, 살펴볼 정보를 꽤나 요구하고, 결정에 따른 파급효과가 매우 큰 회의이기 때문이다. S-팀에서 요구하는 분석은 슬라이드를 순차적으로 넘겨야 하는 프레젠테이션 스타일로는 쉽게 충족할 수 없다. 하나의 아이디어를 다른 아이디어와 비교해서 살펴보기 어렵고, 분절된 문구들을 띄엄띄엄 던지는 방식이라 아이디어를 충분히 표현하기가 쉽지 않다. 그뿐만 아니라 이해를 돕거나 사안을 간단명료하게 보여주기보다는, 오히려 시각적 효과로 인해 초점이 산만해지고 토론에서 중요한 뉘앙스가 삭제되고는 한다.

터프티는 이런 해결책을 제안했다. "중요한 발표 자리일수록, 파워포인트 슬라이드를 문장과 숫자, 데이터 그래프와 이미지를 함께 보여주는 종이 핸드아웃으로 대체하는 방법이 유용하다. 상세한 내용이 적힌 핸드아웃은 그걸 읽는 사람에게 증거의 전후 맥락을 살피고 비교하게 하며 재구성할 수 있게 이끈다. 반면 데이터가 빈약하고 금방 잊히는 화면은 청중을 무지하고 수동적으로 만들며 발표자의 신뢰성을 깎아내리는 경향이 있다."

그는 계속해서 이렇게 말했다. "중요한 발표에서는 파워포인트를 워드 프로세스나 페이지 열람 소프트웨어로 교체하라. 거대한 조직에서는 이 같은 변화를 위해 간단명료한 실행 방침을 설정해야 한다. 지금부터 프레젠테이션용 소프트웨어는 마이크로소프트 워드다. 파워포인트가 아니다. 워드에 익숙해져라." 우리는 이 충고를 받아들였고 다음과 같이 그의 조언을 따르자고 제안한다.

우리의 제안: 내러티브를 받아들이고 PP를 몰아낸다

우리는 S-팀 회의에서 PP 사용을 즉시 중단하고 내러티브 문서로 대체할 것을 제안한다. 내러티브에는 간결함과 명확함을 위해 그래프와 글머리기호 목록을 포함할 수 있지만, PP 덱을 그대로 담을 수 없다는 점을 명심하라. 우리의 목표는 내러티브 양식으로만 구현할 수 있는 완전하고 독립적인 프레젠테이션 유형을 소개하는 것이다. 이를 수용하라.

핵심 규범: '발표자'가 아니라 '아이디어'가 중요하다

내러티브로 전환한다는 것은 프레젠테이션을 성공으로 이끄는 발표 기술과 그래픽디자인 능력의 개인차를 제거함으로써, 기울어진 운동장을 바로 세우고 팀의 아이디어와 논리를 중심에 둔다는 의미다. 내러티브 작성이 최고 수준에 도달할 때까지 팀원 모두는 이를 함께 검토하고 수정하며 더욱 강력한 메시지를 길어 올리는 데 기여할 수 있다. 다시 한번 강조하지만, 좋은 결정은 '개인의 발표 기술'이 아닌 '아이디어' 자체에서 나온다.

이제부터는 그래픽적으로 화려하고 우아한 슬라이드를 작성하는 데 소요했던 시간을 더 중요한 가치를 위해 사용할 수 있다. 앞으로 우리는 연단에 올라 연습하는 데 쓴 시간과 에너지를 돌려받을 수 있고, 팀 리더들을 불필요하게 괴롭혔던 스트레스 요인을 제거할 수 있다. 발표자가 훌륭한 영업사원이든, 태생적으로 내성적인 사람이든, 갓 대학을 졸업했든, 20년 차 경력의 고위급 임원이든 이런 개인차는 이제 중요하지 않다. 이 시간 이후부터 가장 중요한 핵심은 내러티브 문서에서 찾을 수 있을 것이다.

내러티브 문서는 휴대성과 확장성이 뛰어나다. 배포하기 쉽고, 누구나 언제든 그것을 읽을 수 있다. 중요한 프레젠테이션의 내용을 이해하기 위해 손으로 직접 적거나 음성녹음을 할 필요도 없다. 누구나 쉽게 문서에 접근해 편집할 수 있고 코멘트를 메모할 수 있으며 클라우드를 통해 이를 공유할 수 있다. 내러티브 문서 자체가 기록의 수단이 된 셈이다.

독자들이 갖는 이점: 정보의 밀도와 아이디어의 상호연결성

안건으로 올라온 아이디어를 비교하는 데 '내러티브 정보 승수'가 유용한 지표로 쓰인다. 이 지표는 아마존의 전임 부사장인 짐 프리먼Jim Freeman이 고안했다. 애리얼Arial 폰트 11포인트로 작성된 전형적인 워드 문서로, 페이지당 3000~4000자를 담을 수 있다. PP와 비교하기 위해 최근에 아마존 S-팀 회의에서 발표한 슬라이드 자료를 50개 분석한 결과, PP는 페이지당 평균 440자를 포함한다는 사실을 발견했다. 이 결과는 곧, 내러티브 문서가 전형적인 PP 프레젠테이션보다 7~9배 큰 '정보 밀도Information Density'를 포함한다는 의미다. 위에서 언급한 PP의 한계를 포함해 고려한다면, 이 승수는 더 크다.

터프티는 사람들이 글을 읽는 속도가 발표자가 평균적으로 말하는 속도보다 3배 더 빠르다고 추측한다. 즉, 사람들이 PP 프레젠테이션을 들을 때보다 내러티브를 읽을 때 더 많은 정보를 흡수할 수 있다는 뜻이다. 내러티브는 훨씬 짧은 시간에 훨씬 많은 정보를 전달한다.

S-팀 멤버들이 하루에 얼마나 많은 미팅에 참석하는지를 알고 있는가? 이를 고려하면 내러티브 정보 승수는 더욱더 증가한다. 이렇게 정보 밀도가 높은 포맷(내러티브 - 옮긴이)으로 전환하면, 핵심 의사결정자들은 PP 프레젠테이션을 접할 때보다 같은 시간에 훨씬 더 많은 정보를 습득할 수 있다.

내러티브는 비선형적으로 상호연결된 주장들을 자연스럽게 엮어낸다. 이런 장점은 융통성 없게 순차적으로 진행되는 PP 프레젠테이션으로는 불가능하다. 상호연결성은 중요한 비즈니스 기회 상당수를 분명히 드러내곤 한다. 게다가 정보를 잘 습득한 사람은 질 높은 의사결정을 내릴 수 있고, 발표자의 전술과 전략 계획에 보다 상세하고 유용한 피드백을 전할 수 있다. 임원들이 다양하고 중요한 계획에 관한 제대로 된 정보를 깊이 있게 습득한다면, 우리는 다른 기업이 한계성 많은 기존의 소통 방식(PP)을 고수할 동안 상당한 경쟁 우위를 갖게 될 것이다.

발표자들이 갖는 이점: 사고를 명확히 할 수 있다

우리는 내러티브를 작성하는 작업이 PP 프레젠테이션을

만드는 일보다 더 어렵다는 걸 잘 알고 있다. 하지만 이런 어려움은 긍정적인 효과도 불러온다. PP 덱을 만들 때보다 내러티브를 쓰면서 더 깊이 사고하고 통찰할 수 있다는 점이다. 종이 위의 아이디어는 소속 팀 전체의 검토와 피드백을 통해 더 세심하게 계획될 것이다. 모든 관련 사실과 여러 사람의 주장을 논리정연하고 이해하기 쉬운 문서로 만드는 일은 분명 버거운 작업이지만, 반드시 그렇게 해야만 하는 일이기도 하다.

발표자의 목표는 단순히 아이디어를 소개하는 게 아니라 아이디어를 주의 깊게 저울질하고 철저히 분석했다는 점을 보여주는 것이다. PP 덱과 달리, 빈틈없이 만들어진 내러티브는 여러 사실과 분석이 어떻게 상호연결돼 있는지를 잘 나타낸다. 물론 PP 프레젠테이션도 그럴 수 있다고는 하지만, 실제 경험한 바로는 불가능에 가깝다.

완전한 내러티브 문서는 아이디어에 제기될 수 있는 반대나 우려, 팀에서 수행하기로 기대되는 대안적 관점을 예상할 수 있어야 한다. 작성자는 좋은 질문에 답을 준비하고, 타당한 반대와 심지어는 흔히 가질 수 있는 오해에도 대비해야 한다. 그리고 그것들을 내러티브 문서에도 적극적으로 녹여내야 한다. 내러티브 문서는 주제를 그럴듯하게 보여주고 대강 넘길 수 없는 영역이다. 특히 비판적 사고로 무장한 청중이 샅샅이 뜯어본다는 점을 잘 안다면 더욱더 그렇다. 처음에는 약간 두려울 수 있지만, 비즈니스 기회를 깊이 사고하고 올바르게 생각한다는 우리의 오래된 약속을 실천하는 방법이기도 하다.

에세이의 3단 구성인 '서론, 본론, 결론'은 설득력 있는 주장을 제시하는 데 기반이 된다. 성공적인 내러티브 문서는 검토자(독자)를 위해 서로 떨어진 점들을 연결함으로써 설득력 있는 주장을 제시한다. 단절된 글머리기호 목록과 그래프의 흐름을 보며 청중이 알아서 해온 일을 대신해주는 셈이다. 설득력 있는 글을 쓰려면 사고를 명확히 하는 일이 중요한데, 하나의 아이디어를 두고 여러 팀이 협업할 경우라면 더욱 필수적이다. 내러티브 양식을 만들려면 팀원들과 먼저 의견 일치를 이뤄야 하고, 만약 그렇지 못할 때는 어느 부분에서 의견이 일치하지 않았는지 문서에 명확히 언급해야 한다.

터프티는 내러티브의 장점을 특유의 직설적인 화법으로 이렇게 정리한다. "우리의 생각이 바보 같으면 파워포인트는 보기 싫어지고 오류가 많아진다. 그러나 파워포인트의 난잡함 때문에 우리는 바보 같은 생각을 하기가 더 쉬워진다."

새로운 포맷으로 회의를 진행하는 방법

회의를 시작하면서 참석자들에게 내러티브를 배포한다. 그러고는 통상 슬라이드 덱을 발표하는 데 소요된 시간인 20분 동안 이를 읽게 한다. 참석자 중 많은 이들이 내러티브를 읽으며 메모하거나 주석을 단다. 모든 참석자가 내러티브를 다 읽고 난 후에야 문서에 관한 토론이 시작된다.

우리는 복잡한 정보를 습득하는 데 페이지당 평균 3분이 소요된다는 점을 발견했다. 이것은 60분짜리 회의에 필요한 내러티브 문서의 길이가 여섯 페이지 정도 된다는 것을 의미한다(6페이지×3분=18분. 즉, 20분 동안 읽기에 적당한 길이가 여섯 페이지다 - 옮긴이). 따라서 우리는 최대 여섯 페이지를 준수하도록 권장한다. 물론 프레젠테이션 내용 전체를 여섯 페이지로 압축하는 일은 어렵다. 하지만 PP 발표자에게도 회의 시간은 정해져 있으니 분량 제한이 있는 건 마찬가지다. 우리는 여섯 페이지로도 충분하다고 믿지만, 필요하다면 앞으로도 계속 살피며 개선할 것이다.

결론

지금까지 우리와 함께한 PP에 감사한다. 하지만 변화가 필요한 시점이다. 내러티브를 작성하면서 우리는 아이디어를 더 깊이 강화하며 유용한 방식으로 전달할 것이다. 내러티브의 핵심적 이점은 그것이 더 예리하고 완벽한 분석의 촉진제 역할을 한다는 점이다. 여섯 페이지짜리 내러티브는 믿을 수 없을 만큼 폭넓은 소통의 도구이기도 하다. 문서를 읽는 동안에는 발표자와 청중 간에 상호작용이 전혀 없는데, 이때는 어떠한 편견도 개입하지 않고 오로지 논리의 명확성으로만 승부를 건다. 이런 변화는 아이디어에 힘을 싣는 한편, 제품과 회사를 더욱 강하게 할 것이다.

FAQ

Q: 우리와 비슷한 규모의 회사 대부분은 PP를 사용합니다. 우리는 왜 그들과 다르게 해야 하는 겁니까? 이러한 전환이 훗날 잘못된 결정으로 판명된다면 어떻게 되는 거지요?

A: 간단히 말하자면, 우리는 늘 더 나은 방법을 찾습니다. 아마존은 데이터가 이끄는 곳으로 가야 합니다. 그곳에서 기꺼이 우리에게 익숙한 일을 더 잘 수행할 방법을 찾아야 하고, 그것이 바로 그들과 우리가 다른 점입니다. 만약 이런 전환이 효과를 거두지 못한다면, 우리는 언제나 그랬듯 데이터를 따를 것입니다. 반복하고 개선하고, 그래도 효과가 신통치 않다면 원상 복귀할 것입니다.

Q: 왜 회의 전에 내러티브 문서를 미리 배포하지 않습니까?

A: 문서를 배포하고 곧바로 회의가 열리기 때문에 모든 참석자가 읽고 들어오기에는 시간이 부족할 겁니다. 그런데 슬라이드 덱을 내러티브 문서로 대체하기에 발표 시간을 절약할 수 있습니다. 참석자 모두가 내용을 파악하기 위해 조용히 앉아서 문서를 읽는다고 해도 시간 낭비가 크지 않은 이유입니다. 무엇보다 회의 시각 전에 문서를 미리 배포하지 않아야, 발표팀들이 내용을 충분히 보완하고 수정할 시간을 확보할 수 있습니다.

Q: 우리 팀은 PP 프레젠테이션을 아주 잘한다는 칭찬을 받아왔습니다. 우리 팀도 내러티브로 전환해야 합니까?

A: 그렇습니다. 강력한 PP 프레젠테이션에는 한 가지 위험 요소가 있습니다. 바로 무대 위에서 발표자의 강렬한 '존재감'이 청중의 눈과 귀를 가린다는 점입니다. 의도치 않게 핵심 질문이나 관심 사항을 보지 못하게 만들 수 있습니다. 여기에 번드르르한 그래픽이 주의를 딴 데로 돌리곤 합니다. 무엇보다 우리는 PP를 아주 잘 활용한다고 해도, 내러티브만큼의 완결성과 세련미를 갖추지 못한다는 걸 지금껏 숱하게 봐왔습니다.

Q: PP 덱을 그림 형태로 워드에 삽입한 다음, 그 아래에 내용을 강화하는 코멘트를 추가하면 어떨까요?

A: 안 됩니다. PP 슬라이드를 재사용하는 것은 단점을 재생

산하는 것일 뿐입니다. 내러티브가 당장은 매력적으로 보이지 않겠지만, 내러티브로 해낼 수 없는 것은 PP로도 잘 표현해낼 수 없습니다.

Q: 내러티브 문서에 그래프나 차트를 삽입할 수 있습니까?

A: 그렇습니다. 대부분의 복잡한 이슈는 데이터에서 핵심적인 통찰을 이끌어냅니다. 우리는 그런 데이터 중 일부가 차트나 그래프의 형태일 때 더 잘 구현될 수 있다고 생각합니다. 하지만 그래픽만으로는 내러티브에서 기대하는 '완전한 설득력'을 갖출 수 없습니다. 꼭 필요하다면 포함시키되, 문서 전체를 그래픽으로 채우지는 마세요.

Q: 여섯 페이지는 적게 느껴집니다. 내용을 얼마나 많이 담을 수 있겠습니까?

A: '여섯 페이지 제한'은 가장 중요한 이슈만 토론하게 하는 일종의 '강제 장치'입니다. 우리는 20분의 시간을 따로 마련해 그 시간 동안 참석자들이 문서 전체를 다 읽을 수 있어야 한다고 생각합니다. 더 많은 내용을 문서에 담고자 여백이나 폰트 크기를 조작하려는 충동에 사로잡히지 않기를 바랍니다. 여섯 페이지 제한을 맞추는 데 급급해 내용을 욱여넣는다면 이런 제한을 둔 취지에 반하는 행동입니다. 이는 별로 중요하지 않은 내용에 관심을 돌리도록 부추길 뿐입니다.

Q: 이런 변화가 성공적인지 어떻게 측정할 생각인가요?

A: 좋은 질문입니다. 우리는 아직 S-팀에서 내리는 결정이 얼마나 수준 높은지 정량적으로 규명할 방법을 찾아내지 못했습니다. 두 가지 접근 방식(PP와 내러티브)을 비교하면 비로소 정량적인 결과가 나올 것입니다. 우리는 향후 3개월간 내러티브를 실행한 후에 다음과 같은 질문을 S-팀 멤버에게 물을 계획입니다. "PP와 내러티브 중 어떤 방식일 때 더 제대로 된 정보를 바탕으로 결정을 내렸습니까?"

6-페이저는 구조와 내용이 다양하다

우리는 위에서 예로 든 6-페이저에 아마존의 많은 발표자에게 도움이 된다고 드러난 두 가지 옵션을 포함시켰다. 첫 번째는 내러티브를 권고하는 우리의 제안이 어디에 기반을 두고 있는지 밝히는 핵심 규범('발표자'가 아니라 '아이디어'가 중요하다)을 제공한 것이다. 규범은 독자에게 문서를 평가하는 기준점을 제공했다. 만약 규범 자체가 논란거리라면, 그 규범에서 비롯된 모든 논리적 단계를 검토하지 않고 규범만 손보면 될 일이었다.

두 번째는 FAQ를 포함시켰다는 것이다. 강력한 6-페이저라면 주장의 정당성만 입증하지 않고 반대 주장이나 논쟁이 되는 포인트, 또는 쉽게 오해받을 수 있는 대목을 미리 염두에 둔다. 이 같은 예상을 FAQ에 담아 추가하면, 독자가 시간을 절약할 수 있고 작성자의 생각이 얼마나 철저한지를 확인하는 데 초점을 맞출 수 있다(핵심 규범과 FAQ에 관한 추가 사례는 '부록 2' 참고).

어떤 6-페이저는 여섯 페이지를 넘기도 하는데, 보완 데이터나 자료를 부록으로 첨부해서다. 이런 데이터는 보통 회의 중간에 읽히지 않는다.

여섯 페이지짜리 내러티브는 여러 가지 양식을 취할 수 있다. 위에서 제시한 사례는 우리가 주장하는 주제에 특화돼 있다. 예를 들어 '우리의 영감'이라는 제목의 섹션은 해당 내러티브에서 유용하게 사용됐지만, 일반적인 6-페이저에서 반드시 나타낼 필요는 없다. 제목과 부제목, 그래프나 표, 기타 디자인 요소들은 각각의 내러티브에 맞춰 적용하면 된다.

예컨대 아마존의 '분기 비즈니스 검토 회의' 때 사용하는 내러티브는 다음과 같은 양식을 취한다.

도입

규범

달성한 것

미달한 것

차기를 위한 제안

인력 규모

손익계산서

FAQ

부록(스프레드시트, 표, 차트, 모형의 형태로 보완 데이터 첨부)

6-페이저는 투자, 잠재적 인수, 신제품이나 신기능, 월간 혹은 분기 비즈니스 현황, 운영 계획을 비롯해 구내식당의 메뉴 개선에 관한 아이디어까지 여러 사람에게 제안하고 싶은 주장이나 아이디어를 검토하는 데 사용할 수 있다. 이러한 내러티브 작성법에 숙달되려면 연습이 필요하다. 초보자들은 성공 사례를 잘 검토하고 학습해야 한다.

새로운 회의 방식에 적응하기

회의실에 앉은 참석자가 모두 시작과 동시에 내러티브를 읽는 것이 최선의 효과를 발휘하는 방법이다. 처음에는 불편한 침묵이 흐르겠지만, 이런 과정을 몇 번만 거치면 금세 익숙해진다. 아무런 소리도 나지 않는 침묵의 공간에서 잘 쓰인 내러티브를 읽는 20분은 엄청난 양의 유용한 정보를 얻는 시간이다.

앞서 페이지당 3분으로 읽는 속도를 추정했다. 만약 회의 시간이 30분이라면 세 페이지짜리의 내러티브가 적합하다. 우리의 목표는 회의 시간의 '3분의 2'를 토론 시간으로 남겨두는 것이다.

물론 사람마다 읽는 속도는 다르다. 어떤 사람은 부록까지 검토할 것이고 어떤 사람은 그렇지 못할 것이다. 어떤 참석자는 (빌처럼) 온라인 공유문서에 코멘트를 달 텐데, 이 코멘트는 회의 참석자라면 모두 확인할 수 있다. 옛날 방식을 선호하는 사람은 (콜린처럼) 종이에 코멘트를 적는다. 이 경우 그의 코멘트는 다른 사람이 바로 볼 수 없다. 단, 이때의 이점은 다른 사람들이 실시간으로 입력한 코멘트를 읽고 확증편향에 빠지는 현상을 피할 수 있다는 것이다. 20분만 지나면 다른 사람들이 어떤 생각을 했는지 바로 알게 될 텐데, 굳이 실시간 코멘트를 볼 필요가 없지 않은가!

모든 사람이 문서를 읽고 나면 발표자가 앞으로 나온다. 초보 발표자는 보통 이런 식으로 이야기를 시작한다. "문서의 내용을 구두로 다시 설명드리겠습니다." 이런 오류에 빠지지 마라. 구두로 설명하는 것은 시간 낭비일 뿐이다. 다시 한번 내러티브의 목적을 생각해보기 바란다. 이는 논리를 명확하게 제시하고 프레젠테이션의 위험을 피하려는 데 의미가 있다. 발표자는 구태여 주장과 논리를 다시 설명할 필요가 없다.

아마존의 몇몇 그룹은 문서를 한 줄씩 꼼꼼히 짚으며 참석자에게 수준 높은 피드백을 요구한다. 또한 어떤 그룹은 참석자 한 명에게 문서 전체에 대한 피드백을 요청한 뒤 다음 참석자에게 똑같은 요청을 하기도 한다. 당신에게 적합한 방법을 써라. 정답은 없다.

피드백이 끝나면 참석자들은 발표자에게 본격적인 질문을 던진다. 비로소 토론이 시작되는 시점이다. 그들은 특정 부분을 구체적으로 설명해달라거나, 발표팀의 의도를 파악한 뒤 통찰력 있는 의견을 제시하며, 개선할 점이나 대안을 제안하기도 한다. 발표팀이 내러티브에 엄청난 공력을 쏟았기에, 참석자들은 그들의 내러티브를 진지하게 받아들일 책임이 있다. 결국 이 회의의 핵심 목표는 제안된 아이디어나 주제를 두고 '진리'를 탐구하는 것이다. 그리고 회의를 통해 조정되는 아이디어를 최고의 것으로 만드는 일이다.

토론 단계를 거치는 동안, 해당 주제를 잘 알고 있는 사람이 참석자 전체를 대신하여 메모를 남기는 것도 중요하다. 발표자는 보통 질문에 답하느라 정신이 없어서 동시에 메모를 남길 수 없다. 토론 단계에서 메모를 적는 사람이 없으면 정중하게 회의를 중단하고 그 일을 담당할 사람을 선정해달라고 요청해야 한다. 이어지는 토론에서 핵심 포인트를 포착하고 기록하는 일은 매우 중요하다. 그런 코멘트가 결국 내러티브 프로세스의 아웃풋이 되기 때문이다.

피드백에 진지하라, 그리고 의심하라!

가치 있는 피드백과 통찰을 제시하는 일은 내러티브를 작성하는 일만큼이나 어려운 작업이다. 콜린이 직장생활을 하며 받은 가장 소중한 선물은 두 명의 내러티브 작성자가 준 펜인데, 두 사람은 콜린의 코멘트가 그들의 비즈니스를 성공시키는 데 핵심적인 역할을 했다고 말했다. 이 일화를 굳이 설명하는 이유는 회의 참석자가 발표자(내러티브 작성자)만큼이나 진지한 태도로 코멘트를 작성하면, 그 영향력이 상당히 크고 오래 지속된다는 걸 증명하기 때문이다. 내러티브 문서에 진지한 코멘트를 남기는 일만으로도 그 비즈니스의 핵심 팀원이 되는 것과 마찬가지다.

뛰어난 사례가 회사에 전파되고 직원들이 내러티브가 지녀야 할 특성을 잘 이해하고 나면, 기준에 미달하는 내러티브가 회의 자료로 제출될 가능성은 줄어든다. 한번은 기준에 미달하는 6-페이저를 받은 적이 있었다. 그 문서를 작성한 팀은 어려운 문제를 진부한 이야기로 얼버무리며 넘어갔다. 우리는 정중하게 그 문서를 돌려보냈고 토론하기에는 충분하지 않다고 이야기했다. 하지만 이런 경우는 매우 드물다. 대부분의 참석자는 열성적으로 피드백하며 발표팀을 돕는다. 특히 제프는 늘 누구도 발견하지 못하는 통찰에 도달하고는 했다. 모두가 같은 시간에 동일한 내러티브를 읽었는데도 말이다. 나는 회의가 끝나면 그에게 달려가 어떻게 하면 그런 통찰을 얻을 수 있는지 물었다. 그는 내가 잊고 있던 아주 간단하고 유용한 팁을 알려주었다. 그는 입증되기 전까지는, 내러티브의 모든 문장이 옳지 않다고 간주했다. 작성자의 동기가 아니라 문장의 내용을 따지고 든 것이다(그나저나 제프는 문서를 가장 늦게까지 읽는 사람 중 하나였다).

이러한 비판적 사고법은 현재의 내러티브가 과연 옳은지, 규명해낼 만한 또 다른 핵심적인 진실은 없는지, 발표팀의 내러티브가 아마존 리더십 원칙에 부합하는지 등을 묻게 했다. 예를 들어 내러티브 문서에 이런 문장이 있다고 해보자. "우리의 고객 친화적

회의 참석자가 발표자만큼이나
진지한 태도로 코멘트를 작성하면,
그 영향력은
상당히 크고 오래 지속된다.

반품 정책은 구매 시점으로부터 60일 이내에 반품을 허용한다. 다른 경쟁자는 보통 30일 이내까지 용인하는 데 말이다." 바쁜 나머지 대충 읽은 임원이라면 이 문장에 만족하면서 다음 단락으로 넘어갈 것이다. 하지만 비판적인 독자라면 내포된 가정에 이의를 제기할 것이다. 즉, 반품 가능 기간을 더 길게 설정하는 게 과연 고객 친화적인 정책인지를 의심한다는 이야기다. '이 정책이 경쟁자보다는 낫겠지만, 진짜로 고객 친화적인가?' 토론 시간에 비판적인 참석자라면 이렇게 질문할 것이다. "아마존이 정말로 '고객 집착적'이라면, 왜 반품을 원하는 99퍼센트의 정직한 고객이 담당 부서에서 반품 건을 검수할 때까지 기다려야 합니까?" 이런 사고방식, 즉 문장에 무언가 잘못된 것이 있다고 가정하는 사고방식은 아마존의 '짜증 없는_No-hassle' 반품 정책을 만들었다. 아마존의 담당자가 고객이 반품시킨 상품을 받기 전에 환불하도록 조치했던 것이다(아이템을 보내지 않은 몇몇 고객이 있기는 한데 그들에게는 환불이 취소된다). 당신의 회사 CEO가 제프 베이조스는 아니더라도, 이런 까다로운 스타일의 비판적 사고는 얼마든지 적용할 수 있다.

한배를 탄 후원자 관계

내러티브는 기존 방식을 압도할 정도로 조직의 효과적인 의사소통을 장려하기 위해 고안됐다. 탄탄한 내러티브를 작성하려면 각고의 노력과 리스크를 수용하려는 자세가 필요하다. 좋은 내러티브를 작성하는 데는 여러 날이 걸린다. 주제를 진지하게 고민하며 첫 번째 초안을 작성하고, 이를 서로 돌려 읽으며 검토를 반복한다. 이후로는 "우리는 최선을 다했습니다만, 어느 곳이 부족한지를 말씀해주십시오"라며 경영진과 동료들에게 발표하는 '살 떨리는' 단계를 거친다. 처음에는 이 과정이 두려울 수 있다.

하지만 우리가 이 장에서 내내 살펴봤듯이, 이 방식은 회의 참석자들에게도 의무감과 기대를 동시에 부여한다. 참석자들은 발표팀의 발표 스타일이 아니라 아이디어를 철저하고 객관적으로 평가해 개선 방법을 제시해야 한다. 회의의 결과물은 궁극적으로 발표팀과 참석자 모두의 노력으로 만들어진다. 그들은 서로를 후원하는 관계다. 토론 단계에서 침묵이 흐르면 그것은 발표 내용에 동의한다는 의미이고, 이 역시 참석자가 본격적으로 비판할 때처럼 발표자와 공동의 책임을 진다.

이런 방식으로 발표자와 참석자는 계획의 성공과 실패, 비즈니스 분석의 정확성과 부정확성에서 서로 밀접한 영향을 끼친다. 아마존이 거둔 커다란 성공은 대부분 여러 번 내러티브를 검토한 끝에 이루어졌다는 것을 기억하기 바란다. 발표팀과 참석자들이 공동으로 협력하며 의미 있게 기여한 덕분이다. 반면 계획에 실패했을 때는 고위 리더가 "타당하군요" 혹은 "네, 효과적일 수밖에 없군요"라고 말했을 때였다. 어느 쪽이든 발표자와 참석자는 모두 한배를 타게 된다.

5장   워킹 백워드

: 고객 경험에서 시작하라

기획이 시작된 순간,

가장 먼저 보도자료부터 작성할 것!

고객에서 시작하여 '거꾸로 되짚어 일한다'는 말, 즉 '워킹 백워드'는 정확히 무슨 뜻일까? 말처럼 쉽지는 않지만, 혁신을 달성하고 고객의 기쁨을 극대화하는 확실한 방법이다. 워킹 백워드를 실현하는 가장 유용한 도구로써 '언론 보도자료'와 'FAQ'를 작성하는 방법을 살펴본다.

2004년 이래 탄생한 아마존의 주요 제품과 계획에는 대부분 '매우 아마존다운' 특징이 공통으로 적용되었다. 그것은 바로 '워킹 백워드'라 불리는 프로세스를 거쳐서 만들어졌다는 점이다. 워킹 백워드는 아마존의 성공을 논할 때 결코 빼놓을 수 없는 매우 핵심적인 요소다. 그래서 우리는 이 책의 제목 또한 '워킹 백워드'라고 정했다(원서의 제목이 『Working Backwards』다). 워킹 백워드는 아이디어를 심사하고 신제품을 만드는 체계적인 방법이다. 워킹 백워드의 핵심은 '고객 경험'을 먼저 규정한 다음에, 팀이 구축해야 하는 명확한 이미지에 도달할 때까지 이를 출발점 삼아 거꾸로 되짚어가며 반복적으로 일한다는 뜻이다. 이를 위해 아마존에서는 'PR/FAQ'라 부르는 두 번째 내러티브 양식, 즉 '언론 보도자료'와 '자주 묻는 질문'을 주요 도구로 사용한다.

우리는 워킹 백워드가 탄생하는 과정을 지켜봤다. 콜린이 '제프의 그림자' 역할을 수행하던 중에 워킹 백워드 프로세스가 출범했고, 이후 2년 동안 제프가 참석하는 워킹 백워드 검토 회의에 매번 동석했다. 빌은 초기 단계부터 워킹 백워드 개념을 적용하고 개선하는 작업에 전념했다. 그리고 그 노력은 모든 디지털미디어 제품의 개발로 이어졌다.

비생산성이란 벽에 부딪히다

제프의 그림자로 일한다는 것은 소방호스에 입을 대고 물을 마시는 일과 조금은 비슷했다. 콜린은 날마다 상황이 엄청나게 전환되는 걸 보고, 이 역할이 놀랍도록 도전적인 일이라는 걸 처음부터 직감했다. 제프(그리고 당연히 콜린)는 매주 3개의 회의에 참석했다. 앞 장에서 언급한 4시간짜리 S-팀 회의와 주간 비즈니스 검토 회의(6장 참고), 회사 인근에서 열리는 S-팀의 비공식적인 조찬 회동이 그것이었다. 여기에 추가로 제프와 콜린은 하루 평균 2~4개의 제품팀 회의에 참석했다. 그렇게 신제품과 신기능을 '깊이 파고들다' 보면 한두 시간은 훌쩍 지나가 있었다. 가끔은 유통, 재무, 운영 현황 등을 이야기해야 했고, 소방 훈련이나 갑작스러운 미팅에 두어 번 참석하다 보면 일주일이 빠르게 흘러갔다.

그중 제품팀과의 회의가 일상 업무에서 가장 큰 부분을 차지했다. 제프와 나는 특정 팀의 논의가 어느 지점에서 중단됐는지를 파악해야 했기에, 각 회의가 시작되는 시점부터 일정한 시간을 일명 '재가동 비용Setupcost'에 할애했다. 이 시간을 거쳐야 우리는 지난번 회의 이후부터 진전된 사항을 토론하고, 질의 응답하며, 새로운 이슈나 문제를 살피고, 다시 만나 회의하기 전까지 도달해야할 다음 단계를 합의할 수 있었다.

모든 참석자가 최선을 다하려고 했지만, 종종 회의는 오류와 비효율에 빠지고 말았다. 때때로 회의는 재가동 준비에 상당 시간을 낭비해야 했다. 최근의 성취에 자부심을 느끼던 팀들이 중요한 결정을 내려야 한다는 회의의 목적은 까맣게 잊고서 그 성과를 자랑하고 싶어 했기 때문이다. 그래서 팀이 정신을 차리고 본론으로 들어갈 시점에는 진짜로 해야 할 일을 논의할 시간이 충분치 않았다. 어떨 때는 본론까지 들어가는 시간이 너무나 늦어서, 회의 종료 직전에야 팀의 의도와 제프의 생각이 일치하지 않는다는 것을 깨닫기도 했다. 심지어는 이전 회의 결과에서도 벗어나기 일쑤였다. 이런 일이 발생하면 귀중한 시간을 낭비했다는 후회는 물론 참석자 모두에게 큰 좌절을 안겨주었다.

앞에서 언급한 바와 같이, 제프의 그림자로서 콜린의 중요한 역할은 그가 가능한 한 효과적으로 일할 수 있도록 돕는 일이었다. 우리는 제품 회의의 각 단계를 개선할 필요가 있었다. 회의의 재가동 준비 시간에 신속하고 정확하며 올바르게 이전 정보를 습득해야 했다. 그런 다음에는 회의에서 가장 중요한 이슈를 진전시키는 데 초점을 맞춰야 했다. 마지막으로는 이번 회의와 다음 회의 사이에 팀이 따라가야 할 궤도를 명확히 그려주는 일도 필요했다.

만약 우리가 이 모든 것을 잘해낼 수 있다면 관련한 사람 모두에게 좋은 일이었다. 좀 더 질 높은 결정을 신속하게 내릴 수 있으니 어려운 문제를 더욱 효과적으로 해결할 수 있을 터였다. 무엇보다 의사결정 속도가 빨라지면 제프는 더 많은 팀에 깊이 관여할 수 있게 된다.

콜린이 이 모든 문제를 해결하는 데 도움을 주려고 애쓰는 동안, 제프는 아마존의 디지털 전환과 첫 클라우드 컴퓨팅 서비스가 될 프로젝트에 필요 이상으로 많은 시간을 할애했다.

콜린의 목표 달성은 쉽지 않았다. 수개월에 걸친 시행착오가 필요했다. 제프는 여러 아이디어를 시도했는데, 어떤 것은 굉장히 이상해 보이기도 했다. 예를 들어, 프로젝트 제안서 서두에 사용자 매뉴얼이나 기술적 응용 프로그램 인터페이스(API) 가이드를 넣는다든지, 문서가 아닌 실제 모형을 보여달라는 등 결과물을 시각화할 것을 주문했다. 콜린은 비기술 분야의 관리자들이 미친 듯이 전화를 걸어 이렇게 말하던 것을 기억한다. "콜린, 다음 주에 제프를 만나기로 돼 있는데요. 사용자 매뉴얼의 좋은 예가 있으면 저에게 보내줄 수 있나요? 또, API 가이드를 작성하라는 데 그게 뭔지 도무지 모르겠습니다."

게다가 우리는 이런 실험적인 포맷을 정착시키는 데 별다른 노력을 하지 않았고, 결국 비생산적이라는 판단 끝에 사용을 중단했다.

결국 '고객에 대한 집착'이라는 아마존의 핵심 원칙에 따라 내러티브 문서를 작성하는, 아주 단순하지만 유연한 방법이 가장 효과적이라는 사실이 밝혀졌다. 마치 출시 준비를 완료한 것처럼 대

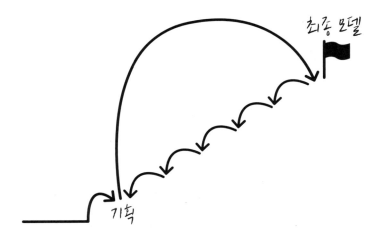

최종 모델

기획

중에게 제품을 발표할 언론 보도자료(PR)를 쓰고 어려운 질문을 예상하는 것(FAQ), 이 두 가지 요소가 고객 경험을 출발선으로 삼는 워킹 백워드의 시발점이다. 앞으로 우리는 디지털팀의 사례를 통해 워킹 백워드의 '마법'을 살필 예정이다. 그 밖의 많은 팀도 동일한 프로세스를 거쳤다는 점을 상기하자. 우리는 이 모든 팀의 경험을 종합해 워킹 백워드의 최종 형태를 만들 수 있었다.

미리 쓴 보도자료는 어떤 힘을 갖는가?

2004년에 빌은 아마존의 디지털미디어 조직을 창설하고 경영을 책임지는 여러 리더 중 한 명이었다. 빌은 디지털 뮤직과 영화, 텔레비전 프로그램을 모아놓은 새로운 콘텐츠 스토어를 론칭하고 싶어서 엉덩이가 들썩거렸다. 또한 그는 e북 스토어를 개편하길 원했다. 2000년에 이미 론칭한 e북 서비스는 PC에서만 읽을 수 있었고 종이책보다 값이 비쌌던 탓에 소규모 비즈니스에만 머물고 있었다.

빌은 디지털미디어의 출시 과정이 '카테고리의 확장'이라는 의미에서 진행된 장난감, 전자제품, 공구 등의 신규 비즈니스를 론칭하는 과정과 본질적으로 다르지 않다고 가정했다. 이들 제품의 론칭 프로세스는 단순했다. 아이템의 카탈로그를 만들기 위해 데이터를 수집하고, 아이템을 납품하는 공급업체와 관계를 구축하며, 가격을 설정한 뒤 카테고리 페이지에 내용을 채우면 론칭 준비가 끝났다. 이런 과정이 마냥 쉽다고는 말할 수 없지만, 완전히 무에서 유를 창조해내는 과정도 아니었다.

하지만 면밀하게 들여다보니 디지털미디어 서비스를 만드는 프로세스는 매우 다른 모습이었다. 미디어로 고객에게 좋은 경험을 심어주는 일은 단순히 웹사이트에 새로운 상품 카테고리를 추가하는 일보다 훨씬 더 복잡하고 많은 일을 요구했다.

프로세스 초반에는 크게 다르지 않았다. 서너 명의 인원이 하나의 팀을 꾸리고는 당시 유행하던 MBA 스타일의 검증된 방법으로 계획을 수립했다. 빌의 팀은 시장 기회를 파악하기 위해 데이터를 수집했다. 당연히 매출은 계속해서 증가하리라고 가정하며, 카테고리별 연간 매출액을 추정하는 재무 모델을 구축했다. 공급업체들의 납품가를 가정하면서 매출총이익을 계산했고, 더불어 비즈니스를 수행하는 데 필요한 팀의 규모를 기초로 영업이익을 추정했다. 미디어 기업들과 맺은 계약서의 개요를 살피며 고객서비스를 제공하는 방식도 구성했다. 그리고 빌의 팀은 이 모든 사항을 멋들어진 파워포인트 슬라이드와 엑셀 시트에 담았다(당시는 내러티브로 전환하기 직전이었다).

제프와 몇 차례 회의를 통해 아이디어를 나눴다. 회의 때마다 제프는 이들의 말을 주의 깊게 경청했다. 그는 이따금 '탐지성 질문'을 던지며 재무적 타당성을 따졌고, 그 과정에서 절대 만족하거나 설득되지 않았다. 그는 우리의 제안에서 고객서비스가 어떻게 작동하는지, 그 세부사항은 충분하다고 생각하는지 물었다(대체로 그는 부족하다고 생각하는 쪽이었다). 아니나 다를까, 제프는 이렇게 질문했다. "모형Mock-up은 어디 있습니까?"

제프는 새로운 서비스가 아마존 웹사이트에서 어떻게 구현될지 시각적으로 보여줄 자료가 있느냐고 물었다. 모형은 화면 디자인, 버튼, 텍스트, 클릭하는 순서 등 랜딩 페이지Landing Page부터 구매에 이르는 전 과정을 보여줄 수 있도록 세부적이어야 한다. 의미 있고 유용한 모형은 서비스가 제공하는 것들, 고객에게 주고자하는 경험들, 모든 기능이 페이지에서 작동되는 모습 등을 두루반영한다. 전체 비즈니스를 고려해야 하기에 엄청난 양의 작업이필요하고, 시각적 도구로 제작하고 수정하는 작업에는 그보다 더많은 품이 들어야 한다.

앞서 하던 이야기로 다시 돌아가자면, 빌의 팀은 모형을 준비하지 않았다. 그저 '기회가 있다'는 점을 설득하고 싶었고, 디지털미디어 비즈니스가 '충분히 크다'는 것을 보여주고 싶었으며, 당장예산을 책정하고 팀을 구축하라는 승인을 받고 싶었다. 그의 OK사인이 떨어지면 그 이후에 고객 경험과 기타 세부사항을 다루려고 했다. 하지만 제프가 원한다니 모형을 만들 수밖에.

몇 주 후 빌의 팀은 대략적인 모형을 가지고 제프와 다시 만났다. 제프는 프레젠테이션을 유심히 듣더니 모든 버튼과 문구, 링크, 색깔에 대해 매우 구체적인 질문을 쏟아붓기 시작했다. 이를테면, 우리의 서비스가 애플의 아이튜즈Tunes보다 어떤 점에서 우월한지를 묻는 식이었다. e북에 대해서는 이에 들어가는 비용이얼마인지, 사람들이 PC에서는 물론이고 태블릿과 휴대전화에서도 e북을 읽을 수 있는지 물었다.

팀의 답변은 이전 회의 때와 달라진 게 없었다. 제프의 모든 질문을 전혀 예상하지 못한 채 회의실에 들어간 것이다. 이번에도 그에게서 기본적인 승인만 얻어낸다면 그다음 단계는 일사천리일 줄 알았다. 이런 태도이니 제프가 그들의 답변에 만족할 리 없었다. 제프는 그들이 구축하려는 게 무엇이고, 그것이 고객을 위해 얼마나 더 좋은지를 정확히 알고 싶어 했다. 그는 팀을 구축하거나 공급업체와 관계를 맺는 일보다, 직원들 간에 그런 세부사항을 검토하고 합의해놓는 일이 우선되어야 한다고 믿었다.

분명 섣부른 모형은 없으니만 못했다. 제프에게 "어설픈 모형은 사고가 어설프다는 증거"였다. 그는 정말 직설적으로 그렇게 말했다. 자신의 주장에서 피해 갈 수 없도록 강한 언어를 사용하는 제프다운 반응이었다. 제프는 빌의 팀이 이 기회를 좇기 위해 '제일 먼저 발견한' '가장 편리한 길'로 내달리지 않기를 원했다. 그들은 처음부터 자신들의 계획을 상세하게 재검토해야 했다.

빌의 팀은 처음부터 다시 시작했다. 깊이 파고들수록 디지털미디어가 다른 아마존 비즈니스와 다르다는 점이 더욱 분명해졌다. 확실한 차이점은 '갈색 종이상자'에 담아 배송하는 게 아니라 '랜선을 통해' 전달한다는 것이었다. 그나마 가장 덜 까다로운 부분이었다. 고객이 디지털 콘텐츠를 읽고, 청취하며, 관리하기 위한 좋은 방법이 있어야 했다. 애플리케이션과 하드웨어가 필요했다.

이후 제프와의 회의에서 갖가지 스프레드시트와 슬라이드에 표현된 아이디어가 제안됐지만, 특별히 효과적인 것은 없어 보였다. 정확히 언제인지는 모르지만, 어느 날 제프가 다음 회의에서는 좀 다르게 접근해보자고 제안했다. 스프레드시트와 슬라이드를 버리는 대신 각 팀원이 내러티브 문서를 써보면 어떻겠냐는 말이었다. 내러티브 문서 안에서 각자 최선의 아이디어를 표현해보자고 말이다.

다음 회의 때 참석자들은 각자의 내러티브 문서를 지참했다. 한 팀원은 새로운 e잉크E-Ink 스크린 기술을 사용한 e북 리더를 제안했다. 다른 팀원은 MP3 플레이어를 새로운 관점으로 재해석했다. 그리고 제프는 '아마존퍽Amazon Puck'이라는 장치의 내러티브를 작성했다("퍽, 우유 1갤런을 주문해줘"와 같은 음성 명령에 답하는 장치로 실제 주문까지 수행한다).

이 과정을 통해 얻게 된 커다란 발견은 제품의 아이디어에 관한 것뿐만이 아니었다. 4장에서 언급한 바대로, 내러티브 문서 그 자체가 진정으로 위대한 발견이었다. 우리는 엑셀과 파워포인트를 집어던지면서 '계량적이어야 하고' '시각적이어야 한다'는 욕구와 유혹에서 벗어날 수 있었다. 아이디어가 있으면 내러티브 문서에 쓰기만 하면 됐다.

물론 아이디어를 글로 표현하는 건 어려운 일이다. 철저하고 정교해야 했기 때문이다. 우리는 특성, 가격, 서비스 작동 방식, 고객 선택의 이유 등을 문서에 묘사해야 했다. 파워포인트 슬라이드로는 어설픈 생각을 위장할 수 있지만, 내러티브로는 그러기가 어려웠다. 프레젠테이션을 진행하는 발표자 개인의 능력과 매력으로 어물쩍 넘어갈 수 없는 일이었다.

제프는 여기서 자신의 아이디어를 더욱 심화시켰다. "제품 콘셉트에 관한 내러티브를 '언론 보도자료'로 간주하면 어떨까?" 거의 모든 조직은 제품 개발 프로세스 말미에 언론 보도자료를 작성한다. 자기네 작업을 끝마친 엔지니어와 기획자들이 마치 '벽 너머로 던져버리듯' 마케터와 영업자에게 후속 작업을 떠넘기는 식이다. 그제야 마케터와 영업자는 이미 제품 개발이 다 끝난 상품을 바라보며 고객 관점이 된다. 답이 정해진 '킬러 기능'과 '환상적인 장점'을 나열하며 입소문을 내고, 사람들의 주목을 끌며, 그들이 벌떡 일어나 지갑을 열도록 스토리를 쥐어짜는 것이다.

이런 표준화된 프로세스를 '워킹 포워드Working Forward'라고 부른다. 리더가 회사에 좋은 제품(서비스)을 제시하고, 그것을 출발점으로 삼아 예전에는 충족시키지 못했던 고객의 니즈를 만족시키려 애쓰는 과정이다. 이런 워킹 포워드는 예상치 못한 결과로 이어질 수 있다. 적어도 제프는 그렇게 믿었다. 그는 자신의 주장을 증명하기 위해 소니Sony를 모델로 가상의 사례를 만들었다.

전자제품을 생산하는 소니가 새로운 텔레비전을 선보이기로 했다. 영업팀과 마케팅팀에서 고객의 선호와 시장 트렌드를 조사했다. 그 결과 1999달러 가격에 44인치 텔레비전을 출시해야 한다고 결론지었다. 하지만 '새로움'에 목말라 하던 엔지니어링팀에서는 고해상도 화질에만 관심이 있을 뿐 가격대에는 큰 관심이 없었다. 결국 엔지니어링팀이 개발한 텔레비전에는 생산비로만 2000달러가 쓰였다. 사실상 소매가격을 1999달러로 책정하는 것은 불가능했다.

"제품 콘셉트에 관한
내러티브를
'언론 보도자료'로
간주하면 어떨까?"

만약 마케팅·영업팀과 엔지니어링팀이 언론 보도자료를 먼저 쓰면서 개발 프로세스에 착수했다면, 텔레비전의 기능과 비용, 고객 경험과 가격 등을 서로 합의했을 것이다. 그런 다음 무엇을 어떻게 개발해야 할지 규명하기 위해 '워킹 백워드'했을 테고, 비용을 투입하기 이전에 제품 개발과 제조 단계에서 직면할 도전과제를 미리 파악했을 것이다.

워킹 백워드의 첫 번째 성공 사례: 킨들

킨들은 디지털미디어 그룹이 만든 최초의 제품이자, 몇몇 AWS 제품과 마찬가지로 '언론 보도자료' 접근 방식을 사용해 개발된 아마존의 첫 번째 상품이다.

킨들은 여러 차원에서 혁신적인 제품이었다. e잉크 디스플레이가 적용됐고, 고객들은 이 디바이스를 이용해 책을 쇼핑하고 구매하며 다운로드할 수 있었다. PC나 와이파이에 접속할 필요도 없었다. 당시에 나온 디바이스 중 가장 많은 e북 서비스를 제공한 킨들은 2007년만 해도 대단히 혁신적이었다.

하지만 킨들의 출발 단계는 그리 혁신적이지 못했다. 개발 초기 (그러니까 언론 보도자료 접근 방식이 아니라 여전히 파워포인트와 엑셀을 사용하던 때)에 아마존은 고객 관점으로 이 모든 것을 해낼 수 있는 디바이스를 묘사하지 못했다. 그 이유는 기술적인 도전과제와 비즈니스상의 제약 조건, 판매와 재무 추정, 마케팅 기회 등에 초점을 맞춰야 했기 때문이다. '고객'이 아닌 아마존이라는 '회사'에 좋은 제품을 개발하고자 '워킹 포워드'했다.

상황은 킨들의 보도자료를 작성하면서 달라졌다. 즉, '워킹 백워드'를 시작하며 모든 것이 바뀌었다. 우리는 고객에게 좋은 것들에 집중했다. '읽기 경험'의 향상을 위해 뛰어난 스크린을 채용했고, 책을 구매하고 다운로드하는 데 편리하도록 주문 프로세스를 개편했으며, 책의 선택지를 확대하는 한편 가격을 인하했다. 보도자료를 작성하는 프로세스가 없었더라면 고객 경험을 달성할 돌파구는 없었을 것이다. 보도자료를 작성함으로써 개발팀은 고객 문제에 관한 다양한 해결책을 미리 마련할 수 있었다(킨들에 관한 모든 이야기는 7장에서 본격적으로 다룰 예정이다).

아마존은 점차 워킹 백워드 프로세스에 익숙해졌다. 그러면서 보도자료를 개선할 두 번째 요소인 FAQ를 도입했다. FAQ 섹션은 외부 질문과 내부 질문을 모두 포함하는데, 외부적 FAQ는 언론사나 고객에게 받을 법한 질문이다. 이를테면 이런 것들이다. "새로운 아마존에코는 어디에서 구입하나요?", "알렉사를 어떻게 작동시키나요?"

내부적 FAQ는 팀과 경영진이 던질 만한 질문이다. "매출총이익률을 25퍼센트로 보장하면서 1999달러의 가격으로 판매할 수 있는 HD급 디스플레이의 44인치 텔레비전은 어떻게 만들 수 있습니까?" 혹은 "통신사와 계약되지 않은 고객도 책을 다운로드할 수 있도록 통신사 네트워크에 연결하는 킨들 리더는 어떻게 만들 계획입니까?" 또는 "이 새로운 계획을 추진하기 위해 얼마나 많은 신규 소프트웨어 엔지니어와 데이터 과학자들을 채용해야 합니까?" 등이다.

다시 말해 FAQ 섹션은 작성자가 고객 관점으로 계획의 상세 내용을 공유하면서, 동시에 회사 내부의 운영과 기술, 제품, 마케팅, 법무, 비즈니스 개발, 재무 등에서 직면할 다양한 리스크와 도전과제에 대응하는 공간이다.

이 워킹 백워드 문서는 나중에 'PR/FAQ'라는 이름으로 널리 알려지게 된다.

PR/FAQ의 특징과 장점

워킹 백워드 프로세스의 주된 목적은 구성원의 시각을 '내부적 관점'에서 '고객 관점'으로 전환하는 것이다. 알다시피 고객은 끊임없이 수많은 신제품에 노출된다. 그렇다면 과연 이 신제품은 고객이 직접 행동을 취해서 구매할 정도로 설득력을 갖췄는가? 그렇다면 그 이유는 무엇인가?

보도자료에 적힌 기능들과 특징을 검토하며 임원들은 통상 이렇게 묻는다. "그래서 뭘 어쩌라는 소리인가?" 보도자료가 기존 제품들보다 더 의미 있는 기술이나 단계적으로 개선된 고객 경험을 묘사하지 못한다면, 그런 제품은 개발할 가치가 없다.

보도자료는 그걸 읽는 독자들에게 고객 경험을 강조하고 알려준다. 여기에 FAQ는 회사가 제품을 개발하거나 서비스를 창출할 때

보도자료가 기존 제품들보다
더 의미 있는 기술이나
단계적으로 개선된 고객 경험을
묘사하지 못한다면,

그런 제품은 개발할 가치가 없다.

얼마나 큰 비용을 들여야 하고, 그 과정이 현실적으로 얼마나 어려운지 냉정하게 평가한다. 그뿐만 아니라 고객 경험에 관한 모든 핵심 세부사항을 전달하기도 한다. 이것이 바로 아마존의 모든 팀들이 PR/FAQ의 초안을 열 번 이상 고쳐 쓰는 이유이자, 고위 리더들과 다섯 번 이상 만나며 아이디어를 토론하고 개선하는 이유다.

PR/FAQ 프로세스는 신속하고 구체적인 피드백을 위한 프레임워크가 된다. 그리고 이는 상세한 데이터와 사실을 기반으로 의사결정을 이루어지게 한다. 아마존은 제품과 서비스뿐만 아니라 아이디어와 계획(예컨대 새로운 보상 정책 등) 개발 단계에서도 이 PR/FAQ를 사용할 수 있다는 걸 깨달았다.

당신의 조직도 이 유용한 도구에 익숙해지면 바로 '중독'될 것이다. 그리고 당신의 조직원들은 얼마 지나지 않아 모든 업무에 이 도구를 적용하기 시작할 것이다.

아마존은 시간이 흐르면서 PR/FAQ의 구성을 개선하고 표준화했다. PR(보도자료) 섹션은 보통 1페이지 이내에서 몇 개의 단락으로 이루어지고, FAQ 섹션은 5페이지를 넘지 않는다. 페이지 수가 길어진다고 해서 좋을 건 없다. 목표는 당신이 PR/FAQ를 얼마나 잘 썼는지 뽐내는 게 아니라 작성 과정에서 나온 정제된 생각을 공유하는 것이다.

생계를 위해 보도자료를 쓰는 사람(혹은 전문가에게 글을 편집당해 본 적이 있는 사람)은 가능한 한 글을 압축해서 작성하는 게 얼마나 중요한지 잘 알고 있다. 하지만 제품 개발 부서의 사람들은 이런 점을 별로 신경 쓰지 않는다. PR/FAQ를 도입한 초기에 사람들이 흔히 범했던 오류는 '많을수록 좋다'였다. 그들은 페이지마다 설명을 달았고, 부록에 차트와 표를 삽입하는 등 길고 긴 문서를 만들어냈다. 적어도 작성자의 관점에서는, 자신의 모든 작업을 공개하면서 그중 무엇이 중요하고, 중요하지 않은지를 판단하는 어려운 결정을 회피할 수 있었다. 그런 결정을 떠넘길 수 있다는 건 분명한 장점이었다. 하지만 4장에서 언급했듯이 아이디어와 의사소통을 촉진하기 위해 문서 길이를 제한하는 것은 매우 중요한 강제 장치라는 걸 명심해야 한다.

우선 아이디어나 프로젝트를 고안한 사람이 PR/FAQ의 초안을 쓴다. 그런 다음 공유할 수 있는 수준의 문서가 되면 이해관계자들과 함께 한 시간가량 회의하며 이를 검토한다. 회의 참석자들은 소프트카피나 하드카피로 된 PR/FAQ 문서를 받는다. 그러고는 각자 제자리에서 읽고 전체적인 관점에서 피드백을 제시한다. 가장 고위 경영자는 맨 마지막에 발언하는데, 다른 참석자들의 의견에 영향을 주지 않기 위해서다.

모든 참석자가 거시적인 의견을 내고 나면, 작성자는 문서를 한 줄씩(또는 문단별로) 짚어가며 구체적인 코멘트를 요청한다. 상세 내용을 토론하는 것은 이 회의에서 매우 중요한 부분이다. 참석자들은 작성자에게 까다로운 질문을 던진다. 그들은 핵심 아이디어와 표현 방식에 대해 치열한 논쟁을 벌이고, 의견을 나누며, 제외해야 할 것이나 누락된 것을 지적한다.

회의가 끝나면 초안 작성자가 피드백 기록을 포함한 회의록을 모든 참석자에게 공유한다. 그러면 참석자들은 피드백 내용을 반영하여 PR/FAQ를 수정한다. 수정 작업을 끝마친 문서는 경영진에게 제출된다. 이 과정에서도 몇 번의 피드백과 토론이 이루어지며, 때에 따라서는 수정 작업과 회의가 좀 더 필요하다.

건설적이고 편파적이지 않은 피드백일지라도 PR/FAQ를 검토하는 과정은 스트레스를 불러일으킬 수 있다(생각의 차이는 늘 존재하는 법이니까!). 그러나 진지하게 구현을 고민하는 PR/FAQ라면 여러 번의 초안 작업과 경영진 회의를 피해 갈 수 없다. PR/FAQ 작성자를 감독하는 고위 경영자와 이사, 실무 리더들은 한 무리의 숙련된 평가자가 되어 이 프로세스에 기여한다. 그들이 PR/FAQ를 많이 검토할수록, 그리고 많은 제품이 PR/FAQ 프로세스를 거쳐 출시될수록, 작성자의 생각에서 누락된 부분과 결점이 더욱 잘 드러난다. 이 프로세스 자체가 아이디어를 검증하고 강화하며, 개별 직원부터 CEO에 이르기까지 프로젝트와 관련한 모든 사람을 '평가의 달인'으로 양성해낸다. 또한 프로젝트를 승인하고 예산을 지원받을 가능성도 높여준다. 프로젝트가 공식적으로 시작된 이후라도 변경 사항과 새로운 요소를 반영하기 위해 PR/FAQ 문서는 수정되어야 한다. 다음 상황에 대입해보자.

상황: 블루코퍼레이션Blue Corp.이 스마트 택배함 '멜린다Melinda'를 출시하다.

멜린다는 온라인으로 주문한 상품과 식료품을 안전하게 받아서 보관하도록 설계된 택배함이다.

2019년 11월 5일,

조지아주 애틀랜타의 PR 뉴스와이어PR Newswire

오늘 블루코퍼레이션은 온라인으로 주문한 상품과 식료품의 안전한 배송과 보냉 보관을 보장하는 스마트 택배함 '멜린다'를 출시한다고 발표했다. 멜린다가 있으면 더는 문앞에 배달된 상품이 분실되거나 식료품이 상할지도 모른다는 걱정을 할 필요가 없다. 게다가 택배가 도착하자마자 바로 알 수 있다. 여러 가지 스마트 기술을 가득 담은 멜린다의 가격은 299달러에 불과하다.

현재 온라인 쇼핑몰을 이용하는 고객 중 23퍼센트는 현관에서 물품 도난을 경험했다. 또한 19퍼센트는 배달된 식료품이 상해 폐기해야 했다는 불만을 터뜨렸다. 이러한 문제를 달리 해결할 방법이 없던 고객들은 온라인 주문을 아예 포기하거나 중단하기도 했다.

스마트 기술과 단열재로 제작된 멜린다는 '물품 도난'과 '식료품 변질'이라는 이슈를 과거의 일로 만들어버렸다. 멜린다에는 카메라와 스피커가 장착돼 있다. 집 앞에 도착한 택배사 직원은 멜린다의 음성 안내에 따라 물품의 바코드를 카메라에 인식한다. 해당 바코드가 유효하면 멜린다의 문이 열리고, 물품을 문 안쪽에 안전하게 두라는 음성 메시지가 나온다. 멜린다의 아래쪽에는 빌트인 저울이 설치돼 있어,

고객이 주문한 아이템의 무게와 실제 배송된 물품의 무게가 일치하는지 확인한다. 이후 멜린다는 상품을 안전하게 보관하며 물품이 도착했다는 문자메시지를 고객에게 보낸다. 이때 배달하는 택배사 직원의 모습이 담긴 동영상도 함께 발송된다.

고객이 집에 돌아와 물품을 최종 수령하려면, 빌트인 지문 인식기를 통해 택배함을 열면 된다. 멜린다는 지문을 열 개까지 인식할 수 있어 가족 모두가 이를 사용할 수 있다.

인스타카트Instacart나 아마존, 월마트Walmart에서 온라인으로 식료품 배송을 신청하면, 행여 더운 날씨에 식료품이 상하지는 않을까 염려될 것이다. 멜린다는 냉장과 냉동식품의 온도를 차갑게 유지해준다. 멜린다의 벽 두께는 2인치나 되고 최고급 냉장고에 쓰이는 압축 폼으로 만들어졌다. 따라서 식료품을 12시간 이상 차갑게 보관할 수 있다.

멜린다는 단 몇 피트의 공간만 차지하기 때문에 현관이나 계단 위에 쉽게 설치할 수 있다. 집의 외양과 어울리도록 색상과 재질의 선택지도 다양하다.

블루코퍼레이션의 CEO 리사 모리스Lisa Morris는 이렇게 말한다. "멜린다는 온라인 쇼핑객들에게 안전과 편리성을 선사하는 혁신적 제품입니다. 우리는 수많은 최신 기술을 결합해 299달러라는 저렴한 가격에 이용할 수 있도록 멜린다를 만들었습니다."

"멜린다는 생명의 은인이나 마찬가지입니다." 온라인 쇼핑을 자주 이용하는 인스타카트의 고객 재닛 토마스Janet Thomas는 이렇게 말했다. "배달된 물건이 현관 앞에서 없어지는 건 정말이지 기분 나쁜 일이지요. 환불이라도 받기 위해 고객 지원 부서와 실랑이를 벌여봤자 소용없는 일이고요. 저는 매주 인스타카트의 식료품 배달 서비스를 이용하는데요. 제가 집에 없을 때 식료품이 배달되는 경우가 많습니다. 그런데 멜린다 안에서 신선하고 안전하게 보관되니 어찌 좋아하지 않을 수 있나요? 저는 천연 티크 소재의 멜린다를 선택했어요. 우리 집 현관과 아주 잘 어울린답니다."

공식 홈페이지인 keepitcoolmelinda.com에 접속하거나 아마존닷컴, 월마트 매장 등에 방문하면 멜린다를 주문할 수 있다.

내부적 FAQ

Q: 소비자의 예상 수요는 얼마나 됩니까?

A: 우리의 조사에 따르면, 미국과 유럽, 아시아 지역에서 1000만 가구가 멜린다를 구매하리라 예상됩니다.

Q: 299달러가 적절한 가격입니까?

A: 현재 시장에는 멜린다와 비교할 만한 제품이 없습니다.

그나마 '아마존키Amazon Key'가 비슷한데, 이는 스마트 락 기술을 이용해 집이나 차고에 택배사 직원이 접근하도록 하는 제품입니다. 또 다른 유사 제품인 '링도어벨Ring Doorbell'은 가격이 99달러에서 최대 499달러로 책정되어 있습니다. 우리는 고객 설문 조사와 포커스 그룹을 인터뷰한 결과를 바탕으로 수익성을 보장하는 수준에서 가격을 설정했습니다.

Q: 멜린다가 물품에 붙은 바코드를 어떻게 인식합니까?

A: 우리는 그린코퍼레이션Green Corp.에서 1년에 10만 달러의 비용으로 바코드 스캐닝 기술을 라이선스할 생각입니다. 고객이 어떤 전자상거래 업체(아마존, 월마트, 이베이eBay, 오퍼업OfferUp 등)를 이용하든 우리는 그들의 계정에 접속할 수 있는 응용 프로그램 인터페이스(API)를 개발해야 합니다. 그렇게 전자상거래 업체나 택배사로부터 물품의 송장 번호를 받아야 바코드를 인식할 수 있고 각 아이템의 중량을 정확히(혹은 추정치로) 알 수 있습니다.

Q: 고객이 전자상거래 업체로부터 '주문 진행'을 통보받았는데, 아직 계정을 연결하지 않은 경우라면 어떻게 됩니까?

A: 우리는 고객이 자신의 주문에 쉽게 링크할 수 있도록 할 것입니다. 고객들이 전자상거래 업체에 주문을 보낸 시

점을 감지할 수 있도록 브라우저 플러그인을 제공할 것입니다. 이렇게 하면 고객의 계정과 상세 주문 내용이 멜린다에 전송됩니다.

Q: 아마존, 월마트와 같은 전자상거래 업체에서 자신들의 택배 발송 정보를 기꺼이 공유할까요? 그들이 갖는 이득은 무엇입니까?

A: 고객 경험이 향상되면 그들의 매출도 증가할 수 있다는 점을 설득하려 합니다. 또한 그들이 보유한 고객 데이터를 엄격하게 관리할 것을 보장하기 위해 그들의 비즈니스·법률 부서와 밀접하게 협력할 방침입니다. 한편 우리는 고객들이 전자상거래 업체에서 멜린다 앱으로 간단하게 송장 번호를 복사, 붙여넣기 할 수 있도록 유저 인터페이스User Interface, UI를 제공할 것입니다.

Q: 고객이 하루에 한 번 이상 택배를 신청하면 어떻게 됩니까?

A: 공간이 꽉 찰 때까지 멜린다는 하루에 여러 건의 택배를 수용할 수 있습니다.

Q: 만약 물품이 너무 커서 멜린다에 넣지 못한다면요?

A: '2×2×4'가 넘는 상자는 멜린다에 들어가지 못합니다. 그래도 멜린다는 택배사 직원의 배달 과정을 기록하고 물건의 바코드를 스캔할 수 있습니다. 하지만 물품은 외

부에 두어야 하지요.

Q: 택배사 직원이 멜린다 안에 이미 보관돼 있는 다른 물품을 훔쳐 가지 못하게 하려면 어떻게 합니까?

A: 몇 가지 방법이 있습니다. 첫째, 정면에 설치된 카메라가 택배사 직원의 모든 행동과 접근을 기록합니다. 둘째, 멜린다 아래쪽에는 배달된 물품의 중량을 감지하여 주문된 아이템과 일치하는지를 확인하는 저울이 있습니다. 하루에 두 번 택배를 받게 된다면, 멜린다는 첫 번째 택배의 무게와 두 번째 택배의 예상 중량을 알고 있습니다. 그래서 만약 총중량이 그보다 적어지면 택배사 직원이 무언가를 훔쳐 갔다는 것으로 간주하고 알람 소리를 낼 것입니다.

Q: 멜린다의 예상 재료비나 제조원가는 얼마입니까? 그리고 한 대당 이익은 어느 정도입니까?

A: 예상 재료비는 한 대당 250달러, 매출총이익은 49달러입니다. 멜린다에서 가장 비싼 부품은 본체와 단열재(115달러), 지문 인식기(49달러), 저울입니다.

Q: 멜린다의 전원은 무엇으로 작동됩니까?

A: 가정용 전기(교류)입니다.

Q: 멜린다를 생산할 때 필요한 팀의 규모는요?

A: 77명이 필요합니다. 비용은 1년 동안 1500만 달러로 예상합니다. 멜린다를 만드는 데 여러 팀이 필요하지만, 크

게는 하드웨어팀과 소프트웨어팀으로 나뉩니다. 먼저 하드웨어 쪽으로는 다음과 같은 부문의 팀이 필요합니다.

- 본체, 색상 선택, 재질(6명)
- 지문 인식기, 카메라, 자동 개폐문, 스피커 등 여러 스마트 장치와 기계 장치의 통합(12명)

소프트웨어 쪽으로는 신규 서비스 하나당 하나의 팀이 필요합니다. 어떤 부문의 팀이 필요한지, 각 팀은 몇 명이어야 하는지(제품 관리자, 엔지니어, 디자이너 등) 예상한 결과는 다음과 같습니다.

- 택배사 직원에 대한 음성 명령(10명)
- 지문 등록 및 저장(8명)
- 배송 추적 및 물품 중량 상세 사항(11명)
- 바코드 인식(7명)
- 멜린다에 전자상거래 업체의 계정을 연결하는 API(12명)
- 계정 연결을 위한 브라우저 플러그인/웹 인터페이스(5명)
- iOS와 안드로이드Android용 멜린다 애플리케이션(6명)

PR/FAQ의 작성자와 독자가 어떤 문제를 고려해야 하는지, 어떻게 사고해야 하는지 예시하기 위해 이 가상의 사례를 실었다.

제품 자체는 현실적이기도 하고 비현실적이기도 하다. 물품 도난과 식료품 부패 문제는 현실의 이야기이고(위에서 언급한 통계는 가상이지만), 다양한 구성 부품과 기술은 모두 실재하는 것들이다. 하지만 비용이 너무 적게 책정됐다는 점에서 현실적이지 않으며(제품이 너무 복잡하다), 모르긴 해도 제품의 '총 도달 가능 시장Total Addressable Market, TAM'(제품이나 서비스가 진입하고자 하는 시장의 크기 – 옮긴이)이 매우 작다.

하지만 이 예시로 우리는 소비자의 니즈와 총 도달 가능 시장, 단위당 경제성과 핵심 의존성, 그리고 실현 가능성(제품을 생산하는 일이 얼마나 도전적인가?) 등의 모든 요소와 제약 조건을 고려해 신제품의 생존 가능성을 평가하는 과정을 살필 수 있다. 좋은 PR/FAQ는 작성자가 진실성과 명확성을 추구해 각각의 이슈를 분명하게 숙고하고 고심한 결과로부터 나온다.

보도자료의 구성 요소

다음은 보도자료를 구성하는 핵심 요소들이다.

1. 제목: 독자(즉, 목표 고객)가 이해할 수 있는 방식으로 제품을 언급하라. 아래와 같이 한 문장이 좋다.

"블루코퍼레이션이 스마트 택배함 '멜린다'를 출시하다."

2. 부제목: 제품의 목표 고객을 명시하고 그 고객이 제품에서 얻게 될 혜택을 표현하라. 제목 아래에 한 문장으로 나타낸다.

"멜린다는 온라인으로 주문한 상품과 식료품을 안전하게 받아서 보관하도록 설계된 택배함이다."

3. 요약 문단: 제안된 출시 일자와 도시명, 언론 매체명을 적은 다음, 제품과 혜택을 요약하라.

"2019년 11월 5일, 조지아주 애틀랜타의 PR 뉴스와이어. 오늘 블루코퍼레이션은 온라인으로 주문한 상품과 식료품의 안전한 배송과 보냉 보관을 보장하는 스마트 택배함 '멜린다'를 출시한다고 발표했다."

4. 문제를 나타내는 문단: 제품이 해결하고자 하는 일상의 문제를 표현하라. 고객 관점에서 써야 한다는 것을 명심하라.

"현재 온라인 쇼핑몰을 이용하는 고객 중 23퍼센트는 현관에서 물품 도난을 경험했다. 또한 19퍼센트는 배달된 식료품이 상해 폐기해야 했다는 불만을 터뜨렸다."

5. 해결책을 제시하는 문단: 제품에 대해 어느 정도 상세하게 묘

사한다. 그리고 이 제품이 고객의 문제를 어떻게 쉽고 간단하게 해결하는지 설명하라. 복잡한 제품이라면 한 문단으로는 부족할 것이다.

"멜린다가 있으면 더는 문 앞에 배달된 상품이 분실되거나 식료품이 상할지도 모른다는 걱정을 할 필요가 없다…"

6. 제품의 장점을 표현하는 문단(인용문): 당신이나 회사의 홍보 담당자의 말을 인용해 제품의 편리성을 언급한다. 더불어 신제품의 장점을 경험한 가상의 고객을 설정해 그의 입을 빌려 제품의 장점을 두 번 강조한다. 제품이 얼마나 사용하기 쉬운지 설명하고, 더 많은 정보를 얻거나 구매할 수 있는 웹사이트 주소를 표기하라.

"멜린다는 온라인 쇼핑객들에게 안전과 편리성을 선사하는 혁신적 제품입니다…"

FAQ의 구성 요소

보도자료와 달리 FAQ 섹션은 양식이 좀 더 자유롭다. FAQ에는 꼭 들어가야 할 특별한 의무사항이 없으며, 보도자료에서는 보통 생략하는 시각 자료(표, 그래프, 차트)도 적절히 넣어주면 좋다. 또한 FAQ에는 신제품이나 신규 비즈니스의 추정 손익 등이 포함돼야 한다. 고도의 모형이나 구조물이 있으면 부록으로 별첨할 수 있다.

FAQ는 종종 외부적 FAQ와 내부적 FAQ로 나뉜다. 외부적 FAQ는 고객이나 언론이 제품에 대해 궁금해할 법한 내용을 주로 다룬다. 제품의 작동 방식이나 가격, 구매 방법 등 좀 더 상세한 질문이 포함된다. 이런 부류의 질문은 제품별로 다르므로, 각각의 PR/FAQ는 매번 달라질 수밖에 없다. 내부 직원에게 초점을 맞춘 내부적 FAQ는 보다 표준화된 질문 목록을 담고 있다. 다음은 내부적 FAQ가 다루는 전형적인 질문들이다.

고객 니즈와 총 도달 가능 시장

- 얼마나 많은 소비자가 이러한 니즈(또는 문제)를 갖고 있는가?
- 그 니즈는 얼마나 큰가?
- 그 문제를 해결하기 위해 얼마나 많은 소비자가 기꺼이 돈을 지불할 것인가?
- 그렇다면 그들은 어느 정도의 액수를 지불할 것인가?
- 얼마나 많은 소비자가 제품을 이용할 능력, 제약 조건을 가지고 있는가?

이처럼 소비자에 관한 질문들은 제품의 조건에 부합하지 않는 고객들을 걸러냄으로써 핵심 고객을 규명할 수 있게 해준다. 예컨대 '멜린다'의 핵심 고객에서 다음 사람들은 제외된다.

- 현관에 멜린다를 둘 만한 공간이 충분하지 않은 사람
- 도로와 맞닿은 현관이나 비슷한 야외 공간이 없는 사람(예: 아파트 거주자 대부분)
- 전기 코드를 꽂을 데가 없는 사람
- 현관에 거대한 수납 공간이나 택배함을 두는 걸 좋아하지 않는 사람
- 택배나 냉장이 필요한 물품 배달을 별로 이용하지 않는 사람
- 택배 도둑이 문제인 지역에 살지 않는 사람
- 니즈를 충족하기 위해 299달러를 지불하는 데 큰 흥미가 없거나 지불할 능력이 없는 사람

특정 고객만이 이런 필터를 모두 통과할 수 있고, 총 도달 가능 시장에 속한다고 파악될 것이다.

예를 들어 '해당 지역에 몇 가구나 사는가?'라는 질문으로 총 도달 가능 시장을 추정할 수도 있지만, 조사라는 게 늘 그렇듯 오류의 가능성이 만만치 않다. 궁극적으로 PR/FAQ 작성자와 독자는 수집된 정보들이 총 도달 가능 시장의 규모와 각각 얼마나 연관이 있을지 추정해야 한다. 멜린다의 경우, 이런 질문들을 던져보면 사실상 총 도달 가능 시장이 매우 작다는 결론에 이를 것이다.

단위당 경제성과 손익

- 디바이스의 단위당 경제성은 얼마나 되는가? 다시 말해 단위

당 매출총이익과 기여이익은 얼마로 예상되는가?

- 그 금액(299달러)을 적절한 제품 가격이라고 설정한 근거는 무엇인가?
- 인력, 기술, 재고, 물류창고 공간 등 이 제품을 생산하기에 앞서 투자금은 얼마나 필요한가?

이 부분을 작성할 때는 적어도 한 명 이상의 재무팀 직원과 협력하라. 그에게 비용 파악에 필요한 도움을 받고, 문서에 단위당 경제성을 나타내는 간단한 표와 간이 손익계산서를 포함하는 것이 좋다. 재주가 좋은 기업가나 제품 관리자는 재무팀의 협조 없이도(혹은 재무팀의 인력이 아예 없어도) 이 작업을 혼자서 충분히 진행할 수 있다.

신제품에는 특히 '선행 투자'가 주요 고려 대상이다. 멜린다를 예시로 보면, 하드웨어와 소프트웨어에 대략 77명의 인력과 1500만 달러의 연간 비용이 필요하다. 이 말은 곧, 멜린다를 출시하려면 연간 1500만 달러 이상의 매출총이익을 거둘 잠재력이 있어야 한다는 의미다. 그 밖에 소비자와 관련한 질문과 경제성 분석은 모두 제품 가격대를 형성하는 데 영향을 미치고, 이는 다시 총 도달 가능 시장의 규모를 결정한다.

가격은 PR/FAQ를 작성하는 데 핵심 변수다. 문서는 가격 설정에 영향을 미친 특별한 가정이나 고려사항(가격이 상대적으로 낮게, 혹은 예상외로 높게 설정된 경우)을 구체적으로 밝히며 설명해야 한다. 훌륭한 제안서는 '기대 수준을 초과하지 않는 가격대'를 제시한다. 그리고 이런 제안서는 팀이 제한된 가격 안에서 혁신을 추구하고, 어려운 트레이드오프Trade Off(어느 것을 얻으려면 반드시 다른 것을 희생해야 하는 경제 관계)를 초기에 경험할 수 있도록 해준다.

FAQ는 또한 설정한 가격대를 충족시키는 과정에서 겪게 될 모든 문제를 포함하고 있어야 한다. 멜린다의 경우, 가능한 수준에서 총 도달 가능 시장을 현실화하려면 제품의 가격을 99달러 이하로 설정해야 한다. 하지만 재료비만 250달러에 달한다. 이때 선택지는 두 가지다. 하나는 사양을 변경하거나 일부 기능을 삭제해 재료비를 99달러 미만으로 떨어뜨리는 것, 또 다른 하나는 초기에 손실을 감수하고서라도 생산 규모를 늘려 재료비를 경감시키고 추가적인 매출 원천('구독' 등의 서비스)을 통해 재무 계획을 수립하는 것이다.

의존성

- 어떻게 우리는 택배회사들(USPS, UPS, FedEx, 아마존풀필먼트, 인스타카트 등)을 설득하고 현행의 표준배송 방식 대신 멜린다를 사용하게 할 것인가?
- 어떻게 우리는 (그동안 거래한 적이 없어 우리의 통제 밖에 있는) 택배회사들이 멜린다의 UI를 적절하게 사용하고, 수고스럽더라도 멜린다 안에 배달 물품을 집어넣을지 확신할 수 있는가?
- 택배사에서 배송을 완료하는 시간이 지금보다 더 길어지지는 않는가?
- 약속한 대로 멜린다가 제 기능을 발휘하려면 우리는 어떤 서

드 파티 기술을 채용해야 하는가?

미숙한 제품 관리자들이 공통으로 범하는 흔한 실수가 있다. 먼저 제각기 자체적인 의지와 목표를 가진 서드 파티 업체들이 어떻게 자신들의 제품 아이디어와 상호작용할지를 충분히 고려하지 않는다. 또한 그 과정에서 어떤 규제나 법적인 이슈가 발생할지 쉽게 간과하고는 한다. 서드 파티 업체들의 역할은 멜린다의 주요 이슈 중 하나다. 멜린다의 성공 여부가 그 업체들의 참여와 적절한 실행 역량에 달려 있기 때문이다. 정확한 배송 추적 데이터가 없다면(혹은 그런 데이터를 소유한 업체와 물품을 배송하는 택배사의 협력이 없다면) 멜린다는 언급한 바대로 무용지물이 될 것이다. 유일한 대안은 고객이 직접 모든 배송 건에 대한 추적 정보를 멜린다 앱에 입력하는 것인데, 고객 입장에서는 썩 유쾌하지 않은 일이다. 설사 고객이 이런 수작업을 감당하더라도 여전히 택배사에서 멜린다를 기꺼이 사용하고 또 잘 활용해야 할 것이다. 좋은 PR/FAQ라면 이러한 의존성을 정직하고 정확하게 평가하며 이를 해결하기 위한 제품의 특정 개념이나 계획을 설명할 것이다.

실현 가능성

- 제품의 엔지니어링 차원에서 우리가 해결해야 할 도전과제는 무엇인가?
- 고객 UI 차원에서 우리가 해결해야 할 도전과제는 무엇인가?
- 서드 파티 업체에 대한 의존성 차원에서 우리가 해결해야 할

문제는 무엇인가?

- 선행 투자 리스크를 어떻게 관리할 것인가?

이런 질문들은 독자에게 어느 수준의 제품 개발이 필요하고, 그 과정에서 어떤 도전과제가 기다리고 있는지 명확하게 설명해준다. 그리고 이런 기준은 제품마다 제각각이고, 당면한 도전과제 역시 기술적인 면부터 법규, 재무, 서드 파티 업체와의 파트너십, UI, 고객 수용도에 이르기까지 다양하다.

멜린다의 경우 엔지니어링 측면의 과제들은 감당할 만하다. 새로운 기술을 개발하거나 채용할 필요성이 없기 때문이다. UI 역시 친숙한 문제다. 하지만 문제는 서드 파티 업체에 대한 의존성이다. 이는 멜린다에 가장 커다란 도전과제로 남을 것이다.

모든 PR/FAQ가 실현되는 것은 아니다

우리가 아마존에 근무하는 동안 PR/FAQ의 대다수는 실제로 론칭되지 못했다. 이것이 의미하는 바는 제품 관리자가 '절대 시장에 나갈 리 없는' 제품 아이디어를 탐색하는 데 많은 시간을 쏟아부었다는 것이다. 매년 회사에서 작성되는 수백 개의 PR/FAQ가 한정된 자원을 놓고 치열하게 경쟁하고 있다. 그 자금줄이 아마존과 같은 거대 기업이든, 스타트업 투자자이든 관계없다. 변하지 않는 진실은 '최고의 것'만이 선택되어 우선순위와 자원을 부여받는다는 점이다.

발사대에 오른 대부분의 PR/FAQ가 승인받지 못한다는 사실은, 이 프로세스의 '기능'이지 '버그(오류)'가 아니다. 사전에 출시될 제품의 모든 상세 사항을 충분히 고려하는 것과 어떤 제품을 개발하지 않을지 결정하는 일은 회사의 자원을 보호하기 위함이다. 그리고 그 자원은 고객과 비즈니스에 최고의 효과를 발휘할 제품 개발에 아낌없이 사용된다.

PR/FAQ 문서를 작성하는 가장 큰 이점은 팀이 아이디어의 생존 가능성과 실현 가능성을 저해하는 특정 제약 조건과 문제에 관해 진정으로 이해할 수 있다는 점이다. 이 시점에 제품팀과 경영진은 계속 개발에 매진할지, 아니면 기각할지, 표면으로 드러난 제약 조건과 문제에 어떤 조처를 할지, 그리고 제품의 잠재적 생존 가능성을 높일 해결책을 개발하는 게 좋을지 등을 결정한다.

멜린다의 경우, 작성자를 비롯한 팀 전체는 틀림없이 이 제품이 여러 가지 이유로 생존 가능성이 없다고 결론지을 것이다. 제품의 가격대와 상관없이 총 도달 가능 시장이 너무나 작고, 제품을 사용하기가 너무도 번거롭기 때문이다. 아마존과 월마트가 데이터를 제공할 가능성과, 택배사가 번거로움을 무릅쓰고 이를 사용할 가능성 또한 매우 낮다. 게다가 디바이스 개발 자체에도 비용이 아주 많이 들어서, 299달러라는 가격으로는 팔아봤자 이익이 나지 않는다.

PR/FAQ 프로세스를 통해 제품팀과 경영진은 기회와 제약 조건을 철저히 구분할 수 있다. 흔히 리더십과 경영은 '무엇을 할지'보다 '무엇을 하지 않을지'를 결정하는 일이라고 하지 않는가? '왜 하지 말아야 하는지' 명확하게 파악하는 일은 '무언가를 해야 할 이유'를 분명하게 이해하는 일만큼이나 중요할 때가 많다.

PR/FAQ 프로세스를 마치면 경영진은 해당 아이디어에 신뢰를 표현하며 이를 구현하길 원할 수 있다. 이 경우 PR/FAQ 과정은 경영진에게 제품 아이디어를 진전시키기 위해 해결해야 할 문제를 철저하게 이해하도록 도와준다. 아마 기업 인수나 파트너십으로 문제가 해결될지도 모른다. 시간이 지나 새로운 기술이 개발되거나 기술 사용에 드는 비용이 하락하면 문제가 쉽사리 해결될수도 있다. 그렇지 않으면 문제나 제약 조건을 자체적으로 해결할수 있는지, 해결책을 실행하는 데 리스크와 비용을 부담할 수 있는지, 총 도달 가능 시장이 커서 리스크와 비용을 기꺼이 수용할만한지 회사가 결정할 수도 있다.

마지막으로 고려할 사항은 제프가 늘 강조해온 메시지다. 그는우리가 PR/FAQ 회의에서 아이디어를 두고 씨름할 때마다, 혹은발견한 어려운 문제에 해결할 수 있다는 확신을 갖지 못할 때마다 이렇게 말했다. "우리는 어려운 문제를 받아들일 때 두려워하지 말아야 합니다. 그 문제를 해결한 시점부터는 상당히 큰 가치를 '열어젖히는' 셈이니까요."

무엇보다 PR/FAQ는 '살아 있는 문서'라는 점을 명심하라. 경영진의 승인을 받는다 해도 '거의 틀림없이' 문서는 계속 편집되고 변경될 것이다(물론 경영진의 지시와 검토에 따라서다). 아무리 PR/FAQ로 훌륭하게 표현된 아이디어라 해도 제품으로 구현된

다는 보장은 없다. 앞에서 언급한 바와 같이, 소수의 아이디어만
이 '그린 라이트'를 받기 때문이다. 다시 한번 강조하지만, 이는
PR/FAQ 프로세스의 결점이나 오류가 아니다. 오히려 장점이다.
철저한 데이터를 기반으로 개발 자원을 언제, 어떻게 투자할지 결
정하는 방법이기 때문이다. 거대한 아이디어를 도출하고 평가하
는 것은 워킹 백워드 프로세스의 진정한 매력이다.

6장 성과지표

: 아웃풋이 아닌 인풋을 관리하라

스스로 통제할 수 있는 일에 매달릴 것!

회사가 성장할수록 데이터와 측정지표가 더 중요해지는 이유는 무엇일까? 그리고 지표의 라이프사이클은 어떻게 변할까? '인풋' 지표와 '아웃풋' 지표의 차이는 무엇이며, 그 지표가 편향적이지 않다는 것은 어떻게 증명할 수 있을까? 이 장에서는 지표를 사용해 비즈니스를 점검하는 방법을 알아본다. 그리고 지표 점검 회의에서 빠지기 쉬운 함정도 짚어볼 것이다.

우리는 《포천》이 선정한 500대 기업 중 한 곳을 방문해 그곳의 CEO를 은밀히 만난 적이 있었다. 환담을 나누던 중 비서가 황급히 들어오더니 CEO에게 종이 한 장을 건넸다. CEO는 종이를 훑어보고는 우리에게 손을 흔들며 자랑스럽게 말했다. "오늘 아침에 우리의 주가가 30퍼센트나 올랐다고 하네요!" 마치 본인 혼자서 주가 상승을 이끌어낸 것처럼 그의 기분은 날아갈 듯 보였다.

다음 장소로 이동하던 중에 제프가 말했다. "그 CEO가 30퍼센트의 주가 상승을 혼자서 만들었다는 증거는 없어요." 나는 이 말에 동의했다. 그러면서 그렇게 큰 상승 폭이 나타날 때까지 그 비서가 얼마나 많은 인쇄물을 쓰레기통에 처박았을지 짐작이 된다고 덧붙였다.

주가가 30퍼센트 하락했어도 똑같은 장면이 연출됐을까? 우리가 이 장에서 얻게 될 중요한 교훈은 '아마존에서 주가는 아웃풋 지표'라는 것이다. 일반적으로 CEO나 기업들에 아웃풋 지표를 직접 통제할 힘은 없다. 진짜 중요한 것은 주가와 같은 아웃풋 지표에 결과적으로 영향을 미치는 '통제 가능한 인풋 지표'와 '직접 통제할 수 있는 활동에 초점을 맞추는 일'이다.

기업들은 너무나 자주 잘못된 신호에 주의를 기울인다. 게다가 데이터가 넘쳐난다고 느끼면서도 핵심 비즈니스 트렌드를 꿰뚫어 보는 능력이 부족하다. 이 장에서 우리는 의미 있고 긍정적인 방향으로 비즈니스를 몰고 가는 활동이 무엇인지, 그리고 그런 활동에 집중할 수 있도록 특정 지표를 선별하고 측정하는 방법이 무엇인지 보여줄 생각이다. 우리는 아마존이 어떻게 통제 가능한 인풋 지표에 초점을 맞춰 수익성 있는 성장을 거뒀는지에 집중할 것이다. 이를 위해 데이터를 제시하고 해석하는 방법, 지표에 주인의식과 책임감을 갖는 방법을 알아볼 것이다. 또한 잘못된 지표를 최적화하는 과정에서 어렵사리 얻게 된 교훈과, 아마존이 왜 그토록 최고의 데이터에 집착하는지를 이야기할 것이다. 마지막으로 우리는 잘못된 유형의 데이터 트렌드에 집중했다가는 어떤 일이 벌어지는지, 이때 흔히 빠질 수 있는 함정에 대해서도 살펴볼 예정이다.

앞에서 논의했던 주제들과 달리, 아마존이 비즈니스 운영에 지표를 사용하는 방법을 다룬 플레이북이나 문서화된 규칙은 없다. 우리가 논의할 내용은 모두 우리의 근무 경험에서 비롯됐으며, 아마존에서 함께 일한 전·현직 리더들과의 토론에 기초한다.

비즈니스에 가까이 머물기

앞에서 우리는 아마존의 성장통을 슬쩍 언급했다. 회사가 설립되고 얼마 지나지 않아 제프가 이제 더는 프로세스의 모든 부분을 눈으로 살필 수 없을 때, 아마존에는 '관리 계층'과 '정형화된 보고서'라는 대리인이 등장했다. 카테고리별 신규 고객 수, 매출액과 같은 주요 비즈니스 정보는 간단하게 수집할 수 있었지만, '맞춤식 즉석 보고서'를 써야만 얻을 수 있는 정보는 쉽게 확보할 수 없었다. "비즈니스가 어떤 흐름을 보입니까?"와 같은 질문에 신속하고 믿음직스럽게 답하기가 어려웠던 것이다.

아마존의 초기 역사는 대단히 매력적이고, 모든 지표가 개발된 데는 나름의 이야기가 있다. 하지만 시계를 되돌려 2000년으로 돌아가보자. 이때는 아마존의 연 매출이 27억 6000만 달러에 달했고, 명성이 자자한 데이터 기반의 문화가 회사 전체에 널리 퍼지던 시기였다.

아마존의 리더들은 그해 4분기 내내 매일 '작전 회의실'에 모여 3페이지에 이르는 지표들을 분석했다(전년도 같은 분기에 비해 매출이 44퍼센트나 증가한 시기다). 이들은 기록적인 매출을 보이는 휴가 시즌(대략 추수감사절부터 연말까지의 기간 - 옮긴이)에 대비해 어떻게 수요를 예상하고 성공적으로 대응할지를 고심하고 있었다. 핵심 지표 중 하나는 '미처리 주문(백로그Backlog)'이었다. 이 지표는 우리가 받은 주문 건수에서 배송 완료 건수를 뺀 값을 뜻한다. 미처리 주문은 고객이 휴가 전에 선물을 받기 위해 앞으로 우리가 처리해야 하는 업무를 가리켰다. 집중적인 노력을 요하는 엄청난 양의 일이었다. 다른 부서의 많은 직원이 주문처리센터와 고객서비스 업무에 동원됐다. 콜린은 자신의 업무를 병행하면서 임시 거처인 베스트웨스턴호텔에 머물며 켄터키주 캠벨스빌에 있는 주문처리센터로 출근했다. 그곳에서 저녁 7시부터 새벽 5시 30분까지 야간조로 일했다. 빌은 시애틀에 머물면서 낮에는 아마존비디오스토어에서, 밤에는 2.5마일 떨어진 시애틀 주문처리센터에서 일했다.

정말로 아슬아슬한 시기였다. 너무 많은 배송을 약속하면 고객들의 휴가를 망쳐버릴 테고, 그렇다고 조기에 주문 수주를 중단하면 선물을 사러 온 소중한 고객들을 다른 상점으로 보내버리는 꼴이었다.

아슬아슬했지만 우리는 결국 해냈다. 휴가 시즌이 끝나고 곧바로 '사후 부검'을 진행했다. 그 결과 '주간 비즈니스 검토Weekly Business Review, WBR'가 탄생했다. WBR의 목적은 좀 더 종합적인 시각에서 비즈니스를 바라보는 일이었다.

WBR은 시간이 지날수록 매우 유용한 지표로 평가되었다. 전사 차원으로 널리 퍼지는 건 시간문제였다. 우리는 WBR이 어떻게 운영돼왔는지, 그리고 WBR이 어떻게 회사를 개선해나갔는지 보여줄 것이다. WBR에는 '프랙털Fractal' 같은 특징이 있다. 작은 그룹부터 수십억 달러 규모에 이르는 비즈니스까지 서로 다른 상황에도 쉽게 적용할 수 있다는 점에서 그렇다. 소규모 팀이나 비즈니스 카테고리 부문, 전체 온라인 유통 비즈니스에서는 모두 자체적인 WBR을 가지고 있다. 우리는 WBR의 장점뿐만 아니라 우리가 저질렀던 조금은 큰 실수를 예시로 들며 WBR을 디자인하고 실행할 때 흔히 범하는 몇 가지 실수를 지적할 것이다. 이 장에서는 'WBR'이라 이름 붙인 지표를 집중적으로 살펴보겠지만, 제대로 된 결정을 내리기 위해 데이터를 들여다보는 곳이라면 어디서든지 동일한 원칙과 기법을 적용할 수 있다.

WBR 지표의 라이프사이클

유통, 운영, 재무 부서에서는 WBR의 초기 형태를 구성하면서 유명한 6시그마Six Sigma의 'DMAIC'를 참고했다. DMAIC는 '정의Define - 측정Measure - 분석Analyze - 개선Improve - 통제Control'의 앞글자를 딴 프로세스 개선 방법으로, 비즈니스를 위해 WBR을 시행하기로 결심했다면 다음과 같은 단계를 따르는 편이 좋다.[24] 이 단계는 순서가 중요하다. 이 순서로 지표의 라이프사이클을 따라가면 한층 더 빨리 목표에 도달할 수 있다. 그뿐만 아니라 불안감과 재작업의 부담도 상당량 줄일 수 있다.

정의Define

먼저 측정하려는 지표를 선택하고 정의해야 한다. 지표를 올바르게 선택해야 분명한 행동 가이드를 제시할 수 있다. 지표 선택 자체가 잘못되면, 회사가 하는 모든 일에서 그다지 특이할 것 없

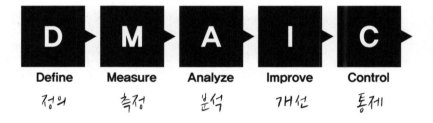

고 유용하지 않은 가이드를 얻게 된다. 도널드 휠러Donald Wheeler는 자신의 책『변동 이해하기Understanding Variation』에서 이를 다음과 같이 설명했다.

"어떤 시스템이든 개선하기 전에 인풋이 그 시스템의 아웃풋에 어떤 영향을 미치는지 이해해야 한다. 원하는 결과를 얻으려면 인풋을 변경할 수 있어야 한다. 이렇게 되려면 지속적인 노력과 변함없는 목적뿐만 아니라 지속적인 개선을 운영철학으로 삼는 환경이 필요하다."[25]

아마존은 후행지표(아웃풋 지표)보다 선행지표(통제 가능한 인풋 지표)에 최선의 노력을 기울인다. 그리고 늘 이런 철학을 마음에 새기고 있다. 인풋 지표는 제품 구색, 가격, 편의성 같은 것들을 추적한다. 그런 지표들은 카탈로그에 아이템을 추가하거나, 비용을 낮춰 가격을 인하하거나, 빠른 배송을 촉진하기 위해 재고를 조정하는 것과 같은 활동으로 통제할 수 있다. 반면 주문, 매출, 이익과 같은 아웃풋 지표는 매우 중요하긴 해도 지속 가능한 방식으로는 직접 조종할 수 없다. 인풋 지표가 원하는 결과를 만들어낸 항목을 '측정할 수 있는' 데 반해서 말이다.

우리는 아마존이 발표한 계획에 사람들이 이렇게 반응하는 것을 너무나 자주 들었다. "아마존이라서 할 수 있는 일이겠지. 이익은 별로 신경 쓰지 않는 기업이니까." 이 말은 옳지 않다. 아마존에서도 이익은 중요하다. 주별 매출, 총 고객 수, 아마존프라임 구

독자 수, 주가(더 정확히는 '주당 잉여현금흐름') 등의 아웃풋 지표는
아마존에서도 매우 민감한 수치다. 초창기에 아마존을 비방하던
사람들은 "아웃풋은 안중에 없으니 곧 망할 운명"이라고 떠들어
댔지만, 아마 그 후 몇 년 동안 이어지는 성장세에 깜짝 놀랐을
것이다.

플라이휠: 인풋 지표와 아웃풋 지표는 돌고 돈다

2001년 제프는 냅킨 위에 '아마존 플라이휠Amazon Flywheel'이라는
간단한 선순환 다이어그램을 그렸다. 이 그림은 짐 콜린스Jim Collins
의 책 『좋은 기업을 넘어 위대한 기업으로』에 나오는 플라이휠 개
념에서 영감을 받았다. 아마존의 통제 가능한 인풋 지표가 어떻게
하나의 핵심 아웃풋 지표를 끌어올리는지를 보여주는 모델이다.

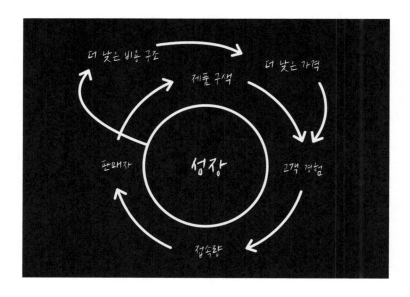

이 그림에서는 '성장'이 핵심 아웃풋 지표다. 이 폐쇄형 순환 시스템에서는 어느 하나의 요소나 모든 요소에 에너지를 주입할수록 플라이휠이 더 빨리 회전한다.

사이클이기에 어느 인풋에서도 시작할 수 있다. 예를 들어 '고객 경험'을 위한 인풋 지표에는 배송 속도와 제품 구색의 범위, 풍부한 제품 정보와 사용의 편리성 등이 포함된다. '고객 경험'을 개선하면 어떤 일이 발생할까?

- 더 나은 '고객 경험'은 더 많은 '접속량'으로 이어진다.
- 더 많은 '접속량'은 구매자를 찾는 더 많은 '판매자'를 유인한다.
- 더 많은 '판매자'는 더 넓은 '제품 구색'으로 이어진다.
- 더 넓은 '제품 구색'은 고객 경험을 향상시키면서 사이클을 완성한다.
- 사이클은 다시 '성장'으로 이어지고, '성장'은 '더 낮은 비용 구조'를 가능하게 한다.
- '더 낮은 비용 구조'는 '더 낮은 가격'으로 연결되고, 이는 다시 '고객 경험'을 향상시키면서 플라이휠을 더 빠르게 회전시킨다.

'아마존 플라이휠'은 아마존의 유통 비즈니스를 성공으로 이끈 주요 요소를 담아내고 있다. 그렇기에 WBR에서 논의되는 거의 모든 지표가 이 플라이휠의 요소들로 분류할 수 있다. 그리고 이는 그리 놀랄 만한 일이 아니다. WBR 보고서의 첫 번째 페이지에는 앞에서 본 플라이휠과 정확히 똑같은 그림이 그려져 있다.

올바르고 통제 가능한 인풋 지표를 규명하라

이 단계는 쉽게 들리지만 생각보다 까다로울 수 있다. 상세 내용을 잘 살펴보기 바란다. 우리가 아마존에 있으면서 도서가 아닌 다른 카테고리로 확장할 때 범했던 한 가지 실수는 '제품 구색', 즉 판매를 위해 얼마나 많은 아이템을 제공하느냐에 초점을 맞춰 인풋 지표를 선택했다는 점이다. 각 아이템은 아이템 소개, 이미지, 고객 리뷰, 배송 속도(예: 24시간 이내 배송), 가격 정보를 포함해 구매 버튼을 갖춘 '상세 페이지'를 가진다. 우리가 맨 처음 제품 구색에 신경을 쓰며 선택했던 지표가 바로 '신규 상세 페이지의 개수'였다. 페이지가 많을수록 제품 구색이 좋아진다는 가정 아래 선택한 지표였다.

이 지표를 택하자마자 유통팀들의 행동은 즉각적으로 달라졌다. 그들은 새로운 상세 페이지를 추가하는 작업에 과도할 정도로 집중하기 시작했다. 각 팀은 자신의 카테고리에 수십에서 수백 개의 아이템, 심지어는 수천 개의 아이템을 추가했다. 예전의 아마존이라면 거들떠보지도 않았을 것들이었다. 각 부서는 부랴부랴 신규 제조업체와 관계를 맺었고, 주문처리센터에 보관할 재고를 사들여야 했다.

이렇게 엄청난 수의 상세 페이지가 생겨나면서 언뜻 제품 구색이 개선된 것처럼 보였다. 하지만 아웃풋 지표인 '판매'의 증가로는 이어지지 않았다. 분석해보니 각 유통 부서가 아이템 수를 늘리는 일에만 열을 올린 나머지 수요가 그다지 크지 않은 제품들까지 마구잡이로 사들였던 것이다. 이런 활동은 '재고 유지 비용'이라는 또 다른 아웃풋 지표에 문제를 일으켰고, 이로 인해 수요가 낮은 아이템들이 주문처리센터의 '값비싼' 공간을 점유해버리는 일이 발생했다.

　WBR을 통해 유통팀에서 잘못된 인풋 지표를 선택했음을 깨달은 아마존은, 곧바로 여러 번의 회의를 거쳐 소비자의 수요를 반영하는 방향으로 지표를 개선했다. 아마존은 스스로 이렇게 물었다. "우리가 제품 구색이라는 지표를 다른 것으로 변경하면 원하는 아웃풋을 얻을 수 있을까?" 여기에 더 많은 데이터를 수집하고 비즈니스를 면밀히 관찰한 아마존은 제품 구색에 관한 지표를 다음과 같이 진화시켰다.

추가되는 상세 페이지의 수

▼

상세 페이지의 조회 수
(고객이 조회하지 않는 신규 상세 페이지는 인정하지 않는다)

▼

제품 재고가 있는 상세 페이지의 조회 비율
(재고가 없다면 아이템으로 인정하지 않는다)

▼

제품 재고가 있고 '2일 배송'이 바로 가능한 상세 페이지의 조회 비율
(이것은 '빠른 배송 & 재고 있음Fast Track In Stock'으로 불리게 되었다)

앞의 지표에서 그동안 나타난 시행착오의 패턴을 엿볼 수 있다. 시행착오는 지표를 선정하는 과정에서 필수적인 요소다. 핵심은 꾸준히 테스트하고 토론하는 데 있다. 예를 들어, 제프는 '빠른 배송 & 재고 있음'이란 지표가 너무 지엽적이라는 우려를 표했다. 반면 제프 윌케는 이 지표가 유통 비즈니스에 광범위하고 체계적인 향상을 이끌 것이라고 주장했다. 두 사람은 당분간 지켜보기로 합의했는데, 결국 제프 윌케가 예상한 대로 흘러갔다.

재고 유지 비용에 '빠른 배송 & 재고 있음'이라는 올바른 인풋 지표가 더해지자, 유통팀은 비로소 수익성이 높은 모델로 매출을 끌어올리며 제품 구색을 확대할 수 있었다. 지표를 확정하면 기준을 설정할 수 있고, 그 기준에 따라 팀을 평가할 수 있다. 이를테면 아마존은 각 카테고리에서 상세 페이지의 조회 수를 계산할 때, '빠른 배송 & 재고 있음'의 비율이 95퍼센트는 되어야 한다는 기준을 세웠다.

이런 새로운 인풋 지표들은 각 카테고리 부서에 상당한 변화를 일으켰다. 직원들은 아마존에 없는 상품을 검색하는 고객들을 위해, 타사의 웹사이트나 오프라인 유통매장을 살펴보고 고객들의 아마존 검색 기록을 샅샅이 뒤지는 등 업무 행동을 바꾸기 시작했다. 이런 노력은 제조업체들이 '상대적 우선순위'를 설정하여 소비자들에게 가장 중요한 아이템을 확보하는 방향으로 나아가도록 유도했다. 그리고 단순히 '추가되는 아이템 수'에 초점을 맞추지 않고 '판매에 큰 효과를 불러올 아이템'에 집중할 수 있게 했다. 이 과정은 얼핏 쉬워 보일 수 있으나, 인풋 지표가 어설프거나 잘못되면 아무리 노력해도 아웃풋 지표의 개선으로 이어지지 않는다. 즉, 올바른 인풋 지표에 초점을 맞추는 일은 조직 전체를 가장 중요한 일에 몰두하게 만든다. 올바른 인풋 지표를 찾아내는 일은 반복적으로 해야 할 꼭 필요한 프로세스인 셈이다.

> ※ 주의사항: 이 장에서 제시한 사례 대부분은 상당한 자원을 보유한 대기업의 이야기다. 하지만 DMAIC와 WBR 프로세스는 확장하고 축소하는 일이 대단히 자유롭다. 보유한 자원의 정도에 따라 투자 수준(시간과 노력)을 알맞게 조정하면 DMAIC와 WBR은 누구나 적용할 수 있는 모델이 된다.
>
> 비영리 단체라면 임무를 잘 수행하고 있다는 점을 확실하게 측정할 몇 가지 핵심 지표를 규명하라. '기부자들과 얼마나 자주 접촉하는가?', '접촉 빈도가 모금액에 어떻게 영향을 미치는가?' 등을 예로 들 수 있다.
>
> 사람들이 범하는 가장 큰 실수는 '시도하지 않는 것'이다. WBR의 시작은 대부분 보잘것없지만, 시간이 흐르면서 상당한 변화와 개선을 틀림없이 만들어갈 것이다.

측정Measure

지표에 대입할 데이터 수집 도구를 만드는 일은 일견 쉬워 보일 수 있다. 하지만 아마존은 지표를 선택하는 일과 마찬가지로 올바른 수집 도구를 얻는 일에 혼신의 노력을 기울여야 한다는 사실을 깨달았다. 우리는 이미 2장에서 인터뷰 프로세스에 개입한 편향을 파악하고, 이를 제거하는 일이 얼마나 중요한지를 알아보았다. 지표에서도 편향을 제거하는 일은 똑같이 중요하다. 아마존 초창기에 각 비즈니스 부문을 이끄는 리더들은 지표를 선택하고 데이터를 수집하는 과정에서 편향을 드러냈다. 자신의 부서가 '긍정적인 흐름'을 타고 있다는 걸 보여주고 싶었기 때문이다. 성공을 원하는 인간의 본능상 당연한 일이었다.

2000년대 초 제프와 CFO인 워런 젠슨Warren Jenson(2002년에 톰 츠쿠택으로 교체되었다)은 재무팀이 '있는 그대로의 진실'을 공개하고 보고하는 것이 얼마나 중요한지 언급했다. 제프와 워런, 그리고 톰은 비즈니스가 잘나가든 그렇지 않든 "재무팀은 데이터가 나타내는 것을 있는 그대로 말하는 일 외에는 그 어디에도 관심을 두지 말아야 한다"라고 주장했다. 이런 '진실 추구의 정신'은 재무팀 전체에 스며들었고, 회사의 리더들이 사실 그대로의 정보를 기반으로 편협하지 않은 결정을 내리는 데 매우 중요한 토대가 되어주었다.

이제부터는 데이터를 수집하고 유용한 포맷으로 이를 제시하는 일에 집중해야 한다. 원하는 데이터가 종종 서로 다른 시스템에 산재해 있을 수 있고, 데이터를 엮고 종합하여 올바르게 나타내기 위해서는 소프트웨어의 사용이 필요할 수도 있다. 이때 타협은 금물이다. 투자가 필요하다. 이 단계에서 투자하지 않으면 중요한 비즈니스를 그저 '감'에 의존해 위태롭게 이끌어갈 수 있다.

데이터 수집 도구를 개발할 때는 반드시 그 도구가 측정하고자

하는 바를 명확히 측정하는지 확인해야 한다. 데이터가 어떻게 수집되는지 파악하고 '깊이 파고들다' 보면 잠재적 문제를 발견하는 데 도움이 된다. '재고 있음'이라는 지표를 예로 들어보자. 이를 위해 "우리 제품 중 몇 퍼센트가 '즉시 구매' 가능하고 배송할 수 있는가?"라는 질문을 던져볼 수 있다. 실제로 '재고 있음'에 해당하는 아이템의 데이터를 정의하고 수집하는 방법에는 여러 가지가 있다. 이를테면 다음의 두 가지 방법이다.

- 방법 1: 우리는 매일 밤 11시에 카탈로그 전체를 살펴본다. 그러면서 어떤 아이템이 '재고 있음'인지 확인하고, 30일 동안 제품 판매를 추적함으로써 각 아이템의 중요도를 따진다. 다시 말해, 과거 1개월 동안 제품 A가 30개, 제품 B가 10개 판매됐다고 가정했을 때, 두 제품 모두 '재고 있음'을 측정하는 시점에 재고가 없으면, 제품 A는 제품 B보다 지표에 3배 더 영향을 끼친다.
- 방법 2: 우리는 제품 페이지에 다음의 조치를 수행하는 소프트웨어를 삽입한다.

  화면에 제품 페이지가 노출될 때마다 '표시된 제품 페이지의 총 개수'에 1을 더할 것. 또한 화면에 '재고 있음'이라 표시된 제품 페이지가 노출될 때마다 '재고 있음이라 표시된 제품 페이지의 총 개수'에 1을 더할 것. 마지막으로, '재고 있음이라 표시된 제품 페이지의 총 개수'를 '표시된 제품 페이지의 총 개수'로 나눠 그날의 전체적인 '재고 있음' 지표를 파악할 것.

예컨대 모든 제품에 걸쳐 총 100만 개의 상세 페이지가 고객의 화면에 노출됐고, 그중 85만 개의 제품 페이지가 '재고 있음' 상태였다면, 그날의 '재고 있음' 비율은 85퍼센트가 될 것이다. 그리고 이는 고객의 수요를 반영한 지표다. 이 경우 고객이 많이 조회하는 제품이 드물게 조회하는 제품보다 지표에 더 큰 영향을 미친다.

두 지표는 서로 다른 방식으로 '재고 있음'을 측정하기에, 같은 날 같은 비즈니스를 조사한다고 해도 서로 다른 결과를 얻을 수 있다. 먼저, 첫 번째 지표는 회사가 대량으로 재고를 매입하는 날의 시간대에 따라 데이터를 왜곡할 수 있다. 대부분의 재고가 밤늦게 입고된다면 그날 해당 아이템은 종일 '재고 없음' 상태였지만, 데이터를 수집하기 직전에 재고가 채워진다면 회사는 썩 괜찮은 '재고 있음' 값을 보게 된다. 그리고 그날 상당수의 고객이 실제로 경험했던 상황(재고가 없어서 구매하지 못하는 상황)을 알아차리지 못하게 된다. 만약 인기 있는 아이템이 오랫동안 '재고 없음' 상태이더라도 과거 30일간의 판매로 가중치를 부여받게 돼 일별 지표에는 별다른 영향이 없을 것이다.

두 번째 지표는 수집하는 데 비용이 많이 들지만(적어도 단기적으로는), 그날의 고객 경험을 좀 더 정확히 나타낸다. 고객 입장에서 이 지표는 아이템을 조회한 시점에서 '재고 있음'이라고 표시된 시간의 비율을 포착한다.

첫 번째 지표가 내부 지향적이고 운영 중심적이라면, 두 번째 지표는 외부 지향적이고 고객 중심적이다. 이처럼 지표 데이터를 수집할 때도 고객 경험을 충분히 고려하면서 고객으로부터 출발하는 워킹 백워드를 실천할 수 있다.

기업이 자주 잊는 마지막 퍼즐 한 조각은 '지표 검증 방법'을 결정하는 일이다. 만약 정기 프로세스를 도입해 독립적으로 지표를 입증하지 않는다면, 시간이 지날수록 '이름 모를 무언가'에 의해 수치가 왜곡된다고 간주해야 한다. 중요한 지표라면 별도의 측정 방식을 찾거나 고객의 의견을 수집해 그 정보가 지표에 부합하는지 살펴야 한다.

전 세계적으로 이슈가 된 코로나19 진단 검사를 예로 들어보자. 어떤 지역에서 코로나 확산 실태를 살피고자 할 때, 인구가 비슷한 다른 지역의 '확진자 수'를 비교하는 것만으로는 충분하지 않다. 각 지역에서 행해진 '인구당 진단 검사 수'를 반드시 들여다봐야 하는데, 이때도 확진자 수와 인구당 진단 검사 수는 계속해서 변할 수가 있어서 측정에 대한 검증 방법 역시 수시로 업데이트할 필요가 있다.[26]

분석Analyze

이 단계는 여러 팀에서 서로 다른 꼬리표를 달아 부르곤 했다. 몇 개만 예로 들면, '변동 줄이기', '프로세스를 예상 가능하게 만들기', '프로세스를 통제하기' 등이 있다. 하지만 분석 단계는 지표의 동인에 대한 종합적인 이해도를 높이는 것과 관련되어 있다. 프로세스에 영향을 미치는 모든 외부 요소를 파악해야만 긍정적인 변화로 나아갈 수 있다.

이 단계의 목적은 데이터의 잡음 속에서 신호를 분리해내는 일이다. 그런 다음 근본 원인을 규명하고 대처한다. '왜 어떤 근무조는 주문처리센터에서 한 시간에 100개의 아이템을 선별하는데, 어떤 근무조는 같은 시간 동안 30개밖에 처리하지 못할까?', '왜 대부분 100밀리초 안에 페이지를 화면에 표시하는데, 어떤 페이지는 같은 작업에 10초나 걸릴까?', '왜 항상 주문당 고객서비스 요청 건은 월요일에 가장 많을까?'

아마존의 팀들은 데이터에서 놀랍거나 당혹스러운 문제를 발견할 때마다 그 근본 원인을 찾을 때까지 끈질기게 물고 늘어진다. 이런 상황에서 아마존이 가장 널리 사용하는 기법은 '오류 수정Correction of Error, COE'이다. 자동차 제조회사 도요타Toyota가 개발했고 전 세계 많은 기업에서 사용하는 '5 Whys'에 기반하고 있다. 이상 징후를 발견하면 '왜 그것이 발생했을까?'를 질문하고, 맨 밑바닥의 '진짜 범인'이 드러날 때까지 반복적으로 '왜?'라는 질문을 던지는 방식이다. 구체적으로 아마존의 COE 프로세스에서는 중대한 문제나 오류를 가진 팀들이 그에 대한 설명문을 맨 먼저 작성하고, 진짜 근본 원인을 찾을 때까지 최소한 다섯 번은 '왜?'라는 질문에 묻고 답하며 '깊이 파고들어야' 한다.

AWS의 수석 부사장이자 아마존의 운영 전문가인 찰리 벨Charlie Bell은 다음과 같이 표현했다. 우리는 이 표현이 꽤 적절하다고 생각한다. "문제에 직면하고 첫 24시간 안에 진짜 근본 원인을 직시하게 될 확률은 0퍼센트에 가깝습니다. 왜냐하면 모든 이슈의 이면에는 매우 흥미로운 이야기가 존재하기 때문이지요."

결국 오류가 발생하는 근본 원인을 규명하고 제거하는 일에 몰두하다 보면 머지않아 예상 가능하고 통제 가능한 최적의 프로세스를 갖추게 될 것이다.

개선Improve

이제 비로소 프로세스를 개선하는 데 에너지를 쏟을 단계다. 예를 들어 매주 95퍼센트의 '재고 있음' 비율을 확실하게 달성할 수 있다면, 이렇게 질문할 수 있다. "98퍼센트에 도달하려면 어떤 변화가 필요할까?"

앞의 세 단계(정의, 측정, 분석)를 진행했다면 지표를 개선하기 위한 행동으로 성공 가능성을 더 높일 수 있다. '잡음'이 아니라 '신호'에 대응할 것이기 때문이다. 만약 앞선 세 단계를 건너뛰고 바로 개선 단계로 넘어왔다면 기업은 불완전한 정보를 믿고 프로세스에 임해야 할 것이고, 어떤 행동을 취하더라도 원하는 결과를 도출하지 못할 것이다. 곧 언급할 사례에서 우리는 아마존의 특정 거대 사업부가 어떻게 정의, 측정, 분석 단계를 완전히 무시하고 엉망진창인 결과를 낳았는지 살펴볼 것이다.

WBR을 잠시 운영해보면, 당신도 더 이상 효용 가치가 없는 지표를 걸러낼 수 있게 될 것이다. 이런 경우에는 과감히 그 지표를 잘라내버려도 좋다.

통제Control

마지막은 프로세스가 정상적으로 운영되는지, 시간이 흐르면서 성과가 저하되지는 않았는지 살펴보는 단계다. 비즈니스 동인에 대한 근본적인 이해가 높아지면, WBR은 정기적인 회의가 아닌 예외적인 일이 발생할 때마다 열리는 회의가 된다.

이 단계에서는 자동화할 프로세스를 규명한다. 쉽게 파악되는 프로세스나 소프트웨어와 하드웨어에 작동 원리를 코드화할 수 있는 의사결정은 잠재적인 자동화의 대상이 된다. 특히 아마존에서 '예측'과 '구매'는 대표적인 자동화 프로세스의 사례다. 카탈로그에 수록된 모든 수억 가지의 제품에 걸쳐 자동화된 예측과 구매 시스템을 적용하기 위해 구매 담당자들과 소프트웨어 엔지니어들은 몇 년 동안 숱한 시행착오를 겪으며 애를 써야 했다. 이제는 그 덕분에 수많은 구매 담당자가 수작업으로 처리하던 과정을 훨씬 정교하게 처리하고 있다.

WBR 지표를 우리 회사에 적용하는 방법

아마존에서 WBR은 지표를 행동으로 옮기는 과정이다. 먼저 데이터 프레젠테이션(그래픽)이 꼭 필요한 영역에서 주목도를 높이기 위한 디자인 방법에 대해 이야기하겠다. 그런 다음 결과물을 극대화하는 회의 구성 방식과 몇 가지 주의사항을 살펴보기로 하자.

덱The Deck

아마존에서 매주 각각의 회의는 그래프, 표, 주석 등이 포함된 데이터 자료(소프트카피 혹은 하드카피)를 배포하면서 시작된다. 이 책에서 우리는 이 데이터 자료를 '덱'이라고 부를 것이다. 덱이 도입된 이래 데이터 시각화 소프트웨어는 크게 발전했다. 큰 기업에서는 기능이 화려한 도구를 주로 사용하겠지만, 소규모 조직에서도 무료로(혹은 저렴하게) 활용할 수 있는 괜찮은 소프트웨어가 꽤 있는 편이다. 실제로 오늘날 많은 조직은 하나의 덱으로 정보를 취합하지 않는다. 특히 개발 부서는 데이터 시각화 소프트웨어를 통한 '가상의 덱Virtual Deck'을 활용한다. 우리는 앞으로 몇 가지 그래프 예시를 보여줄 것이다. 그 전에 먼저 아마존 덱의 독특한 특징을 몇 가지 짚어보도록 하자.

덱은 데이터를 기반으로 비즈니스를 샅샅이 조망한다.

조직도상 부서들은 단순하고 각자가 개별적으로 보이지만, 일반적인 비즈니스 활동은 그렇지 않다. 아마존에서 덱은 고객 경험을 따르도록 설계됐으며, 매주 비즈니스 전체를 조망한 결과를 일관성 있게 제공한다. 그리고 제각각 독립적으로 보이는 활동 간의 상호연결성을 드러낸다.

대부분은 차트, 그래프, 데이터 표로 되어 있다.

검토해야 할 지표가 많기 때문에 내러티브나 주석을 읽게 하는 것은 효율성이 떨어진다. 한 가지 예외(아래에서 곧 언급한다)가 있다면 그것은 일화나 에피소드를 담을 때다.

얼마나 많은 지표를 검토해야 하는가?

매직 넘버나 공식은 없다. 올바른 지표를 찾으려면 시간이 걸리고 그 지표를 끊임없이 향상시켜야 한다. 시간이 지나면서 팀은 신호의 강도와 질에 따라 지표를 수정하고, 추가하며, 제거해야 한다.

새로운 패턴은 집중해야 할 핵심 포인트다.

개별적인 데이터 포인트는 유용한 스토리를 담고 있다. 특히 다른 시간대와 비교해보면 더욱 그렇다. WBR에서 아마존은 분기나 연간 결과에 문제가 희석되기를 기다리지 않고, 문제가 발생하는 시점을 발견하기 위하여 추세선을 분석한다.

비교 가능한 이전 기간과 대조해 그래프를 그린다.

지표는 시간이 지나면서 더 나아져야 한다. 공휴일이나 주말처럼 예상 가능한 사건에 따른 변동을 잘못 해석하지 않으려면 지난 기간과 꼭 비교하려는 자세가 필요하다.

그래프는 두 개 이상의 타임라인을 보여준다(예: 이전 6주와 이전 12개월 등).

긴 기간으로 평균을 내면 발견하기 어려운 작지만 중요한 이슈를 단기 추세선은 확대해서 보여준다.

일화와 예외 보고를 덱에 첨부한다.

사람들이 종종 언급하는 WBR 덱의 가장 큰 특징은 두 가지 도구를 자유롭게 사용한다는 점이다. 바로 일화와 예외 보고다. 이는 어떤 기준이나 일반적인 상황에 해당하지 않는 요소를 설명할 때 주로 쓴다. 두 도구를 사용하면 예외적인 패턴과 비일상적인 결함(항상 있지는 않다), 프로세스 오작동과 시스템 로직상의 문제를 파악할 수 있다. 이로써 리더는 매우 상세하고 폭넓은 조사를 진행할 수 있다. 이처럼 광범위한 이슈에 특별한 해결책을 발견하고, 평가하고, 검사하고, 깊이 파고드는 사례는 우리가 아는 한 아마존이 유일하다. 이 방법은 규모가 큰 조직이나 소규모 사업체에 모두 똑같이 도움된다.

회의

WBR 회의에서는 일반적으로 회사 외부에서는 알 수 없는 중대한 실행 결정이 내려진다. 잘 운영되는 WBR 회의는 '고객에 대한 집착'과 복잡한 문제에 '깊이 파고들기', '최고의 기준 고집하기'라는 원칙이 철저히 지켜진다. 혹자는 이런 궁금증을 나타낼지 모르겠다. "임원은 어떤 레벨(직급)부터 아웃풋 지표로 관심의 초점을 전환해야 하나요?" 제프도 결국 회사와 고위 임원은 매출이나 이익과 같은 아웃풋 지표로 평가받는다는 걸 잘 알고 있다. 그역시 월 스트리트의 투자 회사에서 어느 정도 일한 경험이 있기 때문이다. 위 질문에 우리가 할 수 있는 간단한 대답은 "어떤 레벨(직급)에서도 관심의 초점이 전환되지 말아야 한다"이다. 아웃풋 지표가 뭔지 잘 알더라도 임원들은 늘 인풋 지표에 집중해야

Q:

임원은 어떤 레벨(직급)부터

아웃풋 지표로

관심의 초점을 전환해야 하나요?

A:

어떤 레벨(직급)에서도

관심의 초점이

전환되지 말아야 합니다.

한다. 그러지 않으면, 아웃풋 결과를 도출하는 수단에 눈이 멀고 통제력을 상실하고 만다. 아마존은 말단 사원부터 CEO에 이르기까지 모두가 아웃풋을 극대화하기 위한 인풋 지표에 상세한 지식을 지녀야 한다.

덱은 보통 재무팀 직원이 담당한다. 더 정확하게 말하면, 덱에 포함된 데이터의 정확성은 재무팀이 인증한다. 다만 회의실에 모인 여러 사람이 덱의 각 섹션을 책임지기 때문에 누구도 회의 자체를 독자적으로 진행하지 않는다. 매출이 몇백억 달러 규모에 이르고 여러 개의 거대한 사업부를 보유한 대기업이 아니라면 WBR에서 주요 청중은 CEO와 CFO다. 그렇지만 임원진과 그들의 직속 직원, 그리고 덱의 특정 섹션을 담당하거나 설명할 수 있는 사람도 회의의 참석자로 포함되어야 한다. 화상 회의 기술이 발전하면서 좀 더 많은 사람이 회의에 참석할 수 있게 됐다. WBR에 직급이 낮은 직원을 좀 더 많이 참석시키면 그들이 비즈니스에 몰입하고 성장하며 발전하는 데 힘을 보탤 수 있다. 리더들의 노련한 토론 과정과 생각을 곁에서 관찰할 수 있기 때문이다.

아마존에서는 최고위 임원들도 모든 인풋 지표와 아웃풋 지표를 고려한다는 점에 주목할 필요가 있다. WBR 덱은 (고객 경험뿐만 아니라) 고위 리더들에게 '깊이 파고들기'의 원칙이 가장 분명하게 드러나는 부분이다. 그들은 지표의 트렌드와 변화를 주의 깊게 점검하고, 사고와 실패 등을 면밀히 조사하면서 어떻게 하면 인풋 지표로 아웃풋 지표를 개선시킬 수 있을지 늘 고심한다.

WBR은 아마존에서 지표가 행동으로 옮겨지는 과정을 보여주는 중요한 매개체지만 그것이 유일한 것은 아니다. 지표 현황판 (대시보드)과 보고서는 회사의 모든 엔지니어링, 운영, 비즈니스 부문에서 만들어지는데, 지표는 대부분 실시간으로 모니터링되면서 각각의 기술·운영 서비스로부터 '오류'나 '중단'을 즉시 파악할 수 있도록 알림을 받는다. 팀들은 지표를 매시, 매일 업데이트하는 현황판을 주시한다. 아마존이 플라이휠을 매년 더 빨리 돌리면서 탁월한 결과를 낳았다는 점에서 WBR 회의와 프로세스는 매우 유의미하다.

아마존은 해석 속도를 높이기 위해 일관적이고 익숙한 양식을 사용한다.

좋은 덱이라면 그래프 디자인, 적용 기간, 색 조합, 기호 체계(올해, 작년, 목표)를 통일하고 가능한 한 모든 페이지에 같은 개수의 차트를 포함시키는 등 일관적인 양식을 따른다. 특정 데이터는 다른 양식으로 나타내는 것이 일반적이라도 기본적으로는 표준 포맷을 사용한다.

이처럼 아마존은 매우 동일한 조합의 데이터를 동일한 순서로 검토함으로써, 비즈니스에 대한 전체적인 시각을 유지한다. 팀은 트렌드를 발견하는 능력을 키우고 검토의 리듬을 잡는다. 이례적인 것들은 더욱 또렷하게 눈에 띄고, 회의는 좀 더 효율적으로 진행되는 방식이다.

변동에 초점을 맞추되 예상대로 흘러가는 것에 시간을 낭비하지 않는다.

사람들은 자신의 전문 분야를 이야기하는 걸 좋아한다. 예상대로 흘러갈 때 더욱 그런데, 만약 예상을 초월하는 경우라면 더더욱 그렇다. 하지만 WBR에서 시간은 소중하다. 만약 일이 정상적으로 돌아가고 있다면

"여기서는 더 볼 것이 없다"라고 말하며 다른 페이지로 넘어가라. 회의의 목적은 예외적인 것을 토론하고 그것에 대해 무엇을 더 행할지 논의하는 것이다. 현상을 잘 유지하는 일에 대해서는 고민할 필요가 없다.

아마존의 비즈니스 책임자들은 지표를 책임지고, 지표상의 변동을 설명할 준비가 되어 있다.

아마존의 비즈니스 책임자들은 지표로 설정된 자기 분야의 성공 여부를 추적할 책임을 진다. WBR에서 책임자들은(재무팀이 아니라) 기대에 반하는 변동을 명쾌하게 설명해야 한다. 그 결과로 비즈니스 책임자들은 트렌드 파악에 능숙해진다. 매주 그들은 WBR이 열리기 전에 덱을 검토하면서 변동에 대처하려면 무엇을 계획하고 어떻게 행동해야 하는지 토론하고 대비한다.

이것은 어렵사리 얻은 교훈이다. 우리는 지표 책임자가 아마도 처음으로 해당 데이터를 본 것이 틀림없는 사람들 앞에서 지표를 펼쳐 보이는 경우를 종종 목격해왔다. 이것은 커다란 실수이자 모든 사람의 시간을 허비하는 행위이며, 회의에 참석한 고위 리더들에게 싫은 소리를 들을 수밖에 없는 상황이다. 각 지표 책임자는 WBR 회의가 시작되기 전까지 자신이 책임지는 지표를 철저하게 분석해 회의 참석자들에게 이를 납득시킬 수 있어야 한다.

잘 준비한 사람이라고 해도 때로는 올바른 답변이 즉시 떠오르지 않는 질문을 '얻어맞을' 수 있다. 이때 책임자는 이렇게 말하는 것이 좋다. "모르겠습니다. 데이터를 분석해서 다시 가져오겠습니다." 추측으로 답변하거나 즉석에서 답을 만들어내는 것보다 훨씬 나은 대답이다.

아마존은 운영적 토론과 전략적 토론을 별개로 진행한다.

WBR은 이전 주의 성과 트렌드를 분석하기 위해 전술적이고 운영적인 부분을 논의하는 회의다. 아마존은 WBR에서 새로운 전략이나 프로젝트 진행 현황, 다가오는 제품 출시를 토론하지 않는다.

WBR은 심문하기 위한 시간이 아니다.

아마존은 협박하지 않는다. 좀 더 관심이 필요한 의미 있는 변동을 파고들고, 높은 기준을 충족하지 않은 프로젝트에 주목할 뿐이다. 성공을 위해서는 사람들이 겁먹지 않고 자기 분야에서 무언가가 잘못 돌아가고 있다는 것을 스스럼없이 말할 수 있어야 한다. 그런 의미에서 아마존의 몇몇 팀들은 '자기 자신'이야말로 개선이 필요한 부분이라고 정직하게 고백하면서 다른 팀들의 귀감이 되었다. 때때로 WBR은 완전히 적대적인 환경으로 바뀔 수 있다. 이슈가 아니라 발표자의 태도에 코멘트의 초점이 맞춰질 때 더욱 그렇다. 공포심은 단기적으로 보면 괜찮은 동기 유발자가 되기도 하지만, 결국에는 해결할 수 있는 문제보다 더 많은 문제를 야기한다.

실수는 모두에게 학습의 기회가 되어야 한다. 만약 사람들이 동료들 앞에서 망신을 당할까 봐 실수를 감추려 한다면, 이후로는 사소한 실수조차 드러내지 않기 위해 무슨 짓이든 할 것이다. 그리고 이것이 인간의 본성이다. 지표에서 변동을 대충 얼버무리고 넘어가면 학습할 기회가 사라져 버린다. 이를 막으려면 책임 의식을 높여야 하고, 근본 원인을 파악하려 하며, '실수'를 경험에서 배우는 '기회'로 바라봐야 한다. 어느 정도의 긴장감은 피할 수 없겠지만, 우리는 '좋은 게 좋은 것'이라는 문화를 버리고 공개적으로 실수를 토론하고 장려하는 문화를 만들어야 한다.

아마존은 원활하게 발표를 이어간다.

회사에서 몸값이 가장 비싼 사람들이 소중한 시간을 그냥 흘려보내는 임원 회의에 참석한 적이 있는가? 예를 들어 다음 사람으로 발표 순서를 넘겨야 하는데, 그가 준비해온 현황판이 제때 제대로 뜨지 않아 어정쩡하게 기다리는 경우다. 발표자 간의 신속하고 매끄러운 바통 터치를 위해서는 사소한 부분까지 미리 작업해둬야 한다. WBR은 아마존에서 가장 고비용이 드는 영향력 있는 주간회의다. 일분일초가 소중하다. 미리 계획해서 효율적으로 회의를 진행하라.

지표 차트Metrics Chart

WBR에서는 보통 수백 개의 차트가 제시된다. 이때 발표에 일관성이 있어야 그토록 많은 데이터가 큰 효과를 발휘한다. 아래의 예시에서 이런 접근 방식의 유연성을 보여주고자 서로 다른 비즈니스 영역의 서로 다른 지표를 포함시켰다.

확대하기(주간 지표와 월간 지표를 하나의 그래프에 표시)

앞에서 언급했듯이, 아마존은 같은 x축에 '이전 6주의 값'과 '이전 12개월의 값'을 나란히 위치해 비교하고는 했다. 이것은 단기간의 정보를 표시한 정적인 그래프에 '줌Zoom' 기능을 추가하여 마치 돋보기로 보는 듯한 효과를 나타낸다. 다시 말해, 월간 그래프와 그것을 확대한 버전을 동시에 볼 수 있는 셈이다.

실제로 아마존에서 이를 어떻게 사용하고 있는지 함께 살펴보자(이 차트에 나온 값은 실제 데이터가 아니라 예시를 위한 샘플이다).

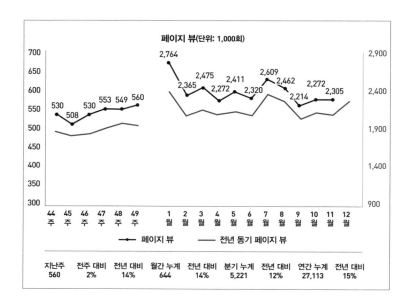

이 그래프는 어떤 비즈니스의 페이지 뷰를 표현한 것으로, 작은 공간에 많은 데이터를 담고 있다.

- 파란색 선은 지난해를, 검은색 선은 올해를 말한다.
- 6개의 데이터 좌표가 있는 왼쪽 그래프는 '이전 6주의 값'을 보여준다.
- 11개의 데이터 좌표가 있는 오른쪽 그래프는 '이전 12개월의

값' 즉, 1년 전체를 월별 수치로 보여준다.

- 12개월 그래프에는 가장 최근 데이터를 확대할 수 있는 '줌' 기능이 내장돼 있어서 명확성을 더한다.

차트 하단에는 추가적인 핵심 데이터를 불러올 수 있는 링크가 붙어 있는데, 대부분 기간별 비교치를 나타낸다.

전년 대비 추세를 지켜보는 이유

월간 비즈니스 검토(WBR의 월간 버전)의 전형적인 형태와 비슷한 이 그래프는 실제 월별 매출을 예상 월별 매출과 전년도 매출로 비교하고 있다. 다음 그래프는 목표를 돌파하여 전년도보다 괜찮은 정도의 성장을 한 것처럼 보인다.

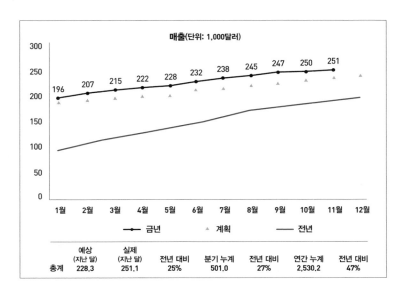

	예상 (지난 달)	실제 (지난 달)	전년 대비	분기 누계	전년 대비	연간 누계	전년 대비
총계	228.3	251.1	25%	501.0	27%	2,530.2	47%

더 살펴볼 게 없으니 다음으로 넘어가자! 정말 그럴 생각인가? 그렇지 않다. 바로 아래에 '전년 대비 성장률'이라는 추세선이 추가된 그래프가 있다. 이는 오른쪽 Y축을 기준으로 점선으로 표시되어 있다.

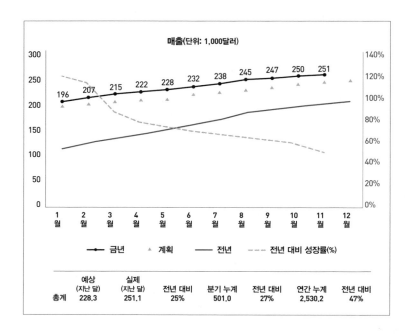

점선이 없었다면 이번 연도의 그래프와 전년도 그래프가 천천히 수렴한다는 것을 포착하지 못했을 것이다. '전년 대비 성장률'을 추가하는 것은 추세를 발견하는 훌륭한 방법이다. 이 예시에서 전년 대비 성장은 실제로 1월 이래 67퍼센트 감소했고, 안정될 기미도 보이지 않는다. 이렇듯 피상적으로 보면 비즈니스가 건전한 것 같지만, 문제는 수평선 아래에 자리하고 있었다. 그래픽을 강화하면 간단한 그래프로는 파악하기 어려운 '행동할 필요성'이 드러난다.

아웃풋 지표는 결과를 나타내고, 인풋 지표는 가이드를 제공한다.

위의 그래프는 또 하나의 익숙한 교훈을 담고 있다. 아웃풋 지표는 추세의 원인을 밝히는 데 인풋 지표보다 훨씬 좋지 않다는 점이다. 사실 신규 고객 확보율 감소가 성장을 둔화시키는 주된 원인이었으나, 그래프에서는 이에 대한 아무런 실마리도 얻지 못했다. 규모가 상당한 비즈니스에서 아웃풋 지표인 '매출'에만 신경 쓴다면 아마도 꽤 오랫동안 '신규 고객의 감소'라는 진짜 문제를 눈치채지 못했을 것이다. 반대로 '신규 고객 수', '신규 고객 매출', '기존 고객 매출'과 같이 인풋 지표에 집중한다면 훨씬 쉽게 신호를 감지하여 어떤 조치를 해야 하는지 더욱더 명확히 알 수 있을 것이다.

모든 차트에 목표치가 포함되지는 않는다.

어떤 WBR 차트에는 목표치가 포함되지 않는다. 그러는 편이 더 적합할 때가 있기 때문이다. 프로세스가 통제 불능일 때 추세를 발견하거나 추세를 강조하는 쪽에 지표의 목표가 있다면, iOS 사용자 대비 안드로이드 사용자의 비율 등의 경우처럼 목표 대비 그래프를 그리는 건 큰 의미가 없다. 목표치 자체가 없을 경우도 마찬가지다.

고객의 이야기에 데이터를 조합해 이야기 전체를 전달한다.

수치 데이터는 고객의 실생활 이야기와 결합할 때 더 강력해진다. '깊이 파고들기'라는 아마존 리더십 원칙은 "리더는 어떤 계층에서나 일할 수 있고, 상세 사항을 놓치지 않으며, 자주 점검하고, 지표와 현실의 이야기(일화)가 다른지 의심한다. 어떤 과업도 간과하지 않는다"라고 명시돼 있다.

아마존은 서비스를 담당하고 운영하는 팀들에 현실의 이야기가 도달할 수 있도록 여러 기법을 채용했다. 그 하나의 예는 '고객의 소리'라는 프로그램이다. 고객서비스 부서에서는 고객의 피드백을 정기적으로 수집해 요약한 다음 (매주는 아니지만) WBR에서 이를 발표한다. 고객서비스 부서가 피드백을 선별할 때는 반드시 '가장 공통적인 불만'을 고를 필요는 없으며, 어떤 것을 제시할지는 고객서비스 부서의 재량에 달려 있다. 고객의 이야기라는 게 사실 고객을 얼마나 실망하게 했는지 부각시키는 일이라서, WBR에서 이를 읽는 것은 때때로 고통을 안겨준다. 하지만 이런 고객의 일화는 학습하고 향상할 기회를 주는 법이다.

고객의 소리 중 하나를 예로 들어보겠다. 시스템이 정상일 때는 사전 인증용으로 주문당 한 번씩만 1달러를 결제하게 되는데, 소프트웨어의 이상으로 이를 반복해서 결제하는 일이 벌어졌다고 해보자. 보통 이런 사전 인증용 결제는 고객에게 대금이 부과되지 않고 며칠 후에 자동 취소된다. 다만 취소가 이루어지기 전까지는 고객의 신용카드 사용 한도를 잡아먹는다. 그 정도 금액은 대부분 한도에 큰 영향을 끼치지 않는데도 말이다. 때마침 어느 날 한 고객이 아마존에서 물건을 구입한 뒤 약국에 갔다가 신용카드 사용이 거부됐다는 이야기를 써서 보냈다. 그녀는 곧바로 우리에게 이 문제를 해결해달라고 요구했다. 그래야 아이에게 필요한 약을 바로 살 수 있을 테니 말이다. 그녀의 불만을 깊이 파고들어 가자 '극단적Edge-case 버그'(드물게 발생하는 버그)의 소행이었다는 점이 드러났다. 그녀의 신용카드 사용 한도를 다 잡아먹을 때까지 반복해서 결제된 것이다. 많은 기업에서는 이를 '아주 예외적인 경우'로 치부한다. 즉, 다시 일어날 가능성이 희박할뿐더러 비용이 많이 들기 때문에 관심을 둘 가치가 없다고 판단하는 것이다.

하지만 아마존에서는 이런 극단적인 사례를 정기적으로 다룬다. 그런 일들이 언젠가는 다시 발생할 수 있고, 조사를 진행해보면 이 말고도 해결해야 할 인접한 문제들이 자주 드러나기 때문이다. 실제로 반복 결제된 문제를 파헤쳐보자, 처음에는 극단적 버그에 불과하다고 짐작했던 일이 나중에는 엄청난 문제가 될 것이라고 판명되었다. 그 버그가 처음에는 인지하지 못했던 다른 영역의 문제들까지 야기했던 것이다. 우리는 그녀를 비롯해 피해를 본 모든 고객들을 위하여 신속하게 문제를 해결했다.

이런 사례는 기업이 하는 일이 새삼 고객들의 삶에 얼마나 직접적으로 영향을 끼치는지 일깨워준다. 아마존은 서드 파티 업체들과 AWS 기업고객을 대상으로도 유사한 프로그램을 운영하고 있다.

예외 보고서는 그 형태가 다양하지만 '기여이익Contribution Profit, CP'을 예로 들어 보면 그 기본 개념과 유용성을 명확히 파악할 수 있다. '기여이익'이란 '하나의 아이템을 판매하고 얻은 돈에서 해당 아이템과 관련한 변동비용을 제한 금액'을 말한다. 본질적으로 아이템을 판매한 뒤 회사가 남기는 돈으로, 비즈니스 고정비용을 충당하고 나면 보통은 이익에 기여한다.

'기여이익 예외 보고서'는 그렇지 못한 제품에 관한 보고서를 의미한다. 이전 주에 '마이너스 기여이익'을 낸 제품(이익을 창출하지 못한 제품) 상위 10개를 카테고리별로 나열하고 매주 달라지는 제품 10개를 '깊이 파고들다' 보면 조치가 필요한 문제가 무엇인지 매우 유용한 정보를 얻을 수 있다. 다음은 마이너스 기여이익을 낸 상위 10개 제품을 검토할 때 나올 수 있는 결과의 예시다.

- 가격을 인하해 마이너스 기여이익을 보였다. 가격 인하의 사유는 특정 아이템의 재고를 너무 많이 보유해 주문처리센터의 값비싼 공간을 차지하고 있었기 때문으로, 이는 어쩔 수 없는 조치였다. 과재고의 원인은 잘못된 인풋 데이터가 자동 구매 시스템에 입력돼 구매로 연결된 데 있다.
  조치: 잘못된 인풋 데이터의 원천을 조사하여 시스템을 바로잡는다.
- 가격을 인하해 마이너스 기여이익을 보였다. 가격 인하의 사유는 수작업으로 이루어진 구매 주문의 오류에서 기인했다. 바이어(구매 담당자)가 구매 주문서에 입력한 주문량이 너무 컸고, 교육 미흡으로 수정 프로세스를 따르지 않았다.
  조치: 이 사건을 교육 사례로 활용한다.

- 잘못된 비용 할당으로 마이너스 기여이익을 보였다. 재무 시스템이 특정 아이템군에 비용을 올바르게 할당하지 않았다.

  조치: 비용 할당 시스템을 수정한다.

- 물류 제공업체가 특정 아이템에 두 배 비싼 배송료를 부과해 마이너스 기여이익을 보였다. 그 업체는 카탈로그에 잘못 기재된 아이템의 크기와 중량 정보를 바탕으로 높은 수수료를 부과했다.

  조치: 카탈로그에 기재된 데이터를 수정하고, 같은 오류가 카탈로그 내 다른 아이템에서 발생하지 않도록 하는 메커니즘 설치 계획을 제안한다.

- 아이템 가격은 저렴한데 배송료가 비싸서 마이너스 기여이익을 보였다. 화이트보드와 마당용 갈퀴 같은 것들이 이에 해당하는 제품들이다.

  조치: 그런 아이템들을 비축해두고 판매해야 할지, 아니면 공급업체를 바꾸거나 기본 배송 방법을 변경해야 할지 조사하고 판단한다.

데이터와 일화가 서로 일치할 때는 강력한 조합을 만들어낸다. 반대로 그렇지 못할 경우에는 서로의 오류를 체크하는 유용한 확인 수단이 된다.

아마도 여기에 관한 가장 강력한 일화는 제프의 사례일 것이다. WBR에서 일어난 일은 아니지만, 여기서 언급할 가치는 충분하다. 아마존은 특정 직급 이상의 직원들에게 '고객 연결'이라는 프로그램을 의무적으로 수행하도록 한다. 세부적인 내용은 몇 년에 걸쳐 변화했지만 기본 전제는 동일하다. 2년에 한 번씩 직원들은 고객서비스 에이전트로 며칠간 활동해야 한다는 점이다. 직원들은 고객서비스 에이전트로부터 리프레셔 훈련Refresher Training을 받고 고객 응대 전화를 청취하며 이메일이나 채팅 상담을 관찰해 몇 차례 고객 접촉 건을 직접 처리한다. 직원들이 직원 응대 도구와 정책을 습득하고 나면, 고객서비스 에이전트의 감독에 따라 이런 업무의 일부 또는 전부를 수행하는 것이다(콜린은 이웃집 개가 아마존 배송 상자를 먹어치웠다는 고객의 전화를 받은 적이 있다. 고객은 이 일을 증명하겠다며 개가 먹지 않고 남긴 조각을 보내겠노라고 말했다).

제프 역시 이 프로그램에서 예외 대상이 아니었다. 콜린이 그의 그림자로 일하는 동안에도 제프가 고객 연결 프로그램에 참여할 시기가 여지없이 찾아왔다. 제프와 콜린은 차로 한 시간여 떨어진 워싱턴주 타고마의 고객서비스센터로 의무적으로 출근했다. 제프는 전화로 고객을 응대하는 데 특별히 능숙했다(때로는 과도하게 관대하기도 했다. 정책상 배송료만 환불해주면 되는 고객에게도 전액 환불을 해줬으니 말이다).

교육 첫날, 제프와 콜린은 고객서비스 에이전트가 몇 건의 고객 통화를 처리하는 모습을 지켜봤다. 전화상으로 고객은 자신이 주문한 물건이 손상된 채로 배송됐다며 불만을 제기했다. 고객서비스 에이전트는 제품 번호를 물었다. 고객이 제품 번호를 찾는 동안, 고객서비스 에이전트는 음소거 버튼을 누르고 우리에게 이렇게 말했다. "그는 틀림없이 정원용 의자를 언급할 거예요." 그러고는 아마존 사이트에서 그 제품을 집어냈다. 아니나 다를까, 고객이 배송 상자에서 읽은 번호는 고객서비스 에이전트가 예상했던 바와 일치했다. 제프와 콜린은 놀라서 눈썹을 치켜올렸지만 통화를 방해하고 싶지는 않았다.

문제가 해결되고 통화가 끝나자 제프가 물었다. "고객이 그렇게 말할 거란 걸 어떻게 알았지요?" 고객서비스 에이전트는 새로 등록된 제품에서 자주 발생하는 일이라고 대답했다. 제품 포장이 적절하지 않아 배송 중에 종종 가구가 손상되거나 흠이 생긴다고 말이다.

당시 제프는 도요타의 품질 관리와 지속적인 개선을 실천하는 방법을 배우던 중이었다. 그는 자동차 조립 라인에서 도요타가 사용하던 여러 기법 중 '안돈 코드Andon Cord'에 주목했다. 조립 중인 자동차가 라인을 따라 움직이면 저마다의 직원이 각자 부품을 부착하거나 과업을 수행하는데, 어떤 직원이라도 품질 문제를 발견하면 그 즉시 코드를 당겨 조립 라인 전체를 정지시킬 권한이 있었다. 라인이 멈추면 전문가팀은 재빨리 코드를 당긴 그 작업대로 달려가 결함을 바로잡고 오류가 다시 발생하지 않도록 해결책을 마련한다.

안돈 코드가 없다는 것 말고는 아마존의 상황도 크게 다르지 않았다. 앞에서 이야기한 고객서비스 에이전트는 문제를 파악할 수 있어도 이를 개선할 방법은 몰랐다. 에이전트가 할 수 있는 일이라고는 고객에게 양해를 구하며 사과하고 새 제품을 보내주는 일이었다. 다행히 우리는 각 카테고리 리더가 월별로 성과를 검토하는 프로세스를 운영하고 있었다. 이 과정에서 상대적으로 반품률이 높고 고객서비스 문의가 많은 제품이 심판대 위에 올려졌다. 즉, 정원용 의자의 배송 손상 문제는 결국 감지돼 해결될 터였다. 하지만 그렇게 되기까지 몇 주가 소요됐다. 불만을 가진 고객은 그사이 늘어날 수밖에 없었다.

우리는 똑같은 불만 전화가 다시 걸려오기 전에 정원용 가구의 손상 문제를 해결하기로 했다. 제프는 불쑥 끼어들어 이렇게 말했다. "고객서비스에도 안돈 코드가 필요해요." 아마존에는 멈출 수 있는 조립 라인이 없다. 하지만 고객서비스 에이전트에게 자신의 컨트롤 스크린에서 커다란 '빨간 버튼'을 누를 권한은 줄 수 있지 않은가? 버튼을 클릭하면 두 가지 일이 발생한다. 먼저 '장바구니에 넣기'와 '원 클릭1-Click'(지불 방법과 주소를 저장해 버튼 하나만 클릭하면 주문이 완료되는 시스템) 버튼이 제품 페이지에서 사라지고 고객들이 더는 그 제품을 주문하지 못한다. 또 다른 하나는 카테고리 리더에게 해당 문제가 해결될 때까지 즉시 제품의 판매를 중단한다는 점을 통보하는 것이다.

제프의 아이디어가 실행에 옮겨지기까지는 시간이 좀 걸렸다. '바로 구매'나 '장바구니에 넣기' 버튼을 제거하는 프로그램을 만들어야 했고, 내부 팀들에 경보를 발령해야 했으며, 필수적인 리포팅 인프라를 구축하면서, 언제 어떻게 '빨간 버튼'을 눌러야 할지 교육해야 했기 때문이다. '빨간 버튼'이 너무 자주 눌러질까 봐 조금은 우려가 되었다. 뭐니 뭐니 해도 제품을 안정적으로 판매하는 것이 회사를 위해서는 무엇보다 중요한 일이었기 때문이다.

하지만 그런 걱정은 기우에 불과했다. 고객서비스 에이전트들은 과도할 정도로 버튼을 눌러대지 않았다. '빨간 버튼'은 아마존식 안돈 코드로써 일선에서 고객을 직접 대하는 직원들에게 적절한 권한을 부여했다. 이 조치는 이슈를 인지하자마자 표면화할 수 있도록 만들었다. 더불어 문제를 해결할 적합한 도구를 직원들에게 직접 부여했고, 그들이 내린 최선의 판단을 신뢰하는 것이 강력한 해결책임을 다시 한번 증명했다. '빨간 버튼'은 지금도 아마존에서 널리 사용되고 있다.

다시 한번 강조하자면, 이 사례는 데이터를 명확히 하고 기억하기 쉽게 만드는 데 일화가 보여주는 힘이 얼마나 강력한지 여실히 나타낸다.

*   *   *

WBR 프로세스가 최대 효과를 발휘한다면 더할 나위 없이 좋겠지만, 그만큼 회의를 잘못 관리하거나, 신호가 아닌 정상적인 변동에 초점을 맞춘다거나, 올바른 데이터를 잘못된 방식으로 검토하는 등 자칫 잘못하면 여러 방향으로 길을 잃게 될 수도 있다.

WBR의 첫 번째 함정: 끔찍한 회의

지금은 아마존에 없는 어느 고위 리더는 거대한 소프트웨어 그룹을 이끌었고 그 팀은 아직도 기억에 남을 만큼 WBR 회의를 엉성하게 진행했다. 문제와 그에 따른 해결책을 학습하고 올바른 방향으로 이를 실행하는 것이 WBR 프로세스의 두 가지 중요한 목표인데, 그런 의미에서 이들이 진행한 회의는 엄청난 기회를 놓친 것이나 다름없었다. 그들은 모든 사람의 시간을 크게 낭비했다.

한 가지 문제는 참석자 수가 점점 늘면서 매번 커다란 회의실을 잡아야 했다는 점이다. 마찬가지로 추적해야 할 지표의 개수도 한없이 커졌다. 지표의 개수가 커진다는 게 때로는 좋을 때도 있지만, 대개는 바람직하지 않았다.

회의가 즐거울 리 없었다. 회의의 기본 규칙과 예의는커녕 말 자르기와 저격성 발언이 난무했다. 예상을 조금이라도 벗어나면 발표자를 향해 비난조의 질문이 쇄도했다. 많은 사람은 별다른 의견 제시 없이 과시하거나 아첨하려는 듯 맞장구나 치고 앉았으니 대화의 질이 퇴보할 수밖에 없었다. 설상가상으로 이러한 '방해 전술'은 회의 시간을 다 써버리는 걸 목표로 한 듯 보였다. 자기네 부서가 집중포화를 받기 전에 별로 생산적이지 않은 대화로 질질 끌다가 회의가 끝났으면 하고 말이다.

이런 회의는 참석하는 것 자체가 고역이다. '신뢰 얻기'라는 리더십 원칙은 일정 부분 이런 행동이 발생하지 않도록 막기 위해 존재한다. '신뢰 얻기'의 원칙은 이렇다. "리더는 경청하고, 솔직하게 말하며, 타인을 존중한다. 그들은 곤란하거나 당황스러울 때라도 소리 높여 스스로를 비판한다. 리더는 자신과 팀원들의 몸에서 나는 악취를 향기라고 믿지 않는다. 그들은 자기 자신과 팀원들을 최고와 비교 평가한다." 하지만 초기에 그들이 회의에서 보인 행동은 분명히 이 원칙에 부합하지 않았다. 회의의 원래 목적은 매주 소프트웨어 시스템을 개선하기 위함이었다. 분명 좋은 의도에서 시작됐지만 원래의 목적은 점차 흐려졌고, 검증을 위한 질문을 던지던 똑똑한 사람들이 때로는 화난 군중으로 돌변해 변화를 일으켜야 할 사람들에게 공격을 퍼부으며 성공 의지를 꺾어놓았다.

그런데도 회의를 올바르게 이끌어가는 사람은 없었다. 그저 자기 차례를 채우고 '폭탄을 돌리듯' 다른 사람에게 넘기는 꼴이었다. 이럴 때는 회의실에서 가장 고위급 리더가 회의를 주도하며 매주 회의 논조와 기본 규칙을 준수하는 데 책임을 져야 한다. 이 상황에서 회의의 리더는 참석자를 담당자와 핵심 이해관계자로 제한했어야 했다. 또한 검토할 지표를 특정(혹은 필수) 영역으로 한정해 관련 없는 지표들을 덱에서 제거했어야 했다. 소프트웨어 그룹의 모든 리더들은 서로에게 겨누던 높은 잣대들을 회의 안건으로 돌려 회의 자체를 '가차 없이' 평가했어야 했다. 또한 전체적으로 측정해야 할 영역이 많은 그룹들은 아직 운영상 잘 관리되지 못한다는 점을 인식하며 예상 불가능한 측면에 대비했어야 했다.

많은 팀이 DMAIC에서 앞의 세 단계(정의, 측정, 분석)를 생략하곤 했다. 개선 단계에서 곧바로 통제 단계로 넘어가기 위함이었다. 그런 팀들은 그래프상 일시적인 변화를 쫓아가느라 노력 대비 별다른 소득을 얻지 못했다. 우리는 그들에게 회의를 '잡음'에서 '신호'로 전환하라고 정중하게 그리고 건설적으로 충고해야 했다.

우리는 이런 신생 그룹에 처음으로 WBR을 적용하는 것이 반드시 시행착오가 필요한 골치 아픈 일이 되리라는 걸 미리 인식했어야 했다. 우리는 참석자들이 주저하지 않고 자신의 실수를 터놓으면서 서로 학습할 수 있는 환경을 적극적으로 독려했어야 했다. 이런 회의의 핵심은 '극단적으로 높은 기준'과 '편안한 마음으로 실수를 이야기하는 분위기' 사이에서 균형을 잡는 일이었다.

아마존의 한 직원은 이 끔찍했던 회의를 15여 년이 지나서도 기억하고 있었다. 그는 이렇게 말했다.

"모든 사람들 앞에서 벌거벗은 듯이 '제가 망쳤습니다. 이것은 옳지 않았습니다. 이것이 바로 문제입니다'라고 기꺼이 스스로를 비난하는 팀을 찾고 싶다면요. 멀리 가지 마세요. 저는 어떤 리더가 이렇게 말했던 걸 기억하고 있습니다. '누가 그런 모자란 판단력을 가졌어? 누가 그랬어?'

이런 발언의 문제는 당사자가 해명하기도 전에 그 사람에게 유죄 판결을 내리고 형을 선고한다는 데 있습니다. 그 리더는 공격하는 대신 판단을 유보하고 실제로 발생한 일이 무엇인지 알아봐야 했습니다. 사람들은 모두 올바른 일을 하려고 했을 뿐입니다. 비즈니스를 방해할 의도는 전혀 없었고 고객을 미워하지도 않았지요. 그들은 자신들이 만들어온 것에 엄청난 책임감을 가지고 있었다고요.

그 후로 우리는 좀 더 성숙해졌고 공포로부터 자유로워졌습니다. 우리는 이제 멋진 일을 해낼 때마다 이전의 일을 보상하려고 애쓰지요. 그리고 팀원들이 스스로를 강경하게 비판할수록 우리는 그것에도 보상하고자 더욱 노력합니다. 만약 팀이 무언가를 미봉책으로 감추려 하고 고객 경험에 신경 쓰지 않는다면, 우리는 그때 까다로운 질문을 던질 것입니다."

이 사람의 회상에서 우리는 두 가지에 놀랐다. 첫 번째는 그런 일이 있고 수년이 흘렀는데도 아직도 이렇게 생생하게 기억하고 있다는 점이었다. 이는 '벌주는 환경'이 지워지지 않는 상처를 남길 수 있다는 증거다. 두 번째는 이 팀이 초기의 실책을 거울 삼아 프로세스를 조정하며 마침내 더 나은 프로세스를 구축했다는 점이다.

WBR의 두 번째 함정: 잡음이 신호를 모호하게 만든다

모순처럼 들리겠지만 데이터가 변하는 건 정상적인 상황이다. 그리고 피할 수 없는 현상이다. 그렇기에 정상적인 '변동(잡음)'과 프로세스 내의 근본적인 '결함(신호)'을 구별하는 일이 중요하다. 정상적인 범주 안에서 발생하는 변동에 의미를 부여하는 것은 '잘해야' 노력의 낭비일 뿐이고, 최악의 경우에는 위험천만한 오해를 불러일으킨다. 누군가가 이번 주에 엄청난 노력을 쏟아부어서 핵심 지표를 '0.1퍼센트나' 끌어올렸다고 자랑하는 건 충분히 이상한 상황이다. 그보다 더 나쁜 상황은 동일 지표가 0.1퍼센트 떨어졌을 때 그게 아주 정상적인 변동이었음에도 불구하고 근본 원인을 추적해 문제를 해결하려 하는 점이다. 그 과정에서 엄청난 시간 낭비를 할 테니 말이다.

아마존에서 무엇이 정상인가를 파악하는 일은 지표 담당자의 책임이다. 지표 담당자가 일개 직원이든 수천 명을 이끄는 경영자이든 마찬가지다. XMR 컨트롤 차트x Moving Range Control Chart(지표의 변동 폭을 추적함으로써 프로세스가 안정적이고 예상 가능한지를 판단하는 데 사용하는 차트 – 옮긴이)와 많은 통계 방법론들은 프로세스가 '통제 불가능해지는 시점'에 초점을 맞춘다.[27] 하지만 아마존은 고객 경험에 대한 깊이 있는 이해가 배경의 잡음으로부터 신호를 걸러내는 최고의 방법이라는 걸 자주 증명한다. 대개의 지표는 매일 담당자에 의해, 또는 매주 WBR를 통해 검토된다. 이로써 이들은 예상되는 변동에 익숙해지고 예외사항에 더 집중하게 된다.

* * *

지표에 접근하는 아마존의 방식은 '고객에 대한 집착'이라는 리더십 원칙을 담고 있다. 고객에 대한 집착의 증거는 회사가 아웃풋 지표보다 인풋 지표에 집중한다는 사실에서 자명하게 알 수 있다. 아마존에서 쓰이는 인풋 지표들은 낮은 가격, 많은 가용 제품, 빠른 배송, 고객서비스 요청 최소화, 빠른 웹사이트처럼 고객 서비스에 관한 것이다. 매출, 잉여현금흐름과 같은 아웃풋 지표들은 회사의 재무제표에서 흔히 볼 수 있는 것들이다. 하지만 고객들은 그런 지표에 별로 관심을 두지 않는다(이 책의 서두에서도 밝혔

듯이, 아마존은 주주의 장기적 이익이 고객의 이익과 완벽하게 일치해야 한다는 확고부동한 확신을 가지고 있다). 통제 가능한 인풋 지표는 조직이 고객의 이익을 얼마나 잘 충족시키는지, 그래서 회사가 원하는 방향으로 아웃풋 지표를 창출할 수 있을지 측정하는 정량적이고 (데이터로 '깊이 파고들기') 정성적인 방법(일화와 고객의 이야기)이다.

비즈니스를 적절하게 평가하고 매주 개선에 매진하려면 기꺼이 실패를 논하고, 실패로부터 배우며, 고객을 더 기쁘게 할 '발명품'을 찾아 나서야 한다.

WORK
ING

2부

실전
'발명 머신'이 된다는 것

BACK
WARDS

2부를 시작하며

이제 실전이자 응용편이다. 1부에서 살펴본 요소들이 실제로 아마존에 어떤 결과를 창출했는지 그 증거와 함께 살펴볼 것이다. 2015년에 제프는 이렇게 말했다. "우리는 큰 기업이면서 동시에 살아 있는 '발명 머신'이 되고 싶습니다. 우리는 우리의 기업 규모에서 최대한 놀라운 고객서비스 역량과 기업정신을 보여줄 것입니다. 그리고 여기에 스타트업이 지닌 빠른 속도와 민첩성, 리스크 수용 정신을 결합하고 싶습니다."[28]

1부에서 주의 깊게 들여다본 실제 운영 원칙은 아마존이 이룩한 인상적인 성공과 현실에 직접적인 영향을 끼쳤다. '아마존프라임'과 '프라임비디오'로 대표되는 서비스부터, '킨들'과 '알렉사' 등의 하드웨어, '바 레이저 프로세스'와 '워킹 백워드'라 불리는 운영법을 포함해 '아마존웹서비스(AWS)' 등의 비즈니스에 이르기까지 일일이 열거하기가 힘들 정도다.

물론 제프는 주주들에게 보내는 편지에서도 이렇게 썼다. "저는 우리가 세계에서 실패를 가장 '잘하는' 곳이라고 믿습니다(우리는 엄청난 연습을 합니다!). 그리고 실패와 발명은 떼려야 뗄 수 없는 쌍둥이 같지요. 발명하려면 실험해야 합니다. 시장에서 '먹힌다'는 확신이 드는 계획은 실험이라 볼 수 없습니다. 대부분의 거대 조직은 아이디어와 발명을 독려하지만, 성공하는 데 꼭 필요한 숱한 실패는 기꺼이 견디려 하지 않습니다." 그래서 아마존에는 파이어폰처럼 조금은 덜 성공적인 발명품들이 오히려 더 소중하다. 아마존언박스Amazon Unbox처럼 처음에는 표적을 벗어났지만 훗날 여러 개의 성공작을 낳은 기획도 마찬가지다. 아마존언박스는 프라임비디오와 아마존옥션스Amazon Auctions, 그리고 지숍스zShops로 진화했고, 지숍스는 다시 아마존마켓플레이스Amazon Marketplace로 연결되었다. 이러한 실패들은 이후 성공작들의 선구자이자 실험이 활발하다는 증거로서 아마존의 역사에 중요한 부분을 차지하고 있다.

물론 발명에 필요한 예산이 부족하다면 어쩔 수 없다. 하지만 제한된 예산을 가지고도 충분히 인내심을 발휘하며 절약하고 실험한다면 언젠가는 반드시 성공할 수 있다. 1부에서 말한 '아마존인이 되는' 과정은 장기적 사고와 고객에 대한 집착에 가까운 마인드로 발명에 임한다는 뜻이며, '리더십 원칙'이 보장해주는 그 길을 따라 '실행'에 이르는 운영법을 적절히 운용한다는 의미다. 제프는 "장기적 사고는 우리의 능력을 끌어올리고, 이전에는 상상할 수 없었던 새로운 것을 실행하도록 이끕니다"라고 쓴 바 있다.

"장기적 관점은 고객에 대한 집착과 원활히 상호작용합니다. 만약 우리가 고객의 니즈를 규명할 수 있고 그 니즈가 중요하고 지속적이라는 확신을 훨씬 키울 수 있다면, 우리는 이 접근 방식을 벗 삼아 오랫동안 해결책을 제시하며 끈기 있게 일할 수 있습니다."[29]

여기서 핵심 단어는 '끈기 있게'다. 많은 기업은 어떤 계획이 몇 년 안에 기대했던 결과를 창출하지 못하면 쉽사리 단념하고 만다. 하지만 아마존은 투자 관리와 지속적인 학습·개선을 통해 모멘텀을 얻고 시장이 열릴 때까지 5년 내지 7년 동안 끈질기게 붙잡을 것이다.

아마존의 또 다른 핵심 단어는 '절약'이다. 박람회장 부스나 대규모 팀, 눈에 확 띄는 마케팅(사실상 더 나은 고객 경험으로 이어지지 않는 일)에 돈을 쓴다면, 발명을 오래 지속할 여력을 잃게 될 것이다. 아마존이 얼마나 투자 관리에 검소했는지 확인하려면 아마존 뮤직과 프라임비디오 사례를 들여다봐야 한다. 소규모 팀과 고객 경험 향상에 초점을 맞추면서 마케팅 비용 지출을 제한했으며, 손익을 매우 주의 깊게 관리했다. '어떻게 하면 이 제품이 수천만을 넘어 수억 명의 소비자를 기쁘게 할 수십억 달러의 비즈니스가 될 수 있을까?' 아마존은 계획과 비전이 명확하게 설정된 제품에만 큰 투자를 감행했다. 즉, 수년간의 인내와 조심스러운 투자 관리가 엄청난 성과로 이어졌다.

발명이 모든 문제의 해결책이 되지는 않는다. 예컨대 아마존은 창업할 당시 자체 컴퓨터 하드웨어를 만들지 않았다. e북 비즈니스를 계획하고 나서야 킨들을 계기로 하드웨어 세계에 입성한 것이다. 그 이유는 '차별화'가 중요한 곳에서 발명이 큰 효과를 발휘하기 때문이다. 초창기에 데이터 센터를 가동하는 하드웨어는 고객에게 차별화 포인트가 아니었다. 온라인으로 도서를 구매한다는 강렬한 경험이 차별화 포인트였다. 반면 킨들은 (7장에서 자세히 설명하겠지만) 다른 업체에서 이미 e북을 판매하고 있었기에 고객이 그보다 더 뛰어난 경험을 하도록 디바이스를 개발하는 일에 진정한 가치가 있었다. 때때로 고객을 위한 차별화는 발명을 독려하는 핵심 동인이 된다.

다만 어제까지 진리였던 게 오늘은 그렇지 않을 수도 있다는 점을 명심해야 한다. 사실 요즘은 아마존도 데이터 센터를 가동하기 위한 컴퓨터 하드웨어를 만들고 있다. AWS 데이터 센터를 전담하는 특수 하드웨어가 비용을 낮추고 더 높은 신뢰를 보장하고 있어서다. 그리고 이 같은 장점은 고객에게까지 확산된다.

결국 아마존의 끈기 있는 발명 혁신은 '스킬을 앞세워Skills-forward' 신규 비즈니스 기회를 탐색하는 다른 기업들의 접근 방식과는 근본적으로 달랐다. 물론 기존의 접근 방식으로도 많은 이익을 거둘 수는 있었다. 하지만 근본적인 문제가 몇 가지 있었는데, 그것은 바로 새로운 기술을 습득하지 못하거나 새로운 역량을 개발하지 못한다는 것, 또는 새로운 유형의 리더를 뽑을 수 없거나 새로운 유형의 조직을 창조하지 못한다는 것이었다. 제프의 말처럼 회사의 역량이 아닌 고객의 니즈에서 출발하는 워킹 백워드는 "처음에는 불편하고 이상한 느낌이 들더라도 이내 걱정을 떨치고 새로운 근육을 단련할 것"을 강조한다.

2부에서 우리는 아마존에서 성공한 핵심 발명품 네 가지(순서대로 킨들, 아마존프라임, 프라임비디오, AWS)를 살펴본다. 실패한 사례는 별도의 장으로 구성하지 않았다. 그래도 이 자리에서 간략하게 짚어볼까 한다.

먼저, 파이어폰이다. 이는 잘 운영된 프로세스와는 별개로 하드웨어가 똑바로 작동하지 않을 수 있다는 걸 보여주는 사례다. 파이어폰은 당시 회사가 착수했던 프로젝트 중에서 가장 규모가 큰 신제품 계획이었다. 이 휴대전화에는 한 가지 중요한 차별점이 있었는데, 기기에 내장된 네 개의 카메라로 3D 효과를 나타내는 '다이내믹 퍼스펙티브Dynamic Perspective'가 그것이었다. 파이어폰은 2014년 6월에 출시됐고, 2015년 8월에 단종됐다. 이를 개발하는 일에 1000여 명의 직원이 매달렸는데도 말이다. 도대체 무슨 일이 벌어졌던 걸까?

가장 먼저 PR/FAQ 프로세스를 따랐지만 정작 중요한 고객 문제를 해결하지 못했다. 그렇다고 해서 특별히 놀라운 고객 경험을 창조한 것도 아니었다. 빌은 2012년에 처음 이 프로젝트를 알고 한 가지 궁금증을 품었다. '과연 사람들이 3D 효과를 원할까? 그것도 휴대전화에서?' 물론 멋지긴 했다. 다음은 파이어폰을 출시한 당일 배포된 보도자료의 한 토막이다.

아마존이 첫 번째 자체 스마트폰인 '파이어폰'을 공개했다. 다이내믹 퍼스펙티브와 파이어플라이Firefly 기능을 탑재한 유일한 스마트폰이다. 이 두 가지 혁신 기술은 완전히 새로운 렌즈로 세상을 들여다보고 상호작용할 수 있게 한다. 다이내믹 퍼스펙티브에는 새로운 센서 시스템이 적용됐는데, 파이어폰을 쥐고, 보고, 움직이는 방향에 따라 반응하는 시스템이다. 이는 다른 스마트폰에서는 불가능한 경험을 가능케 한다. 파이어플라이는 웹이나 이메일 주소, 전화번호, QR코드, 바코드는 물론, 영화나 음악을 비롯해 현실 세계 수백만 종의 사물을 신속하게 인지하도록 한다. 이런 작업은 버튼을 누르는 간단한 행동만으로 몇 초 안에 이루어진다.[30]

게다가 파이어폰은 프리미엄 가격에 판매됐다. 아마존의 원칙 중 하나는 '절약'이다. 이로써 아마존은 비용효율적이며 기존의 비즈니스 모델을 파괴하는 기업이라는 이미지를 온 세상에 알렸다. 하지만 고객들에게는 그저 낮은 가격이 가장 큰 관심사였다. 아마존은 어쩔 수 없이 아이폰iPhone과 똑같은 200달러에 파이어폰을 공급하기로 했다. 그러다가 다시 99달러로 인하했고, 급기야는 공짜로 지급하는 지경에 이르렀다(이마저도 소용이 없었다. 아무도 파이어폰을 원하지 않았으니까!). 게다가 시장에 늦게 진입하면서도 단 한 곳의 통신사하고만 거래했다. 그때까지 애플은 네 곳의 통신사와 거래했는데도 말이다. 그러니 진열대 위에서 먼지만 뒤집어쓸 수밖에.

아마존이 다양한 기능을 앞세워 아이폰보다 낮은 가격으로 휴대전화를 공급했으면 뭔가 달라졌을까? 물론 그럴 수도 있다. 하지만 이는 우리의 주제에서 조금 빗나간다. 우리는 성공 확률을 높일 방법으로 프로세스를 활용할 수는 있어도, 이것이 결코 성공을 보장하지는 않는다는 걸 강조하고 싶다. 파이어폰 개발에는 제 프도 깊이 관여했다. 그는 PR/FAQ를 작성한 실질적인 인물로 자신은 고객들이 사랑할 휴대전화를 만들고 있다고 믿었지만(적어도 스스로는 그렇게 설득되었지만), 어쨌든 틀리고 말았다.

사실 제프는 파이어폰이 실패했다고 해서 그것을 만들어낸 프로세스(PR/FAQ)까지 의심하지는 않았다. 그는 담담하게 이렇게 썼다. "담장 밖으로 공을 넘기려면 그만큼 삼진아웃을 많이 당해야 한다는 것을, 그래야 홈런을 칠 수 있다는 것을 우리는 모두 잘 알고 있습니다."

홈런을 치면 최대 4점밖에 얻을 수 없는 야구와 달리, 비즈니스에서의 홈런은 거의 무한대에 가까운 점수를 만들곤 한다. 여기에서 기억해야 할 점은 소수의 '대박' 제품이 실패로 끝난(혹은 부분적으로 성공한) 무수히 많은 실험을 보상하고도 남는다는 점이다.

파이어폰이 퇴출당한 뒤 '실패 소감'을 묻는 인터뷰에서 제프는 이렇게 답했다.

"그걸 큰 실패라고 생각하나요? 우리는 바로 지금 훨씬 더 큰 실패작들에 공을 들이고 있습니다. 농담이 아닙니다."[31]

발명의 규모와 그에 따른 실패는 성장하는 조직에 발맞춰 함께 커나가야 한다. 그렇지 않은 발명품은 바늘 하나도 움직이지 못할 정도로 보잘것없을 테니까.

물론 회사가 크게 성장할수록 발명을 활발하게 유지하는 일이 어려울 수 있다. 한 가지 이유는 '누구에게나 들어맞는 두루뭉술한' 의사결정 때문이다. 제프는 2015년 주주들에게 보내는 편지에서 이렇게 썼다.

"어떤 결정들은 중대하고 되돌리기가 매우 어렵습니다. 한쪽에서만 열리는 문처럼 영영 되돌릴 수 없는 경우도 있지요. 이런 결정은 심사숙고해야 하고 협의 과정을 통해 체계적으로 조심스럽게, 그리고 천천히 내려져야 합니다. 우리는 결정을 실행하고 나서 뭔가 마음에 들지 않지만 되돌릴 수 없는 경우를 '타입 1 결정Type 1 Decision'이라고 부릅니다. 그러나 대부분의 결정이 그렇지는 않지요. 양방향으로 열 수 있는 문처럼 언제든 되돌릴 수 있습니다. 이것을 '타입 2 결정Type 2 Decision'이라고 합니다. 만약 타입 2 결정을 내렸다면, 실패한 결과를 오랫동안 감수할 필요가 없습니다. 다시 문을 열고 들어가면 됩니다. 타입 2 결정은 높은 판단력을 지닌 개인이나 소규모 그룹에 의해 내려지고, 또 그래야만 합니다."

파이어폰은 누가 봐도 '한쪽에서만 열리는 문'이었다. 그렇기에 아마존은 시장에서 철수하는 날, 뒤돌아서서 이렇게 말하지 못했다. "좋아. 그럴 수도 있는 거지. 이제 다른 휴대전화를 만들어보자고!"

큰 기업일수록 이처럼 '한쪽에서만 열리는 문'에 개발을 집중하는 경향이 있다. 그런 일방향 문 결정은 잘못 내려진 순간 재앙과도 같은 문제로 이어질 수 있기에, 그런 의사결정 프로세스는 보통 느리고, 복잡하며, '리스크를 회피하겠다'는 의지로 점철되어 있다. 이렇듯 일방향 문에만 초점을 맞춘 의사결정 프로세스는 양방향 문 결정을 내려야 할 때도 별생각 없이 적용되곤 한다. 그 결과 속도가 느려지고, 아이디어 발상은 온갖 장애물에 걸려 넘어지며, 혁신 의지가 억압받고, 개발 주기는 더 길어지고 만다.

이것이 바로 아마존이 '창업 1일 차 스타트업'에 어울리는 속도와 민첩성, 리스크 수용 정신에 초점을 맞추는 이유다. 그리고 이는 곧 '최고의 기준 고수하기'라는 리더십 원칙과도 연결된다. 제프는 1999년부터 이렇게 말했다. "우리는 모든 계획을 통틀어 지속적인 개선과 실험, 혁신에 헌신해야 합니다. 우리는 개척자가 되기를 열망합니다. 이는 회사의 DNA 안에 있습니다. 얼마나 좋은 일입니까. 성공하려면 개척자 정신이 필요할 테니 말입니다."[32]

7장 킨들

: 종이책을 넘어 미지의 디지털 영역으로

———————————————————

워킹 백워드의 대표 사례로 아마존이 종이책을 디지털로 전환한 과정을 살펴본다. 유통 회사인 아마존은 어떻게 하드웨어를 만들었을까? 아웃소싱Outsourcing으로? 아니면 자체 개발로? 기존의 독서 방식에서 벗어난 새로운 디바이스의 출시 과정을 자세히 들여다보자.

킨들Kindle

아마존의 전자책(e북) 서비스 전용 단말기. 단말기를 넘어 아마존의 생태계를 확장한다.

수석부사장: (굉장히 의심스러운 눈초리로) 정확히 킨들에 얼마나 많은 돈을 투자할 생각입니까?

제프: (몸을 돌려 어깨를 으쓱하며 웃고는) 우리가 가진 돈이 얼마지요?

2004년 1월, 빌에게 달갑지 않은 과제가 떨어졌다. 그의 상사인 스티브 케셀Steve Kessel이 그를 불러 '킨들'을 개발하라는 폭탄선언을 던진 것이다. 과거 4년 동안 승진을 거듭하며 부사장 자리에까지 오른 스티브는 전 세계 미디어(도서, 음악, 비디오) 유통을 책임지고 있었다. 제프는 그에게 직접 신규 디지털미디어 비즈니스를 구축하라는 임무를 부여했다. 그리고 스티브는 그 역할에 빌이 적임자라는 것을 잘 알고 있었다(제프가 원하던 일이기도 했다).

당시는 빌이 아마존 유통 사업 부문의 미국 담당 이사로 재직하며 승승장구하던 때였다(전 세계 아마존 매출의 77퍼센트가 미국에서 나올 때였다).[33] 그런데 갑자기 회사에서 가장 작은 벤처를 맡아달라는 게 아닌가! 당시 아마존에서 디지털미디어 비즈니스를 담당하는 팀은 딱 한 팀뿐이었다. 그마저도 조직도상 어디에 붙어 있는지도 모를 만큼 작았으며, 당시 e북 시장의 형편상 1년 매출이 몇백 달러에 불과했고, 그 어떤 성장 가능성도 보이지 않았다. 결국 다섯 명 남짓의 이 작은 팀은 스티브와 H.B. 시겔H.B. Siegel(엔지니어링팀을 맡게 됐다), 그리고 빌과 함께 유통 사업부를 떠나 디지털미디어 사업부로 이동했다.

스티브를 통해 제프의 생각을 듣고 나니, 빌도 뭔가를 다르게 느끼기 시작했다. 제프는 아마존이 중요한 갈림길에 서 있다고 생각했다. 이제는 행동할 시기였다. 물리적 미디어 비즈니스는 여전히 성장하고 있었지만, 곧 디지털로 전환돼 그 인기와 중요성이 떨어질 거라는 걸 모두가 잘 알고 있었다. 당시 애플은 130만 대의 아이팟을 판매했다. 전년도 판매량의 네 배에 가까운 수치였다. 온라인에서는 이미 디지털 음원 파일이 널리 공유됐고, 이것이 음악 CD의 판매량 감소세를 부채질하고 있었다. 종이책과 DVD도 디지털 다운로드로 대체될 날이 시간문제로 보였다.

제프는 우리가 즉시 행동해야 한다고 생각했다. 그는 한번 마음을 먹자마자 '행동 우선하기' 리더십 원칙을 곧바로 실천하는 사람이 되었다.

빌의 경력 관점에서 보면 이런 상황은 우주 로켓선의 가장 좋은 자리를 차지한 것일 수도 있고, 아니면 몇 년 동안 절대 이륙 한 번 못 할 작은 경비행기에 갇혀 있어야 한다는 의미일 수도 있었다. 빌이 그간 지켜본 바에 따르면, 디지털 분야에서 성공으로 가는 길은 아주 멀 뿐만 아니라 좌절감과 힘겨운 교훈, 잘못된 시작, 고통스러운 실패로 가득 차 있었다. 하지만 언급했듯이 다른 선택의 여지는 없었다. 우리는 시간을 들여 어떤 제품을 만들고 그 제품을 어떻게 만들어야 할지 뜨거운 논쟁을 벌였다. 과연 도서, 음악, 비디오 중 무엇에 집중해야 할까? 구독 서비스를 제공할까, 아니면 광고를 보는 대가로 콘텐츠를 무료로 제공할까? 도서, 음악, 비디오를 따로따로 구매할 수 있게 할까, 아니면 한 번에 구매할 수 있게 할까? 자체 디바이스를 만든다면? 제조업체와 파트너십을 맺는 게 좋을까, 디지털 입성 속도를 높이기 위해 타 기업을 인수해야 할까?

이사회 멤버를 포함한 몇몇 고위급 리더들은 아마존이 왜 그토록 많은 시간과 노력, 돈을 디지털미디어에 투자해야 하는지 의문을 던졌다. 앞으로 살펴보겠지만 디지털미디어에서 성공하는 기술은 물리적 상품을 온라인에서 판매하고 배송하는 데 필요한 기술과는 아주 다르다.

그러나 디지털미디어팀의 리더와 팀원들에게는 근성이 있었다. 우리는 우리의 접근 방식을 항상 재창조하고 전술을 변경하며 전략을 꾸준히 지속할 준비가 되어 있었다. 우리는 '소비자가 사랑하는 새로운 서비스에 투자하여 거대 디지털미디어 비즈니스를 창조하겠다'라는 확고부동한 장기 목표를 세웠다. 그리고 고객에게 딱 맞는 경험을 발견하는 일에 꾸준히 정진해야 한다는, 제프가 언제나 강조해온 말에 따라 행동했다.

디지털미디어 사업의 발판을 마련하고 의미 있는 비즈니스를 정착시키기까지는 몇 년을 내다봐야 했다.

빌은 스티브와 첫 번째 회의를 마치고 며칠 뒤에 디지털미디어의 책임자가 되었다. 이어 몇 개월이 지나 부사장으로 승진했다. 조직이 한두 번 변화를 겪을 동안 아마존 디지털 음악 및 비디오 그룹의 부사장으로서, 빌은 자신이 퇴사하는 2014년까지 그 자리를 지켰다(빌은 재직 기간에 킨들, 파이어태블릿, 파이어TV, 프라임비디오, 아마존뮤직, 아마존스튜디오스 등 개발 과정을 직접 진두지휘했다).

아마존에서 디지털 비즈니스를 구축하는 기나긴 행군을 하며 우리는 강력한 교훈을 얻었다. 이미 기반이 확고한 기존 산업 위에 새로운 비즈니스를 구축하려면 오랜 인내가 필요했다. 그리고 그런 변혁의 시기를 헤쳐나가는 데는 특별할 정도로 끈질기고 절대 흔들리지 않을 굳건한 리더십이 필요하다는 걸 배웠다. 완전히 초보였던 우리는 자신의 원칙과 사고방식을 오롯이 '아마존인 되기'에 맞추며 산업의 리더로 부상했다. 즉, 크게 사고하고 장기적으로 행동하며 고객에게 집착하면서 절약하는 일 등(심지어는 오랫동안 오해와 맞서 싸워야 한다는 걸 받아들여야 한다) 다른 기업에서는 분기 보고서나 주식시장의 일일 변동에 대응하며 신경 쓰지 못했던 일을 집요하게 고수해온 결과다.

당시 아마존보다 자금이 훨씬 많은 기업들도 디지털 비즈니스를 구축하는 데 실패하고는 했다. 결국 당신의 기업도 할 수 있다는 이야기다. 비록 경쟁사보다 체급은 작을지라도, '원칙'만 잘 지킨다면 당신보다 훨씬 센 상대도 충분히 때려눕힐 수 있다.

스티브 잡스에게 한 방 먹다!

바로 앞서도 이야기했지만, 디지털미디어에 투자하고 새로운 역량이 필요하다고 인식한 기업은 아마존만이 아니었다. 1999년 6월에 나온 디지털 음원 파일 공유 서비스 '냅스터Napster'의 인기는 대단했다. 그리고 이는 소비자의 수요가 물리적 비즈니스에서 디지털미디어로 이동하고 있다는 강력한 신호였다.

2003년 어느 가을, 제프와 콜린, 디에고 피아첸티니Diego Piacentini(당시 아마존 월드와이드 유통 부문의 수석부사장이자 전 애플 부사장)는 쿠퍼티노에 있는 애플 캠퍼스에서 스티브 잡스Steve Jobs를 만났다. 우리를 초대한 잡스와 애플 직원 한 명은 이름 없는 회의실로 우리를 안내했다. 그곳에는 윈도즈 PC와 초밥 접시 두 개가 놓여 있었다. 저녁 식사 시간은 이미 한참 지나 있었다. 우리는 눈앞의 초밥을 먹어치우며 음악 산업의 현황을 주제로 대화의 물꼬를 텄다. 잡스는 냅킨으로 입을 닦았다. 그러고는 본론으로 들어갔다. 애플이 첫 번째 윈도즈 응용 프로그램 개발을 마쳤다는 것이다. 그는 차분하면서도 자신 있는 말투로 말했다. "애플이 윈도즈용으로 개발한 첫 번째 응용 프로그램이지만, 지금껏 시장에 나온 모든 프로그램을 통틀어 최고의 작품이라고 생각합니다." 이어서 그는 곧 직접 데모를 시연해 보였다.

잡스는 윈도즈용 아이튠즈가 어떻게 음악 산업을 탈바꿈할지 자신 있게 이야기했다. 그때까지 애플을 통해 디지털 음원을 구입하려면, 가정용 컴퓨터 시장의 10퍼센트도 차지하지 않는 맥Mac을 이용해야만 했다. 그런데 경쟁 플랫폼(윈도즈)에서 돌아가는 소프트웨어를 개발한 애플의 시도는 그들이 디지털 음악 시장을 얼마나 진지하게 생각하는지 보여주었다. 이제 '컴퓨터'만 있으면 누구나 애플에서 디지털 음원을 구입할 수 있게 될 터였다.

잡스는 CD도 카세트테이프처럼 금세 구닥다리 음악 포맷이 될 거라고 말했다. 전체 음악 시장에서 차지하는 비중과 중요성이 급격히 추락할 거라고 덧붙였다. 이어서 그의 발언은 다분히 불순한 의도로도 해석할 여지가 충분했다. 당시에는 (그저 사실을 말한 것일 수도 있지만) 제프가 분노 섞인 반박을 하도록 유도하거나, 충동적으로 잘못된 비즈니스 결정을 내리도록 골탕 먹이려는 속셈으로 읽혔기 때문이다. 잡스는 "아마존은 CD를 구매할 수 있는 마지막 사이트가 되겠네요. 그 비즈니스는 수익성이 높겠지만, 수익 자체는 적을 것입니다. 이제 CD는 어디서도 찾아보기 힘들 테니, CD에 프리미엄 가격을 붙여보는 건 어떤가요?" 제프는 미끼를 물지 않았다. 그날 우리는 그들의 손님이었고, 적어도 이어지는 회의에서 특별한 일은 벌어지지 않았다. 하지만 우리는 모두 공감하고 있었다. 골동품이 되어가는 CD의 독점적인 판매자로 남는 일이, 그다지 매력적인 비즈니스 모델로 들리지 않는다는 점을 말이다.

우리는 이 회의가 제프의 생각에 영향을 미쳤다고 말하고 싶다.

하지만 제프 본인이 아니니 모를 일이다. 우리가 알려줄 수 있는 사실은 이후에 제프가 했던 일과 하지 않은 일이 분명하게 나뉘었다는 사실이다. 그가 하지 않은 일은(그리고 많은 회사가 했을 일은) 경쟁자의 위협에 맞서기 위해 구성원 모두의 힘을 모아 새로운 프로젝트를 시작하는 일이었다. 또한 아마존의 신규 서비스가 어떤 열매를 맺을지 홍보하는 보도자료를 쓰지 않았고, 선발 주자를 모방한 디지털 음악 서비스 구축 경쟁에 뛰어들지 않았다. 그 대신 제프는 시간을 들여 그날의 회의에서 배운 것을 정리하고 계획을 세웠다. 몇 개월 후, 그는 싱글 스레드 리더인 스티브 케셀을 디지털 책임자 자리에 임명했다. 두 사람은 함께 일하며 디지털미디어의 비전과 계획을 수립했다.

정리하면, 제프의 첫 번째 행동은 '무엇What'을 할지 결정하는 것이 아니라 '누가Who, 어떻게How' 할지를 결정하는 것이었다. 이 둘의 차이는 놀랍도록 분명하다. 제프는 점 A와 점 B를 직선으로 잇듯이 '어떤 제품을 만들까'라는 질문에 무작정 집중하지 않았다. 그보다는 이면에 숨은 훨씬 더 큰 기회를 읽었고, 성공하기까지 훨씬 더 거대하고 복잡한 일을 해야 한다고 생각했다. 그는 '어떻게 팀을 조직할까'와 '누가 올바른 결과를 달성하는 데 적합한 리더인가'라는 질문에 먼저 주목했다.

이미 디지털 전환은 시작되고 있었지만, 그 파도가 실제로 언제 들이닥칠지는 아무도 예상하지 못했다. 시장에 전혀 먹히지 않을 제품을 가지고 너무 일찍 진입하는 일은 아무도 원하지 않았다. 하지만 그 누구도 타이밍을 놓치고 싶어 하지는 않았다. 우리는 이 새로운 패러다임에서 '최고의 고객 경험'이라는 데 강박을 가지고 딜레마를 빠져나올 방법을 고민해야 했다. 우리 안에 내재한 '고객 중심'과 '장기적 사고', '발명'이라는 DNA는 훌륭한 자산이었다.

마이크로소프트와 애플, 구글Google, 넷플릭스Netflix, 월마트, 디즈니Disney, 삼성, 소니, 워너미디어를 비롯한 많은 기업이 가까운 미래에 수십억 달러의 돈을 디지털미디어에 쏟아부을 참이었다. 이들 기업은 모두 변화가 다가오고 있음을 직감했다. 이 중 몇몇은 아마존보다 유리한 고지를 점하고 있었고, 나머지는 그런 변화를 이용하거나 이끌 준비에 미흡했다. 몇몇 투자가 엄청난 성공작으로 이어질 동안(유튜브Youtube, 훌루Hulu, 스포티파이Spotify, 그리고 애플의 손을 거친 모든 것들), 많은 투자가 실패로 고꾸라졌다(마이크로소프트의 준Zune, 소니의 e리더E-Reader, 누크Nook, 뮤직넷MusicNet 등). 아마존은 당시 디지털미디어는 물론이고 그 어떤 분야에도 수십억 달러를 투자할 돈이 없었기에, 우리보다 더 큰 플레이어들과 맞서면서도 '절약'이라는 원칙에 크게 의존해야 했다.

제프는 마치 역사를 배우는 학생처럼 회사가 변화하지 않거나, 변화하는 소비자에 적응하지 못하면 불행한 결말을 맞게 될 거라고 끊임없이 일깨웠다. "코닥Kodak처럼 되고 싶나요?" 우리는 그런 일이 아마존에서 일어나는 걸 절대 원치 않았다.

빌은 이 역사적 교훈(코닥의 사례 – 옮긴이)을 개념적으로는 이해하고 받아들였다. 그렇지만 '왜 내 역할을 바꾸면서까지 새로운 조직 전체를 다시 구축해야 하는가'라는 물음에 쉽게 답을 내리지 못했다. 이미 잘 돌아가는 사업부에 디지털미디어를 소속시켜도 될 일이었다. 따지고 보면, 결국 같은 파트너와 공급업체들과 일하게 될 텐데 말이다(디지털 콘텐츠도 결국 출판사나 음반 회사, 영화 제작사와 같은 미디어 기업에서 나오지 않겠는가?). 빌은 이전부터 이들 기업과 돈독한 마케팅 관계를 맺고 있었기에, 같은 조직 안에서 더 강력한 지식을 구축하며 성공에 이르는 편이 더 이치에 맞는다고 생각했다. 그렇지 않으면 아마존은 한 업체를 두 부서에서 관리하게 될 테니 말이다.

하지만 제프는 디지털미디어가 물리적 미디어의 일부가 되기를 원하지 않았다. 우선순위에서 밀려날 것이 불 보듯 뻔했으니 말이다. 그는 회사 전체를 이끌고 가는 가장 큰 비즈니스가 언제나 가장 큰 주목을 받는다는 사실을 잘 알고 있었다. 빌의 상사인 스티브는 이렇게 말했다. "제프에게는 디지털미디어를 올바르게 정립하는 일이 무엇보다 중요하다네. 제프는 우리가 다른 일에 신경 쓰지 않기를 진심으로 원하지." 스티브는 빌이 합류함으로써 그와 함께 '새로운 비즈니스'를 창조하길 원했다.

이런 변화는 우리가 3장에서 살펴본 아마존 싱글 스레드 리더십의 첫 번째 주요 사례가 되었다. 스티브가 책임자 자리에 오르기 전에 디지털미디어 비즈니스를 이끈 가장 고위급 리더는 그보다 네 직급 아래인 어느 제품 관리자였다. 그 직급에 있는 사람에게 몇 년 안에 출시할 새로운 제품의 개발 책임을 맡길 수는 없었다. 제프는 디지털미디어를 아마존에서 가장 중요한 비즈니스 중

하나로 키우기 위해 노련하고 실력을 검증받은 부사장(이후 스티브는 수석부사장으로 승진한다)을 책임자 자리에 앉혔다. 그러면서 디지털미디어 전체를 틀어쥔 그가 자신에게 직접 보고하기를 기대했다. 스티브는 자기 밑에서 일할 고위 리더들의 진용을 다시 짜야 했고, 그들에게 각각 디바이스 하드웨어, e북, 음악, 비디오 등을 단독으로 일임하며 '싱글 스레드' 했다.

마침내 빌은 이런 조직 구성이 얼마나 중요한지, 그 진가를 알게 되었다. 만약 아마존이 물리적 미디어 비즈니스의 소속으로 고객에게 디지털미디어를 전달하고자 애를 썼다면, 우리는 그토록 빨리 움직일 수 없었을 것이다. 또한 아마존이 자체 e리더 디바이스와 서비스를 구축했을 때처럼 고객 경험을 재창조할 방법을 충분히 고민하지도 않았을 것이다. 물리적 미디어와 디지털미디어가 뒤죽박죽인 상태에서는 의심할 여지 없이 고객 경험은 보통 수준에도 미치지 못했을 것이다. 우리는 제로베이스에서 시작해야 했다.

갑작스러운 직무 변경이 처음에는 무척 당황스러웠지만, 지나고 보니 회사에 옳은 일이었음은 물론 빌의 경력을 통틀어 가장 멋진 경험이었음을 인정하지 않을 수 없었다.

스타트업으로 돌아가다

디지털 도서, 음악, 비디오 부문에서 아마존은 어떻게 접근해야 했을까? 그 상세한 방법을 마련하기 위해 우리는 거의 6개월 동안 디지털미디어 환경을 조사했고, 셀 수 없이 많은 아이디어와 개념을 검토하면서 브레인스토밍하기 위해 매주 제프와 회의했다.

우리는 파트너사인 미디어 기업들(출판사, 음반 회사, 영화 제작사)과 만나 현 상황과 미래를 토론했다. e북 비즈니스는 이미 존재했지만, 출판사들은 이에 투자하지 않았고 확실히 기대하지도 않는 눈치였다. 그들은 그저 종이책 몇 종 정도를 e북으로 옮겨놓고는 그것과 똑같이 높은 가격을 매겼다. 음악 시장도 상황은 마찬가지였지만, 오히려 음반 회사들은 아마존이 빨리 디지털미디어에 진입하기를 간절히 바랐다. 저작권 침해 행위가 CD 비즈니스를 빠르게 몰락시키고, 애플이 아이튠즈를 통해 수백만 곡의 음원을 수백만 에어팟 유저들에게 판매했기 때문이다. 그나마 애플 이외의 다른 유통사들과 거래하는 편이 그들에게는 탈출구였다.

디지털 영화와 텔레비전 쇼 비즈니스는 당시만 해도 없었다. 콘텐츠 제작자들은 본디 리스크를 싫어했고, 기존의 운영 방식으로도 현금 흐름을 극대화하는 데 능숙했다. 그들은 되레 새로운 것을 창조하는 데 미숙했다. 그렇기에 자신들의 쇼나 영화를 디지털 서비스 제공업체(아마존이 되길 희망한)에 라이선스하는 데 별 관심이 없었다.

아마존은 먼저 음악 서비스를 만들기로 했다. 첫해에 우리는 자체적으로 비즈니스를 구축할지, 아니면 이미 그 세계에서 활동하는 기업을 인수할지 결정해야 했다. 빌과 스티브는 제프와 여러 차례 만나서 회의했다. 제프는 우리가 내놓은 아이디어 중에서 카피캣Copycat처럼 보이는 의견에는 죄다 퇴짜를 놓았다. 그는 우리가 어떤 제품을 만들든 간에 진정으로 독특한 가치를 제안해야 한다는 점을 강조하고 또 강조했다. 그는 회사가 '패스트팔로워Fast Follower'(다른 기업들이 이미 만들어놓은 성공적인 제품을 근사하게 모방하는 방식)와 '발명 기업'(고객을 위해 새로운 제품을 개발하는 방식) 중 하나를 선택해야 한다고 말했다. 그는 두 가지 모두 정당한 접근 방식이지만, 자신은 아마존이 발명 기업이 되길 원한다는 말도 강조했다.

왜 그래야 할까? 디지털 산업은 대부분의 다른 산업보다 특히 빠르게 변한다는 것이 그 이유였다. 패스트팔로워 전략을 채택했다고 한번 가정해보자. 경쟁자를 제법 괜찮게 따라 하는 수준까지 개발을 마쳤다. 그런데 그때 누군가가 더 나은 새로운 서비스를 창조했다면? 이미 복제한 서비스로부터 충분한 수익을 벌어들일 시간이 없다. 애플의 음악 서비스가 아이팟과 맥을 묶는 테더링Tethering 방식에서, 아이폰과 아이패드iPad로 각자 매끄럽게 곡을 찾아 듣는 방식으로 신속히 진화한 것은 왜 패스트팔로워 전략이 효과를 발휘하지 못하는지 보여주는 적절한 사례다. 제프는 아이팟과 아이튠즈 스토어의 모방 제품을 만드는 일은 일고할 가치도 없다고 여겼다. 그는 음악 카테고리 너머를 바라봤고 그에 따라 발명 경로를 잡았다. 음악 카테고리가 디지털 전환을 촉발한 것은 맞지만, 애초에 그 배경에는 e북과 e리더 디바이스가 있었다. 그렇게 해서 제프는 발명에 대한 자신의 믿음을 구현했다. 진정한 발명은 고객과 주주를 위해 더 큰 장기적 가치로 이어진다는 점이다.

빌은 발명이 더 도전적인 방식이라는 걸 금세 절감할 수밖에 없었다. 패스트팔로워는 로드맵이 명확하다. 경쟁자가 만든 것을 뜯어보며 그대로 복제하면 된다. 반면 발명에는 로드맵이 없다.

발명 기업이 되려면 수많은 선택지와 아이디어를 평가하고 폐기할 수 있는 인내가 필요했다. 그래서 아마존은 다른 기업을 인수하는 가능성을 열어두면서도, 디지털미디어 비즈니스를 영위하는 여러 기업과 셀 수 없이 많은 회의를 이어갔다. 이런 회의는 인수할 기업의 선택지를 넓혀주었을 뿐만 아니라, 디지털미디어 비즈니스에 빠르게 다가서게 하는 생산적인 방법이기도 했다. 많은 기업의 창업자와 리더들이 다양한 도전과제와 싸우며 얻은 경험과 통찰을 공유해주었기 때문이다.

우리는 디지털미디어 제품을 위한 최초의 PR/FAQ도 몇 가지 작성하며, 제프와 함께 검토하고 토론했다. 2004년 말이 됐을 때 비로소 우리의 생각과 비전이 명확해졌다. 비전이 뚜렷해지자 우리는 조직을 설계하고 팀을 규합하기 시작했다.

제프가 스티브에게 디지털미디어를 맡아달라고 한 것은 회사의 꼭대기부터 조직 구조를 바꾼다는 의미이기도 했다. 이전까지 스티브는 월드와이드 유통 담당 수석부사장인 디에고 피아첸티니에게 직접 보고했다. 이제 스티브는 제프에게 직접 보고하기 시작했다. 디지털미디어의 우선순위가 높아졌다는 것을 보여주는 분명한 신호였다.

여기에는 두 가지 분명한 이점이 있다. 첫째, 앞으로 스티브는 아마존의 다른 비즈니스나 운영에 책임질 필요가 없다. 그에게는 디지털미디어 하나에만 매진할 수 있는 재량권과 권한이 주어졌다. 둘째, 디에고와 그의 동료들은 반대로 디지털미디어에 자신의 시간을 투자하지 않아도 된다. 그들은 자신들이 담당한 주문처리 네트워크와 유통, 마켓플레이스에 마음 놓고 열중할 수 있게 됐다.

제프는 이 시점에 본인 시간의 상당 부분을 디지털미디어에 할애하겠다고 선언했다. 스티브를 비롯한 리더들과 밀착해서 제품의 방향을 논의하고, 성공에 필요한 모든 자원을 아낌없이 쏟아붓겠다는 점을 분명히 했다. 필연적으로 이는 유통과 마켓플레이스에 쏟던 자신의 공력을 줄이고, 디에고나 제프 윌케와 같은 리더들에게 더 많은 권한을 이양하겠다는 뜻이었다.

1부에서 살펴본 아마존의 여러 프로세스 덕에 제프는 이런 변화를 성취할 수 있었다. 예를 들어 제프는 달력에서 유통과 마켓플레이스에 관한 일정을 줄였지만, 6-페이저와 S-팀 회의 덕에 해당 비즈니스의 모든 주요 사항을 계속 주시할 수 있었다. 또한 그는 디지털미디어 분야에서도 PR/FAQ의 도움을 받아 몇 주 또는 몇 개월간의 프로젝트 진행 상황을 매우 상세한 수준까지 놓치지 않고 명확히 파악할 수 있었다. 이로써 제프는 여러 프로젝트를 동시에 지휘하면서도 영향을 고루 미칠 수 있었다. 이는 제프 베이조스가 CEO여서 가능했던 일이 아니다. 그것을 가능케 하는 프로세스가 있었기에 일어날 수 있는 일이었다. 어떤 회사든 아마존과 똑같은 프로세스를 운영하면 모든 팀이 자율적으로 일하면서도 최고경영자의 의도에 따라 조화를 이루며 성과를 나타낼 수 있다.

스티브는 새로운 투 피자 구조를 조직도에 전부 적용시켰다. 그러면서 예상치 못한 난제에 부딪혔다. 투 피자 구조가 조직도 꼭대기를 더 복잡하게 만든 것이다. 예를 들어 제품, 엔지니어링, 비즈니스 기능 담당자가 모두 한 명의 리더에게 보고해야 할까? 아니면 각 부서가 각자의 리더를 따로 두되, 그들이 모여 제품, 엔지니어링, 비즈니스 기능의 세부사항을 담당하는 하나의 팀으로 일해야 할까?

우리는 디지털 제품 카테고리(도서, 음악, 비디오)별로 각각 '비즈니스'와 '엔지니어링'을 총괄할 별도의 리더를 두기로 했다. 먼저 각 카테고리의 총괄 리더는 제품 관리를 비롯해 마케팅과 머천다이징, 협력업체와 콘텐츠 관리 등 각각의 비즈니스 기능을 담당할 리더들을 따로 채용했다. 그리고 각 카테고리의 총괄 리더는 자신과 동등한 위치에 있는 엔지니어링 파트의 리더와 짝을 이루었다(엔지니어링 파트는 소프트웨어 서비스의 주요 요소별로, 클라이언트의 응용 소프트웨어별로 투 피자 팀을 운영한다).

이것은 리더들의 역량에 기반한, 대단히 실용적인 결정이었다. 당시만 해도 빌은 엔지니어링 조직을 관리해본 적이 없었다. 엔지니어링 파트의 동료들도 마찬가지로 비즈니스 분야에 대한 경험이 전무했다. 하지만 이들은 서서히 바뀌어갔다.

몇 개월 안에 스티브에게 직보할 더 많은 고위 리더를 확보해야 한다는 사실이 분명해졌다. 2004년 초에 스티브의 직속 부하는 단 두 명이었다. 비즈니스 담당 리더인 빌과 엔지니어링 담당 리더인 H.B. 시겔이었다. 그러다가 2005년 중반이 되자, 스티브는 전문성을 지닌 적절한 직급의 리더들을 채용하면서 제품과 비즈니스 비전에 따라 그들을 배치했다.

조직 구조가 개선될 때마다 각 리더의 '책임 범위$_{Scope}$'는 점점 좁아졌지만, 각 역할에 '기대하는 규모$_{Scale}$'는 더욱더 커졌다. 많은 기업에서 리더의 책임 범위를 줄이는 일을 '강등'으로 받아들이곤 한다. 아마존에서도 실제로 많은 부사장급과 이사급 리더들이 이를 같은 의미로 간주했다. 하지만 아마존에서 이는 절대 '좌천'이나 '강등' 신호가 아니었다. 책임 범위를 축소하는 일은 아마존이 디지털미디어를 더 크게 생각하고 장기적으로 투자하고 있다는 증거였다.

2005년에 빌은 디지털 도서, 음악, 비디오 비즈니스팀을 이끌다가 책임 범위가 축소되면서 음악과 비디오만 담당하게 되었다. 그러다가 2007년에는 비즈니스 분야를 넘어선 엔지니어링 조직을 이끌게 되며 업무 '범위'가 커졌다. 이렇듯 업무의 범위가 넓어지면 팀을 재편성하거나 하위 팀으로 분할하는 과정이 반복됐다. 간단한 예를 들어보자. 2004년 하나의 투 피자 팀에서 비디오 클라이언트 애플리케이션 개발을 주도하기 시작했다. 그 팀은 곧바로 3개의 팀으로 갈라섰는데, '웹', '모바일 디바이스', '텔레비전'이라는 클라이언트별로 나뉘었다. 그리고 모바일팀은 다시 4개의 팀(아이폰, 안드로이드 폰, 아이패드, 안드로이드 태블릿)으로, 텔레비전 팀은 5개 이상 팀(엑스박스$_{Xbox}$, 플레이스테이션$_{PlayStation}$, 티보$_{TiVo}$, 소니의 브라비아Bravia, 삼성 등)으로 쪼개졌다. 원래 하나였던 투 피자 팀이 2011년까지 10개 이상의 팀으로 '규모'가 확대된 것이다.

　이제 와 생각해보면, 우리가 채택했던 조직 구조는 그다지 급진적이지 않았고 다른 회사들과 크게 다르지도 않았다. 급진적이라고 할 만한 부분은 당시 디지털미디어팀이 유통 및 마켓플레이스 비즈니스와 엔지니어링 조직 바깥에서 창설됐다는 점이고, 어찌 보면 도박에 가까운 3개의 새로운 비즈니스(디지털 도서, 음악, 비디오 – 옮긴이)를 장기적인 관점에서 사고하며 저마다 담당 인재를 채용하고 거대 조직으로 구축했다는 점이다.

아마존이 기기를 만든다고?

제품 아이디어 발상 과정을 통해 우리에게는 새로운 팀뿐만이 아니라 하드웨어 디바이스와 같은 새로운 역량이 필요하다는 것이 점차 분명해졌다. 제프는 디지털미디어 유통 비즈니스와 기존의 물리적 미디어 유통 비즈니스 사이의 근본적인 차이에 초점을 맞췄다. 우리는 물리적 미디어 비즈니스에서 단일 웹사이트에 가장 넓은 범위의 아이템 구색을 갖춘 경쟁우위를 점하고 있었다. 하지만 진입장벽이 낮은 디지털미디어 비즈니스에서는 이것이 경쟁우위가 될 수 없었다. 어느 기업에서든(심지어 투자를 충분히 받은 스타트업이면!) 시간과 노력을 들이면 우리를 따라잡을 수 있었다. 당시에는 누구나 'e북 스토어'나 '99센트 음악 다운로드 스토어'를 구축해 기존 기업들과 동일한 범위의 도서와 음원 파일을 제공할 수 있었다. 모든 디지털 파일을 모아 하나의 온라인 카탈로그에 집결시키는, 그 지루한 작업을 기꺼이 수행하기만 하면 됐다. 그래서 우리는 독특하고 차별적인 서비스를 제공해야 한다는 제프의 요구 조건을 구색과 집결만으로는 만족시킬 수 없다는 걸 잘 알고 있었다.

물리적 유통 비즈니스에서 아마존의 또 다른 경쟁우위는 저렴한 가격으로 꾸준히 아이템을 제공한다는 능력이었다. 6장에서 언급했던 성장의 플라이휠을 떠올려보자. 다른 유통업체들보다 비용 구조가 낮았기에 가격도 낮출 수 있었다. 오프라인 매장을 둘 이유가 없었기 때문이다. 하지만 디지털 비즈니스에서 비용 구조는 변수가 아니었다. 디지털 파일을 호스팅하고 서비스하는 프로세스와 비용은 아마존이든, 구글이든, 애플이든, 스타트업이든 기본적으로 같았다. 즉, 디지털미디어의 운영 비용을 절감해 서비스 가격을 낮추는 일은 오랫동안 고객을 끌어들일 근본적인 차별점이 될 수 없었다.

제프가 스티브에게 디바이스를 포함한 디지털 부문을 이끌어달라고 부탁했을 때, 그는 화이트보드에 다음 페이지와 같은 그림을 그렸다고 한다.

제프는 물리적 미디어와 디지털미디어 유통의 가치사슬에는 중요한 차이점이 있다고 설명했다. 물리적 미디어 유통에서 아마존은 가치사슬의 중간에 있다. 아마존은 엄청나게 다양한 상품을 엄청난 물량으로 구매해 단일 웹사이트에 집결시키고는 고객에

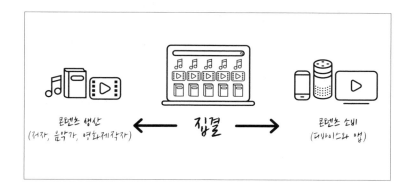

콘텐츠 생산
(저자, 음악가, 영화제작자)

← 장결 →

콘텐츠 소비
(디바이스와 앱)

게 신속하고 저렴한 가격에 제공하며 가치를 창출했다.

디지털미디어에서는 그런 부가가치가 강점이 아니기에, 우리는 차별화가 가능하고 고객에게 더 나은 서비스를 제공할 가치사슬의 다른 부분을 규명해야 했다. 제프는 스티브에게 "가치사슬의 중간에서 빠져나와서 위험을 무릅쓰더라도 어느 한쪽 끝으로 가야 한다"라고 말했다. 한쪽 끝에는 저자, 텔레비전 프로듀서, 출판사, 음악가, 음반 회사, 영화 제작사 등 가치 창조자인 '콘텐츠'가 있었다. 그리고 다른 한쪽 끝에는 '콘텐츠 유통과 소비'가 있었다. 디지털미디어에서 콘텐츠 유통과 소비 쪽으로 향한다는 건, 소비자들이 콘텐츠를 읽고 보고 듣는 데 사용하는 애플리케이션과 디바이스에 초점을 맞춘다는 뜻이었다. 이미 애플이 아이튠즈와 아이팟으로 그랬듯이 말이다. 우리 모두 애플이 짧은 시간에 디지털음악 분야에서 이룩한 성취를 잘 알고 있었다. 우리는 애플로부터 배운 것들을 우리의 장기적 제품 비전에 적용하고자 했다.

우리는 아직 핵심역량을 가치사슬의 한쪽 끝으로 확장하지 못한 상태였다. 스티브는 이런 한계를 그냥 보고 있지 않았다. 어느 회의에서 그는 이렇게 말했다. "전형적인 기업은 기존의 역량을 천천히 살피며 '우리가 보유한 스킬로 다음에는 무엇을 할 수 있을까?'를 묻습니다." 하지만 그는 아마존의 접근 방식은 항상 고객에서 시작해 '워킹 백워드' 하는 것임을 강조했다. 우리는 고객의 니즈가 무엇인지 규명한 후에 스스로 물었다. "이런 니즈를 만족시킬 무언가를 만드는 스킬이 우리에게 있는가? 그렇지 않다면, 우리는 어떻게 그 스킬을 키우거나 외부에서 인수할 수 있을까?"

고객가치를 창조하고 경쟁자와 우리 자신을 차별화하는 데 필요한 것이 무엇인지 결정되었다. 그러자 곧 위기감이 몰려왔다. 우리는 우리의 능력 부족으로 이 중요한 최종 결과물, 즉 우리 자체의 디바이스를 만드는 일을 단념하게 될까 봐 불안했다. 그런 일은 결코 일어날 수 없었다. 아니, 절대로 일어나서는 안 됐다.

우리가 비록 하드웨어를 제조하는 데는 문외한이었지만, 마침내 제프와 스티브는 우리의 출발선이 가치사슬의 '소비' 쪽에 있다는 점을 분명히 했다. 즉, 하드웨어와 e북이었다. 여기에는 여러 가지 이유가 있었다. 그중 하나는 여전히 도서가 아마존에서는 가장 크고 회사와 밀접한 관련이 있는 카테고리라는 점이었다. 음악은 디지털로 전환한 최초의 카테고리였지만, 애플이 이미 유리한 고지를 점령하고 있었다. 그뿐만 아니라 우리는 아무리 회의를 해봐도 충분히 경쟁력 있는 음악 디바이스나 서비스를 만들 PR/FAQ를 완성하지 못했다. 비디오는 아직 디지털화가 되지 않아서 기회처럼 보였지만, 당시에는 '뛰어난 비디오 경험'을 창조하는 데 수많은 장벽이 존재한다는 점이 너무나 분명했다. 영화와 텔레비전 쇼를 디지털로 제공하려면 제작사로부터 라이선스를 얻어야 했고, 엄청난 크기의 비디오 파일을 (당시에는) 느린 인터넷을 통해 다운로드받아야 했다. 게다가 이렇게 다운로드한 파일을 소비자가 어떻게 텔레비전에서 재생할지 그 방법 자체도 불확실했다. 우리는 이런 요인에 기초하여 e북과 e리더 디바이스를 구축하는 데 인력과 자금을 대거 투자하기로 결정했다(음악과 비디오에는 아주 작은 팀을 배치했다).

당시 e북 시장은 전체적으로 작았다. PC 이외에 e북을 읽을 수 있는 괜찮은 방법이 없었고, PC로 읽는다고 해도 그리 좋은 경험은 아니었다. 우리는 고객들이 아이튠즈나 아이팟을 통해 경험한 것을 e북에서 얻길 바랐다. 그 경험은 모바일 디바이스와 짝을 이루는 앱을 통해 소비자가 몇 초 만에 e북을 구입할 수 있고, 다운로드받아 곧바로 독서를 시작할 수 있으며, 지금껏 종이책으로 출판된 모든 콘텐츠를 저렴한 가격에 공급하는 것이었다. 그러기 위해서는 스스로 디바이스를 발명해야 했다. 이 과정은 적어도 몇 년은 족히 걸릴 터였다.

'전자상거래 유통업체인 아마존이 자체 e리더 디바이스를 만드는 하드웨어 기업이 된다?' 이 발상은 큰 논란을 몰고 왔다. 디지털미디어 리더가 아닌 아마존의 거의 모든 구성원들이 이 과정을 '좋은 아이디어'라고 받아들이기까지 정말로 힘겨웠다. 사실 회사의 거의 모든 리더는 물론 이사회에서도 이의를 제기했다. 그 중심에 서 있던 빌 역시 하드웨어 생산에 엄청난 비용을 쏟아붓겠지만('절약'이라는 리더십 원칙에 위배되지 않는가!), 머지않아 결국 실패하게 되리라고 생각했다. 돌이켜보면, 이런 과정을 거쳐 결과물을 목격한 경험이 혁신의 작동 방식을 이해하는 데 획기적인 전환점이 됐음에도 말이다.

빌은 스티브를 믿었지만, 그와 일대일로 만나 토론할 때면 우려되는 점을 소리 높여 이야기했다. "우리는 전자상거래 기업입니다. 하드웨어 회사가 아니라고요!" 빌은 고집했다. 그러면서 아마존이 하드웨어를 디자인하고 제조하는 데 강점이 있는 서드 파티 업체들과 파트너십을 맺어야 한다고 주장했다. 우리는 우리가 잘하는 것, 즉 전자상거래를 고수해야 한다고 이야기했다. 빌은 스티브에게 그가 하드웨어에 대해 아무것도 알지 못한다는 사실을 주기적으로 지적했다. 스티브는 절대 '기계광'이 아니었다. 카 스테레오조차 달지 않은 오래된 볼보Volvo를 몰 정도였으니 말이다.

일대일 토론에서 스티브는 이것이 왜 옳은 결정인지를 참을성 있게 설명했다. 우리는 셀 수 없이 많은 PR/FAQ 초안을 만들었고, 마침내 명확한 최종 결론에 이르렀다. 짐작한 대로 '우리는 e리더 디바이스와 강하게 통합한 e북 스토어를 만들어야 한다'고 말이다. 고객을 기쁘게 할 도서 구매 경험과 읽기 경험을 전달하는 데는 e북 스토어와 e리더 디바이스의 조합이 핵심이었다. 우리는 조사를 진행하면서 서드 파티 업체들에 의존하는 것이 운영이나 재무 측면에서 보다 안전하다는 걸 알게 됐다. 하지만 고객 경험 관점에서 바라보면 이는 훨씬 위험한 일이었다. 고객에서 출발해 '워킹 백워드' 할 때는 자체 디바이스를 만드는 일이 가장 논리적인 결론이었다.

스티브는 한 가지 더 강조했다. 만약 갈림길에 선 기업처럼 회사의 장기적인 성공과 생존이 지금은 갖지 못한 역량에서 판가름 난다면 앞으로 어떻게 해야 할까? 회사는 반드시 그것을 구축하거나 외부로부터 인수할 계획을 세워야 한다. 아마존은 이를 내부에서 해결할 방법을 찾았다. 가치사슬의 한쪽 끝(콘텐츠 소비 – 옮긴이)으로 이동해 차별화된 고객 경험을 보장하고 싶었기에, 그토록 중요한 역할은 다른 업체에 양도할 수 없는 일이었다. 우리는 스스로 해내야 했다.

하드웨어 디바이스 제조업체가 되겠다는 우리의 결심은 이후로도 수많은 결정에 영향을 미쳤다. 보통은 내부에 진출하고자 하는 분야의 전문성이나 역량이 없을 때 아웃소싱을 선택한다. 전자상거래 초창기에 첫 번째 온라인 유통 사이트를 개설한 전통적인 오프라인 유통업체들처럼 말이다. 그들은 개발 과정에서 서드 파티 업체와 컨설턴트를 끌어들였다. 그런 접근 방식은 훨씬 신속하게 움직이게 하지만, 혁신하고, 차별화하고, 고객의 요구를 지속해서 충족시키는 유연성을 잃어버리게 한다. 전자상거래를 아웃소싱한 업체들은 8장에서 다룰 슈퍼 세이버 쉬핑Super Saver Shipping이나, 아마존프라임, 풀필먼트 바이 아마존(FBA)처럼 새로운 아이디어를 떠올리거나 테스트할 능력을 상실했다. 그들은 그저 아웃소싱 업체들이 주는 선택지에서 메뉴를 고르고, 기껏해야 패스트팔로워가 될 뿐이었다.

무엇보다 우리가 자체 디바이스를 만들기로 한 결정적인 이유가 있다. 우리는 매일 조금씩 개선하며 서비스를 수정할 수 있었다. 그만큼 매일 경쟁자들과 격차를 벌리는 일이 가능했다. 만약 그 일을 아웃소싱해 대단한 e리더 디바이스를 만드는 데 성공했다면, 그동안 축적한 상당한 지식과 노하우는 모두 아웃소싱 업체의 몫이 됐을 것이다. 나아가 그들은 우리뿐만 아니라 다양한 클라이언트를 위해 맞춤 사양의 하드웨어를 제조하는 회사들이기에, 기술을 더욱 개발해서 비슷하거나 훨씬 좋은 e리더를 우리의 경쟁자에게 제공할 수도 있었다. 우리는 결국 아웃소싱하지 않는 편이 비용을 획기적으로 줄일 방법이라고 결론 내렸다. 우리는 우리가 만든 지적자산을 수호하고 싶었다.

성공 가능성을 높일 단 하나의 방법은 강력한 리더를 배치하는 것이었다. 스티브는 뛰어난 하드웨어 디바이스 개발을 이끌 팀의 리더를 찾기 위해 업계의 전문가를 샅샅이 뒤졌다. 2004년 9월, 마침내 그레그 제어Gregg Zehr가 채용됐다. 그는 팜컴퓨팅Palm Computing과 애플에서 하드웨어 엔지니어링 부사장으로 일했던 실리콘밸리의 베테랑이었다.

그레그는 시애틀이 아니라 실리콘밸리에 별도의 사무실을 열었다. 시애틀보다 훨씬 풍부한(특히 하드웨어 개발자들이 많은) 실리콘밸리의 인재풀에 다가가기 위해서였다. 회사에 새로운 역량을 불어넣을 외부 리더를 채용하고, 본사와 멀리 떨어진 지역에 '우수 인재 센터'를 구축한 일은 우리가 하드웨어 디바이스 개발에 얼마나 노력했는지를 보여주는 중요한 사례다. 오늘날에는 시애틀 본사가 아닌 다른 지역에서 근무하는 인력이 대부분이지만, 당시만 해도 아마존에는 원격 개발 센터가 두세 곳에 불과했다. 그래서 '실리콘밸리로 간다'는 것이 새로운 개념이자 위험하게 느껴졌다. 우리는 이런 '원격 운영'을 목적을 위한 수단으로 보았다. 우리에게는 인재가 필요했고 실리콘밸리에는 그런 인재가 가득했으니까.

그레그 제어처럼 외부에서 영입한 고위직의 어깨 위에 너무나도 많은 짐을 지우는 것은 상당히 위험한 일이었다. 그가 어떻게 '아마존인'이 될 거라고 확신할 수 있었을까? 실리콘밸리의 문화는 아마존의 문화와 현저하게 다른데 말이다. 그가 어떻게 우리의 독특한 바 레이저 프로세스와 PR/FAQ, 6-페이저 등을 학습하고 수용해나갈까? 대졸 신입사원이든 부사장이든 똑같이 적용해야 하는데 말이다. 우리가 그레그의 자리를 채우기까지 얼마나 많은 사람을 인터뷰했는지는 기억나지 않지만, 그중 상당수는 하드웨어 디바이스를 개발하는 데 더할 나위 없이 적합한 사람들이었다. 그럼에도 우리는 인터뷰 프로세스를 통해 아마존 리더십 원칙에 적합하지 않은 사람들을 걸러냈다. 특히 고위직일수록 리더십 원칙을 실천하는 리더를 찾기가 쉽지 않았다. 하지만 채용 관리자로서 스티브가 진행한 인터뷰 프로세스는 누가 봐도 올바른 결과를 냈다. 이 책을 쓰는 지금, 그레그는 15년 동안 아마존에서 일하면서 많은 아마존 디바이스의 개발과 출시를 책임지고 있다.

스티브는 그레그에게 하드웨어 조직을 설립하라는 과제를 주었다. 그레그는 '랩126Lab126'이라는 코드명으로 그 일을 진행하며 상당량의 자금을 배정했다. 그와 함께 닐 로즈먼Neil Roseman과 펠릭스 앤서니Felix Anthony(둘 다 노련하고 신임받는 아마존의 엔지니어링 담당 부사장이다)는 시애틀에 소프트웨어 엔지니어링팀을 창설해 인재를 채용하고, 킨들의 사용자 경험과 e북 스토어를 강화할 클라우드와 백엔드 시스템을 구축하고자 했다. 나중에 리얼네트웍스RealNetworks의 베테랑 직원인 이언 프리드Ian Freed가 제품 및 비즈니스 조직의 리더로 합류하면서, 이언(제품 및 비즈니스)과 그레그(디바이스 하드웨어), 닐과 펠릭스(클라우드 소프트웨어)는 관련 팀과 긴밀히 협력하며 킨들의 성공에 매우 중요한 역할을 맡았다. 늘 자원이 부족했고 각 그룹이 가능한 한 최소의 비용으로 운영되던 당시, 다른 팀들은 그토록 많은 엔지니어와 제품 관리자를 채용하는(약 150명) '킨들'이라는 사내 벤처를 부러운 눈으로 바라봤다.

2005년 4월, 우리는 모비포켓Mobipocket이라는 프랑스의 작은 기업을 인수했다. 모비포켓은 PC와 모바일 디바이스에서 책을 읽을 수 있는 소프트웨어 애플리케이션을 개발한 업체였다. 우리는 모비포켓의 소프트웨어를 첫 번째 킨들에서 돌아갈 소프트웨어의 기초로 사용했다. 이 회사를 인수하지 않았더라면 우리는 같은 소프트웨어를 자체적으로 개발하느라 인력을 대거 채용했을 것이다. 우리는 모비포켓의 창업자인 티에리 브레테Thierry Brethes와 그의 직원들에게 깊은 인상을 받았고, 그들이 아마존 디지털미디어팀에 훌륭한 지원군이 되어주리라 믿었다. 모비포켓팀은 대략 열 명이었다. 그들은 구성원의 개편 없이 그대로 킨들 리더 클라이언트(애플리케이션) 개발에만 전념하는 투 피자 팀으로 이름만 바꿔

달게 되었다.

모비포켓팀과 함께 그들의 소프트웨어가 지원군으로 합류하자, 그레그와 닐, 펠리스와 이언은 제프를 본격적으로 파트너 삼아 디바이스의 첫 번째 세부사항을 계획했다. 제프는 이들에게 '500년 넘게 세월의 시험을 견뎌온 멋진 발명품인 책을 개선하자'는 대담한 목표를 제시했다. 디자인 단계에서 가장 중요한 주제는 우리의 e북 리더가 불편을 야기해서는 안 된다는 것이었다. 독자는 콘텐츠를 직접 연결할 수 있어야 했고, 일단 읽기 시작하면 기계(e북 리더)를 사용하고 있다는 걸 느끼지 않아야 했다. '킨들'이라는 이름은 개발 과정의 초기에 정해졌다.

2004년과 2007년 사이 엄청나게 많은 인력과 자금이 디지털미디어로 배정돼 킨들 개발에 투여됐다. 조직 규모는 수십 명 수준으로 성장했고, 대부분은 아마존에 새로 입사한 직원들이었다. 제프는 이 프로젝트에 매우 깊이 관여한 나머지 킨들의 '비공식적' 최고제품관리자라는 별명도 얻었다.

우리는 킨들을 개발하는 데 돈과 시간이 많이 든다는 점을 잘 알고 있었지만, 2005년 중반이 되자 생각보다 더 많은 자원이 소요된다는 사실이 자명해졌다. 그해 어느 날, S-팀의 일부 멤버들이 재무팀과 만나 회사 전체의 OP1을 검토했다. 여러 해에 걸친 갑작스러운 비용 증가의 원인인 킨들을 두고 열띤 논쟁이 벌어졌다. 논쟁 중에 누군가가 제프에게 단도직입적으로 물었다. "정확히 킨들에 얼마나 많은 돈을 투자할 생각입니까?" 제프는 조용히 CFO인 톰 츠쿠택에게 몸을 돌렸다. 그러고는 미소를 짓고 어깨를 한 번 으쓱하더니 수사적인 질문을 던졌다. "우리가 가진 돈이 얼마지요?" 이것은 킨들의 전략적 중요도를 나타내면서 동시에 구성원들에게 무리한 투자로 회사를 위험에 빠뜨리지 않겠다는 점을 확실히 알리는 그만의 방법이었다. 제프의 관점에서는 프로젝트를 포기하기에 너무 일렀다.

개발은 계속되었다.

마침내 킨들이 역사에 도전하다

독서 경험에 '방해가 되지 않는다'라는 아이디어는 킨들을 디자인할 때 몇 가지 핵심적인 결정을 이끌어냈다. 우리는 다른 업체들이 만든 디바이스(특히 블랙베리BlackBerry)에서 많은 영감을 얻었다. 당시 제프와 빌을 포함한 고위 임원들은 세계에서 상업적으로 성공한 최초의 스마트폰인 블랙베리에 깊이 매료돼 있었다. 제프는 여러 대의 블랙베리를 가지고 다녔는데, 운동을 하다가 땀을 흘리는 바람에 꽤 많은 블랙베리가 망가지고 말았다.

블랙베리의 가장 큰 매력은 끊김 없는 '연결성'이었다. 다른 사람들과 마찬가지로, 제프는 항상 연결된 채로 '자동 새로 고침' 기능을 통해 새로 온 이메일을 띄워주는 블랙베리를 정말 좋아했다. 디지털미디어 분야에서 블랙베리는 거의 최초의 시도였다. 당시에 MP3 플레이어처럼 휴대용 디바이스에 콘텐츠를 옮길 유일한 방법은 유선으로 PC와 연결하여 두 기계의 연결을 동기화(싱크

Sync)하는 방법뿐이었다. 이 과정을 '사이드로딩Sideloading'이라 부르는데, 분명 휴대용 디바이스에 음악을 옮겨 놓으면 듣기에는 편하지만, 그러기 위해서는 사이드로딩을 해야 하니 여간 짜증스러운 일이 아니었다. 우리는 소비자들이 아이팟을 1년에 한 번 PC에 연결하는 일조차 쩔쩔맨다는 조사 결과를 주의 깊게 보았다. 이는 달리 말해 대다수의 유저가 디바이스에 최신 음악을 담지 않고 돌아다닌다는 의미였다. 이런 현상을 두고 사람들은 '퀴퀴한 아이팟Stale iPod' 증후군이라고 불렀다.

제프는 이를 기회로 봤다. 그는 킨들이 블랙베리와 같기를 원했다. 무선이어야 했고, 절대 PC에 연결할 필요도 없어야 했다. 그는 사이드로딩을 완전히 제거하기를 바랐을 뿐만 아니라, 사용자가 어디서든 콘텐츠를 구매하고 읽을 수 있도록 북스토어를 디바이스에 바로 설치하길 원했다. 이를 위해 제프는 3G 모뎀을 내장해야 한다고 강력히 말했다. 무선통신사 네트워크를 통해(통신회사 스프린트Sprint가 우리의 첫 번째 파트너였다) 새로운 e북이 올라오자마자 이를 자동으로 다운로드할 수 있어야 한다는 주장이었다. 우리는 이런 기능을 '위스퍼넷Whispernet'이라고 불렀다.

위스퍼넷은 킨들 프로젝트에서 엄청난 논란을 불러일으킨 장본인이었다. 이전에는 해보지 않았던 시도였으며, 이에 경계심을 품은 통신사들이 휴대전화 고객들과의 관계를 지키고자 나섰다. 그런데 우리는 통신사에 계정을 만들 필요가 없이 킨들 고객들과 직접적인 무선 관계를 구축하고자 했다. 게다가 우리는 네트워크 접근 비용을 고객에게 물리지 않을 생각이었다. 그 비용은 아마존

"제대로 발명한다면,
그 놀라운 발명은 곧 평범한 것이 될 테고
사람들은 그에 관한 이야기를 들으며
하품할 것이다.

그리고 나는 그 하품이
발명가들이 받을 수 있는 최대의
칭찬이라고 생각한다."

– 제프 베이조스

이 감당하기로 했다. 킨들에 이런 기능이 필요하다고 주장했던 제프는 제품 디자인 단계에서 그 비용을 감당할 방법을 찾아오라고 지시했다. 운이 좋게도 그의 요구 조건은 생각보다 부담스럽지 않았다. e북 파일은 용량이 아주 적어서 연결 비용이 저렴했기 때문이다.

어쨌든 이 필수적인 기능은 개발이 쉽지 않았다. 통신사와의 관계를 구축하는 일은 커다란 장애물이었다. 3G 모뎀을 내장한다고 해도 훨씬 비싼 디바이스가 될 터였다. 결국 돌파구를 마련하려면 팀원들이 엄청난 노력을 기울여야 했다. 하지만 만약 돌파구가 마련되기만 한다면? 위스퍼넷은 고객 경험을 엄청나게 향상시킬 수 있었다. 거의 즉시 책을 다운로드하면서 PC에 연결할 필요까지 사라지면, 고객들은 별다른 고충 없이 독서에 훨씬 빨리 몰입할 수 있었다.

당시 세상에 갓 나온 'e잉크' 기술도 핵심적인 논쟁의 대상이었다. MIT 미디어랩에서 개발한 이 기술은 1997년에 별도의 기업으로 스핀아웃Spin Out(기업의 일부 사업부를 분리해 전문 회사를 만드는 것) 되었지만, 2005년까지 상업적으로 크게 사용되지 않았다. 제프와 팀원들은 새로운 e잉크 기술을 사용하고자 하는 열망에 하나가 되었지만,[34] 우리는 몇 가지 트레이드오프Trade Off(어느 것을 얻으려면 반드시 다른 것을 희생해야 하는 경제 관계)가 있다는 점을 알게 되었다. 우선 e잉크 스크린은 흑백밖에 없었기에 컬러 그래픽이나 비디오를 지원하지 못했다. 한 페이지에서 다음 페이지로 전환되는 속도가 느리기도 했다. 반면에 e잉크 스크린은 기존의 투

과형 스크린보다 눈의 피로를 낮췄고, 직사광선 아래서도 읽을 수 있었다. 또한 배터리 소모가 훨씬 적어서 충전하지 않아도 일주일은 거뜬히 사용할 수 있었다. 이런 특징들은 '방해가 되지 않는다'는 킨들의 원칙에 부합했고, 고객이 기계로 책을 읽는다고 느끼게 하지 않을 요소들이었다.

우리는 또한 반복적인 디자인 검토 과정을 통해 킨들의 형태 요소(크기, 모양, 사용 편의성 등)를 지속적으로 평가했다. 첫 번째 프로토타입Prototype(시제품)은 모조 스크린과 키보드 모양을 낸 스티로폼 덩어리에 불과했다. 우리는 모양과 느낌이 가능한 한 실제의 것과 유사한지를 중심으로 플라스틱 모델을 평가하며 형태를 잡아갔다. 제프는 프로토타입을 검토할 때마다 몇 분 동안 한 손에 쥐어보고, 다른 손으로 옮겼다가 양손으로 들어보면서 매우 주의 깊게 판단했다. 그가 프로토타입에 퇴짜를 놓았던 이유를 모아보면, 디자인이 매끈하거나 '힙Hip'하지 않아서가 아니라 고객의 독서에 '방해가 되지 않는다'는 원칙에 위배되는 것들이었다.

무선 다운로드와 e잉크 스크린은 킨들을 뛰어난 제품으로 만들어준 두 가지 핵심 요소임에 틀림없었다. 무선 다운로드는 고객이 새 책을 검색하고 구입해 다운로드받아 첫 문장을 읽기까지 1분이면 충분하다는 걸 의미했다. e잉크 스크린은 아이패드와 달리 수영장에서도 읽을 수 있고, 디바이스가 꺼질 염려 없이 12시간 비행 동안 독서를 멈추지 않아도 된다는 걸 상징했다. 요즘에는 이런 특징이 당연한 게 됐지만, 당시에는 그 어디서도 들어본 적 없는 일들이었다.

우리가 처리해야 했던 또 하나의 이슈는 e북 타이틀의 '가용성'이었다. 즉, 구색이 아주 중요했다. 출시를 준비하면서 우리는 좀 더 많은 도서를 디지털화하라며 출판사들을 압박할 필요가 있었다. 당시에는 몇몇 타이틀만이 e북 버전을 가지고 있었다. 우리가 e북 비즈니스를 성공시키려면 수백만 종의 e북 타이틀을 갖춰야 했고, 더 이상적이게는 지금껏 출판된 모든 책의 디지털 버전을 제공해야 했다.

우리는 출판사들의 시스템이 너무 '구식'이라서 이토록 방대한 라이브러리를 구축하는 일이 꽤 기념비적인 사업이 될 것이라는 점을 잘 알고 있었다. 그들은 새 책의 디지털 파일을 인쇄소에 넘기면 그다음부터는 별로 신경 쓰지 않았다. 이 말은 곧 수백만 종의 디지털 버전 도서가 만들어질 수 있다는 걸, 또 그래야만 한다는 걸 의미했다. 다행히도 아마존은 이미 도서 카테고리에서 유리한 고지에 있었다. 고객이 관심을 가질 만한 책의 일부 페이지의 '미리보기'를 개발해놓았기 때문이다(처음에 이 기능은 '룩 인사이드 더 북Look Inside the Book'이라는 이름이었다가 나중에 '서치 인사이드 더 북Search Inside the Book'으로 개선되었다). 우리는 도서를 수작업으로 디지털화하기 위해 출판사들과 이미 협업한 경험이 있기에 프로세스를 잘 알고 있었다. 그 덕에 우리는 킨들의 출시와 함께 9만 종의 e북을 갖춘 e북 스토어를 개설할 수 있었다. 반면, 소니의 e리더 스토어에서는 겨우 2만 종의 콘텐츠만이 제공됐다.

가격 고민도 빼놓을 수 없었다. 고객들이 e북을 구매해 읽고 싶다는 욕구를 느끼도록 적절한 가격대를 찾는 게 목표였다. 더불어 우리는 저자와 출판사, 그리고 우리의 도서 비즈니스에서도 e북이 성장 세그먼트가 되기를 바랐다. 킨들이 출시되기 전에 e북은 성장이 멈춘 작은 비즈니스에 불과했다(연 매출이 몇백만 달러 수준이었다). 우리는 몇몇 베스트셀러와 새로 나온 책들을 9.99달러에 판매했는데, 이 가격은 e북에 대한 아마존의 도매 비용과 거의 같았다. 킨들 디바이스 가격 역시 제품 개발 비용과 아주 비슷한 수준이었다. 게다가 우리는 위스퍼넷의 비용을 스스로 감당하고 있었다. 우리는 판매한 책 대부분에서 수익을 거뒀고, e북 전체의 이익률만 놓고 보면 플러스였지만(출판사들이 판매가를 올리라고 압박하며 도매가격을 인상했지만 e북 이익률은 플러스였다), 단기적으로는 e북 비즈니스에서 거의 수익이 없을 거라는 전망이었다. 당시 우리는 e북 비즈니스를 비롯해 디지털미디어와 디바이스 비즈니스에서 단기 이익을 재투자하는 등 고객 경험에 엄청나게 투자하고 있었다.

우리는 e북의 단위 비용이 하락해 해당 비즈니스가 수익성 있고 지속 가능한 비즈니스가 될지, 그렇다면 언제 그런 일이 일어날지 알지 못했다. 우리는 출판사처럼 단기적인 관점으로 e북 비즈니스를 바라보지 않았다. 우리는 고객에게 의미 있는 것, 고객이 앞다투어 킨들을 구매해 좋아하는 책을 편안하게 읽는다는 목표에만 초점을 맞췄다. 우리는 시간이 지나면 디바이스와 e북의 비용을 낮출 수 있다는 막연한 희망과 믿음을 가지고 결단을 내렸다.

킨들은 2007년 11월 19일 세상에 나왔다. 소매가는 399달러였고, 6인치 화면과 키보드, 250MB 메모리를 탑재하고 있어서 삽화가 없는 책은 200권 정도 담을 수 있었다.[35] 킨들은 6시간도 되지 않아 놀랍도록 빠른 속도로 매진됐다. 그 바람에 더 많은 물량을 생산할 부품을 부리나케 확보해야 했다. 여기까지 보면 시장이 킨들의 출시를 반기는 것 같았지만, 초기에 리뷰는 엇갈렸다. 일부 비평가들은 100달러나 저렴한 라이벌인 '소니 리더Sony Reader'보다 킨들이 부족하다고 비판했다.[36] 하지만 우리 팀이 2008년 2월에 생산량을 늘려 충분한 재고를 확보하자 매출은 계속해서 강세를 보였다.

이때 오프라 윈프리Oprah Winfrey가 등장했다. 그는 2008년 10월 24일 자신의 쇼에서 이렇게 말했다. "전 세계에서 내가 가장 좋아하는 새로운 제품입니다." 그러고는 그날의 쇼 전체를 킨들에 할애했다.[37] 수백만 명의 시청자가 '독서의 여왕'인 오프라의 쇼를 시청했기에 그날부터 매출은 폭발적으로 증가했다.

이렇게 오프라에게서 엄청난 도움을 받자, 의심했던 사람도, 반대했던 사람도, 의문을 가졌던 사람도 모두 구매 대열에 합류했다. 킨들은 히트작이었다. 오프라는 중요한 촉진제였지만, 킨들이 장기적으로 흥행을 이어가려면 제품 자체가 우수해야 했다. 자신의 시간 대부분을 킨들에 바쳤던 스티브 케셀은 킨들의 새 버전을 만들고 다른 하드웨어 디바이스를 개발하는 일에 계속 매진해야 했다.

e북이라는 디지털미디어로 전환한다는 우리의 거대한 첫 번째 계획은 성공적이었다. 하지만 2008년 당시, 빌이 3년 동안 단독으

로 '싱글 스레드' 했던 디지털 음악과 비디오 비즈니스는 성장 경로를 찾는 데 너무나 미비했다. 자원은 제한적이었고, 혁신적인 아이디어도 없었으며, 유리한 고지를 점하고 있던 애플이 위압적으로 싸움을 걸어왔기 때문이다. '디지털이 우리의 미래'라고 외치기 전까지, 우리에게는 처리해야 할 일이 엄청나게 많았다.

8장 아마존프라임

: 고객들은 언제나
신속한 무료 배송을 갈망한다

아마존은 최정상에 올라도 멈추지 않았다. '더 저렴한 배송'과 '더 빠른 배송'은 이들에게 양자택일의 문제가 아니었다. 이 두 가지를 고객 관점에서 동시에 만족시키는 데는 단 11주면 충분했다. 이렇게 바뀐 아마존의 주문처리 프로세스는 조직 전체에 어떤 영향을 미쳤을까? 그리고 '매장 탐방'을 습관화했던 제프는 어떻게 아마존프라임을 성공으로 이끌었을까?

아마존프라임Amazon Prime

매달 일정 금액을 내면 무료로 빠른 배송을 보장하는 아마존의 유료 회원
제 배송 서비스.

2004년 10월 중순, 아마존의 고위 임원 몇 명은 제프에게서 다음과 같은 이메일을 받았다.

"우리는 유통 비즈니스의 성장에 만족하지 말아야 합니다. 배송과 관련한 고객 경험을 극적으로 향상시켜야 합니다. 이것은 발등에 떨어진 불입니다. 우리에게는 배송 멤버십 프로그램이 필요합니다. 올해 안에 그걸 만들고 론칭합시다."

모두가 열광하는 휴가 시즌마다 우리는 늘 고강도 업무의 정점에 서 있었다. 제프의 지시는 모든 직장인이 한탄하면서 '소방 훈련'이라 부르는 것, 즉 'CEO가 좋아하는 프로젝트Pet CEO Project'의 전형적인 특징을 모두 갖고 있었다. 때때로 이는 성급한 결정으로

보이기도 했고, 때로는 회사의 장기적 전략을 이탈한 문제처럼 비치기도 했다. 하지만 어찌 됐든 모두가 힘을 모아 긴급하게 해내야 한다는 뜻이었다.

위기를 강조하면서 계획을 갑작스레 제시하는 방식은 아마존의 문화나 리더십 원칙에 위배된다. 제프가 보낸 이메일은 얼핏 그런 계획처럼 보이기도 했다. 하지만 곧 이 장에서 알게 되듯이, 이면에 숨은 역사와 그것이 낳은 혁신은 철저하게 아마존다웠다.

아마존프라임은 강렬하고 획기적인 고객 경험을 제공하는 서비스다. 그 결과 아마존의 유통 비즈니스 부문에서 가장 커다란 성장 동인이 되었다. 하지만 아이디어 단계에서 론칭에 이르기까지 그 여정은 아마존 입장에서도 매우 특이한 경험이었는데, 아마존프라임에는 개발 과정 막바지까지 싱글 스레드 리더나 팀이 없었다는 것이 바로 그것이다. 명확한 미션 선언문도 없었고, 프로젝트가 시작되고 한참 지나서야 워킹 백워드 프로세스를 따랐다(워킹 백워드가 막 고안된 시점이었다). 무엇보다 아마존프라임을 막 론칭한 시점에조차 그게 좋은 아이디어라고 생각했던 아마존 직원은 거의 없었다.

하지만 오해하지 않기를 바란다. 아마존은 항상 아마존 원칙의 대부분을 따랐다. 그렇지 않았다면 애초에 아마존프라임은 출시되지 않았을 것이다. 차차 살펴보겠지만 아마존프라임은 데이터를 여러 달에 걸쳐 깊이 분석하면서 얻어낸 깨달음의 결과였다. 그 깨달음이란 9년의 세월을 쏟아부어 마침내 600만 달러 규모의 건물로 현실화시킨 주문처리 네트워크가 고객의 니즈와 부합하지 않는다는 것이었다. 아마존에는 다음 두 가지 선택지가 있었다.

옵션 1. 현행을 유지한다. 회사는 계속 성장하고 있었다. 우리가 주문처리센터를 건립하고 이를 수정·개선할 동안 쏟아부은 투자금을 신속하게 회수하자. 다음 분기의 실적은 우리가 올바른 방향으로 움직이고 있다는 것을 보여줄 것이다.

옵션 2. 점차 업계의 표준이 '이틀 이내 배송'에서 '하루 배송'으로, 그러다가 '당일 배송'으로 정착될 것이다. 지금까지 구축해놓은 시스템에 만족한다고 할지라도, 그것만으로는 충분치 않다. 주주의 장기적 관심은 고객의 관심과 완벽할 정도로 일치한다는 확고부동한 믿음으로, 우리는 이 새로운 여정(배송 멤버십 프로그램, 즉 아마존프라임의 개발 – 옮긴이)에 즉시 착수해야 한다.

옵션 1은 '스킬을 앞세운Skill-forward 경로'다. 회사가 보유한 기존의 역량과 자산을 디딤돌 삼아 비즈니스 기회를 창출한다는 발상이다. 기업의 리더는 이 경로를 택했을 때 칭찬을 들을 확률이 높다. 하지만 고만고만한 높이의 봉우리에서 안주하다가는 언젠가 자신이 리스크를 회피하느라 놓친 더 높은 봉우리에 경쟁사가 올라서 있는 걸 보게 될 것이다. 이것이 옵션 1의 위험이다.

아마존프라임 개발에 돌입한 아마존은 두 번째 경로를 선택했다. 월스트리트 투자자나 분석가들에게 오해받기 딱 좋은 선택이었지만(반면 보상받으려면 몇 년은 노력해야 했다), 과감한 발걸음을 내디딘 것이다. 만약 아마존프라임이 효과를 제대로 발휘한다면, 고객으로부터 더 많은 신뢰를 얻으면서 전자상거래의 새로운 표준이 될 터였다. 제프는 흔들림 없이 이 두 번째 선택지를 고집했다.

혹시 지금 이런 생각을 하지는 않았는가? "하지만 우리에게는 제프 같은 사람이 없어요." 좋은 소식을 하나 들려주겠다. 이런 결정을 내리는 데 제프는 필요하지 않다. 당신은 그저 이해하기 쉬운(하지만 때때로 실천하기는 어려운) 원칙과 고객에 대한 집착을 향한 프로세스를 무조건 고수하고, 장기적 사고와 가치 혁신을 독려하면서, 세부사항을 챙기기만 하면 된다. 제프를 비롯해 아마존의 그 누구도 우리가 결국 무엇을 만들어낼지 정확하게 알지 못했다. 아마존은 '의미를 찾는' 여정을 계속하다가 어느 지점에 이르러 포기할 수도 있었다. 아마존프라임은 완벽하게 '다중 원인의 비선형적인 길'을 걸어간 예시였다. 그 길이 하나가 아니었기에, 우리는 아마존이 어떻게 아마존프라임을 실현시켰는지를 그 순서대로 이야기해줄 수 없다. 대신 이 장에서는 아마존프라임이라는 강으로 흘러간 수많은 지류를 살펴볼 것이다.

2004년 10월 중순의 어느 날로 돌아가보자. 우리는 제프의 이메일에서 해답을 찾았다.

"11주 안에. 그것도 극성수기 동안."

제프의 지시가 많은 팀에 '기습 공격'처럼 느껴졌다고 말하는 건 상당히 절제된 표현이다. 특히 그동안 일상적으로 해온 모든 업무를 중단하고, 어디서부터 시작해야 할지 모를 새로운 프로그램에 즉시 돌입해야 한다고 요구받은 팀은 더더욱 그랬다. 하지만 달리 생각하면, 무료 배송을 론칭하겠다는 제프의 결정이 대담하긴 했어도, 전혀 갑작스럽다거나 성급한 일은 아니었다. 아마존의 가장 기초적인 엔진인 '고객에 대한 집착'에 따른 결단이었기 때문이다.

2005년 2월에 론칭한 아마존프라임은 지금껏 아마존이 내린 최고의 결정 중 하나다. 그것은 아마존의 생존을 보장했을 뿐 아니라, 이후 10년이 넘도록 폭발적인 성장의 핵심 동력이 되었다. 고객은 주문한 지 겨우 며칠 안에, 나중에는 거의 몇 시간 안에 물건을 받을 수 있다며 기뻐했다. 그리고 이를 계기로 많은 고객은 오프라인 구매에서 온라인 구매로 쇼핑의 패러다임을 전환했다. 물론 가장 큰 수혜자는 당연히 아마존이었다.

가격, 구색, 편의성을 모두 충족했는가?

아마존프라임에 그토록 큰 판돈을 건 우리의 결정을 이해하려면, 먼저 우리가 무엇 때문에 성장에 불을 지필 급진적인 아이디어가 필요했는지부터 살펴야 한다. 2004년 10월 21일에 발표된 3분기 결산보고서를 보면 매출액은 전년 동기 대비 29퍼센트, 잉여현금

흐름은 76퍼센트 증가했다. 많은 조직에서는 이런 성장을 부러운 눈으로 쳐다보겠지만, 당시 아마존의 재무 상태를 가까이서 들여다보면 걱정스러운 지점이 한두 군데가 아니었다.

2004년 전체 매출액은 늘었어도, 성장률은 모든 부문에서 전년도보다 감소했다. 아마존에서 희망하는 속도대로 아웃풋이 나오지 않은 것이다. 아마존 결산보고서에서 '순 매출 정보에 관한 추가 사항'이 그 적절한 예시다.[38] 당시 아마존 비즈니스의 가장 큰 비중을 차지하던 '미국 내 미디어'는 전년 동기 대비 12퍼센트 성장률을 보였다. 하지만 그보다 1년 전에 동일 항목에서는 15퍼센트 성장률을 기록했다. 성장률이 15퍼센트에서 12퍼센트로, 3퍼센트포인트 하락한 셈이다. 다른 제품들도 마찬가지로 성장세가 둔화했다. 성장하기는 했지만, 이전보다 느리게 성장한 것이다.

성장하는 속도가 줄어드는 추세는 사실상 무한대에 가까워

아마존의 제품 세그먼트	각년 3분기의 전년 동기 대비 순 매출 성장률	
	2003년	2004년
미국 미디어	15%	12%
미국 전자 및 일반제품	35%	27%
미국 외 미디어	50%	41%
미국 외 전자 및 일반제품	259%	132%

보일 만큼 엄청나게 큰 시장에 새로 진입하려는 젊은 기업들에 좋은 뉴스가 아니다. 2004년 미국 유통 산업의 매출액은 3조 6000억 달러 이상으로 추정된다. 이 중 2퍼센트 미만이 온라인에서 이루어졌다. 아마존의 성장률은 하락하고 있었지만, 유통의 무대가 오프라인에서 온라인으로 이동하는 속도는 점점 빨라졌다. 이 말은 곧, 아마존이 점점 더 작은 플레이어가 될 거라는 의미였다.

아마존이 성장의 궤도를 다시 정상급으로 돌려놓으려면 무엇이 필요할까? 비즈니스가 상대적으로 작으면, 새로운 기능을 소개하거나 프로모션을 진행하고 제품의 카테고리를 늘리거나 아예 새로운 영역으로 확장하는 등 단 한 번의 조치만으로도 즉각적이고 분명한 매출 상승효과를 거둘 수 있다. 아마존이 만약 이처럼 작은 기업이었다면, 우리는 분기 말에 스토어 차원의 프로모션을 즉흥적으로 준비해 대대적인 마케팅 공세를 벌였을 것이다. 그렇게 하면 적어도 매출액 차원에서는 해당 분기의 재무 실적을 더 좋게 만들 수 있었다. 하지만 그런 일회성의 조치가 근본적인 문제를 해결하진 못할 터였다. 다음 분기가 되면 원래의 위치로 되돌아올 가능성이 컸다.

다른 기업을 인수하는 것처럼 대기업에서는 좀 더 극적인 방식으로 성장 둔화 문제를 해결할지도 모른다. 하지만 당시 아마존에는 마땅한 인수합병 건이 거의 없었다. 아마존이 인수를 시도해볼 만한 온라인 유통업체는 죄다 영세했고, 설령 그들을 인수한다고 하더라도 매출액 지표는 전혀 움직이지 않을 것 같았다. 오프라인 유통업체를 인수하는 작업은 더욱더 터무니없었다. 고객 수가 반짝 늘어날 수는 있지만, 이 방법은 아마존이 어떻게든 피하고자 했던 오프라인 스토어의 비용과 비효율을 떠안아야 한다는 부담으로 이어졌다. 이런 조치들은 하나같이 자원을 잡아먹으며 내부 갈등을 일으킬 만한 리스크가 매우 컸다. 아마존은 더 많은 고객을 온라인에서, 아니 아마존에서 쇼핑하도록 설득할 조치가 필요했다.

초기에 아마존은 전국적인 광고 캠페인으로 브랜드 인지도를 높여야 한다고 생각했다. 2002년 우리는 포틀랜드와 미니애폴리스에서 장기 테스트 광고를 집행했다. 이 캠페인은 어느 정도 판매 상승으로 이어졌지만, 이를 전국적으로 확대할 수는 없었다. 연간 5000만 달러의 광고비를 정당화하기에는 매출 상승효과가 미미했기 때문이다. 그보다 더 좋은 투자는 고객 경험을 개선하는 데 돈을 재투자하는 것이었다.

점점 더 많은 고객이 온라인으로, 그리고 아마존으로 발길을 돌릴 강렬한 쇼핑 경험을 제공해야 했다. 그러려면 어떻게 해야 할까? 최고경영자가 등장하는 진부한 드라마의 한 장면을 떠올려 보자. 자금 압박에 시달리는 CEO가 고위급 간부들을 전부 회의실에 모아놓고는 책상을 쾅 하고 내리치며 새빨개진 얼굴로 고함을 지른다. "이것들 좀 보세요! 우리는 매출을 더 빨리 성장시켜야 합니다! 매출 향상이 시급하다고요! 그룹별로 마케팅 프로모션을 개발해서 진행시키세요! 그래야 목표를 맞출 수 있습니다!"

나는 1990년대 말 아마존이 비슷한 문제를 고심하며 이와 비슷한 장면을 연출했다는 걸 고백하지 않을 수 없다. 당시 아마존은 '5+1 프로모션'(다섯 권을 사면 한 권 무료) 등 구매를 유도하는 각종 장치를 웹사이트에 게시하며 수많은 방법을 시도했다. 결과적으로 아마존은 이런 조치가 전혀 효과가 없다는 걸 깨달았다. 장기적 고객 경험을 개선하는 데 쓸 소중한 자원을 빼앗아갔기 때문이다.

아마존은 다시 초심으로 돌아갔다. 늘 그렇듯 리더십 원칙을 길잡이로 삼기로 했다. 그중 특별히 두 가지 원칙이 우리를 바른길로 인도해주었다.

1. 고객에 대한 집착: 리더는 고객을 출발점으로 삼고 거꾸로 일을 수행한다(워킹 백워드). 리더는 고객의 신뢰를 얻고 유지하는 데 최선을 다한다. 경쟁자에게 주목해야 할 때라고 해도 리더는 고객에게 지나칠 정도로 집착한다.

2. 결과 창출하기: 리더는 비즈니스의 핵심 인풋에 집중하고 시의적절하게 꼭 맞는 품질의 결과를 창출한다. 이 과정에서 차질이 발생한다고 해도 리더는 난관을 극복하며 절대 안주하지 않는다.

고객은 회사의 매출에는 아무런 관심이 없다. 그들은 자신이 힘겹게 번 돈을 지불한 대가로 무엇을 얻는지에만 집중한다. 아마존 고객들은 다음의 세 가지 측면에 관심을 보였다. 이 세 가지는 아마존이 고객에게 충분히 제공할 수 있는 것들이었다.

1. 가격: 가격은 충분히 저렴한가?

2. 구색: 아마존의 제품군은 거의 모든 것을 보유하고 있다고 할 만큼
   광범위한가?

3. 편의성: 제품의 재고는 넉넉한가? 고객은 제품을 신속하게 구입할
   수 있는가? 그리고 쉽게 검색하거나 발견할 수 있는가?

가격, 구색, 편의성은 인풋 지표였다. 그렇기에 아마존은 이 세 가지를 모두 관리할 수 있었다.

매주 고위 리더들은 제품 라인별 가격, 구색, 편의성에 관한 세부 지표를 검토하고, 만일 어떤 차원에서든 부족함이 발견되면 팀에 이의를 제기했다. 예를 들어, 경쟁자가 아마존 베스트셀러 아이템의 가격을 낮춰서 판매했거나, 아마존 스토어에 신제품이 충분히 추가되지 않았거나, '재고 없음' 상태로 늦게 배송되었거나, 웹사이트가 너무 느리게 구동되었다면, 해당 팀들은 이를 해결해야 했다. 그 결과 아마존은 2003년 4분기에만 4만 개 이상의 고급 음식 아이템과 6만 개가량의 장신구 아이템, 약 7만 개의 건강 관리 아이템을 미국 스토어에 추가했다. 캐나다와 프랑스에서는 서드 파티 업체들에 직접 판매 권한을 주는 '마켓플레이스Marketplace'를 론칭했고, 일본에서는 '홈앤드키친Home and Kitchen' 카테고리가 추가되었다.

하지만 이것만으로는 충분치 않았다. 정체된 성장에 대한 명쾌한 해답은 가격과 구색, 편의성이라는 삼각형 속에 있을 가능성이 농후했다. 이것이 바로 우리가 인내심을 가지고 집중해야 할 곳이

었다. 시간이 지나자 답은 좀 더 명확해졌다. 아마존이 구색을 확대하고 가격을 낮추는 데는 신경을 많이 썼지만, 여전히 편의성 측면에서는 뭔가 부족했다. 그리고 이는 아마도 '배송'과 관련된 문제일 가능성이 컸다.

무료 배송 1.0: 슈퍼 세이버 쉬핑

전자상거래 업계 종사자 대부분은 고객들이 얼마나 배송비에 예민한지 잘 알고 있을 것이다. 아마존은 여러 가지 방법으로 고객 데이터를 수집하고 분석한 끝에 이를 깨달았다. 우리는 고객을 다음의 네 가지 분류로 나눴다. '기존 고객'과 '신규 고객', '온라인 주문 경험은 있어도 아마존에 방문한 적은 한 번도 없는 사람', 그리고 '온라인 주문을 단 한 번도 이용해보지 않은 사람'이다. 그런데 그 어떤 부류에서건 그 대답이 놀랍도록 일치한 질문이 하나 있었다. 바로 '온라인 주문을 이용하지 않는다면 그 이유가 무엇인가?'라는 질문에 '배송비를 내고 싶지 않아서'라는 답변이 그것이었다.

우리에게 배송 프로모션은 다른 어떤 프로모션보다 판매 신장 효과가 월등히 컸다. 고객에게 무료 배송의 실질적 가치는 물건값을 바로 할인해주는 것보다 훨씬 컸다. 달리 말해, 무료 배송 프로모션으로 평균 10퍼센트의 가격 인하 효과를 본다면, 제품 가격을 10퍼센트 깎아주는 것보다 훨씬 더 큰 수요 증대 효과(이를 탄력성이라고 한다)를 기대할 수 있다. 아마존은 무료 배송을 지속해서 제공할 방법을 찾아내야 했다.

장기간에 걸쳐 프로모션에 의존한다면 일종의 '미끄러운 경사면의 오류'(미끄럼틀을 한번 타기 시작하면 멈출 수 없는 것에서 착안한 연쇄반응 효과의 오류)를 경험할 수 있다. 특히 일회성 프로모션을 오랜 기간 구사할 때는 더욱더 그렇다. 다음 프로모션 기간이 다가올 때까지 고객에게 구매를 늦추도록 '교육'하는 위험성이 있기 때문이다.

제프가 '2004년 10월의 이메일'을 통해 아마존프라임을 지시하기 이전부터, 사실 아마존은 고객에게 이로우면서도 회사의 재무 사정에 손해를 끼치지 않을 방법으로 '매일 무료 배송' 계획을 개발하고 있었다. 어느 정도 진전이 있었지만, 결과는 매출 성장에 활력을 불어넣기에는 부족한 감이 있었다.

아마존의 첫 번째 시도는 2002년 초에 론칭한 '프리 슈퍼 세이버 쉬핑Free Super Saver Shipping'이었다. 99달러 이상 '요건에 맞는' 구매 고객에게만 제공하는 혜택이었다. 여기서 '요건'이라는 말은 아마존이 직접 판매하는 제품에 한한다는 뜻이고(마켓플레이스 판매자의 상품은 혜택에서 제외한다), 구매한 제품이 비정상적으로 크고 무겁지 않아 배송하기에 수월한 제품이어야 한다는 의미다.

슈퍼 세이버 쉬핑은 나중에 개발된 아마존프라임과 매우 비슷한 과정으로 구축되었다. 두 프로젝트 모두 결단력 있는 조치와 비상식적으로 짧은 개발 기간을 거쳐 공개적으로 출시되었다. 기억하겠지만, 이런 빠듯한 일정은 커다랗고 복잡한 과업을 가장 유능한 사람들이 가능하다고 생각하는 시간의 '3분의 1' 안에 완료할 것을 명시한 초창기 직무기술서에서 비롯된 것이었다.

2001년 11월 중순 어느 금요일 밤, 마케팅 그룹의 제품 관리자인 사라 스필먼Sarah Spillman(그는 나중에 콜린의 아내가 된다)은 그해 휴가 시즌에 계획된 프로모션을 준비하느라 대단히 힘든 기간을 보낸 뒤 마침내 휴식을 앞두고 있었다. 그는 주말 동안 달콤한 시간을 보내기 위해 시애틀에서 포틀랜드로 차를 몰았다. 그렇게 3시간쯤 운전했을까? 포틀랜드가 몇 마일 남지 않은 지점에서 전화 한 통을 받았다. 유통 사업부의 수석부사장인 데이비드 리셔David Risher에게서 걸려온 전화였다.

"여보세요?"

"안녕한가요, 사라? 데이비드 리셔입니다."

"그럴 리가요." 사라는 누군가가 장난을 치고 있다고 생각했다.

"누군지 밝히시지요. 전 지금 막 포틀랜드에 도착할 참인데…."

"저 데이비드 리셔 맞습니다." 데이비드는 낄낄거리며 웃다가 정색하고는 대단히 비즈니스맨다운 목소리로 이렇게 말했다. "당신이 아주 멀리 가지 않아서 다행이네요. 포틀랜드 여행은 좀…."

그는 회사가 현재 계획한 프로모션, 즉 사라가 힘들게 준비한 프로모션을 폐기하고 그 대신 '25달러 이상 주문에 대한 무료 배송'을 제공하기로 했다고 말했다. 이럴 수가!

그나저나 사라는 그 자리에서 바로 유턴해 시애틀로 복귀해야 했을까? 물론이다. 이들은 다음 날 아침에 만나 세부사항을 논의했고, 이후로 사라와 팀원들은 깨어 있는 시간의 대부분을 프로모션 재정비 작업에 쏟아야 했다(무려 휴가 기간에 말이다). 아마존은 그때까지 이런 유형의 프로모션을 진행해본 경험이 없었기 때문에, 소프트웨어와 웹사이트 디자인을 크게 변경해야 했다. 마찬가지로 마케팅 메시지 역시 세심하게 다듬고 조정해야 했다. 막바지까지 촌각을 다퉜지만, 다행히도 프로모션은 정시에 론칭되었다. 그리고 이는 휴가 시즌이 끝나고도 아마존의 지속적인 프로그램으로 자리 잡을 만큼 고객에게 큰 인기를 끌었다. 2002년 1월 22일, 우리는 슈퍼 세이버 쉬핑을 공식적으로 론칭했다. 비록 99달러 이상의 주문에 한해서만 가능했지만, 제프는 본격적으로 이 서비스에 힘을 실어주기 위해 분기별 결산보고서와 보도자료를 통해 이를 발표했다(곧 알게 되겠지만 이는 반복되는 패턴이다).

고객들의 반응은 매우 뜨거웠다. 이에 따라 슈퍼 세이버 쉬핑을 제공하는 최소 주문 금액이 49달러를 거쳐 25달러까지 낮아졌다. 예상대로 슈퍼 세이버 쉬핑을 이용하는 고객들은 제한선에 맞춰 총 주문 금액을 늘리기 위해 더 많이 구입했다.

슈퍼 세이버 쉬핑은 가격에 민감한 고객들의 마음을 훔쳤다. 도서 카테고리를 예로 들어보자. 2005년 1월에 표준 배송 요금은 '배송 한 건당 3달러. 아이템 하나당 0.99달러 추가'였다. 만약 빠른 배송을 위해 '이틀 이내 배송'을 선택한다면 배송 요금은 '배송 한 건당 7.49달러. 아이템 하나당 1.99달러 추가'였고, '하루 배송'을 클릭한다면 '배송 한 건당 12.49달러. 아이템 하나당 2.99달러 추가'였다. 즉, 책 두 권을 주문할 때 선택할 수 있는 배송 요금의 범위는 4.98달러부터 18.47달러까지였다.[39] 요금이 올라가는 이유는 신속 배송에 드는 비용 때문이었는데, 신속 배송을 하려면 트럭보다는 비행기로 운송해야 했기 때문이다. 당연하게도 고객 대부분은 표준 배송을 선택했다. 지금에 와서 보면 퍽 민망한 요금 체계지만, 그래도 당시에는 꽤 경쟁력 있었다.

반면 슈퍼 세이버 쉬핑을 선택하면 주문처리센터에서 제품이 3~5일 이내에 출하돼 육상 배송 서비스를 통해 목적지까지 이동한다. 아마존은 비행기를 쓰지 않아도 돼 비용을 낮게 유지할 수 있었고, 개별적으로 주문한 아이템을 하나의 상자에 담는 '아이템 통합 배송' 방식을 통해 배송 상자의 총 개수를 줄일 수 있었다. 이런 점이 슈퍼 세이버 쉬핑을 가능하게 한 요인이다. 슈퍼 세이버 쉬핑은 아마존의 비용을 감소시켰고 고객에게 제시하는 가격을 떨어뜨렸다. 역시나 오늘날의 관점으로는 웃음이 나올 만큼 원시적이지만, 이 프로그램은 고객이 원하는 게 무엇인지에 관한 매우 소중한 통찰을 주었다.

비록 '공짜면 느리다', '비싸면 빠르다'라는 트레이드오프가 있었지만, 고객은 무료 배송 옵션에 기뻐했다. 그리고 아마존은 이런 고객 경험을 합리적인 가격으로 믿음직스럽게 제공하는 데 상당히 능숙해졌다. 이렇듯 슈퍼 세이버 쉬핑은 새로운 표준을 설정했다. 하지만 그게 끝은 아니었다. 고객의 기대는 가만히 머물러 있지 않았다. 이것은 현재의 영광에 안주해서는 안 된다는 의미이기도 했다.

'빠르면서 비싼' vs. '느리지만 무료'

2004년 슈퍼 세이버 쉬핑은 엄청난 성공을 거뒀다. 론칭하고 2년이 지난 시점이었다. 고객들은 매년 더 자주 주문했고, 주문 한 건당 평균적으로 구매하는 아이템 수도 증가했다. 무료 배송이 제공되는 25달러라는 문턱이 단일 아이템의 평균 가격보다는 높았기에, 고객들은 무료 배송을 위해 하나 이상의 아이템을 구입했다. 아마존이 측정한 지표에 따르면 주문 한 건당 아이템 수는 확실히 증가했는데, 이는 아마존에 분명한 이득이었다. 평균 주문 금액이 높아지면서 무료 배송에 드는 비용 역시 상쇄할 수 있었다.

아마존이 구축한 공급 사슬인 '주문처리 및 배송 네트워크'와도 조화롭게 작동했다. 아마존은 2004년 말 기준으로 켄터키, 펜실베이니아, 캔자스, 네바다, 노스다코타, 델라웨어 등 여덟 개 주에 총 면적 440만 평방피트에 달하는 주문처리센터를 보유했다. 이들 지역에서 미국 우정국, 페덱스FedEx, UPS와 같은 서드 파티 업체들의 물류 허브를 이용할 수 있다는 점도 매력적이었다.

슈퍼 세이버 쉬핑이 비록 아마존의 공급 사슬과도 잘 맞고 고객에게 큰 인기를 누렸지만, 우리는 이것이 유통 비즈니스에서 높은 성장 동인이 되지 못한다는 걸 깨달았다. 여기에는 몇 가지 이유가 있었다. 첫째, 대량 구매자 중 상당수는 가능한 한 빠른 배송을 원했다. 그들은 배송 상자를 뜯기까지 3~5일을 기다리려 하지 않았다. 둘째, 가격에 민감한 고객들은 주문 금액을 25달러까지 높이지 않았다. 그들이 생각하기에 배송비를 아끼려고 물건에 더 많은 돈을 쓰는 것은 앞뒤가 맞지 않았기 때문이다. 마지막으로, 당시 소비자의 98퍼센트가 여전히 기존 오프라인 매장을 이용하듯 온라인에서 쇼핑했다. 슈퍼 세이버 쉬핑은 이런 이유로 더 커다란 고객 세그먼트에 다가서지 못했다. 아마존은 고객들이 시간에 민감하든 가격에 민감하든 상관없이 좀 더 나은 서비스를 필요로 한다는 사실을 깨달았다. 이와 더불어 고객 기반 전체에 어필하는 더 강력한 프로그램이 필요하다는 사실도 직감했다.

'클릭 투 딜리버Click to Deliver'라는 지표를 사용하면 배송 성과를 추적할 수 있었다. 이는 고객이 주문하는 순간Click부터 배송 상자가 최종 목적지에 도달하는 순간Deliver까지 총 소요 시간을 의미했다. 아마존은 이 프로세스를 두 개의 세그먼트로 세분화했다. 첫 번째 세그먼트는 주문을 처리하고 포장해서 택배회사에 넘기는 데 소요되는 시간을 일컫는 '클릭 투 쉽Click to Ship'이다. 그리고 두 번째 세그먼트는 배송 상자가 택배회사에서 고객에게 전달되기까지 걸리는 시간인 '쉽 투 딜리버Ship to Deliver'였다.

'클릭 투 쉽'은 우리가 통제할 수 있었고, 나아질 방법을 지속해서 모색할 수 있었다. 만약 주문을 처리하는 데 걸리는 시간이 줄어든다면, 고객은 더 늦은 시각까지 주문을 넣을 수 있었다(예컨대 '오후 7시 이전에 주문을 완료하면 당일에 배송한다'는 식). 그렇게 되면 고객에게도 크게 이로울 것이 분명했다. 하지만 '클릭 투 쉽'을 아무리 단축해도 '쉽 투 딜리버' 세그먼트까지 통제할 수는 없었다. 이것은 고객이 '배송 요금'과 '배송 속도'에서 트레이드오프를 감수해야 한다는 뜻이었다.

우리가 총 배송 시간인 '클릭 투 딜리버'를 줄이려면 '쉽 투 딜리버'에 더 큰 통제력을 발휘해야 한다는 사실이 분명해졌다. 주문처리센터에서 배송 지역까지의 거리, 그리고 서드 파티 업체들의 배송 방법에 크게 좌우되는 '쉽 투 딜리버'를 어떻게 하면 통제할 수 있을까? 우선 공급 사슬에 커다란 변화가 필요했다. 당시 주문처리 네트워크는 택배회사와의 접근성을 최적화하는 방향으로 설계되어 있었다. 그렇게 해야 고객이 주문한 지 3~5일 만에 저렴하고 확실하게 물건을 받을 수 있었다. 이런 물류 체계가 물론 아마존에는 편리했다. 하지만 제품을 무료로, 그것도 빨리 받기를 원하는 고객에게는 그렇지 못했다. '쉽 투 딜리버' 세그먼트를 최적화하기 위해서는 더 많은 주문처리센터가 필요했다. 그리고 그 센터들은 '1~2일 무료 배송'이 가능하면서, 비용 효과적인 위치에 있어야 했다. 이 말은 곧, 도시와 가까운 지역에 주문처리센터를 훨씬 더 많이 둬야 한다는 의미였다.

고객들은 이미 무료 배송의 맛을 보았다. 이제 더는 '느리지만 무료'인 옵션과 '빠르지만 비싼' 옵션 중에서 하나를 선택해야 한다는, 강요 아닌 강요를 원치 않았다. 제프는 이 두 방법 모두 옳지 않은데, 이 중 하나를 선택해야 한다는 식의 접근이 얼마나 불편한지를 감추지 않았다.

"고객에 대한 집착과 최고의 기준 고수하기라는 리더십 원칙에 따라 생각해봅시다. 당신이라면 '느리지만 무료'와 '빠르지만 비싼' 방법 중 무엇을 선택할 것입니까?"

이 질문과 마주한 우리의 유일한 대답은 "빠르면서도 무료"일 수밖에 없었다. 이렇게 다음 목적지가 정해졌지만, 문제는 당시의 주문처리 능력이 이를 감당하지 못한다는 사실이었다.

아마존은 어떻게 이런 중대한 전환을 이뤄냈을까? 만약 당시의 공급 사슬 구조에서 '빠르면서도 무료' 배송을 제공해야 한다면, 아마존은 엄청난 비용 손실을 감당해야 할 터였다. 새로운 주문처리 네트워크를 구축한다고 해도 몇 년은 소요됐기에 곤란하기는 마찬가지였다.

빠르면서도 무료일 수는 없을까?

아마존은 근본적인 배송 문제를 해결할 브레인스토밍에 착수했다. 마케팅, 유통, 재무팀은 새로운 마케팅 계획을 세울 때 앞으로 준수해야 할 세 가지 기준을 정했다.

1. 예산이 합리적이어야 한다(관심을 끌어야 하지만 재무적으로 지속할 수 없는 접근 방식은 불가능하다).
2. 올바른 고객 행동을 유도해야 한다(아마존에서 좀 더 많은 것을 구매하도록 고객을 '넛지'하라).
3. 가격 인하나 재고 확보 등 자금을 투하해 얻을 수 있는 확실한 대안보다는 더 나은 쪽에 자금이 활용되어야 한다.

당시에는 비용 절감분을 가격 인하로 돌리는 등 그 효과가 확실히 검증된 방법보다는, 고객들에게 더 많은 것을 구매하도록 유도하는 합리적인 예산 프로그램이 더 어렵게 느껴졌다. 특히 '주문 처리 및 배송 네트워크'에서의 제약 때문에 더욱 그랬다.

그중 '로열티 프로그램Loyalty Program'(포인트나 마일리지 등과 같은 각종 보상 제도를 통하여 소비자가 해당 상품이나 브랜드를 지속적으로 사용하게 만드는 마케팅 전략)은 가장 가능성이 큰 방식이었다. 2000년 만 해도 아마존에서는 대규모 로열티 프로그램을 사용하지 않았는데, 이는 비슷한 규모의 다른 전자상거래 업체에서도 일반적인 방법이 아니었다.

제프는 유통 사업부의 수석부사장 데이비드 리셔, 마케팅 책임자 앨런 브라운Alan Brown, 재무 관리자 제이슨 차일드Jason Child를 불러놓고 지속적인 성장 동인이 될 로열티 프로그램을 만들라고 지시했다. 마케팅팀과 유통팀은 몇 가지 버전의 로열티 프로그램을 분석했다. 25달러 이상의 주문 건에 '무료 표준 배송' 방법(근본적으로는 슈퍼 세이버 쉬핑과 같지만, '클릭 투 쉽' 시간을 3~5일로 보장하지는 않는다), 모든 사전 주문에 무료 배송 혜택(공식 발송일 이전에 이루어진 주문에 해당한다), 고객이 연간 수수료를 지불하고 무료 표준 배송이나 무료로 이틀 이내의 배송을 제공받는 혜택 등이 그것이었다. 우리는 또한 자체 재고를 보유한 아이템과 서드 파티 업체들을 통한 아이템 등 여러 가지 조합을 고려해 대안이 될 로열티 프로그램의 형태를 고려하기도 했다.

마케팅팀과 유통팀만 아이디어를 제안할 수 있는 건 아니었다.

346

수석 소프트웨어 엔지니어 찰리 워드Charlie Ward는 소프트웨어팀 회의에서 어떤 문제를 설명하다가 아마존프라임과 유사한 아이디어를 떠올렸다. 찰리는 복잡한 주문 소프트웨어의 엉킨 실타래를 풀어 개별 요소를 정리하는 일에 1년 중 대부분의 시간을 할애했다. 그중 배송 소프트웨어와 프로모션 소프트웨어가 슈퍼 세이버 쉬핑이 작동하는 원리와 유사했다.

찰리는 슈퍼 세이버 쉬핑을 두고 "아마존이 '0'을 계산하는 가장 복잡하고 버그가 들끓는 방식을 개발했다"라며 혹평을 쏟아놓기도 했다. 배송 소프트웨어가 배송 요금을 계산하면 프로모션 소프트웨어는 '0'이 될 때까지 이 요금을 풀어내려 작동했다. 그는 더 나은 방법이 있어야 한다고 주장했다. 찰리의 설명이 끝나고, 곧바로 아마존 DVD 대여 비즈니스에서 구독 플랫폼을 구축할 소프트웨어팀의 보고가 이어졌다. 찰리는 여기에도 매우 흥미를 느끼며 이렇게 질문했다. "우리가 고객에게 1년 동안 무료 배송 혜택을 주는 연간 구독 방식을 채택 못 할 이유가 있나요?" 이방식은 고객에게 굉장히 큰 이익이 될 터였다. 그리고 우리는 수수료를 조정하느라 엄청난 노력을 기울일 필요도 없었다. 당시에 고객서비스팀을 이끌던 킴 라크멜러도 이 아이디어를 몹시 마음에 들어 했다. 그가 말했다. "괜찮은 생각인 것 같네요, 찰리. 그렇게 한번 해보지 그래요?"[40]

찰리는 동료들과 의견을 나누고 아이디어를 다듬으며 한 페이지짜리 내러티브를 작성해 회사에 제출했다. 그리고 그는 이탈리아로 휴가를 떠났다. 휴가 갈 자격이 충분해 보였다.

제프가 무료 배송 프로그램을 론칭하라고 이메일 지시를 내렸을 때, 이미 찰리의 아이디어를 알고 있었는지는 분명하지 않다. 하지만 그것은 그다지 중요한 문제가 아니다. 이 이야기는 다음의 두 가지 이유에서 주목할 만하다. 첫째, 고객 중심의 아이디어는 아마존의 모든 분야에서 나올 수 있다. 많은 기업은 '비즈니스 가이Business Guy'가 '테크 가이Tech Guy'에게 무엇을 만들지 이야기하는 방식을 따른다. 쌍방향으로 오가는 토론은 거의 없고, 자기 팀의 노선만 고수하기 바쁘다. 하지만 아마존은 그렇지 않다. 고객에 집착하고 그들을 기쁘게 할 혁신적인 방법을 고민하는 게 모든 직원들의 임무다.

두 번째로 주목할 만한 점은, 찰리가 휴가에서 복귀한 즉시 아마존프라임팀에 합류하여 중요한 역할을 맡았다는 점이다. 그는 아마존프라임의 론칭과 함께 기술 시스템, 고객 경험, 재무적 성과를 책임지는 리더가 되었다. 다시 말해 찰리는 '강하고 일반적인 운동선수Strong General Athlete, SGA'였다(이는 아마존의 용어다). SGA는 고객에게 집착하고, 독창적이며, 장기적으로 사고하고, 운영의 탁월성에 자부심을 느끼며, 아마존 리더십 원칙을 몸소 실천하는 구성원이다. 아마존은 찰리와 같은 SGA들을 리더 자리에 앉히고 그들에게 '주제 전문가Subject Matter Expert, SME'가 되기 위한 도구를 제공한다. 킴 라크멜러 역시 SGA였다. 그는 여러 부문에서 리더였다. 고객서비스를 이끄는 일 외에도 아마존의 공급망 시스템과 개인화 팀을 담당했다. 또한 그는 S-팀의 일원이기도 했다.

무료 배송에 관한 많은 아이디어가 부서를 막론하고 쏟아졌지만, 초기에 제시된 아이디어 중에서는 위의 세 가지 기준을 충족하는 것이 하나도 없었다. 우리는 고객이 연간 수수료를 내고 무료 표준 배송이나 무료 이틀 이내의 배송을 받게 되면 '주문당 아이템 수'가 줄어들 수도 있다고 우려했다. 만약 그렇게 되면 배송 비용을 충분히 상쇄할 만한 수익을 벌어들이지 못할 것이다. 이는 곧 지속 가능하지 않다는 소리였다. 이는 절대 우리가 바라는 고객 행동이 아니다. 우리는 무슨 일이 있어도 '지속 가능한 성장' 만큼은 지켜내야 했다. 아이디어 검토 회의는 종종 누군가의 이런 질문으로 마무리됐다. "가격 인하나 재고 비율을 높이는 쪽으로 돈을 쓰는 게 고객을 위해서라도 더 낫지 않습니까?" 아마존은 그런 조치가 판매를 신장하는 데 효과적이라는 걸 잘 알고 있었지만, 로열티 프로그램도 그만큼 효과적일지는 확신하지 못했다.

커다란 논쟁을 불러일으킨 지점이 또 하나 있었다. 바로 '대량 구매자들이 로열티 프로그램에 어떻게 반응할 것이냐'에 관한 문제였다. 이 프로그램이 계속해서 그들에게 추가 주문을 유도할 것인가? 아니면 로열티 프로그램에는 가입하지 않고 차라리 배송비를 부담하며 제품을 주문할 것인가? 로열티 프로그램의 목적은 고객의 구매 행동을 점진적으로 유도하는 것이지, 대량 구매자들에게 감사를 표하려는 것이 아니었다.

여러 제안을 검토해보니 '무료 배송은 시작하지 말아야 한다'는 쪽으로 건설적인 주장들이 많이 나왔다. 그중 가장 강력한 주장은 비용이 너무 많이 든다는 것이었는데, 공급 사슬을 엄청난 폭으로 개편해야 한다는 것이 대부분의 이유였다. 아마존은 사실 그 비용을 정확하게 추정할 수 없었다. 우리의 모델로는 고객이 어떻게 반응할지 예상할 수 없었기 때문이다. 그래서 우리는 데이터보다는 경험에서 우러난 판단과 추측에 의존했다. 만약 프로그램을 개발한다고 하더라도 로열티 프로그램이 이익으로 이어지기까지는 몇 년이 더 걸릴 터였다. 제프를 제외하고는 경영진 중 그 누구도 2004년에 아마존프라임을 론칭해야 한다고 주장하지 않았다(이미 바쁠 대로 바쁜 휴가 시즌이 아닌가!).

하지만 이런 생각들은 결과적으로 회사를 잘못된 길로 인도하고, 심각한 '생략의 오류Error of Omission'('무언가를 생략해도 괜찮겠지?' 하는 생각에서 비롯되는 오류 – 옮긴이)에 빠지게 하는 시나리오가 되었다. 제프와 아마존의 리더들은 '제도적 NO'에 관해 종종 이야기한다. '제도적 NO'는 큰 조직에서 선량한 사람들이 새로운 아이디어에 거의 반사적으로 '아니요'라고 말하는 경향을 가리킨다. '제도적 NO'는 보통 생략의 오류로 번진다. 즉, '하지 않아도 괜찮다. 굳이 할 필요는 없다'라는 오류에 빠지는 것이다. 일반적으로 리더들은 현재의 경로를 유지하면서 안락함과 확실성을 느낀다. 단기적 확실성의 대가가 미래의 불안정성과 가치를 파괴할지라도 말이다.

'제도적 NO'에서 비롯한 생략의 오류를 발견하는 건 무척 까다로울 수 있다. 무언가를 '하지 않는 것'에 대한 비용을 평가할 도구가 별로 없기 때문이다. 그러나 무언가를 하지 않음으로써 치러야 할 비용이 너무 비싸다는 걸 깨달았을 때는 바꾸기에 이미 늦어버린 경우가 많다. '제도적 NO'는 조직의 모든 계층에 침투할 수 있다. 물론 이사회에도 마찬가지다(마이크로소프트와 노키아Nokia 가 이사회의 반대로 스마트폰 개발을 놓친 걸 떠올려보라). 이것이 회사의 최고 성과자를 현재의 프로젝트에 계속 묶어두려 하는 이유다. 위험 부담은 크지만 보상이 확실한 실험에도 참여하지 못하게 하는 이유다. 특히 그 보상이 관리자가 물러난 후에 생길 보상이라면 더욱 그렇다.

만약 제프가 2004년 10월에 "무료 배송의 도입을 보류하고 2004년 휴가 시즌에 집중해 최선을 다합시다!"라고 메일을 보냈다면, 제프 역시 그런 생략의 오류를 범하고 말았을 것이다. 행여 그가 무료 배송의 아이디어를 이제 그만 내도 된다고 선언했다면, 의심할 여지 없이 여러 팀은 안도의 한숨을 내쉬었을 것이다. 그리고 서로를 바라보며 이렇게 말했을 것이다. "고맙게도 정말 올바른 결정이지?"

제프는 다행히도 이 재앙과도 같은 순간을 현실화하지 않았다. 그리고 우리는 몇 년이 지나서야 깨달았다. 2004년 10월 제프가 보낸 이메일이 아마존의 역사를 바꿔놓았다는 점을 말이다.

언제까지 기다리게 할 텐가?

유통업체 CEO들은 기회가 있을 때마다 매장을 순회한다. 제프 역시 예외는 아니다. 보통의 CEO라면 대략 둘러보거나 현재 진행 중인 프로모션 등을 관찰하려고(보통은 불시에 혹은 얼굴을 감추고) 특정 지역에 있는 유통 매장을 순회할 것이다. 하지만 온라인 유통업체의 CEO는 당연한 말이지만 원하기만 하면 언제든 매장(즉 아마존 웹사이트)을 둘러볼 수 있다.

제프는 주로 토요일 새벽과 일요일 오전에 매장을 순회했다. 아침 7시에 일어나 제프에게서 온 대여섯 통의 이메일을 읽는 일이 나에게는 익숙한 주말 오전의 일과였다. 제프의 메시지는 대개 그가 매장을 돌아보며 발견한 이슈를 관련 팀에 보내는 내용이었다.

2004년 봄, 아마존프라임을 둘러싼 첫 번째 토론이 있었다. 그 유명한 '10월의 이메일'이 도착하기 몇 달 전의 일이다. 이날의 논의 역시 제프와 아마존의 임원 몇몇이 이메일을 주고받으며 시작됐다. 토론의 참석자들은 실질적으로 아마존프라임을 담당하고 운영한 재무 및 유통 담당자 그레그 그릴리Greg Greeley, CFO 톰 츠쿠택, 월드와이드 유통 담당 수석부사장 디에고 피아첸티니, 당시 월드와이드 운영 담당 수석부사장 제프 윌케, 그리고 지금 이 글을 쓰고 있는 콜린이었다.

6장에서 살펴봤듯이 아마존 플라이휠을 이루는 세 가지 핵심요소는 가격, 구색, 편의성이다. 그리고 편의성에서 배송은 가장 큰 비중을 차지한다. '결과 창출하기'라는 아마존 리더십 원칙은 이렇다. "리더는 비즈니스의 핵심 인풋에 집중하고 시의적절하게 꼭 맞는 품질의 결과를 창출한다. 이 과정에서 차질이 발생한다고 해도 리더는 난관을 극복하며 절대 안주하지 않는다." 그리고 배송 속도는 아마존의 핵심 인풋 지표다. 그렇기에 '고객에게 집착'

하고자 한다면 고객의 배송 경험을 측정하고 개선하는 일에도 집착해야 한다.

2004년 어느 봄날, 제프가 웹사이트를 둘러보고 나서 쓴 이메일은 아마존프라임을 둘러싼 토론에 직접적으로 불을 지폈다(놀랍게도 그때는 이 같은 파장이 올지 몰랐다). 그는 이메일에서 "어떤 아이템에 너무 큰 마진을 붙이고 있다"라고 언급했다. 겉으로 보기에는 그다지 기술적이지 않은 이슈였다. 그날 제프는 전자제품과 보석·장신구 카테고리를 둘러보고 있었는데, 평면 텔레비전과 귀금속의 가격이 수백 달러에 달했고 어떤 것은 수천 달러를 호가하기도 했다. 우리는 공급자와의 관계 때문에 그런 아이템 중 상당수의 가격을 탄력적으로 설정할 수 없었다.

아마존이 그보다 낮은 가격을 제시할 수는 없으니, 제프는 우리가 고객에게 차선책을 제공해야 한다고 생각했다. 바로 '주문 다음 날까지 무료 배송'한다는 혜택이었다. 평면 텔레비전이나 귀금속은 15달러짜리 책이나 비디오보다 더 큰 이익을 벌어들였기에, 속도가 더 빠른 배송 옵션을 해당 고객에게 무료로 제공할 수 있었다.

몇몇 선별한 아이템에 무료 배송 혜택을 제공하기 위해 제프는 관련 카테고리 리더와 S-팀 멤버들에게 이메일을 보냈다. 그가 제공한 아이디어가 곧바로 구현될 필요는 없었지만, 관련 팀은 반드시 어떤 결과로든 평가를 받아야 했고, 그 평가 결과가 제프에게 최종적으로 전달되어야 했다. 한번은 전임 수석부사장이자 S-팀 멤버였던 제프 홀든Jeff Holden이 제프에게 이렇게 말한 적 있다.

"당신은 회사를 무너뜨리기에 충분한 아이디어를 가지고 있군요." 제프는 특유의 웃음으로 답을 대신했다.

회사가 마진을 의도적으로 깎기로 했다는 건 비상식적으로 보일 수 있다. 하지만 아마존에서는 타당한 조치였다. 우리는 '적정한 가격'으로 돈을 버는 온라인 세상에서 어떻게 하면 번창할 수 있을지를 생각해야 했다. 제프의 이메일을 받은 카테고리 리더들이 "이미 그런 기능(무료 배송 옵션)을 구현하기 위해 노력하고 있다"라는 답장을 보낸 건 그리 놀랄 일이 아니었다. 문제는 그 기능을 추가하는 과정에 있었다. 이미 처리할 수 있는 수준보다 훨씬 많은 일을 하던 몇몇 소프트웨어팀들이 훨씬 많은 업무를 부담해야 했기 때문이다. 3장에서 논의했듯이, 아마존은 몇 년 넘게 매우 빠른 속도로 성장하면서 소프트웨어가 엉망진창으로 엉켜 있었다. 특히 프로모션과 배송 소프트웨어는 더욱더 그랬다. 아마존은 핵심 시스템 대부분에 기술적 의존성을 제거하지 못한 상태였다. 간단하게 변경하는 작업조차 위험했고, 비용이 많이 들었다. 수정을 완료한 후에는 꼼꼼한 설계와 테스트를 통해 적절하게 작동하는지를 검증해야 했는데, 이는 다시 말해 소프트웨어를 변경하자고 제안하는 일에 앞서 '커다란 보상'이 뒷받침되는지 증명해야 했다는 뜻이다. 카테고리 리더들이 "이 문제를 다시 살펴보겠다"라며 한발 물러선 답을 보낸 이유이기도 하다.

몇 주가 지나고 콜린은 제프가 제안한 일의 진행 상황을 살폈다. 각 팀은 여러 부서가 복잡하게 얽힌 '다기능적 프로젝트'로 제프의 제안을 해결해야 한다고 말했다. 여기에 가격이 높은 전자제품과 귀금속 아이템 일부에는 무료 배송 혜택을 주는 것으로 충분한 보상이 돌아오지 않을 거라는 의견을 보탰다. 이보다 더 쉽게 문제를 해결할 수 있다는 계획들도 있었지만, 이 역시 소프트웨어 변경을 마치려면 1년 넘게 걸릴 거라고 내다봤다.

그러나 더 큰 문제가 해결되지 않은 채로 남아 있었다. 특정 아이템에 한정한 무료 배송 아이디어는 그해 여름부터 논의가 진행됐지만, 우리의 성장률은 계속 떨어지고 있었다. 그런데도 제프는 채근하듯이 이메일을 계속 보냈다. 그는 몇 주마다 다음과 같은 질문들을 이메일로 쏟아냈다. "X달러를 받고 무료 표준 배송을 제공하는 연간 멤버십 프로그램은 어떻습니까?", "모든 보석류 아이템에 무료 배송을 할 수 있습니까?", "결제 금액이 X달러를 넘는 모든 주문에 무료로 당일 배송을 제공하면 어떨까요?"

만약 팀에서 이미 그 아이디어를 고려했거나 알맞은 답을 준비하고 있었다면 대답하기에 훨씬 수월했을 것이다. 하지만 그 자리에서 즉시 대답하지 못하면 상황은 더욱더 복잡해졌다. 재무 분석가와 카테고리 리더, 운영 분석가들이 제프의 질문을 상기하며 아이디어를 모델화하고, 예상 비용을 추정하며, 강점과 리스크를 규명해 결국에는 실행에 옮겨야 했을 테니 말이다. 그레그 그릴리는 앞장서서 대응책을 마련할 책임이 있었다. 한때 그는 서로 다른 여섯 개의 시나리오를 동시에 분석해야 했는데도 말이다. 제프는 10월 초에 그를 불러 "모든 대안을 비교한 결과를 이달 말까지 보고 싶다"라고 말했다(10월 중순에 보낸 그 유명한 이메일에는 '3주 안에 아이디어를 제시하라'는 말 대신 '연말까지 최선의 선택지를 골라서 프로그램을 론칭하자'라고 쓰여 있었다).

　제프는 어느 시점에 깨달았던 것 같다. 결함이 있는 건 '아이디어'가 아니라 '의사결정 프로세스'라는 것을 말이다. 그는 제도적인 '리스크 회피' 경향이 의사결정 프로세스에 오작동을 일으키고 있다고 결론지었다. 즉, 저지르지 않고서는 그 효과를 증명할 수 없다고 생각했다. '10월의 깜짝 이메일'은 이런 그의 깨달음에서 얻은 결과물이다. 그는 혼자서 이렇게 생각하지 않았을까? "시도를 해봐야 어떤지 알지!"

어떤 업무에 우선순위를 둘 것인가?

10월 중순에 이르러 그때까지의 숱한 '사고(思考) 실험'이 '실재하는 프로젝트'로 전환되었다. 비록 전용 자원이 없었고 '연말까지 배송 멤버십 프로그램을 론칭한다'는 목표 이외에 정해진 사항은 없었지만 말이다. 결론 없는 논쟁이 치열하게 오갔고, 마침내 11월 중순이 돼서야 유료 멤버십 형태로 '이틀 이내 무료 배송'이 가장 최선의 선택지라는 공감대에 이르렀다. 우리는 이를 구축할 팀을 찾아야 했다. 이와 함께 '기개 지키기: 타협하지 않고 헌신하기'라는 다음의 아마존 리더십 원칙을 천명해야 했다. "리더는 불편하거나 소모적이라고 해도 자신이 동의하지 않는 결정에 정중하게 맞설 의무가 있다. 리더는 확신을 지닌 결연한 사람이다. 리더는 사회적 친분을 위해 타협하지 않는다. 하지만 결정이 이루어지면, 그 결정에 전적으로 헌신한다."

이미 언급했듯이, 아마존의 리더 중 상당수는 이 주제에 관해 제프의 생각에 동의하지 않았다. 하지만 언제, 어떤 방식으로 무료 배송을 론칭해야 하는지 논쟁할 시간은 끝났다. 곧바로 '타협하지 않고 헌신하기'를 실천할 때였다. 모든 사람이 행동에 돌입했다. 제프 홀든은 1월로 예정된 2004년 4분기 결산 발표 전까지 론칭을 목표로 필요한 모든 자원을 모아야 했다. 우리에게 남은 일은 그저 이 프로젝트를 잘 진행하고 신속하게 해나가는 것뿐이었다. 그해 12월 3일 금요일은 비재이 라빈드란Vijay Ravindran과 도로시 니콜스Dorothy Nichols를 비롯해 구현팀 리더들과 회의하기로 한 날이다. 하지만 문제가 생겼다. 아마존 웹사이트에서 기술적인 이슈가 발생하기 시작했고 신속하게 대처하지 않으면 사이트가 다운될 수 있다는 것이었다. 비재이는 회의를 취소하고 다른 날로 일정을 옮겨 잡자고 말했다. 흔치 않지만 옳은 조치였다. 제프는 당연하다는 듯 받아들이며 이렇게 말했다. "그러면 내일 아침 우리 집에서 보는 건 어때요?"

제프와 제프 홀든, 비재이, 도로시는 무엇이 아마존프라임이 되어야 하는지 수차례 만나 논의했다. 제프는 우수 고객들이 도망가지 않도록 그들 주위에 '해자(垓子)'를 만들고 싶다고 말했다. 아마존프라임은 편의성을 추구하는 고객들을 위해 최상급 경험이 되어야 했다. 제프 홀든과 비재이, 도로시에게는 팀에 필요한 사람을 채용할 수 있는 권한이 주어졌다. 단, 조건이 있었다. 아마존프라임을 다음 결산 발표일까지 론칭해야 한다는 것이었다.

관련 팀들은 프로젝트 기간을 '퓨처라마Futurama'(미래상)라고 부르며, 쉬지 않고 전력 질주했다. 프로젝트를 완료하는 데 수십 명의 팀원(휴가에서 막 복귀한 찰리 워드까지)이 투지를 불태우며 노력했지만, 구현에 관한 구체적인 이야기는 이 책의 범위를 넘어서기도 하고 언론을 통해 자세히 보도됐으니 생략하겠다.

결산 발표일은 아마존프라임 론칭을 감안해 2005년 2월 2일로 연기되었다. 다른 팀에서도 아마존프라임을 개발하는 데 사용할 구성요소를 함께 만들었다는 점은 주목할 만한 가치가 있다. 그들이 없었더라면 공격적인 스케줄을 맞추지 못했을 것이다. 제프가 상세한 진행 상황을 꿰고 있다는 점도 유리하게 작용했다.

아마존프라임에는 패스트 트랙Fast Track(배송 시간을 좀 더 정확히 예측하도록 개발된 주문처리 시스템)이라는 기능이 탑재됐다. 쉽게 말해, "보통 24시간 이내에 배송됩니다"라고 표기하던 것을 "1시간 32분 이내에 주문을 완료하면 오늘 밤에 배송됩니다"라고 바꿔주는 시스템이다. 제프는 한 차례 테스트를 통해 긍정적인 고객 반응을 목격했다. 그리고 늘 그래왔듯이 판돈을 두 배로 올리길 원했다. 아마존프라임을 론칭하기에 앞서 이런 기능을 미리 시험해보지 않았다면, 개발을 완성하는 데만 2년 넘게 걸렸을 것이다. 주문처리센터의 물리적 구조를 변경해야 했고, 엄청난 양의 소프트웨어 개발이 필요했기 때문이다. 아마존은 배송 약속의 정확도와 성공률을 높이기 위해 굳이 '바퀴를 재발명'할 필요가 없었다.

2005년 2월 2일, 드디어 아마존프라임이 세상에 나왔다. 제프의 '악명 높은' 이메일이 있고부터 단 4개월 만의 일이었다. 이는 킨들과 달리 '갑작스럽게' 성공하지 않았다. 아마존프라임의 첫 번째 고객들은 이미 빠른 배송을 위해 1년에 79달러 이상을 지출하던 대량 구매자들이었다. 따라서 대량 구매자들에게 아마존프라임을 제공한다는 것은 그들에게 실질적으로 배송비를 지원해주는 것이나 다름없었다.

우리는 온라인 쇼핑의 판도를 바꿀 만한 고객 경험을 창조했다. 그로부터 몇 개월, 길게는 몇 년 안에 전 세계 온라인 쇼핑 이용자들이 이를 대안으로 받아들였다는 점에서 절대 과장된 평가가 아니다. 아마존프라임은 우리를 '전자상거래 업계 성공 기업'에서 '유통업계 최고 기업'으로 변모시켰다. 그리고 온라인 쇼핑에 대한 사람들의 사고방식을 바꿔놓았다. 어떤 기자는 이렇게 썼다. "아마존은 단독으로, 그리고 영구적으로 온라인 쇼핑에서 '편리함'의 기준을 바꿔놓았다. 이로써 사람들은 온라인으로 구매할 수 있는 제품의 범위를 완전히 다른 차원에서 생각하게 되었다. 급하게 선물이 필요한가? 아니면 기저귀가 떨어져가고 있는가? 아마존은 이제 오프라인 매장에 대적할 유일무이한 대안이 되었다."[41]

2018년 제프가 주주들에게 보낸 메시지는 이랬다. "13년 전에 론칭한 아마존프라임의 유료 멤버 수는 세계적으로 1억 명이 넘습니다."[42]

아마존프라임은 매출 성장률을 높여야 한다는 문제를 '고객에 대한 집착'과 '장기적 사고'라는 원칙에 가차 없이 적용하면서 엄청난 가치를 창출한 훌륭한 사례다. 문제 해결을 위해 아마존은 몇 년 동안 어렵사리 구축한 기존의 물류 인프라가 장기적으로는 좋지 않을 거라는 사실을 받아들여야만 했다(물론 당시에는 적절하게 이용되고 있었다). 아마존은 예상하는 투자액회수기간을 향후 1~2분기에서 5~7년으로 변경해야 했다. 그렇다고 해도 아마존프라임을 실행하는 편이 이치에 맞았다. 아마존은 기존 상태를 유지하면서 가능한 한 더 많은 것을 '쥐어짜내려' 할 때보다 더 많은 잉여현금흐름을 극적으로 창출했고, 마침내 고객들이 그토록 오랫동안 갈망하던 무료 배송을 선사할 수 있었다.

9장 프라임비디오

: 고객의 거실로 초대받는
가장 짜릿한 방법

재앙과도 같았던 아마존언박스의 실패를 살펴본다. 천재적인 미국의 영화감독 하워드 휴스Howard Hughes가 갑자기 소환된 까닭은 무엇일까? 아마존프라임은 어떻게 까다로운 저작권 관리 문제를 해결하고, 고객의 거실 텔레비전으로 디지털 콘텐츠를 전송하는 데 성공했을까? 전혀 다른 세상에 뛰어든 아마존의 고군분투기를 함께 들여다보자.

프라임비디오Prime Video

아마존이 개발·운영하는 주문형 비디오 인터넷 서비스. 텔레비전 쇼와 영화를 대여하고 판매한다. 콘텐츠는 멤버십 등급에 따라 차등 제공된다.

2006년 8월, 아마존 시애틀 본사의 직원들이 분기마다 열리는 '올 핸즈 미팅All Hands Meeting'에 참석하기 위해 5번가 극장5th Avenue Theater에 모였다. 빌이 지난 12개월 동안 맹렬하게 진행했던 아마존언박스를 시험 운행하는 날이었다. 아마존에서 디지털 비디오 비즈니스를 이끄는 공동 리더인 로이 프라이스Roy Price와 에단 에번스Ethan Evans가 무대에 올랐다. 그들은 2000명가량의 청중이 앉은 객석을 향해 아마존 최초의 디지털 영화·텔레비전 서비스인 아마존언박스를 공개했다. 객석에는 빌도 팀원들과 함께 초조하게 앉아 있었다. 우리는 드디어 아마존언박스가 결승선에 도착했다는 사실에 흥분을 감추지 못했다. 일반에는 일주일 후에 공개될 예정이었다. 로이와 에단은 어떤 원리로 아마존언박스가 작동하는지 소개했다. "고객이 온라인에 접속하면 수만 가지의 영화와 텔레비전 콘텐츠의 목록을 훑어볼 수 있습니다. 그런 다음 보고 싶은 작품을 선택해 구매하거나 대여할 수 있지요. 그저 자신의 PC에 다운로드한 후 재생 버튼을 누르기만 하면 됩니다. 그러고는 앉아서 쇼를 즐기면 되지요. 정말 간단하지 않습니까?”

이제 대형 스크린으로 극적인 장면이 펼쳐질 시간이었다. 에단은 노트북 앞에 다가섰다. 우리는 모두 숨죽여 기다렸다. 그가 재생 버튼을 클릭했다. 스크린은 잠시 반짝거렸고, 이어서 동영상이 재생되기 시작했다. 그런데… 위아래가 거꾸로인 게 아닌가! 객석에서는 신경질적인 웃음소리인지 고통스러운 울부짖음인지 분간하기 힘든 기기묘묘한 소리가 터져 나왔다.

이날의 처참한 라이브 데모는 곧 일어날 일의 전조였다. 우리는 바로 몇 주 후에 애처로움과 신음, 고통과 어리둥절함이 잔뜩 뒤섞인 고객들의 피드백을 받았다. 빌은 자신의 경력에서 아마존언박스가 가장 큰 성취가 되기를 고대했지만 웬걸, 결국에는 최악의 (그것도 유일한) 실패로 끝나고 말았다.

지금부터 할 이야기는 ‘어떤 것을 매우 잘못한 바람에’ 연쇄적으로 생겨난 에피소드다. 그러나 우리는 그런 실수로부터 엄청난 교훈을 배웠다. 앞으로 우리는 아마존이 어떻게 치명적인 실패를 환상적인 성공으로 뒤바꿔놓았는지 자세히 살펴볼 것이다.

* * *

2011년 2월 22일로 타임 슬립해보자. 아마존프라임 사용자들은 멤버십 서비스에서 새로운 혜택을 발견했다. 빌과 그의 팀은 프라임인스턴트비디오Prime Instant Video를 그날 오전에 론칭했다.⁴³ 아마존프라임 멤버십 고객들에게 5000편의 영화와 텔레비전 콘텐츠를 추가 요금 없이 스트리밍Streaming하는 서비스였다.

그때까지 아마존프라임은 '신속함', '무료 배송'이라는 이미지로 구독자들에게 각인되었다. 수천만 명의 고객은 아마존프라임에서 어떤 서비스를 제공하는지 잘 알고 있었다. 그런데 갑자기 비디오 스트리밍 서비스를 제공한다니, 구독자는 물론 아마존프라임을 아는 모두가 놀라지 않을 수 없었다.

우리의 비전은 명확했다. '고객에게 가장 강렬하고 매력적인 가치가 되도록, 전방위적으로 폭넓게 어필할 수 있는 더 많은 혜택을 제공할 것.' 2016년 제프가 주주들에게 보낸 편지에도 이 지점이 잘 드러나 있다. "우리는 아마존프라임이 정말로 좋은 가치가 되기를 기원합니다. 회원이 되지 않고서는 못 배길 만큼 말이지요."

5000편은 시작에 불과했다. 우리의 계획은 아마존프라임을 '일상의 습관'으로 만드는 것이었다. 이후 우리는 수천 편의 '반드시 봐야 할' 영화와 텔레비전 시리즈를 점진적으로 추가해갔다. 오늘날 프라임비디오는 전 세계 1억 명의 구독자와 수만 편의 타이틀을 보유하며 아마존프라임의 핵심 서비스로 당당히 우뚝 섰다. 타이틀 중에는 「트랜스페어런트Transparent」(2014), 「마블러스 미스 메이슬The Marvelous Mrs. Maisel」(2017), 「모차르트 인 더 정글Mozart in the Jungle」(2014), 「맨체스터 바이 더 시Manchester by the Sea」(2017) 등 골든글로브나 에미 상과 같이 여러 권위 있는 시상식을 휩쓴 자체 텔레비전 쇼와 영화들이 포함되어 있었다.

물론 이런 위치에 오르기까지 상당한 장애물을 뛰어넘어야 했다. 우리는 스트리밍 기술, 모바일과 텔레비전용 애플리케이션 개발에 충분히 투자해야 했고, 주저하는 디바이스 제조업체들의 저항을 이겨내며 자체 디바이스를 만들어야 했다. 당연히 영화와 텔레비전 쇼에도 수천만에서 수억 달러를 투자했다. 우리는 아마존언박스 이후 6년 이상을 수많은 실수와 도전, 명백한 실패의 연속으로 보내야 했다.

아마존언박스는 우리의 첫 번째 디지털 비디오 서비스였다. 제프와 나는 수많은 브레인스토밍 회의를 거쳐 그 이름을 선택했다. '언Un'을 붙인 건 기존의 영화와 텔레비전 쇼를 즐기는 방식과 상반되거나 같지 않다는 경험을 전달하려는 의도였다. 문제는 이 이름이 이도 저도 아니라는 점이었다. 그것은 '훌루Hulu'처럼 아무런 뜻이 없으면서 그저 독특하고 기억하기 좋게 들리는 '텅 빈 그릇' 같은 이름도, '넷플릭스'처럼 즉시 의미가 이해가 되는 이름도 아니었다.

아마존언박스가 구축한 고객 경험은 그야말로 실패작이었다. 이전까지 디지털미디어 서비스를 론칭해본 적이 없었던 빌과 팀원들에게 '비디오'는 매우 생소한 분야였다. 또한 당시만 해도 새로운 고객 경험을 개발하는 데 높은 기준을 설정해본 기록도 없었다. 더욱이 아마존은 기술적 제약조건들(인터넷 대역폭, 하드웨어, 소프트웨어), 제작사가 제공하는 영화와 텔레비전 쇼, 고객의 요금 지불 의사 등에 제약을 받았다. 무엇보다 아마존에는 처음부터 끝까지 고객 경험을 통제할 수 있는 하드웨어나 소프트웨어가 전혀 없었다. 애플은 이런 면에서 아마존보다 훨씬 유리했다. 2007년에 애플은 아마존의 10배가 넘는 콘텐츠를 판매하며 갑자기 크게 앞서나가기 시작했다.

고객의 '거실'로 가는 길고도 험난한 길

스트리밍 이전에 우리가 어떻게 영화를 봤는지 기억하는가? 당시 집에서 영화를 시청하는 데는 두 가지 방법이 있었다. 하나는 비디오대여점(기억하는가?)으로 달려가 남들보다 먼저 비디오테이프를 빌리는 것이었고, 다른 하나는 넷플릭스의 빨간 봉투에 담긴 DVD를 우편으로 받는 방법이었다(1997년 넷플릭스는 DVD를 우편 배달하는 서비스에서 출발했다).

아마존은 이를 온라인으로 고스란히 옮겨 고객에게 제공하는 최초의 서비스를 개발하고 싶었다. 무궁무진한 콘텐츠 목록에 접근해 이 중 취향에 맞는 콘텐츠를 컴퓨터로 다운로드하고, 집이나 이동하는 차 안에서 즐길 수 있다면 얼마나 좋을까? 심지어 이를 언제든 다시 볼 수 있다면 더없이 좋지 않겠는가?

당시에 넷플릭스의 DVD 대여 서비스는 빠르게 성장하고 있었다. 하지만 아마존은 결국 다운로드 방식의 서비스가 고객에게 더 매력적인 방식일 거라고 생각했다. 적어도 '대여점'을 고수하던 블록버스터Blockbuster의 고리타분한 비즈니스 모델보다는 확실히 낫겠다고 판단했다. 당시 블록버스터는 정점에 있었으나, 그들이 제공하는 고객 경험은 우리가 볼 때 정말이지 최악이었다. 그들도 DVD 온라인 구독 서비스를 제공하지 않은 건 아니다. 하지만 2006년 출시 당시 미국 전역의 전형적인 고객들은(사실상 전 세계의 모든 이들은) 여전히 '우울한 금요일 밤의 훈련'을 계속해야 했다. 그들은 퇴근 후 피곤한 몸을 이끌고 동네 블록버스터 매장으로 가 그날 밤에 볼 좋은 영화를 찾았다. 좋은 타이틀과 최신작은 항상 누군가가 대여해 갔기에, 대개는 가족 모두가 적어도 '참고 볼 만한 것'을 골랐다는 선에서 만족해야 했다. 때때로 테이프를 늦게 반납하는 바람에 대여료의 두세 배나 되는 연체료를 물기도 하면서 말이다.

우리는 아마존언박스가 이 모든 걸 바꿀 수 있다고 생각했다.

그럼 실제로 아마존언박스는 어떻게 작동했을까? 이에 앞서 조금은 솔직해질 필요가 있었다는 점을 먼저 고백하겠다. 우선 아마존언박스 앱은 아마존 웹사이트에 방문해 PC로 다운로드받아 설치해야 했다. 그렇다. 'PC'다. 맥Mac 사용자에게는 해당하지 않았다. 아마존언박스는 윈도즈가 깔린 컴퓨터에서만 구동됐고, 그마저도 나온 지 3년이 안 된 최신 PC에서만 가능했다. 설치 프로세스는 짜증 날 정도로 느렸다. 하지만 일단 앱을 설치하고 나면 다운로드할 영화를 웹사이트에서 고를 수 있었다.

하지만 더 큰 문제는 그다음에 발생했다.

2005년에는 HQ급 동영상을 스트리밍하는 일이 아직 가능하지 않았다. 고객들은 영화를 하드디스크 드라이브에 완전히 다운로드한 후에야 시청할 수 있었다. 다운로드하는 데 얼마나 오래 걸렸을까? 글쎄, 영리한 고객이라면 사무실로 개인 노트북을 가져가 당시로서는 '고속' 네트워크에 접속했을 것이다. 그렇지만 2시간짜리 영화를 다운로드하는 데 한두 시간은 족히 걸렸다. 이조차도 여의치 않은 사람에게는 정말이지 끔찍할 정도로 오래 걸렸다. 당시의 표준인 DSL 연결로는 다운로드를 완료하는 데 네 시간이나 걸렸기 때문이다.

이런 상태로는 결코 고객 경험을 만족시킬 수 없었다. 더 근본적인 해결책을 마련하는 데 많은 시간을 쏟아야 했다.

그때 DVD 전용 레코더를 개발하자는 의견이 하나의 아이디어로 제시됐다. 고객이 PC에서 영화를 구매하면 가정에 설치된 DVD 레코더로 자동 다운로드가 시작되는 것이다. 이 방법을 쓰면 적어도 아마존언박스의 한 가지 단점이 해결되는 게 아닐까?

하지만 아마존은 DVD 레코더를 사용하자는 의견을 폐기하는 대신, '리모트로드RemoteLoad'라 불리는 기능을 개발했다. 이는 어떤 컴퓨터에서 구매하건 상관없이, 미리 지정한 PC로 다운로드되는 방법이다. 이 방법의 단점은 지정한 PC가 항상 켜 있어야 했고, 그 PC는 아마존언박스 앱을 실행하면서 인터넷에도 연결되어 있어야 한다는 점이었다. 이렇게까지 불편한 일을 감수할 고객이 과연 있을까? 우리는 결국 '없다'라는 결론에 이르렀다.

우리는 추가 요금 없이 같은 콘텐츠를 여러 기기에 다운로드하는 혁신적인 방법도 생각했다. 우리는 애플의 고객이 종종 '멘붕' 상태에 빠진다는 걸 잘 알고 있었다. 고객이 아이튠즈에서 맥으로 다운로드한 음악을 아이팟으로 옮기기 위해서는 '사이드로드

Sideload(이미 다운로드한 파일을 다른 디바이스로 전송하는 것 - 옮긴이)'
해야 했기 때문이다. 만약 사이드로드 하기 전에 맥에서 노래 한
곡을 잃어버리거나, 음악 라이브러리 전체를 날려버리면 그야말
로 낭패 그 자체였다. 그 음악 컬렉션을 구성하는 데만 족히 수백
달러는 썼을 텐데, 하드디스크 드라이브에 결함이 생기거나 자신
도 모르게 삭제되면 그 모든 게 눈앞에서 사라지는 불상사를 봐
야 했으니 말이다. 하지만 이 방법을 해결할 '기술'은 없었다. 문
제는 저작권에 있었기 때문이다. 콘텐츠 제작사는 구매 한 건당
판매금액의 70퍼센트를 가져갔고, 각각의 다운로드를 모두 새로
운 판매로 간주했다. 그들의 비즈니스 중심에는 '고객 경험'이라
는 게 없었다. 그저 애플과 같은 배급사(콘텐츠 제작사의 고객)로부
터 가능한 한 많은 저작권 수입을 뽑아낼 궁리만 했다.

아마존은 이런 문제를 바로잡기 위해 영화 제작사들과 협상에
돌입했다. 시간이 오래 걸리고 그다지 즐거운 일은 아니었다. 하
지만 결국 협상에 성공했다. 우리는 '당신의 비디오 라이브러리
Your Video Library, YVL'('위불whyvull'이라고 발음했다)라는 기능을 아마존
웹사이트에 추가했다. 앞서 말한 대로 하나의 콘텐츠를 추가 요금
없이 여러 대의 디바이스에 여러 번 다운로드할 수 있는 기능이
었다. 우리는 아마존언박스의 이러한 세부 기능을 자랑스럽게 여
겼다. 이 정도의 기능은 오늘날 어디서든 볼 수 있지만, 당시에는
가히 혁신적이었다.

고객 관점에서 사고하고 노력해온 일은 장기적으로 아마존에
커다란 보상을 안겨줬지만, 단기적으로 보면 이런 기능(YVL)은

아마존언박스의 단점을 극복하는 데 충분치 않았다.

2005년 겨울, 유튜브가 급부상했던 때를 떠올려보라. 유튜브는 인기 있는 영화나 텔레비전 쇼가 아닌 사용자가 만든 콘텐츠를 제공했다. 동영상은 저화질이었고 PC의 작은 창에서 재생됐다. 소비자들은 동영상이 저화질이라고 짜증 내지 않았다. 유튜브는 그렇게 수천만 명의 시청자들을 끌어들이기 시작했다. 게다가 애플은 아마존언박스가 론칭된 직후에 유튜브 화면보다 훨씬 작은 아이팟 스크린에서 영화와 텔레비전 쇼를 보는 기능을 제공했다. 소비자들은 열광했다. 빠르고, 쉽고, 아이팟과 호환되다니! 모두 아마존언박스에는 해당하지 않는 것들이었다.

제프는 스티브 케셀과 빌, 그리고 닐 로즈먼을 자신의 사무실로 불렀다. 그는 아마존이 고객 경험의 수준을 충분히 높게 설정하지 않았다는 점, 또한 우리가 고객의 기대를 저버렸다는 점에 큰 좌절감을 느꼈다.

이제 와서 생각해보니 우리가 범한 실수들이 눈에 훤히 보인다. 우리는 준비를 덜 마쳤음에도 아마존언박스를 문밖으로 내보내는 데만 급급했다. 애플의 디지털 비디오 서비스의 출시가 임박했다는 소문이 우리가 아마존언박스를 출시하기 몇 주 전부터 관련 업계를 휩쓸었기 때문이다. 우리는 출시 경쟁에서 2등이 되고 싶지 않았다. 이것은 고객에 집중해야 한다는 생각과 완전히 상반되는 행동이었다. 우리는 내부 직원들을 대상으로 베타 테스트를 실시했는데, 이 테스트 결과를 고객 경험의 질을 향상시킬 기회로 전혀 활용하지 못했다. 우리는 그저 '내보내는 데' 혈안이었다. 고객 경험보다 속도전, 언론 홍보, 경쟁사 압도에 우선순위를 둔 것이다. 확실히 아마존다운 행동이 아니었다.

아래는 빌이 그해 성과평가서에 쓴 자기평가 내용이다.

전반적으로 2006년 나의 성과는 끔찍할 정도로 좋지 않았다. 아마존 언박스의 출시는 형편없는 반응 일색이었는데, 부분적으로는 디지털 저작권 관리Digital Rights Management, DRM와 콘텐츠 사용을 제약하는 라이선싱 문제가 있었고, 나아가 고객들이 선택할 콘텐츠의 종류가 많지 않았다는 점, 제품 설계가 잘못되었다는 문제(다운로드 속도 대신 지나치다 싶을 정도로 화질에 집중한 것), 기술적 결함 등이 있었다. 어쨌든 나는 이러한 이슈를 적절하게 관리하지 못했고, 소비자들의 뜨뜻미지근한 반응과 언론의 부정적인 논평을 피하지 못했다.

목표 대비 나의 성과는 프로젝트 실행률에서 저조한 달성도를 보였다는 점, 완료한 주요 프로젝트가 강렬한 고객 경험을 끌어내지 못한 채 초라한 판매율을 보였다는 점으로 요약할 수 있다. 나는 나의 목표 대비 성과에 'D'를 줘도 충분하다고 생각한다.

읽기가 고통스러울 정도다. 적어도 이 평가서에는 '신뢰 얻기'라는 아마존 리더십 원칙('소리 높여 스스로를 비판한다')이 내제되어 있다. 다른 회사였다면 아마도 빌은 해고됐을 것이다. 그러나 다행스럽게도 아마존의 '장기적 사고'에는 사람에 대한 투자도 포함되어 있었다. 아마존은 혁신을 추구하고 새로운 것을 만들고자 할 때 실패가 잦을 수밖에 없다는 점을 잘 이해하고 있었다. 누군가를 해고하면, 경험과 함께 따라오는 학습의 이점을 잃게 된다. 제프라면 이제 막 '완전히' 실패한 리더에게 이렇게 말할 것이다. "왜 내가 지금 당신을 해고해야 하지요? 당신에게 나는 100만 달러짜리 투자를 했습니다. 이제 당신이 그 투자에 결실을 볼 차례입니다. 당신에게는 그럴 의무가 남았습니다. 어디에서 잘못됐는지 명확하게 규명하고 기록으로 남기세요. 그리고 여기서 배운 것들을 전사의 여러 리더들에게 공유하세요. 다시는 똑같은 실수를 범하지 마시고, 다른 사람들이 그런 실수를 하지 않도록 도우세요."

빌은 아마존언박스를 출시하기까지 무엇이 잘못되었는지를 파악했다. 그 과정에서 더 많은 것을 배울 수 있었으며, 다른 구성원에게 이를 공유할 수 있었다. 그리고 이런 지식은 빌이 인정사정 없는 자기평가를 내린 그다음 해에 신제품 개발 과정에서 큰 영향을 끼쳤다. 그의 사고방식이 완전히 바뀌었기 때문이다.

아마존언박스가 출시되고 얼마 지나지 않아 스티브는 빌을 한쪽 구석으로 불렀다. 그러고는 자신이 제프한테 얼마나 흥미진진한 이야기를 들었는지 알려주었다. 제프는 그에게 디지털미디어 조직이 높은 기준을 설정하고 고수하는 것이 얼마나 필수적인지를 아주 분명하게 밝혔다고 한다. 제프는 자신의 주장을 입증하기 위해 영화 「에비에이터」(2005)를 봤는지 스티브에게 물었다. 영화는 비즈니스의 거물이자 비행기 조종사, 그리고 영화감독인 하워드 휴스Howard Hughes의 실화를 담고 있다. 제프는 리어나도 디캐프리오Leonardo DiCaprio가 연기한 휴스가 항공기 제조 시설을 방문해 최신 프로젝트의 진행 상황을 살피는 장면을 묘사했다. 최신 프로젝트란 속도에서 신기록을 세울 날렵한 1인승 비행기 '휴스 H-1 레이서Hughes H-1 Racer'의 개발을 가리켰다. 영화에서 디캐프리오는 기체 표면을 따라 손가락을 미끄러뜨리면서 비행기를 세심하게 검사한다. 그리고 프로젝트 팀원들은 이를 걱정스러운 눈빛으로 지켜본다. 디캐프리오는 만족스럽지 않은 표정으로 이렇게 말한다. "부족해. 대갈못(리벳)은 완전하게 접합돼야 해. 기체에 공기저항이 발생하면 안 된다고. 더 매끈해야 해. 더 매끈하게! 알아들었어?" 팀 리더는 고개를 끄덕이며 제도판이 있는 자리로 돌아간다.

제프는 스티브에게 그의 임무가 하워드 휴스의 일과 같다고 말했다. 그때부터 스티브는 팀을 최고의 기준에 따라 운영하면서, 아마존의 새로운 제품들에 만에 하나 품질을 떨어뜨릴 요소가 있는지 일일이 '손가락으로 만지며' 점검해야 했다. 빌은 스티브가 왜 이런 이야기를 했는지, 그 이유가 두 가지라고 간파했다. 첫째, 그것은 일종의 경고였다. 그는 만약 제품이 기대에 미치지 못한다면 빌과 그의 팀을 제도판으로 돌려보낼 것이라고 똑똑히 일러둔 것이다. 둘째, 빌에게도 좀 더 높은 기준을 설정할 책임이 있다는 것을 간접적으로 이야기한 셈이다. 앞으로 빌 또한 좀 더 하워드 휴스처럼 행동해야 했다.

애플은 어떻게 아마존을 좌절에 빠뜨렸나?

이제 우리의 잘못을 바로잡을 방법을 찾아야 했다.

아마존언박스가 모든 면에서 압박을 받았다는 건 부정할 수 없는 사실이다. 애플과 같은 경쟁자의 힘이 강력했고, 미디어 재생 측면에서는 마이크로소프트에 의존하고 있었다. 그리고 공급자인 영화 제작사들도 상당히 비협조적이었다. 우선 핵심 이슈는 저작권이 있는 콘텐츠의 다운로드를 관리하고, 고객의 콘텐츠 절도와 부당한 공유, 재사용 등을 막기 위한 디지털 관리 소프트웨어, 즉 DRM을 개발하는 일이었다. 애플은 자체적으로 '페어플레이FairPlay'라는 이름의 DRM을 개발했으나, 이를 아마존에 라이선스할 가능성은 거의 없었다. 우리가 자체적으로 DRM을 개발하지 않으면 마이크로소프트의 '윈도즈 미디어' DRM을 써야 했는데, 이는 윈도즈가 깔린 PC에서만 작동하기 때문에 그다지 좋은 방법은 아니었다.

사실 이런 장애물은 별 게 아니었다. 영화 제작사가 유료 텔레비전 채널들과 수십 년 전에 맺은 계약서가 더욱더 깊은 실망감을 안겨주었다. 그것도 계약서의 깊은 곳에 묻혀 있었던 아주 작은 조항 때문에 말이다. 그 조항은 바로 '블랙아웃 윈도Blackout Window'였는데, 이 조항은 새로운 영화가 DVD로 출시되면 평균 60~90일이라는 정해진 기간 안에 이를 디지털로 팔거나 대여할 수 있다는 의미였다. 즉, 이 기간이 지나면 보통은 3년 동안 그 권리가 유료 텔레비전 채널에 독점적으로 넘어가, 아마존은 같은 기간 동안 이를 전혀 활용할 수 없었다.

이로 인해 영화 제작사들은 아마존과 애플이 제공하는 새로운 디지털 다운로드 서비스에 신경질적인 반응을 보였다. 그들은 이

새로운 서비스를 '건별 결제 비디오Transactional Video On Demand, TVOD'
라 불렀다. TVOD는 당시에 빠르게 성장했고 미래가 아주 유망
했지만, 매출 흐름은 1년에 몇천만 달러 수준에서 머물렀기에 제
작사 눈에는 위험한 도박처럼 보였다. 그래서 그들은 이 계약 조
항을 변경하는 데 주저했다.

블랙아웃 윈도 조항은 아주 짧은 기간만 디지털미디어를 서비
스하고 판매할 수 있는, 우리에게 아주 불리한 조건이었다. 우리
는 앞으로 비디오 스트리밍이 영향력 있는 고객 경험이 되고 장
기적으로 커다란 비즈니스가 되기를 기대한다면 이 조항을 바꿔
야 한다는 점을 잘 알고 있었다. 하지만 빌은 이 작업이 아마존의
통제 범위를 벗어난다는 걸 금세 알게 되었다. 영화 제작사의 임
원들과 만날 때면 빌은 TVOD가 곧 인기를 얻을 것이고, 언젠가
는 유료 텔레비전 채널보다 그들에게 훨씬 더 큰 가치를 전달할
것이라고 설명했다. 임원들은 고개를 끄덕이며 이해한다고 말했
지만, 자신의 상사들(영화 제작사의 대표들)은 그렇게 생각하지 않
는다고도 덧붙였다. 다른 미디어 기업들과 마찬가지로, 당시 할리
우드 최고 경영자들의 결정은 전부 단기적인 재무 목표를 달성하
는 데 초점이 맞춰져 있었다.

단기적 사고에 빠져 있던 영화 제작사들은 그 후 10년이 지나서
야 아마존, 넷플릭스와의 경쟁과 생존 투쟁을 위해 디즈니 플러스
Disney+, HBO 맥스HBO Max, 피콕Peacock과 같은 자체 스트리밍 비디
오 서비스를 앞다투어 론칭하기 시작했다.

1장에서 언급했듯이 아마존의 보상 체계는 재무적 성과로 결정

되지 않는다. 시애틀 본사의 최대 기본급은 1년에 16만 달러, 보너스는 제도 자체가 없다. 추가적인 보상이 있다면 그것은 주식이었는데, 18~24개월 동안은 권리를 행사할 수 없다는 조건(즉 현금화할 수 없다는 조건 - 옮긴이)으로 아마존 주식을 받았다.

빌의 인센티브는 영화 제작사나 음반 회사의 임원들과는 아주 달랐다. 금전적으로 이득을 얻으려면, 빌은 아마존을 장기적으로 꾸준히 성장시켜야 했다. 우리는 아마존의 모든 직원이 언제나 이런 보상 철학을 좋아한다고 생각하지는 않는다. 때때로 사람들은 중요한 성취에 따라 보상받기를 원하고, 그것도 즉각적이었으면 한다. 하지만 아마존에서는 장기적 관점으로 생각하고 행동했던 사람, 즉 기다렸던 사람들에게 보상이 주어졌다.

영화 제작사들을 우리의 방식으로 끌어들일 수는 없었기에, 아마존언박스는 애초에 우리가 이길 수 없는 싸움이었다. 실제로 블랙아웃 윈도 조항은 2013년이 되어서야 사라졌기 때문이다. 이런 모든 문제로 인해 우리는 어떻게 하면 아마존언박스를 바로잡을 수 있는지 짐작하기조차 힘들었다. 아마존은 이 비즈니스에서 애플에 한참이나 뒤진 '2위'였다. 심지어 우리는 애플보다 '며칠이나' 앞서 디지털 비디오 서비스를 론칭했는데도 말이다. 당시 애플을 바라보는 빌과 팀원들은 엄청난 좌절감을 느꼈다. 애플에는 세상에서 가장 인기 있는 미디어 디바이스인 아이팟이 있었고, 최고의 사랑을 받는 애플리케이션인 아이튠즈가 있었다. 그리고 이 둘은 아주 매끄럽게 연동되었기에, 그들을 따라잡거나 앞서려고 제품에서 취약점을 찾는 것은 엄청나게 어려운 일이었다.

드디어 길이 보였다! 아주 잠깐은

2006년 어느 늦가을 날, 빌은 2007년 계획을 세우기 위해 회사 밖에서 아마존언박스팀과 이틀 동안 회의했다. 비슷한 규모의 다른 회사였다면 선밸리Sun Valley나 세도나Sedona, 나파Napa와 같이 멋진 곳으로 날아가 5성급 호텔에 머물며 적당히 골프도 치고 와인도 홀짝거렸을 텐데, 여기는 아마존이었다. 지구상에서 고객을 가장 최우선으로 생각하는 회사에서 근무한다는 것은 '고객에게 이익이 되지 않는 일'에는 돈을 쓰지 않는다는 것을 의미했다. 우리는 시애틀 시내에서 회의했고, 주변의 호텔 회의실을 예약하느라 돈을 쓰지도 않았다. 그저 시애틀 5번가의 사우스 605를 떠나 유니온 스테이션 옆에 있는 또 다른 아마존의 사무실로 이동했을 뿐이다. 내 기억에 점심조차 회사에서 사주지 않았던 것 같다.

우리는 이틀 내내 아마존언박스를 바로 세울 방법에 관해 토론했다. 회의에 참석하기 전 팀원들은 2주 동안 PR/FAQ와 내러티브를 새로 썼다. 어떤 팀원은 유저인터페이스를 개선하는 데 초점을 맞췄고, 다른 팀원은 대대적인 마케팅 캠페인이 해결책이라고 내다봤다. 하지만 아무도 맥을 통한 접속이나 영화 제작사들의 블랙아웃 윈도 정책과 같은 근본적인 문제를 해결하지 못했다. 제안서를 하나씩 거부할 때마다 빌의 좌절감은 커져만 갔다.

그때 팀에 새로 들어와 비즈니스 개발을 맡았던 조시 크레이머Josh Kramer가 입을 열었다.

MBA 출신의 엔지니어인 다른 팀원들과 달리, 조시는 할리우드에서 경력을 쌓았다. 그는 로만 폴란스키Roman Polanski가 감독한 영화 「시고니 위버의 진실」(1994)을 공동 제작한 경험도 있었다. 하지만 조시는 구찌Gucci 신발을 신고 포르셰Porsche를 모는 전형적인 할리우드 가이가 아니었다. 어찌 된 일인지 그는 언제나 바지 밖으로 삐져나와 있는 셔츠를 매일 커피나 케첩으로 더럽힌 채 다녔다. 그의 신발 끈은 항상 풀려 있었고, 안경은 부러졌는지 테이프로 칭칭 감겨 있었다. 반쯤 마신 커피와 음식, 얼룩진 종이가 가득 쌓인 그의 책상은 미국 산업안전보건법Occupational Safety and Health Act, OSHA 위반에 해당할 정도였다. 조시는 브라운대학교Brown University에서 '예술 매체로서의 소리'를 전공하고 와튼 스쿨에서는 MBA를 취득한 창의적이고 똑똑한 친구였다. 그는 할리우드의 내부 운영 방식을 잘 알고 있었고, 취미로는 코딩을 독학하기도 했다. 그는 비즈니스와 기술, 콘텐츠를 두루 꿰고 있었다.

조시는 팀에 들어온 지 몇 개월 지나지 않은 시점부터 여러 잠재 파트너사를 만났다. 그중 한 곳은 디지털 비디오 녹화Digital Video Recording, DVR 디바이스의 선구자 격인 티보TiVo였다. 일반적으로 조시와 같은 비즈니스 개발 담당자들은 '기술적으로는 불가능하지만 겉으로는 좋아 보이는' 파트너십 아이디어를 들고 돌아온다. 하지만 조시는 실제로 운영할 수 있는 아이디어를 가지고 금의환향했다. 그것은 아마존의 콘텐츠를 티보의 셋톱박스로 다운로드한다는 아이디어였다.

이 아이디어는 두 회사는 물론 각각의 고객에게도 이익이었다. 티보는 다양한 영화와 텔레비전 쇼를 신뢰할 수 있는 브랜드로부터 추가하고, 아마존은 티보로부터 고객의 '거실로 가는 길', 즉 텔레비전에 다다르는 경로를 얻었다. 또한 고객 대부분은 컴퓨터 스크린에 코를 붙이기보다 소파에 엉덩이를 붙이고 앉아 48인치 텔레비전으로 영화를 보고 싶어 했다.

그렇게 우리는 2007년 3월, 티보용 언박스를 출시했다.[44] 이로써 우리는 (적어도 고객이 티보를 설정할 줄 안다면) 우리가 자랑할 만한 고객 경험을 제공할 수 있게 되었다. 고객이 아마존 사이트에서 영화와 텔레비전 쇼를 둘러본 뒤 구매하면 자동으로 티보에 다운로드되는 서비스였다. 다운로드하는 데는 여전히 시간이 꽤 오래 걸렸지만, 티보용 언박스는 프로그래시브 다운로드Progressive Download(다운로드를 완료하기 전에 미디어를 재생할 수 있는 방식 – 옮긴이) 기능을 탑재하고 있었다. 이는 진정한 의미에서 스트리밍은 아니었지만, 확실히 시청의 효율은 높여주었다. 이미 티보 기기를 가진 아마존의 고객들은 이 서비스를 반겼고, 우리에게 찬사를 보냈다. 그렇게 티보는 매출 성장과 신규 고객 확보에 큰 원천이 되었다. 하지만 불행히도 우리의 경쟁자들도 가만히 놀고 있지만은 않았다.

넷플릭스, 디지털 미디어의 판을 뒤흔들다

두 달 전인 2007년 1월, 넷플릭스는 당시에는 '워치 나우Watch Now'라는 이름의 자체 비디오 스트리밍 서비스를 출시했다. 이는 엔터테인먼트 산업 역사상 가장 엄청난 변화를 예고하는 일이었다.

당시 넷플릭스의 스트리밍 서비스에는 약 1000편의 영화와 텔레비전 쇼가 전부였다. 그마저도 대부분 「카사블랑카」(1942)와 같은 옛날 영화들이었고, 「하우스 오브 카드」(2013) 같은 텔레비전 시리즈가 몇 편 있었을 뿐이다. 최신작이나 빅히트작은 없었다. 하지만 그들은 절대 굴하지 않고 돌파구를 마련했다.

넷플릭스 서비스에서 가장 혁신적인 특징 두 가지는 '구독'과 '스트리밍'이다. 당시 아마존과 애플은 프리미엄 콘텐츠를 유통하는 리더였지만, 아마존은 다운로드 서비스만 제공했다. 우리는 스트리밍을 유튜브의 영역인 저화질 동영상에 국한되는 기술이라고 생각했다. 회의 중간에 잠깐 쉬면서 춤추는 고양이 동영상이나 보는 용도라고 말이다. 넷플릭스가 워치 나우를 출시했을 때 우리는 그 서비스에 주목해 내부적으로 열띤 토론을 벌였다. 하지만 팀 내부는 물론 업계 사람들 대부분은 워치 나우가 그저 테스트일 뿐, 진지한 서비스는 아니라고 결론지었다.

넷플릭스에서 또 하나 주목할 점은 그 스트리밍이 '공짜'라는 데 있다. 흔히 어른들은 돈에 대한 감각을 이렇게 가르쳐주고는 했다. "세상에 공짜란 없단다. 공짜라고 해도 알고 보면 받을 건 다 받는다는 걸 명심해." 그런데 넷플릭스 DVD 대여 서비스를 구독하는 소비자는 추가 요금 없이 스트리밍을 즐길 수 있었다.

돌이켜 생각하면, 넷플릭스의 출시는 분명 우리에게 상당한 위협이었다. 구독과 결합한 스트리밍은 디지털 비디오 비즈니스에서 마법과도 같은 조합이기 때문이다. 넷플릭스는 DVD 구독자에게 무료로(혹은 이를 포함한 요금으로) 스트리밍을 제공할 만큼 영리했다. 이런 식의 방법은 사람들이 구독 서비스에 돈을 지불할 때 마음을 접게 하는 커다란 장애물(거부감 – 옮긴이)을 없애주었다. 하지만 우리는 아마존이 이런 위협을 이해하지 못한 유일한 기업은 아니었다는 걸 말하고 싶다. 당시 워너브러더스Warner Bros.의 회장 제프리 뷰커스Jeffrey Bewkes는 《뉴욕 타임스New York Times》와의 인터뷰에서 '넷플릭스의 위협'을 이렇게 평가했다. "알바니아 군대가 세계를 정복할 거라고요? … 나는 그렇게 생각하지 않습니다."[45](아이러니하게도 제프리 뷰커스는 10년 후 넷플릭스에 대적할 회사를 만들기 위해 AT&T와의 합병을 주장했다. 이제는 넷플릭스가 '미국 군대'이고 워너가 '알바니아 군대'인 셈이다!)

아마존이 스트리밍을 진지하게 고려하지 않았던 또 다른 이유는 아마존언박스에 즉각적이고 인지할 만한 영향을 주지 않았기 때문이다. 하지만 채 1년도 지나지 않은 2007년 10월, 훌루가 출시되면서 그 영향이 감지됐다. 넷플릭스와 달리 훌루는 미국에서 가장 인기 있는 텔레비전 쇼들을 스트리밍으로 제공했다. 텔레비전으로 방송한 그다음 날 폭스Fox와 NBC의 최신 쇼를 서비스한 것이다. 이뿐만 아니라 훌루는 심지어 무료(광고를 볼 경우)였다. 어른들의 말씀처럼 '공짜인 줄 알았는데 알고 보면 받을 건 다 받는' 정도가 아니라 진짜로 무료였다. 우리는 똑같은 쇼를 아마존언박스에서 한 편당 2.99달러에 판매했는데, 훌루는 이를 즉시, 그것도 무료로 볼 수 있게 했다. 갑자기 '2.99달러'라는 가격이 부당하게 느껴졌으니 우리의 콘텐츠가 잘 팔릴 리 없었다. 더군다나 제작사 중 뉴스 코프News Corp와 NBC 유니버설NBC Universal이 훌루를 소유하고 있었기에, 우리가 제작사에 영향력을 발휘할 수도 없게 되었다(현재 훌루는 디즈니가 경영권을 100퍼센트 확보하며 이들의 중요한 자산으로 자리 잡았다).

'가치 사슬' 계곡에서 탈출하라

2008년, 우리가 개발에 더 깊이 다가갈수록 '거실로 가는 길'에는 타협점이 필요할 만큼 뿌연 안개가 내려앉았다. 우리는 이제 다운로드 서비스에 스트리밍 비디오를 추가할 타이밍이라고 결정했다. 그러면서 함께 '언박스'라는 이름에 축적된 부정적인 이미지를 폐기할 기회라고 생각했다.[46] 2008년 9월, 우리는 '비디오온디맨드Video On Demand, VOD'라는 이름으로 서비스를 재출시했다. 특별히 창의적이지는 않은 작명이었다(창의적인 아마존언박스를 실패하고 나서 그런지 우리는 조금 의기소침해졌다). 하지만 우리에게는 어떤 서비스인지를 분명하게 알려주는 이름이 필요했다. 이와 함께 우리는 소니, 비지오Vizio, 삼성, LG, 파나소닉Panasonic 등 여러 제조업체의 텔레비전과 '로쿠Roku'라는 새로운 스트리밍 디바이스에서 구동되는 스트리밍 애플리케이션을 출시했다.[47]

아마존 고객들은 드디어 자신이 좋아하는 영화와 텔레비전 쇼를 주문형 스트리밍을 통해 거실의 텔레비전에서 시청할 수 있게 되었다. 하지만 각자의 인터넷 연결 속도와 하드웨어가 다르다 보니 시청 경험은 디바이스마다, 고객마다 달랐다. 어떤 고객은 기삐했지만, 어떤 고객은 머리털을 쥐어뜯었다. 후자의 경우 대부분은 시청 속도보다 다운로드 속도가 뒤처질 때 발생하는 버퍼링 Buffering, 즉 '죽음의 바퀴Wheel of Death'를 못마땅해했다. 빌은 고객들이 영화 한 편을 시청할 때 세 번 이상 버퍼링이 발생한다면 전액 환불해주겠다는 결정을 내렸다. 콘텐츠 판매금액의 일부를 제작사에 지급해야 했지만 말이다. 빌은 '아마존에서는 그런 불편을 용납하지 않는다'는 사실을 확실히 밝힐 필요가 있다고 생각했다.

이 같은 환불 정책을 제프에게 허락받은 건 아니지만, 그도 같은 생각이었으리라 짐작한다. 그는 주주에게 보내는 편지에서 이렇게 썼다.

"우리는 우리의 기준에 맞지 않은 고객 경험을 제공했을 때 적극적으로 이를 찾아내서 고객에게 환불하는 자동 시스템을 구축했습니다. 어느 산업 전문가는 최근 우리가 보낸 이메일을 받았다고 합니다. 내용은 이렇습니다. '저희는 고객님이 비디오온디맨드로 「카사블랑카」를 시청하실 때, 비디오 재생에 문제가 있었다는 점을 발견했습니다. 불편을 드려서 죄송합니다. 귀하에게 구매금액 2.99달러를 환불해드렸습니다. 계속 많은 이용을 부탁드립니다.' 그는 적극적인 환불 정책에 놀라며 자신의 경험을 이렇게 적었더군요. '아마존은 내가 비디오 재생에 문제가 있었다는 걸 알아냈고, 바로 그 이유로 나에게 환불해주겠다고 결정했다. 와우! 고객 우선이란 바로 이런 게 아닐까?'"[48]

넷플릭스는 계속해서 '스트리밍의 리더' 자리를 지키고 있었다.

그들은 거실의 여러 디바이스를 통해 스트리밍할 가능성을 일찍부터 열어두고 있었다. 그들은 전용 스트리밍 기술을 개발할 전담 엔지니어링팀도 꾸린 상태였다. 2008년이 되자 텔레비전을 포함해 블루레이 플레이어, 게임 콘솔 등 인상적일 정도로 많은 디바이스에서 넷플릭스를 즐길 수 있게 됐다. 그들은 꾸준히 콘텐츠 라이브러리를 확대해갔다. 넷플릭스의 비즈니스는 말 그대로 '폭발적'으로 성장했다.

우리는 시간이 흐르면서 비디오온디맨드가 가치 사슬의 중간에 끼어 있다는 사실을 깨달을 수밖에 없었다. 그것도 옴짝달싹하지 못할 정도로 깊은 계곡 사이에 갇혀 이리저리 충돌하고 있는 모양새였다. 우리는 상류에 있는 콘텐츠 개발도 통제하지 못했고, 하류에 있는 재생 디바이스도 통제할 수 없었다. 아마존 VOD는 독특한 것도, 독점적인 것도 없는 그저 '디지털 유통 시스템'일 뿐이었다.

7장에서 언급한 가치 사슬의 간단한 다이어그램을 이 자리에 다시 불러오자면 다음과 같다.

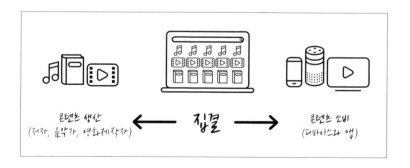

여기서 얻은 통찰을 통해 우리는 '콘텐츠 소비'를 통제하는 방향으로 킨들을 제작했다. 디지털 영화와 텔레비전에서 우리는 여전히 '집결' 역할 쪽에 고착돼 있었다. 유통 비즈니스의 인풋 지표인 가격과 구색은 디지털 비즈니스 세계에서 아마존을 차별화하지 못했고, 비디오 구매자 수와 매출액 등 우리의 아웃풋 지표 역시 집결에 치중하는 전략에 실패했음을 여실히 드러냈다.

우리는 일단 그 계곡에서 빠져나와야 했다. 2010년 초, 아마존은 다시 힘을 모아 여러 가지 새로운 계획에 자원을 아낌없이 투입했다.

'아, 그런데' 서비스에서 답을 찾다

우리는 풍요로워 보이는 가치 사슬의 양쪽 끝으로 가기 위해 제프와 여러 차례 만나 아이디어와 선택지를 논의했다. 우리는 소비자들이 넷플릭스처럼 '양껏 먹을 수 있는' 수수료 기반의 구독 모델을 무척 좋아한다는 사실을 명백히 알았지만, 이를 위해 넷플릭스가 일 년에 라이선스 계약에만 3000~4000만 달러를 쏟아붓는다는 사실도 알게 되었다. 4000만 달러는 당시 아마존에 엄청나게 큰 금액이었다(내 말을 믿기 바란다). 그 숫자에 우리는 충격을 받았다. 정말이지 터무니없는 계약처럼 보였다.

하나 제프에게는 그렇지 않았다. 어느 회의에서 그는 이런 말을 했다. "때에 따라서 그 정도 돈으로도 분명 충분치 않을 거예요.

나는 어떻게 비슷한 투자로 우리가 구독 비즈니스에 진입할 수 있는지, 그 계획을 보고 싶어요." 그러면서 제프는 우리가 하드웨어 디바이스뿐만 아니라 디지털 미디어에 관련한 새로운 아이디어를 탐색해야 한다는 점도 분명히 했다.

빌은 제작사들과 소통하던 조시 크레이머와 함께 캐머런 제인스Cameron Janes를 책임자 자리에 앉혔다. 두 사람은 빌의 조직에서 몇 년 동안 핵심 리더로 일했고, 디지털 엔터테인먼트 비즈니스의 베테랑들이었다. 캐머런은 월마트닷컴walmart.com에서 전자상거래 비즈니스 업무를 몇 년간 수행하다가 2007년 아마존에 합류했다. 켈로그 경영대학원Kellogg School에서 MBA를 취득한 그는 콘텐츠, 재무, 제품 등 그 어떤 문제도 다룰 줄 아는 균형 잡힌 비즈니스 '선수'였다.

우리는 여러 시행착오 끝에 디바이스 측면에서는 구독 콘텐츠에만 집중하는 것이 현명하다는 사실을 깨닫게 되었다. 조시는 이 과정에서 정보 수집을 담당했다. 그는 이곳저곳으로 전화를 돌리며 주요 영화 제작사 사람들과 더욱 밀접한 소통을 했다. 하지만 우리는 이 과정에서 낙담할 수밖에 없었다. 넷플릭스는 이미 매우 유리한 고지를 점하고 있었고, 그들과 비슷한 예산을 써서는 절대로 그들과 같은 수준의 콘텐츠를 집결시킬 수 없었다. 우리는 또한 3000~4000만 달러가 '옛날이야기'라는 걸 알게 되었다. 우리가 뛰어들 당시 넷플릭스는 그 두 배에 달하는 돈을 쓰고 있었다.

구독 비즈니스에서는 카피캣 전략으로 2위가 된다 한들 아무런 소용이 없었다. 그 대신 우리는 넷플릭스가 접근하지 못하는 영화와 쇼를 제공해야 했다. 또한 폭스와 NBC의 시리즈를 대부분 움켜쥐고 있는 홀루와도 다른 경험을 고객에게 제공해야 했다. TVOD 비즈니스에서는 콘텐츠 구색을 차별화하는 전략이 가능하지 않았지만(아마존, 애플, 마이크로소프트, 소니는 모두 같은 타이틀을 보유했다), 구독 비즈니스에서는 독특하고 독점적인 카탈로그가 '생명'이었다.

우리는 수없이 많은 콘셉트를 브레인스토밍했다. 호러나 다큐멘터리 같은 특정 장르에 깊이 파고드는 걸 고려하기도 했고, 일주일에 한 편씩 무료 영화를 제공해 고객을 유인할까도 생각해봤다. 그러다가 결국 우리가 제공할 수 있는 콘텐츠의 선택 범위가 아주 좁다는 걸 인정하면서, 한 달에 3.99달러라는 낮은 가격으로 서비스를 시작하자는 아이디어도 논의했다. 하지만 그 가격으로는 돈을 충분히 벌어들일 수 없었고, 결국에는 언제든 가격을 인상할 기회를 노리게 될 터였다. 이는 매우 아마존답지 않은 행동이었다.

네 번째인지 다섯 번째인지 모르겠지만, 우리는 제프와 회의를 하면서 고통스러울 만큼 명백한 사실을 깨달았다. 하드웨어는 물론 구독 서비스에서도 아무런 성과를 낼 수 없다는 사실에 직면한 것이다. 그러다가 어느 순간, 제프가 불현듯 간단한 아이디어를 제시했다.

"아마존프라임 회원들에게 비디오를 공짜로 제공해 봅시다."

이것은 누구의 아이디어 목록에도 없던 생각이었다. 과연 효과가 있을까? 제프는 넷플릭스의 스트리밍 서비스가 애초에 DVD

구독자들에게 공짜로 제공되던 서비스였다는 점을 우리에게 상기시켰다(엄밀히 말하면 DVD 구독료에 스트리밍 서비스 이용료가 포함된 것이다). "그게 바로 '아, 그런데Oh-by-the-way' 서비스예요."

넷플릭스가 시장에 진입할 때는 콘텐츠의 구색이 볼품없어서 고객에게 추가 요금을 부과할 정도는 아니었다. 그 대신 기존 구독 서비스에 부가가치를 제공하고자 했던 것이다. 넷플릭스는 고객에게 기본적으로 이런 메시지를 던졌다. "고객님께서 돈을 지불하며 이용하는 서비스는 아주 훌륭합니다. '아, 그런데' 여기에 즐길 거리가 더 있습니다."

그렇게 3년이 지나자 넷플릭스의 고객 대부분은 스트리밍 서비스만 이용하게 되었다. 이 고객들은 절대로 DVD를 대여하지 않는다. 만약 넷플릭스의 스트리밍 서비스가 출시한 날부터 구독료를 받기 시작했다면, 이러한 비즈니스의 전환은 원활하지도 매끄럽지도 않았을 것이다. 과연 구독료를 따로 지불하겠다는 소비자가 얼마나 됐겠냐는 말이다.

구독 서비스에는 '닭이 먼저냐, 달걀이 먼저냐'와 같은 어려운 문제가 존재한다. 유료 구독자를 끌어들이려면 대단한 무언가가 필요하다. 그런데 그 대단한 것을 제공하려면 유료 구독자가 많아야 한다. 이는 전형적으로 대규모 선행 투자가 필요한 '콜드 스타트 문제Cold-start Problem'(고객 수가 적어서 맞춤형 상품이나 서비스를 개발하는 데 필요한 돈과 데이터가 부족한 문제 – 옮긴이)라고 볼 수 있다. 몇 년에 걸쳐 구독자가 증가해야 투자비 회수를 기대할 수 있는 까다로운 문제다. 제프는 우리가 아마존프라임 회원들에게 스트

"고객님께서 돈을 지불하며
이용하는 서비스는 아주
훌륭합니다.

'아, 그런데
(Oh-by-the-way)'

여기에 즐길 거리가 더 있습니다."

리밍 서비스를 무료로 제공해도, 비즈니스는 장기적으로 이익을 낼 거라고 주장해다.

무슨 근거일까? 스트리밍 구독 서비스는 비용이 고정된 비즈니스다. 넷플릭스는 제작사로부터 영화나 텔레비전 시리즈를 라이선스하면서 고정 수수료를 냈다. 그 금액은 사용량에 비례하지 않았다. 고객들이 비디오를 한 번 보든, 수천 번 보든 라이선스 비용은 동일했다(물론 대역폭과 서버에 따라 변동비용이 들기도 한다. 하지만 1회 시청에 그 비용은 몇 푼밖에 되지 않는다). 고정비용을 기반으로 한 인기 있는 구독 서비스의 장점은, 구독자 수가 일정 수준을 넘어서면 새로 유입된 신규 구독자의 구독료가 고스란히 이익으로 돌아온다는 점이다. 단, 이런 전략을 성공시킬 때는 두 가지 어려운 면이 있다. 첫째, 대규모 구독자를 확보하는 일, 둘째, '반드시 봐야 할Must-see' 영화와 텔레비전 시리즈로 카탈로그를 구축하는 일이다.

프라임비디오가 거대하고 성장 중인 아마존프라임 고객에 기반한다면, 우리는 남들보다 빨리 첫 번째 문제를 해결할 수 있었다. 더불어 우리는 초기의 빈약한 콘텐츠 구색을 별로 염려하지 않았다. 이는 아마존에서 늘 그렇듯 장기적으로 봐야 할 문제였기 때문이다. 우리에게는 시간만 주어진다면 적합한 투자를 진행하면서 다양한 콘텐츠를 집결시킬 자신감이 있었다. 만약 우리가 이를 잘해낸다면, 고객들은 '빠른 무료 배송'뿐만 아니라 '스트리밍 비디오'를 시청하기 위해서라도 아마존프라임에 모여들 게 분명했다. '아, 그런데'라는 추가 서비스는 '꼭 필요한Gotta-have' 혜택이 될 터였다.

제프는 스트리밍 비디오를 갖춘 아마존프라임이 독특하고 경쟁력 있는 차별적인 제품이 될 것이라고 주장했다. 당시에 아마존은 전 세계 여러 시장과 영역에서 경쟁하는, 갈수록 복잡해지는 기업이었다. 모든 비즈니스 카테고리와 시장에서 오로지 차별성만으로 지위를 확립하는 것은 엄청나게 어려운 일이었다. 하지만 그는 아마존프라임이 사람들의 애를 태울 방법이라고 생각했다. 어떤 경쟁자든 아마존프라임을 본 따거나 넷플릭스 형태의 서비스를 구축할 수 있었지만, 아무도 이를 둘 다 해낼 수는 없었다.

'2011년 2월'. 마침내 프라임비디오의 출시일이 정해졌다.

콘텐츠 생산: 할리우드 제작사 '아마존'

우리는 유럽을 기반으로 한 영화와 텔레비전 구독 서비스인 '러브필름LOVEFiLM'을 인수하기로 했다. 이 회사는 '유럽판 넷플릭스'라 불리는 곳이었고, 당시에는 유럽에 진출하지 않았던 넷플릭스를 뛰어넘는 데 상당한 도움이 될 것으로 보였다. 우리는 이를 인수한 후에 할리우드의 영화 제작사와도 배타적 장기 라이선스를 위한 조속한 협상에 들어갔다. 모든 게 예상대로 진행된다면, 영국과 독일에서 먼저 넷플릭스보다 한 수 위가 될 수 있었다.

그러던 2011년 초, 믿는 도끼에 발등을 찍혔다. 소니와 워너브라더스 등 주요 제작사에서 넷플릭스가 우리와 같은 작품의 입찰에 참여하며 두 배의 돈을 제안했다고 전해온 것이다. 난데없이 입찰 경쟁에 빠지고 말았다. 누가 이겼을까? 영화 제작사들의 승리였다. 우리가 영국과 독일 고객을 사로잡기 위해 넷플릭스와 끝장을 볼 동안 그들의 수수료는 하늘 높은 줄 모르고 치솟았다.

이때의 경험은 가치 사슬에 대한 우리 생각을 확고하게 만들었다. 빌은 이를 계기로 넷플릭스와 훌루를 상대로 한 끝 모를 입찰 사이클에서 어서 빠져나와야 한다고 생각했다. 아마존이 진입하는 모든 국가에서는 제작사 측에 추가 수수료를 주는 일은 없어야 했다. 우리는 우리의 운명을 스스로 통제하기로 했다. 빌은 이런 일을 겪고서 놀랍도록 선명한 결론에 도달했다. 아마존은 아마존 고유의 콘텐츠를 '만들어야 한다'고 말이다. 우리는 이제 제작사로서 영화와 텔레비전 쇼를 만들어야 할 때였다.

2010년에 이미 첫 실험을 시작하면서, 우리는 자체 텔레비전 시리즈와 영화가 필요하다는 사실을 인지하고 있었다. 그리고 수많은 제작사와 관련 조직으로부터 콘텐츠를 구매하는 일이 얼마나 경쟁적이고 비용이 많이 드는 일인지를 똑똑히 목격했다. 이에 우리는 비용을 스스로 통제하며 전 세계 고객에게 최초로 독점적인 영화와 텔레비전 쇼를 스트리밍할 수 있는 아마존스튜디오Amazon Studios를 운영하기 시작했다.

이 일은 엔터테인먼트 산업의 특성상 매우 빠르게 속도가 붙기 시작했다. 우선 프로듀서, 감독, 배우, 스태프의 인재 풀은 제한적이지만 수요가 많은 엔지니어의 인재 풀과 달리 매우 넓었다. 그리고 인원은 대부분 독립적인 프리랜서 형태였으며, 고용 기간은 상대적으로 짧았다.

프로덕션을 운영할 때 정말로 필요한 것은 '헌신'과 '자본'이었다. 엔터테인먼트 산업에서 대본은 거의 무한대 수준으로 공급됐지만, 이 중 훌륭한 대본을 발굴하는 건 극히 드문 일이었다. 우리는 제작 승인을 내릴 만한 최고의 대본을 찾고, 때로는 이를 위해 경쟁하는 데 상당한 어려움을 겪었다. 아마존은 이 문제를 해결하기 위해 산타모니카에 사무실을 열어 코미디와 드라마, 아동 등 특정 콘텐츠 장르에 집중할 개발 임원들을 고용했다.

아마존 원칙을 적용하는 데 할리우드라고 예외는 아니었다. 우리는 바 레이저 프로세스를 사용해 아마존스튜디오팀 인원을 채용했고, 파티션도 없는 좁은 사무실에서 최대 기본급으로 16만 달러를 제공했다. 누구도 현금 보너스를 받지 못했고, 모두가 이코노미석을 타고 이동해야 할 만큼 검소한 방식에 익숙해져야 했다. 그리고 때론 이것이 불편한 대화로 이어지기도 했다.

산업 환경의 변화는 우리의 새로운 계획을 좀 더 쉽게 이끌어줬다. 스트리밍은 이제 흔한 방식이었다. 그리고 또 하나의 중요한 발전이 있었다. 2013년 2월에 방영한 넷플릭스의 첫 오리지널 시리즈 「하우스 오브 카드」가 미국에 센세이션을 일으킬 만큼 획기적인 히트작 반열에 올랐다는 사실이다. 이 작품 이전에는 대부분의 할리우드 A급 배우들이 넷플릭스와 같은 온라인 프로덕션과 관계를 맺으려 하지 않았다. 한때 광고를 찍는 것이 이미지를 떨어뜨리는 일이라고 믿었던 만큼, 온라인 프로덕션의 급을 낮게 본 것이다. 하지만 「하우스 오브 카드」는 여러 개의 상을 휩쓸며 웹

TV가 제작한 텔레비전 시리즈 최초로 골든 글로브, 에미 상의 후보와 수상자를 배출한 작품이 되었다. 문은 이미 열려 있었다.

이제 아마존도 할리우드 스튜디오처럼 운영되기 시작했다. 기존 제작사들과 크게 다른 점이 있다면, 우리는 수년에 걸친 프라임비디오의 시청 데이터를 바탕으로 아마존 고객들에게 크게 어필할 최고의 대본을 찾는 데 집중했다는 점이다. 우리는 다섯 편의 코미디와 다섯 편의 아동용 프로그램을 파일럿으로 먼저 제작했다(이 선별 과정에 제프도 직접 참여했다). 열 편의 파일럿 프로그램을 만든다는 건 수백만 달러의 제작비를 열 번이나 지출한다는 의미였다. 우리는 이에 새롭고 흥미로운 묘안을 추가했다. 어떤 작품을 대중에게 공개할지 아마존 내부에서 결정하지 않고, 모든 작품을 대중에게 공개해 누구나 볼 수 있게 한 것이다. 이 과정에서 우리는 어떤 작품이 시청자를 끌어당기는지, 실제 시청률 데이터와 평점, 리뷰 등을 종합해 판단하는 안목을 길렀다. 결국 우리는 스튜디오 중심이 아닌 시청자 중심으로 제작 프로세스를 정비하며 좀 더 아마존다워질 수 있었다.

우리는 아동용 쇼 중 「크레이티브 갤럭시Creative Galaxy」(2013)와 「텀블 리프Tumble Leaf」(2014)를 최종 공개하기로 했다. 이 두 시리즈는 시청자와 비평가들의 찬사를 받으며 각각 3개 시즌과 6개 시즌을 이어갔다. 우리는 다섯 편의 코미디 중에서 두 편을 풀 시즌Full-season 제작 대상으로 선정했다. 세 명의 공화당 상원의원들의 이야기를 다룬 2013년작 「알파 하우스Alpha House」와 이듬해 방영된 실리콘밸리 드라마 「베타스Betas」였다. 아마존은 이 두 시리즈에 큰 노력을 기울였지만 아쉽게도 메가 히트작은 되지 못했다. 하지만 아마존은 2014년과 2015년에 새로운 시리즈인 「트랜스페어런트Transparent」와 「모차르트 인 더 정글Mozart in the Jungle」, 「맨 인 더 하이 캐슬The Man in the High Castle」(2015)을 방영하며 '고품질 콘텐츠 제작자'라는 명성을 얻는 데 성공했다.

콘텐츠 소비: 디바이스의 외연을 확장하다

우리는 가치 사슬의 한쪽 끝에서 아마존의 존재감을 확립하기 위해 노력했다. 아마존의 자체 하드웨어, 즉 고객이 전체 경험의 맥락에서 아마존의 콘텐츠에 접근할 수 있는 디바이스를 개발하는 일이었다. 몇 년 전에 스티브 케셀이 킨들을 시작으로 자체 디바이스 디자인과 개발 역량을 구축해놓았기에, 아마존은 충분히 비디오, 음악, 앱을 지원할 다양한 종류의 디바이스를 발명할 위치에 있었다.

문밖으로 나온 첫 번째 디바이스는 2011년 11월에 출시한 킨들 파이어Kindle Fire 태블릿이었다. 이는 아이패드의 성능과 상당히 닮아 있었고, 가격은 그보다 몇백 달러 저렴한 199달러에 판매됐다. 최초로 모바일 디바이스에서 HD급 동영상 재생이 가능해야 했기에, 개발 초반에 크고 작은 어려움을 겪었다. 하지만 킨들파이어 태블릿은 의미 있는 수준으로 빠르게 시장점유율을 확보했다. 그러면서 아마존이 비디오 재생 쪽에 단단히 기반을 다지도록 해주었다. 출시 후 1년 만인 2012년 9월, 킨들파이어 태블릿은 수백만 대가 팔리며 아이패드에 이어 미국에서 두 번째로 많이 팔린 태블릿이 되었다.[49] 우리는 2014년 '킨들'을 이름에서 떼어내며 기능을 계속해서 업그레이드했다.

파이어 태블릿의 성공 이후, 데이브 림프Dave Limp가 이끄는 아마존의 디바이스 조직은 여러 건의 신규 디바이스 개발에 착수했다. 고객 경험을 향상시키기 위해 여러 기능을 탑재한 파이어TV는 2014년 4월 99달러의 가격으로 출시됐다. 우리는 특히 수년간의 앱 구축 경험을 바탕으로 부드럽고 직관적인 사용자 인터페이스를 디자인했다. 시청자는 이를 통해 소파와 텔레비전 사이의 거리를 의미하는 '10피트 사용자 인터페이스 간극Ten-foot User Interface Gap'(짧게 10' UI라고 함)을 메울 수 있었다. 더불어 파이어TV는 리모컨에 내장된 음성 검색 기능으로 소비자가 원하는 쇼를 훨씬 더 쉽고 빠르게 선택해 재생할 수 있었다.

우리의 혁신은 결과가 증명해준다. 이 글을 쓰는 지금 수백만 가정에 보급된 파이어TV는 세계에서 가장 많이 팔린 '텔레비전 연결 비디오 스트리밍 디바이스' 중 하나가 되었다.

* * *

아마존은 새로운 성장 동력을 창출한다는 목표로, 2004년에는 구독 서비스, 2006년에는 디지털미디어의 세계로 진입했다. 둘 다 개발하는 데 꽤 오랜 시간이 걸렸고, 각각의 목적을 실현하기까지는 더 큰 인내가 필요했다. 몇 번의 좌절이 찾아오긴 했지만(아마존언박스가 특히 그랬다), 디지털미디어를 통한 다양한 계획이 모두 각자의 방식으로 성공을 거두었다.

이런 프로젝트를 진행하는 동안 아마존은 특유의 비즈니스 실천법을 고수했다. 무엇보다 이 프로젝트들은 아마존의 장기적 사고, 고객 집착, 발명 의지, 운영의 탁월함이 낳은 산물이다. 아마존은 늘 비전을 완강히 고수하되 세부사항에서는 아름다운 유연성을 발휘했다.

10장 아마존웹서비스(AWS)

: 혁신 기술을 뿜어내는 용광로

아마존이 '웹서비스Web Services'(네트워크상에서 서로 다른 컴퓨터 간에 상호작용을 위한 소프트웨어 시스템)의 선구자라는 사실을 알고 있는가? 제휴사와 데이터를 공유하는 과정에서 탄생한 AWS의 이야기를 들어본다. 이로써 새로운 계층의 고객을 발굴했다. '발명과 단순화'라는 리더십 원칙이 어떻게 아마존을 웹서비스의 리더로 만들었을까? 이와 더불어 AWS를 탄생시키기 위해 아마존이 어떻게 '워킹 백워드' 프로세스를 적용했는지도 함께 살펴본다.

아마존웹서비스Amazon Web Services**(AWS)**

아마존의 클라우드컴퓨팅 서비스. 컴퓨팅, 스토리지, 데이터베이스, 분석, 네트워킹, 모바일, 머신러닝, 인공지능, 사물인터넷, 보안, 애플리케이션을 비롯한 광범위한 글로벌 클라우드 기반의 서비스를 제공한다.

장면: 콜린의 사무실. 전화가 울린다. 휴대전화 화면에 '제프 베이 조스'가 뜬다.

콜린: 안녕하세요, 제프.

제프: 안녕한가요, 콜린. 나는 웹서비스로 우리가 뭘 하고 있는지 잽 싸게 살펴보고 있었습니다. 당신이 떠오르더군요. 웹서비스로 뭘 하는지 안다면 알려줄 수 있나요?

콜린: 물론이죠. 직접 보여드리는 게 좋을 것 같아요. 언제가 좋으신 가요?

제프: 지금은 어때요?

콜린: (예정된 두 개의 회의를 취소하고 노트북을 겨드랑이에 낀 채) 지금 좋 습니다. 바로 가겠습니다.

이미 살펴봤듯이, 2000년대 초 물리적 미디어에서 디지털미디어로 탈바꿈하는 과정은 아마존 비즈니스 전체에 실질적인 위협을 가했다. 당시 아마존 비즈니스의 75퍼센트가량이 종이책, CD, DVD의 판매로 이루어지고 있었기 때문이다. 우리는 위기를 타개할 방법을 모색하거나, 아니면 미디어 판매에서 고리타분한 존재가 될 위험을 무릅써야 했다. 크게 성공한 아마존프라임도 본질적으로는 기존의 물리적 미디어 유통 비즈니스의 연장이었다(비록 아주 큰 비중을 차지한다고 해도 말이다).

하지만 디지털미디어나 아마존프라임과는 달리, '아마존웹서비스'는 우리의 핵심 비즈니스와 아무런 상관이 없었다. 2000년대 초만 해도 '클라우드컴퓨팅Cloud Computing'(물리적인 데이터센터와 서버를 구매·소유·유지·관리할 필요 없이, 온라인을 통한 컴퓨팅파워와 데이터스토리지 등의 IT 리소스를 종량제 가격으로 주문받아 제공하는 것[50])이라는 용어는 널리 사용되지 않았다. 아마존의 기업 이미지 역시, 이를 제공할 좋은 위치에 있지도 않았다. 클라우드컴퓨팅이란 게 아마존에는 완전히 새로운 고객층인 소프트웨어 개발자들을 타깃으로 삼지 않는가?

이 장에서 우리는 AWS의 기원부터 모든 역사를 이야기하지는 않을 것이다. 그 주제를 다루려면 책 한 권으로도 부족하기 때문이다. 그 대신 우리는 다음의 두 가지 질문에 대답함으로써, '아마존인 되기'의 핵심요소를 당신의 조직에 통합시키고자 노력할 것이다.

1. '아마존인 되기'의 어떤 요소가 아마존을 이처럼 완전히 다른 비즈니스로 이동하게 했는가?
2. 아마존은 어떻게 거대 비즈니스를 영위하는 견고한 기업들과 자금이 풍부한 웹 기반 기술 기업들을 제치고 그들보다 앞서서 클라우드컴퓨팅 기술을 마스터할 수 있었나?

두 질문에 대한 답은 '싱글 스레드 팀이 워킹 백워드 프로세스를 가차 없이 반복했다는 것'과 '고객 경험에 대한 집착'으로 요약할 수 있다. 이로써 우리는 클라우드컴퓨팅이라는 새로운 패러다임 앞에서 소프트웨어 개발자들의 근본적인 니즈를 발견할 수 있었다.

아마존이 그런 일을 한다고?

제휴사에 재량권을 주는 일

2001년에 콜린은 '아마존어소시에이츠'라는 제휴 비즈니스를 관리하고 있었다. 이 프로그램은 우리가 보통 '제휴사'라고 부르는 서드 파티 업체들이 자신의 웹사이트에 아마존 제품의 링크를 올려 소정의 수수료를 받게 하는 데서 출발했다(3장에서 예로 든 바 있다). 제휴사들은 직접 자신의 웹사이트에 노출시킬 방법과 제품을 선택하기 위해 몇몇 매개변수를 설정할 수 있었다. 요즘의 광고 서버에서는 흔히 사용되는 방식이지만, 당시만 해도 매우 생소한 개념이었다. 이 프로그램은 큰 인기를 끌었다. 콜린이 이 프로그램에 관여한 지 4년 만에 제휴업체의 수는 3만 개에서 약 100만 개로 급증했다. 하지만 제프가 종종 언급했듯이, 고객은 '언제나' 불만족스러워한다. "어제의 '와우!'는 금세 오늘의 '평범'이 되지요."**51** 그리고 우리는 아마존의 제품을 각 제휴사 웹사이트에 매끄럽게 통합시킬 충분한 디자인 자원을 갖고 있지도 않았다.

우리는 한 발 뒤로 물러나 제휴사의 입장과 그들의 관점으로 문제를 바라봤다. 본래 우리는 '아마존 제품 자체가 제휴사에 매우 매력적인 프로그램이다'라는 전제로 이를 운영해왔다. 그러다 보니 폰트 크기와 색상 구성, 이미지 크기 등 디스플레이 모양과 느낌에 이들의 '선택권'이 개입되어야 할 필요성을 느끼지 못했다. 그들의 욕구는 '가장 구하기 쉬운' 아마존식 포맷에 절대 만족할 리 없는데도 말이다.

2002년 3월, 우리는 제휴사와 정보를 교환하는 방식에 실험적인 기능을 론칭하기로 했다. 이전까지는 완전히 양식화된 제품 정보만 제공했다면, 이후부터는 XML이라는 텍스트 포맷으로 이를 대신할 수 있게 한 것이다. 제휴사들은 이 XML 데이터를 활용해 그들의 디자인 표준에 따라 웹사이트를 통합하는 자체 소프트웨어를 개발할 수 있었다. 이 기능의 목적은 우리가 화면 디자인에서 손을 떼는 데 있었다. 즉, 제휴사들이 우리의 간섭 없이 재량을 발휘할 수 있게 하자는 취지였다.

이 기능은 두 가지 면에서 참신하기도 했고, 위험하기도 했다.

첫째, 아마존어소시에이츠를 시작하고부터 우리의 핵심 고객은 웹사이트의 소유주였다. 그들은 소프트웨어 개발자일 필요도 없었고, 아주 기본적인 컴퓨터 코드를 이해하거나 작성할 필요도 없었다. 그들은 일을 복잡하게 할 필요가 없었기에, 우리가 그들을 대신해 코드를 생성했다. 제휴사가 이 코드를 작동시키고 실행하는 데는 마우스를 몇 번 누르는 것만으로도 충분했다. 소프트웨어 프로그래밍은 필요하지 않았다.

하지만 이 새로운 기능은 달랐다. 이것은 코드 사용이 가능한 소프트웨어 개발자와 이를 보유한 제휴사들을 겨냥한 프로그램이었다. 우리는 기존 제휴사를 위해 시스템이 어떻게 작동하는지 보여줘야 했고, 사용자 매뉴얼과 기술 사양서, 샘플 코드 등을 담은 소프트웨어 디벨로퍼 키트Software Developer Kit, SDK 등 새로운 요소를 만들어야 했다. 또한 개발자들이 새로운 서비스를 경험하고 상세한 이야기와 질문을 올리도록 토론 게시판도 만들었다. 하지만 그래도 우리는 더 복잡하면서도 더 강력하며 더 유연한 기능에 제휴사들이 어떻게 반응할지 처음에는 알지 못했다.

이 기능이 참신하면서도 논란이 될 수 있었던 두 번째 이유는, 단순히 아마존으로 연결해주는 링크를 디자인하는 정도에서 그치지 않았다는 점이다. 제품 데이터 XML 서비스는 "이 제품을 구매한 고객은 X라는 제품도 구매했습니다"와 같은 풍부한 정보를 담고 있었다. 아마존은 수천만 종의 제품이 담긴 우리만의 카탈로그를 어렵사리 구축했고, 여기에는 제품에 대한 고객 행동 데이터도 포함돼 있었기에 회사는 이를 타사와 공유해서는 안 될 경쟁력 있는 자산이라고 간주했다. 하지만 이 데이터가 수십만 명의 개발자 손에 고스란히 넘어간다면? 어소시에이츠팀은 그 잠재적 리스크가 훨씬 커질 거로 예상했다. 그래서 우리는 제휴사들이 데이터를 가지고 할 수 있는 일에 약간의 제한을 두기로 했다. 아마존 제품을 판매할 때만 그 기능을 사용할 수 있고, 데이터를 영구적으로 저장할 수 없다는 식의 조치다. 그들이 데이터를 창의적으로 활용하는 것은 분명 고무적인 일이지만, 도무지 어떤 분석을 해봐도 이 일이 우리에게 '득'이 될지, '실'이 될지 예측하기는 어려웠다.

여기에서 싱글 스레드 리더십의 유용성이 드러났다. 아마존의 재무적 성과와 제휴사의 비즈니스 건전성을 관리하던 콜린의 팀은 위의 새로운 기능을 론칭하는 데 필요한 모든 자원을 사실상 갖고 있었다. 우리에게는 그 기능을 개발할 소프트웨어 엔지니어도 있었고 제품 관리자도 있었으며, 제휴사들의 문의를 처리할 전문 지식으로 중무장한 고객서비스 대표도 있었다. 우리는 우리의 고객을 잘 알고 있었고, 이 실험이 충분히 가치 있는 일이라고 확신했다. 무언가 새로운 것을 시도할 때의 주변 오해를 기꺼이 각오해야 했지만 우리는 실험이 실패할 것에 대비해 롤백Rollback(되돌리기) 계획도 세우고 있었다.

다만 우리는 보도자료를 배포하지 않았다. 대중에게 대대적으로 알리는 대신, 그저 제휴사에 이메일을 보내 새로운 기능과 잠재적인 이득을 설명했고, 우리가 그들을 위해 만든 자랑스러운 SDK를 제공했다. 그러면서 우리는 한 가지 사실을 분명히 밝혔다. 이 기능이 모든 사람을 위한 것은 아니라는 점을 말이다. 이 기능을 제대로 활용하려면 컴퓨터 코드를 작성할 줄 알아야 한다고 일러두었다.

콜린은 제휴사에 이런 종류의 이메일을 보낼 때, 그들이 어떤 반응을 보이는지 모니터링하는 버릇이 있었다. 얼마나 많은 사람이 그 이메일을 읽었고, 얼마나 많은 사람이 내용 안의 링크를 클릭했으며, 그 이메일의 결과로 추천 수수료는 얼마나 많이 늘었을까? 콜린은 이런 데이터가 나타나는 대시보드를 예의 주시했다. 그러면서 아마존 고객서비스 그룹에 접촉해 제휴사들을 통해 들어온 현장의 이야기가 있는지 물었고, 토론 게시판에 올라온 의견과 질문을 읽었다. 콜린은 그 이메일을 보내고 나서 조금은 불안했다. 제휴사의 반응이 긍정적일 것 같다가도, 반대로 종일 나쁜 소식만 들려올 것 같기도 했다.

결과는 어땠을까? 콜린은 아마존이 뭔가 대단한 것을 이뤄냈다는 사실을 곧바로 알게 되었다. 제휴사들은 앞다투어 이 기능을 사용해 자신들만의 참신한 코드로 웹페이지를 제작했다. 그리고 각자가 만든 웹페이지 링크를 토론 게시판에 공유하며 자신들의 감각을 자랑하고 싶어 했다. 타 제휴사가 올린 질문에 우리보다 먼저 나서서 답을 해주는 사람, 서비스 품질을 개선하기 위해 새로운 기능을 제안해 오는 사람들이 넘쳐났다. 우리는 제품 데이터 XML을 제공한 이래, 이전까지는 볼 수 없었던 놀랍고 혁신적인 웹사이트 목록을 수집하게 되었다.

콜린은 그 무렵 제프의 전화를 받고 그의 사무실로 호출됐다(이

장의 서두에서 밝힌 바로 그 전화다.). 콜린은 제프의 책상 바로 옆에 있는 회의용 테이블에 앉아, 그 새로운 기능을 짧게 설명했다. 그러고는 자신이 느낀 가장 흥미로운 통찰을 들려주었다. 그것은 바로 '아마존'이 무언가를 하고 있는 게 아니라, 그 웹서비스로 '제휴사'가 무언가를 하고 있다는 점이었다. 콜린은 이런 말을 덧붙였다. "우리가 절대 상상하지 못했던 방식으로 우리가 제공한 기능이 사용되고 있습니다. 소프트웨어 개발자들이 매일 세상에 없던 새로운 애플리케이션을 만들고 있다니까요!"

제프는 몇 개의 웹사이트와 애플리케이션을 살펴보았다. 그러고는 단 하나의 기능으로 이렇게 높은 채택률과 혁신의 수준이 나타난 건 결코 흔치 않은 일이라고 말했다. 그는 아마존이 이 분야에서 활동을 늘려나갈 필요가 있다고 평가했다. 콜린은 3개월 안에 훨씬 더 풍부한 기능을 더 많은 대상에게 알릴 방법을 찾고 있다고 답했고, 제프는 그날부터 이 프로젝트의 열렬한 지지자가 되었다.

우리는 소프트웨어 개발자를 위한 프로젝트 경험이 많지 않았다. 그래서 이 서비스의 헤비유저Heavy User에게 직접 피드백을 구해보기로 했다. 우리는 시애틀 본사에서 '아마존 소프트웨어 개발 콘퍼런스'를 개최했다. 총 여덟 명이 등록했는데, 그중 두 명은 유럽에서 날아올 예정이었다(그 두 명 중 한 명은 10대였다).

우리는 콘퍼런스의 실행계획을 수립했고 종일 이루어질 세션을 준비했다. 오라일리미디어의 팀 오라일리와 라엘 돈페스트Rael

Dornfes도 콘퍼런스에 참석했다. 둘 다 '웹서비스 운동'의 열성적인 지지자였고, 우리에게 이 새로운 분야에 관한 다양한 지식을 전해 주었다. 또 다른 참석자는 시애틀에 거주하는 열성적인 고객이었다. 그의 이름은 제프 바Jeff Barr였다. 그는 이렇게 말했다.

"참석자보다 아마존 직원들이 더 많았다. 그들은 이번 성공을 발판 삼아 아마존에서 웹서비스 제공을 차차 확대하겠다는 계획을 들려주었다. 한 연사(확신하지는 않지만 콜린 브라이어였던 것 같다)는 미래를 전망하면서 추후에 공개할 다른 서비스를 위해 회사는 여러 가지를 고려할 것이라고 말했다.

내 머릿속에 전구가 반짝거리는 순간이었다! 아마존에서 개발자, 플랫폼, 응용 프로그램 인터페이스(API)를 고려하는 게 분명해 보였고, 나는 그들과 함께하고 싶어졌다."[52]

제프 바는 그로부터 몇 주 후에 아마존에 입사했다. 그리고 지금껏 아마존에 머물며 부사장이자 AWS의 '최고 전도사Chief Evangelist'로 일하고 있다.

참석자들에게 그날의 마지막 세션은 아마도 가장 강렬했을 것이다. 바로 제프 베이조스와의 Q&A 세션이었다. 여덟 명의 참석자 중 대다수는 제프와 그렇게 친밀하게 이야기를 나눌 기회가 있다는 데 놀라워했다. 그뿐만 아니라 서비스에 대한 제프의 놀라운 지식에 진심으로 황홀해했다. 2006년 주주에게 보내는 편지에서 제프는 자기 생각을 분명히 밝혔다.

"여느 기업처럼 우리에게는 우리의 의도와 역사의 결과로 만들어진 고유의 조직문화가 있습니다. 아마존에는 상당히 신선하고, 다행스럽게도 그 역사가 뿌린 작은 씨앗들이 큰 나무로 성장한 몇 가지 사례가 있습니다. 회사의 많은 직원들은 1000만 달러짜리의 씨앗이 10억 달러 규모의 비즈니스로 열매 맺는 것을 숱하게 지켜보았습니다. 이런 성공을 중심으로 성장한 경험과 문화는, 우리가 아무것도 없는 상태에서 새로운 비즈니스를 시작할 수 있게 하는 가장 큰 토대라고 생각합니다. 아마존의 문화는 새로운 비즈니스의 높은 잠재력을 봅니다. 그것이 혁신적이고 차별화될 수 있도록 집요하게 파고들지만, 그 규모가 태어날 때부터 커야 한다고는 누구도 요구하지 않습니다.

저는 1996년에 도서 판매액이 1000만 달러를 넘었을 때, 우리가 얼마나 기뻐했는지 아직도 생생히 기억하고 있습니다. 흥분하지 않을 수 없었지요. 우리는 0에서 1000만 달러로 성장했으니까요. 현재 아마존의 새로운 비즈니스가 1000만 달러로 성장한다면, 회사 전체의 규모는 100억 달러에서 100억 1000만 달러가 됩니다. 이를 보고 10억 달러 규모의 탄탄한 비즈니스를 경영하는 고위 임원들이 1000만 달러의 팀을 비웃을까요? 아닙니다. 그들은 새롭게 떠오르는 비즈니스의 성장을 함께 지켜보며 축하의 이메일을 보냅니다. 이건 정말 멋진 행동이지요. 우리는 이런 문화를 자랑스럽게 여깁니다."[53]

아마존이 클라우드컴퓨팅을 시작하면서 웹서비스의 가장 큰 공급업체가 된 비결은 무엇일까? 제프는 자신의 편지로 이 질문에 답했다. "그것은 아마존의 혁신 정신이 장기적 사고를 기반으로 인내심과 결합했기 때문입니다. 비즈니스가 신생이고 아주 작았을 때부터 우리는 웹서비스에 높은 잠재력이 있고, 우리가 혁신하며 차별화할 수 있는 영역이라는 것을 깨달았습니다. 우리에게는 이를 고수할 인내심이 있었지요."

2002년 7월, 우리는 아마존웹서비스의 초기 버전을 출시했다. 우리가 제휴사에 몇 달 전 보낸 제품 데이터 XML이 베타 버전이었다면, AWS는 1.0인 셈이었다. 검색과 쇼핑 기능, 소프트웨어 개발 키트 전체가 포함돼 있었고, 제휴사뿐만 아니라 누구나 이용할 수 있었다. 물론 무료였다. 이번에는 보도자료를 발행하기로 했다. 제프는 보도자료에서 이렇게 말했다.

"우리는 개발자들을 대환영합니다. 이것은 우리에게 중요한 시작이자 새로운 방향입니다. … 개발자들은 이제 아마존닷컴의 콘텐츠와 기능을 자신의 웹사이트에 직접 통합할 수 있습니다. 그들이 우리를 어떻게 놀라게 할 수 있을지 아주 기대가 큽니다."[54]

그때까지 아마존에는 두 부류의 고객이 있었다. 바로 '구매자'와 '판매자'다. 이제 아마존은 '소프트웨어 개발자'라는 새로운 고객 집단을 이에 추가하게 되었다.

우리는 출시 후 반응을 모니터링하면서 또 한 번 놀랐다. 우리의 가장 큰 고객 중 몇몇은 제휴사 소속도 아니었고, 외부의 다른 누군가도 아니었다. 그들은 바로 아마존의 소프트웨어 엔지니어들이었다. 그들은 아마존닷컴을 구축하는 데 그때까지 사용해왔던 내부의 소프트웨어 도구들보다 아마존웹서비스가 훨씬 더 사용하기에 편하다는 걸 깨달았다. 이 시점에서 웹서비스가 새로운 무언가를 구축하는 데 아주 유용한 방법이 되리라는 점은 의심할 여지가 없었다. 하지만 우리는 그것이 얼마나 대단한지, 혹은 얼마나 많은 개발자들이 그것을 빨리 채택할지는 알지 못했다. 하지만 기우도 잠시, 우리는 일 년 만에 우리의 성과를 파악했다. 2만 5000명 이상의 개발자들이 프로그램에 등록했고, 그들이 만든 결과물은 우리를 계속 놀라게 했다.[55]

미리 밝히건대 이 프로그램을 '아마존웹서비스'라 부르기는 하지만, 지금의 AWS와는 유사성이 거의 없다. 우리가 2002년에 론칭한 이 서비스는 아마존프로덕트 APIAmazon Product API로 이름이 바뀌었고, 사실 상당한 제약이 있었다. 아마존 제품을 마케팅하기 위해 사용하는 도구였기 때문에, 오로지 아마존의 유통 생태계를 개선하는 목적에만 모든 초점이 맞춰져 있었다. 그런데도 3공 바인더3-Ring Binder, 셀러 센트럴Seller Central 등의 웹서비스 프로그램이 추가로 개발되면서, 소프트웨어 구축 방식에 엄청난 전환이 일어나고 있다는 우리의 가설은 변함없이 굳건해졌다.

콜린이 '제프의 그림자'가 된 2003년 여름 무렵, 제프의 기술 자문이었던 앤디 재시Andy Jassy는 새로운 역할을 준비하고 있었다. 그는 1년 6개월 동안 제프 곁을 지키며 가장 큰 비즈니스에서 리더역할을 수행했고, 사실상 회사 내 어떤 위치로도 갈 수 있는 인물이었다. 그런 그가 콜린이 이끌던 실험을 기반으로 새로운 팀을 꾸리기로 했다. 앤디와 그의 팀은 클라우드컴퓨팅 시대로 안내하는 훨씬 더 강력한 제품군을 구상하고 만들었다. 이는 훗날 메가 히트작이 돼 오늘날까지 인정받아온 진정한 의미의 AWS였다. 이 정교한 제품군의 폭발적인 성장은 '아마존인 되기'의 생생한 예라고 말할 수 있다.

물론 경쟁자가 있었다. 몇몇 기업에서 당시 웹서비스 기반의 개발자 프로그램을 제공하고 있었다. 아마존프로덕트 API와 마찬가지로, 그들의 프로그램은 자체 생태계를 강화하려는 의도로 만들어졌다. 예를 들어, 이베이eBay의 '개발자 API'는 개발자들에게 이베이에서 제품을 사고파는 애플리케이션을 구축할 수 있도록 도구를 제공했다. 구글은 아마존프로덕트 API와 같은 주에 론칭한 '검색 API'를 가지고 있었다. 또한 아마존은 마켓플레이스 판매자가 아마존에서 판매하는 제품을 관리하는 데 사용할 두 번째 웹서비스 프로그램을 가지고 있었는데, 이는 개발자 커뮤니티에서 꽤나 입소문을 불러일으켰다.

이 모든 프로그램의 궁극적인 목표는 각 기업의 핵심 비즈니스에 어떤 식으로든 이익이 되는 새로운 소프트웨어를 구축하게 하는 것이었다. 우리뿐만 아니라 여러 기업에서 리더와 개발자들이 같은 데이터와 같은 트렌드를 보고 있었다. 우리(이베이, 구글 등)는 개발자 콘퍼런스에서 우연히 만나 하나의 토론의 패널로 참석하며, 각자의 개발자 프로그램을 주로 쓰는 고객들을 공유했다. 우리는 모두 같은 '원시 수프Primordial Soup'(40억 년 전 유기물질들이 마구 뒤섞인 원시 수프에서 생명이 창조됐다는 이론을 차용한 말로, 여기에서는 웹서비스의 초기 단계를 강조하는 뜻으로 사용됨 - 옮긴이)에서 헤엄치고 있었다. 하지만 웹서비스에 첫발을 내디딘 자는 아마존이었기에 우리는 이렇게 말했다. "우리의 핵심 비즈니스와 상관이 없더라도 개발자가 원하는 것을 구축하는 데 사용할 수 있는 도구 세트를 만들어봅시다." 앞에서 언급했듯이 아마존의 초점은 '발명'이었다. '발명과 단순화'라는 아마존 리더십 원칙에는 이런 말이 나온다. "새로운 것을 수행할 때면 오랫동안 오해받을 수 있다는 점도 받아들인다." 회의론자들은 아마존이 이 세계에 낄 자격이 없다고 말하지만, 우리는 개발자 커뮤니티의 열정을 직접 경험했고 그 열정을 북돋았다.

웹 서비스에 도박을 걸어보자는 결정에는 두 가지 근거가 더 있었다.

기업들이 고유성에 집중할 수 있도록 우리가 대신해줄 일

수십 년 동안 기반을 탄탄하게 운영해온 하드웨어와 소프트웨어 기업들은 다음에 대한 솔루션을 구축하고 판매해왔다. 스토리지(데이터를 저장하고 꺼내올 때 사용되는 데이터베이스), 메시지의 대기열 지정, 알림과 같은 상업적 소프트웨어를 구축할 때의 발생하는 문제들이다. 만약 소프트웨어 개발자들이 이런 구성요소 중 하나를 직접 구현하고자 한다면, 일회성 비용을 들이거나 연간 유지보수 비용이 발생하는 소프트웨어 라이선스를 구매해야 한다. 게다가 하드웨어를 구입해 자체 데이터센터에서 직접 개발하거나, 파트너사에 돈을 주고 의뢰해야 한다.

우리는 이런 구성요소나 '프리미티브Primitive'(컴퓨터 프로그램을 만들 때 가져다 쓸 수 있도록 미리 만들어놓은 기초 요소 - 옮긴이)가 아닌, 그저 클라우드에서 웹서비스로 제공하는 방법을 규명하기만 하면 됐다. 예컨대 아마존의 S3 스토리지 서비스Amazon Simple Storage Service를 이용하려면, 무료로 계정을 만들고 신용카드 정보를 입력한 뒤 몇 줄의 코드를 사용해 고유의 스토리지 영역(프로비저닝 Provisioning)을 설정하면 된다. 그러면 이제 본격적으로 데이터 저장과 추출 작업을 시작할 수 있는데, 비용은 사용한 만큼 후불 처리된다. 이는 공급업체를 선정하는 데 쓸데없이 많은 시간을 낭비하지 않아도 되고, 애써 비용을 협상하지 않아도 된다는 뜻이다(기업용 소프트웨어의 라이선스 정가는 대다수 협상의 시작점일 뿐이었다). 나아가 새로운 데이터베이스를 돌리고자 컴퓨터나 데이터센터의 보안에 신경 쓰지 않아도 되는데, 클라우드 제공업체인 아마존에서 이 모든 걸 대신 처리하기 때문이다.

콜린은 '제프의 그림자'로 역할을 바꾸고 나서도 이런 발전을 계속해서 주시했다. 한번은 오라일리 이머징 테크놀로지O'Reilly Emerging Technology 콘퍼런스에 참석했을 때의 일이다. 제프와 콜린은 사진 공유 사이트 플리커Flickr와 협업 애플리케이션 슬랙Slack의 공동 창업자인 스튜어트 버터필드Stewart Butterfield가 패널로 참석한 회의장으로 갔다. 누군가가 그에게 플리커에서의 일상적인 하루를 이야기해달라고 요청했다. 그의 대답은 놀라웠다. 그는 "반나절 정도는 여러분과 비슷할 겁니다"라고 운을 떼고는, 그들의 기술 플랫폼이 언제나 비즈니스의 급격한 성장 속도보다는 한발 앞서가기 위해 노력한다고 답했다. 그들은 데이터베이스, 웹 서버, 소프트웨어, 하드웨어를 확장하는 데 힘을 주로 쏟은 것이다. 스튜어트는 플리커 고유의 것을 혁신하는 데 본인이 원하는 만큼 많은 시간을 쏟지 못했다고 털어났다.

회의가 끝나고 제프와 콜린은 짧게 이야기를 나누었다. 우리는 스튜어트의 발언에서 같은 것을 느꼈다. 바로 아마존이 그런 '차별화되지 않지만 힘든 일'을 대신해주자는 것, 즉 기업들이 자신을 독특한 존재로 만드는 데 집중할 수 있도록 스튜어트의 과업을 경감시켜주자는 것이다.

이것은 기회였다.

우리에게는 쉬웠지만 그들에게는 어려웠던 일

광범위한 서비스를 제공하기로 한 데는 또 하나 결정적인 요인이 있었다. 우리가 세계에서 가장 큰 웹사이트를 구축하고 운영하는 과정에서, 소수의 기업만이 필적할 수 있는 핵심역량을 획득했다는 사실이다. 우리는 방대한 데이터를 저장하고, 그 데이터로 계산을 수행해, 그 결과를 신속하고 안정적으로 최종 사용자(사람이나 컴퓨터)에게 전달할 수 있었다.

예를 들어 수백만 명의 고객이 검색하고 요청할, 수백만 장의 사진을 저장하는 서비스를 구축한다고 가정해보자. 그 시점이 2002년이었다면 아마존에도 상당히 부담스러운 일이었을 테지만, 그래도 실행 가능한 프로젝트였을 것이다. 사실 이런 프로젝트는 책 내용을 검색하는 '서치 인사이드 더 북' 기능을 구축하는 데 딱 들어맞는 기술이었다. 당시 이런 프로젝트를 구축하는 데는 엄청난 시간과 비용이 필요했지만, 점점 많은 기업에서 시도하게 될 만큼 차별성이 없는 '일상품'이 될 가능성이 분명했다.

그리고 진짜로 그렇게 되었다. 현재 수백만 장의 사진을 저장하고 조회하는 기능은 컴퓨터 공학 수업을 듣는 대학생들의 숙제거리가 되었다. 초기 AWS 제품에 대한 여러 PR/FAQ 문서 중 하나에는 "기숙사에 있는 학생이 아마존 엔지니어와 같은 수준의 컴퓨팅 인프라에 접근할 수 있기를 바란다"라는 말이 적혀 있었다. 이 강력한 비유는 AWS 제품개발팀의 생각과 아이디어를 확고히 하는 데 정말로 도움이 되었다.

우리는 아마존프로덕트 API 등의 개념을 증명하면서 해당 영역에 주목할 만한 가치가 있음을 입증해 보였다. 이는 당시에 사용된 전통적인 방법보다 소프트웨어를 구축하는 데 더 좋은 방법이었다. 또한 소프트웨어 구성요소는 이미 잘 알려져서, 무엇이 더 필요한지 비교적 명확한 로드맵이 존재했다. 하지만 웹서비스로는 제공되지 않았고, 우리는 이런 고유한 기능이 결국 오랫동안 그 독특함을 유지하지 못하리라는 걸 잘 알고 있었다. 강력한 범용 웹서비스를 최초로 제공하는 게 꼭 장기적인 성공으로 이어질 수는 없지만, 분명 유리한 고지를 선점하는 데는 도움이 될 터였다. 우리는 긴박감을 느꼈다.

이러한 긴박감은 아마존 리더십 원칙 중 하나인 '행동 우선하기'로 설명된다. "비즈니스에서는 속도가 중요하다. 많은 결정과 행동은 되돌릴 수 있으므로 대단한 연구가 필요치 않다. 우리는

'리스크의 계획적 수용'에 가치를 둔다." 앤디 재시와 같은 고위급 리더가 무(無)에서 유(有)를 창조하는 새로운 비즈니스를 시작한 것은 아마존에서 그리 드문 일이 아니었다.

우리에게는 약간의 행운도 있었다. 2015년 주주에게 보내는 편지에서 제프는 이렇게 말했다. "행운은 모든 노력에 엄청난 역할을 합니다. 그리고 고맙게도 우리에게는 늘 행운이 함께했지요."**56** 기존 기업들이나 웹 기술 기업들에서 자체 클라우드 서비스를 제공하기 시작한 시점은 우리의 예상보다 오래 걸렸다. 이는 분명 우리에게 행운이었다. 그들이 클라우드컴퓨팅의 잠재력을 깨달았을 때, 아마존은 이미 몇 년이나 앞서갔기 때문이다.

AWS와 워킹 백워드

그다음에 어떤 일이 일어났을까? 늘 그랬듯이 우리는 지름길을 거부했다. 처음에 여섯 개 서비스를 계획했다가 그중 두 개(아마존 S3, 아마존 EC2Amazon Elastic Compute Cloud)만 엄청난 성공을 거뒀다는 점 또한 주목할 만하다. 제프와 콜린은 일주일에 두 번, 때로는 그보다 자주 앤디를 비롯한 팀 리더들과 회의를 했다. 측정, 청구, 리포팅, 기타 공유 기능 등의 인프라를 구축하는 대규모 팀이었다.

워킹 백워드 프로세스는 고객의 관점에서 시작해 구축하고자 하는 것을 완전히 이해할 때까지 가정에 대해 끊임없는 질문을 던지는 점진적인 프로세스다. 그것은 진실을 찾는 과정이다. 때로는 워킹 백워드 프로세스가 놀라운 진실 몇 가지를 드러낼 수 있다. 프로젝트를 시장에 내놓기 위해 서두르는 몇몇 기업들은 그 진실을 무시하고 원래의 계획에 따라 구축을 계속한다. 그 계획이 가져다줄 이득에 집착하느라 공격적으로 일을 진행하도록 독려하는데, 한참 후에 자신들의 가정에 의문을 제기하고 나서야 훨씬 더 큰 이득이 있었음을 깨닫고 만다. PR/FAQ 작성 단계에서 경로를 변경할 때 드는 비용은 론칭하고 나서 비즈니스를 운영한 이후에 변경할 때보다 훨씬 적다. 워킹 백워드 프로세스는 제품을 출시한 이후에 경로를 크게 변경해야 하는 값비싼 문제로부터 조직을 구출할 수 있다. 이 점을 잘 보여주는 한 가지 사례는 S3 스토리지 서비스에서 발생한 이슈다.

FAQ에 "S3의 비용은 얼마입니까?"와 같이 간단한 질문이 있었다. 여러 버전의 답변 중 하나는 "S3가 평균 스토리지 사용량을 기반으로 한 사용량별 월 구독 서비스이며, 적은 데이터를 저장하는 사용자에게는 무료로 제공된다"였다. 일반적으로 고객들은 자신이 필요한 데이터양을 예상하여 월 구독료를 선택한다. 말 그대로 단순한 가격 체계를 갖춘 '단순Simple 스토리지Storage 서비스Service'였다. 우리는 예상 사용량의 단계와 사용량별 가격은 상세하게 설정하지 않았지만, 워킹 백워드의 초기 단계에서는 그렇게까지 할 필요가 없었다. 엔지니어링팀은 다음 질문으로 넘어가도 좋다고 생각했다.

그러나 그날 우리는 다음 질문으로 넘어가지 못했다. 우리는 그 질문("S3의 비용은 얼마입니까?")을 계속 논의했다. 우리는 개발자들이 어떻게 S3를 사용할지 정말 알지 못했다. 그들은 조회 빈도가 낮은 용량이 거대한 파일을 주로 저장할까? 조회율이 높은 작은 파일들을 저장할까? 파일 수정은 파일 읽기와 비교해 얼마나 자주 할까? 얼마나 많은 고객이 '심플 스토리지Simple Storage'(한 장소에 저장해도 괜찮으며 망가져도 큰 문제가 안 되는 파일을 저장하는 공간)를 원하고, 얼마나 많은 고객이 '콤플렉스 스토리지Complex Storage'(백업을 위해 여러 공간에 저장해야 하고 은행 거래 내역처럼 없어지면 큰 문제가 되는 파일을 저장하는 공간)를 요구할까?

이러한 모든 요소를 다 알 수 없었고, 그렇기에 어떤 요소가 얼마나 의미 있는 영향을 미칠지 알 수 없었다. '개발자들이 S3를 어떻게 사용할지 모른다면, 가격을 책정할 방법은 없는 걸까?'

토론의 방향은 '예상 사용량별 구독료 설정 전략'에서 '비용 추종 전략'으로 바뀌었다. '비용 추종'이란 사전에 가격 설정을 하지 않고 발생하는 비용을 나중에 고객에게 제시한다는 뜻이다(종량제 요금이라고 생각하면 쉽다 – 옮긴이). 건설회사가 소나무로 만들어도 될 정자(亭子)를 삼나무로 만들어서 그 추가된 비용을 고객에게 청구하는 것과 어찌 보면 같은 방식이라고 할 수 있다. 우리가 비용 추종 전략을 사용한다면, 구독료의 '단순성'은 희생해야 하지만 고객이나 아마존 모두에게 이익이 될 수 있었다. 비용 추종 전략을 쓰면 개발자가 S3로 무엇을 하든 그것을 자신들의 요구사항에 맞는 방식으로 사용할 테고, 비용을 최소화하기 위해 노력하게 된다(동시에 아마존의 비용도 최소화시킨다). 편법이 발을 붙일 수

없고, 가상의 평균적인 고객들이 어떻게 S3를 사용하는지 추정해 가격을 설정할 필요가 없게 된다.[57]

S3의 가장 중요한 비용 동인은 디스크에 저장하는 데이터 비용일까? 데이터를 이동하는 데 드는 대역폭 비용일까? 아니면 거래 건수? 전기? 우리는 결국 저장공간과 대역폭으로 비용을 설정했다. S3가 출시되고 우리는 우리의 예상이 조금 틀렸다는 것을 발견했다. AWS의 CTO인 워너 포헐스Werner Vogels는 이렇게 말했다.

"특정 사용 패턴을 제공하는 데 필요한 자원이 무엇인지 몰랐던 대표적인 사례는 초기의 S3였습니다. 우리는 저장공간과 대역폭이 비용을 청구해야 하는 자원이라고 가정했습니다. 하지만 조금 실행해보니 요청 건수도 똑같이 중요한 자원임을 깨달았습니다. 만약 고객이 작은 파일을 많이 가지고 있다면 수백만 건의 요청을 하더라도 저장공간과 대역폭은 얼마 되지 않을 겁니다. 우리는 AWS가 지속 가능한 비즈니스가 되도록 자원 사용의 모든 차원을 고려해 모델을 조정해야 했습니다."[58]

그래도 다행인 것은 우리가 비용 추종 전략을 따르기로 한 덕에 실수를 바로잡고 가격 정책을 상대적으로 쉽게 조정할 수 있었다는 점이다. PR/FAQ 프로세스에서 이 서비스에 발생 가능한 모든 비용 동인을 살펴봤기 때문에, 우리는 실제 비용에 맞게 가격을 조정할 수 있었다. 만일 처음에 고려했던 구독료 설정 방식을 유지했다면 훨씬 더 큰 비용이 들었을 것이다.

AWS의 초기 비전을 개발할 당시, 아마존은 워킹 백워드 프로세스를 막 사용하기 시작하던 참이었다. 그래서 많은 팀에서는 이런 방식으로 일하는 것이 너무 느리다는 불만을 보였다. 가격을 논의하는 PR/FAQ 회의에서 소프트웨어 엔지니어들은 불안감을 감추지 못했다. 회의가 끝나고 그들 중 하나가 나를 옆으로 불러내더니 이렇게 말했다. "우리는 소프트웨어 엔지니어라고요. MBA 학위가 있는 가격 설정 전문가가 아니란 말입니다. 우리는 소프트웨어를 만들고 싶지 더는 워드 문서를 만들어내고 싶지 않아요." 이 말은 워킹 백워드 프로세스를 일일이 따른다면, 회의에서 PR/FAQ 문서를 모두 검토하지 못할 거라는 뜻이었다. 엔지니어들이 다음 회의 전까지 서비스의 상대적 비용에 대해 엄청나게 많은 것을 조사하고 테스트하고 측정해야 한다는 의미였다. 나는 그들에게 비록 지금은 고통스럽겠지만 프로세스를 신뢰해달라고 부탁했다.

제프는 우리가 진실을 밝혀내고 무엇을 만들려는지 명확해질 때까지 프로세스를 준수하겠다고 고집했다. 그는 우리가 달성하고자 하는 규모에 맞게 서비스가 제대로 출시되지 않는다면, 팀들은 시스템을 유지하는 데 모든 시간을 쏟아야 할 것이고 그 때문에 새로운 기능은 개발할 수 없을 거라고 말했다. 나중에 알게 된 것이지만, 이 서비스의 최초 PR/FAQ 문서와 출시 시점의 PR/FAQ 문서를 비교해보니 그간 상당한 발전이 있었다.

워킹 백워드를 통해 진실을 발견하지 못한 채 우리가 이 서비스를 서둘러 구축하고 출시했다면, 우리는 시계를 뒤로 되돌릴 수도, 실험을 다시 수행할 수도 없었고, 어떤 성공이 우리를 기다리고 있는지 알 수도 없었을 것이다. 출시 후 유지관리 이슈와 시스템 중단 문제가 발생하기는 했지만, 시스템 성능과 고객 수용률이 이 서비스가 얼마나 유용한지를 말해주었다. AWS, 디지털미디어, 기타 서비스 등 12개 이상의 제품팀을 대상으로 제프와 함께 워킹 백워드 프로세스를 수행한 나는 필요한 진실을 밝히려면 속도를 줄이고 더 많은 시간을 들이는 것이 궁극적으로 크고 성공적인 비즈니스로 가는 가장 빠른 길이었다고 말할 수 있다. 결과가 이를 증명하지 않는가? 아마존은 거대하고 독립적인 디지털 디바이스와 미디어 비즈니스를 가지고 있다. 그리고 앞서 언급했듯이, AWS의 일 년 매출은 아마존 온라인 유통 비즈니스보다 빠르게 100억 달러에 도달했다.

* * *

AWS의 초기 버전은 아마존의 기존 원칙과 프로세스 몇 가지에 대해 매우 훌륭한 사례 연구Case Study가 되어준다. '행동 우선하기'는 아마존의 중요한 리더십 원칙이고 그래서 우리는 경쟁사보다 AWS를 먼저 출시해야 한다는 압박을 받았다. 하지만 '행동 우선하기' 원칙은 워킹 백워드 프로세스의 고통스러운 측면까지 없애주지는 않았다. 그래도 우리는 경쟁자들이 하는 일에 모든 신경을 집중하지 않고, 고객들이 제품을 어떻게 사용하고 어떤 혜택을 받게 될지에 더욱 집중했다. 다시 말해, 워킹 백워드는 '고객 집착'

이라는 원칙을 실천하도록 만든 프로세스였다.

현재 AWS는 2000년대 초에 콜린이 작업했던 초기 버전보다 훨씬 커졌고 아주 달라졌다. AWS의 CEO인 앤디 재시와 팀원들의 선구적인 노력 덕분이다. 이것이 바로 AWS를 아마존답게 만든 이유다. 제품 데이터 XML을 제휴사에 보내주는 작은 실험이 아마존 비즈니스의 주요 사업부로 성장했고, 2019년 매출은 350억 달러를 돌파했다. 이 작은 씨앗이 AWS라는 아름드리 떡갈나무로 자랄 것이란 잠재력을 인식한 제프와 여러 구성원들은 '주인의식', '발명과 단순화', '크게 사고하기'라는 아마존 원칙을 현실로 구현했다.

아마존을 넘어
'아마존인 되기'

당신의 비즈니스에 '아마존인 되기'를 어떻게 적용할 수 있을까? '아마존인 되기'는 일하는 방식과 습관을 변화시키고, '이만하면 됐어'라는 생각을 차단하며, 어려운 시기를 견뎌내는 힘을 준다. 이는 또한 뚜렷한 보상을 받아야 한다는 뜻이기도 하다. 어떤 조직에 있든 '아마존인 되기'를 시작하는 방법을 살펴보자.

＊　＊　＊

우리 둘 다 아마존에서 많은 것을 배웠다. 아마존은 우리의 경력에서 결정적인 시기였다. 우리는 각각 벤처기업으로 이직했지만, '아마존인 되기'는 우리 DNA의 일부가 되었고 앞으로도 늘 그럴 것이다. 그것은 우리가 생각하고, 결정을 내리고, 행동하고,

비즈니스와 세상을 바라보는 방식에 큰 영향을 미친다.

이 책을 쓰게 된 이유는 '아마존인 되기'의 여러 요소들이 다른 기업과 비즈니스, 산업은 물론 비영리 단체나 지역사회와 같은 비즈니스 이외의 영역에도 매우 적합하기 때문이다. 이것이 우리에게는 가장 매력적인 점이다. 문화의 기본을 정의하고, 리더십 원칙을 명확히 하며, 필수적인 실천법(바 레이저 채용, 싱글 스레드 리더가 이끄는 팀, 내러티브 문서 등)을 공식화하면서, 워킹 백워드를 통해, 인풋 지표에 집중하는 이 모든 과정은 그 어디서나 필수적인 요소로 판명되었다. 사실 우리는 그것들 없이 비즈니스를 한다는 것을 상상할 수도 없다.

아마존의 '창업 1일 차 정신Day One mentality'이 항상 의도한 바를 이루는 건 아니다. 사실 몇몇 아마존인들은 다른 회사의 리더로 나와 아마존의 실천법을 구현하려 했다. 하지만 대부분 성공하지 못했다. 그것은 아마도 시기가 맞지 않았다거나 최고 경영진(보통 CEO)이 그 접근 방식을 지지하지 않았기 때문이다. 하지만 '아마존 방식Amazon Way'이 다른 조직에 성공적으로 수용된 경우는 꽤 많다. 앞에서 언급했듯이, 아마존의 방식은 놀랍도록 '프랙털'의 구조와 닮아서 모든 규모와 범위에 적용될 수 있다.

우리는 '아마존인 되기'가 전체 조직이나 그 안의 모든 개인에게 쉬운 일이라고는 생각하지 않는다. 분리 가능한 싱글 스레드 팀에서 일하면 업무강도가 셀 수 있기에 조직은 자율성(재량)을 허용하는 방식으로 구성되어야 한다. 워킹 백워드 프로세스를 실행하려면 개인들은 내러티브 양식으로 아이디어를 제시하고 방

안에 있는 모든 사람의 비평을 수용해야 한다. 인풋 지표에 초점을 맞추는 일은 전통적인 평가 방법에 익숙한 사람들에게는 생소한 방식이다. 지분 소유권을 통해 장기적인 성과에 헌신하도록 하는 것은, 단기적인 목표를 달성할 때 보상해주는 보통의 기업에서는 표준이 되기 어렵다.

하지만 보상은 회사와 개인 모두에게 분명하고 뚜렷하다. 아마존은 고객 경험에 집착하는 사람과 (빠르게 돈을 벌거나 멋진 타이틀을 얻는 것보다) 장기적인 성공과 지속적인 혁신에 가치를 두는 사람을 우대한다는 것을 분명히 한다. 아마존은 아이디어를 제안하는 사람이 어떤 위치에 있든 상관없이 위험 감수와 개방성을 지지하는 제반 환경을 제공한다. 또한 아마존은 시간 제약이 있는 어려운 도전과제를 해결하고 가능한 한 최고의 결과를 얻기 위해 노력하도록 이끌며 성취감을 선사한다. 그리고 대부분 이는 회사에 뛰어난 결과를 가져다준다.

프로젝트가 목표를 달성하지 못하거나 실패로 간주되더라도 그 노력이 감탄할 만하고 아마존의 실천법과 원칙을 준수했다면, 개인에게 그 결과는 해고나 부끄러움이 아니다. 특별한 이유가 없는 한, 실패는 한 사람의 실패가 아니라 그룹, 프로세스, 시스템의 실패로 여겨진다. 그 과정에 많은 사람이 참여하고, 의견을 제시하며, 아이디어를 형성하고, 승인했기 때문이다. 따라서 기업에 '실패'란 변화와 개선으로 이어지는 것들을 상당히 많이 학습할 수 있는 '실험'으로 간주된다. 실패는 일시적이지만 결국은 성공을 낳는 경우가 많다.

우리가 개인적으로 경험했듯이, '아마존인 되기'는 업계를 변화시키고 탁월한 고객 경험을 제공하는 제품과 서비스를 만든다는 만족, 그리고 자부심을 불러일으킬 수 있다. 우리는 이 책이 경영의 실천법에도 기여하기를 희망한다.

* * *

일반적으로 이 책에 나오는 아이디어에는 몇 가지 질문이 따라 붙는다. 어떻게 시작합니까? 어디에서 시작하나요? '아마존인 되기'의 일부를 내 비즈니스에 도입하려면 실제로 무엇을 해야 합니까?

우리는 여기에 몇 가지 제안을 소개한다.

- 복잡한 주제를 토론하는 도구로 파워포인트를 배제하라. 6페이지 짜리 내러티브와 PR/FAQ 문서를 리더들의 회의에서 사용하라. 이 것은 즉시 구현할 수 있다. 반발과 불평이 있겠지만, 우리는 이 방법이 결과를 신속하게 창출한다는 것을 안다. 결국에는 리더들도 "결코 예전의 방식으로 돌아갈 수 없다"라고 말할 것이다.

- 바 레이저 채용 프로세스를 확립하라. 이 접근 방식은 더 이상 아마존 고유의 것이 아니다. 우리는 많은 기업에서 이를 사용하는 것을 목격했다. 이 프로세스는 교육 과정을 준비하기만 하면 비교적 빨리 정립될 수 있다. 채용 프로세스의 질을 개선하고 인터뷰 루프에 참여하는 모든 사람을 학습시키면 바로 성과가 나온다. 바 레이

저 프로세스는 잘못된 채용 건수를 줄이고 장기적으로 각 팀과 회사의 전반적인 사고 수준과 성과의 질을 높인다.

- 통제 가능한 인풋 지표에 초점을 맞춰라. 아마존은 주당 잉여현금흐름과 같은 아웃풋에 가장 큰 영향을 미치는 통제 가능한 지표를 규명하는 데 끊임없이 노력한다. 이 과정은 쉽지 않다. 왜냐하면 원하는 결과를 가장 잘 통제할 수 있는 인풋 지표를 찾을 때는 인내심을 가지고 시행착오를 감수해야 하기 때문이다. 다시 강조하건대, 아웃풋 지표를 모두 버리라는 뜻이 아니다. 아마존은 주당 잉여현금흐름에 아주 많은 관심을 기울인다.

- 싱글 스레드 리더가 이끄는 자율팀으로 조직을 구성하라. 3장에서 언급했듯이, 권한, 권력, 관할권, 본거지에 관한 의문이 끊임없이 제기되기 때문에 조직 구조를 재정비하는 일에는 많은 시간과 신중한 관리가 필요하다. 또한 조직의 자율성을 방해하는 의존성과 장애물이 존재하는지 잘 살펴야 한다. 힘들지만 충분히 할 수 있는 일이다. 제품 개발 그룹에서 시작한 다음 더 잘 작동하는 다른 영역이 있는지 확인하라.

- 리더에 대한 보상 구조를 수정하여 장기적 헌신과 장기적 의사결정을 장려하라. 특별한 경우를 위해 너무 많은 예외를 두지 마라. 회사 내 모든 분야의 리더가 같은 방식으로 보상받게 하라.

- 아마존이 장기적 사고, 고객 집착, 발명에 대한 열의, 운영의 탁월함을 가지고 문화를 구축했듯이, 회사 문화의 핵심요소를 명확히 하라. 그런 다음, 그 핵심요소를 모든 프로세스와 토론에 적용하라. 단순히 언급하고 어딘가에 게시하는 일 정도로는 큰 영향을 끼칠

수 없다.

- 일련의 리더십 원칙을 정의하라. 리더십 원칙은 많은 구성원의 참여로 개발돼야 한다. 이 작업을 특정 그룹에 할당하거나 컨설턴트 혹은 서비스 제공업체에 아웃소싱하지 마라. 스스로 해야 한다. 세부사항을 논의하여 결정하라. 원칙을 수시로 점검하고 필요하다면 수정하라. 그런 다음 조직문화의 핵심요소들과 마찬가지로, 그 원칙을 채용부터 제품 개발에 이르는 모든 프로세스에 적용하라.

- 플라이휠을 묘사하라. 당신 회사의 성장 동력은 무엇인가? 성장 동력이 플라이휠에서 어떻게 작용하는지, 이를 나타내는 그림을 그려라. 하나 이상의 성장 동력에 미치는 긍정적 혹은 부정적 영향을 고려하여 당신의 기업이 하는 모든 일을 평가하라.

마지막으로, 우리가 처음에 말했던 것을 명심하라. 우리는 아마존의 접근 방식이 유일하게 옳은 방법이라고 주장하지 않는다. 성공적이고 높은 성과를 구가하는 많은 기업은 아마존과 다르게 운영된다. 그러나 다시 말하지만, 아마존의 성장 수준과 발명의 기록, 핵심을 넘어 새로운 비즈니스로 이동할 수 있는 능력과 영향력을 달성한 기업은 많지 않다. 그러므로 '아마존인 되기'가 최소한 당신의 회사에 어떤 도움을 주는지, 아니 그보다는 당신의 회사 고객들에게 어떤 도움을 주는지 충분히 생각할 가치가 있지 않겠는가?

부록 1

인터뷰 피드백 사례

다음은 미흡한 피드백과 좋은 피드백의 예다. 미흡한 피드백은 지원자의 업무 경험, 열정, 전략적 사고에 광범위하게 초점을 맞추지만(인터뷰어가 지원자의 생각을 물었다는 점은 좋다) 지원자가 수행한 실제 업무의 구체적인 사례는 파악할 수 없다는 점에 주목하라. 미흡한 피드백에는 Q&A도 없다. 인터뷰어가 어떤 질문을 했고 지원자가 어떤 답변을 했는지도 알 수 없다. 채용 관리자가 지원자를 평가하는 데 사용할 인터뷰 데이터도 물론 없다.

두 번째 피드백(좋은 피드백)에서 예시로 든 질문과 답변을 읽다 보면, 지원자에 대한 의견(채용할지 말지)을 결정하는 일이 얼마나 쉬운지를 알 수 있다. 피드백은 객관적인 데이터와 주관적인 분석이 조화를 이루어야 한다.

미흡한 피드백

나는 우리 팀의 제품 관리자 직책으로 조를 채용하고 싶다. 그는 레드 컴퍼니를 비롯해 두 곳의 관련 기업에서 전략을 담당하고 추진한 확실한 경력을 가지고 있다. 그는 우리 업계가 직면한 특이한 도전을 잘 이해한다는 인상을 주었고, 그 경험은 우리가 이 시장 세그먼트에 진입하기 위해 다양한 방법을 개발하고자 할 때 회사의 자산이 될 것이다. 우리 회사가 당면한 과제를 논의하는 과정에서, 그는 우리 회사를 빠르게 진화하는 시장 세그먼트에 진입하게 할 방법을 확실히 아는 듯했다. 레드 컴퍼니에서의 경험은 우리의 전략을 발전시키기 위해 파트너십을 맺을 기업이나 인수할 기업을 평가하고 분석하는 과정에서 유용하게 활용될 것이다. 나는 그가 자신의 경력을 통해 미디어 산업에서 보여준 열정이 마음에 들었다.

좋은 피드백

나는 사업 개발 능력과 제품 관리 스킬 측면에서 조를 인터뷰했다. 그가 지닌 두 스킬 모두 나에게는 인상적이지 않았다. 나는 그가 전략적 사고와 비즈니스 판단력이 약하다고 보았고, 그가 말한 경험으로는 그가 이전 회사에 어떤 기여를 했는지 구체적으로 알 수 없다고 생각했다. 다시 말해, "제가 이렇게 했습니다"가 아니라 "우리가 이렇게 했습니다"라는 식의 답변이 너무 많아서 그가 특별히 어떤 기여를 했는지 명확히 알기가 어려웠다. 그는 '승객'이었지 '운전사'는 아니었다.

Q: 왜 우리 회사에서 일하고 싶습니까?

A: 귀사는 고객 경험에 초점을 두고 있고, 회사의 성장 궤도도 순조롭습니다. 저는 귀사가 이 정도 규모와 이 정도의 성장 단계에 있을 때 함께할 수 있으면 좋겠습니다.

이런 대답이 나쁘지는 않지만, 회사에 입사하려는 이유로는 특별히 확고하지 않고 설득력도 없어 보였다.

Q: 지금까지의 경력에서 가장 중요한 성취는 무엇이었습니까?

A: 제가 레드 컴퍼니에 있을 때 우리는 블루 사와 비즈니스 개발 계약을 맺었습니다. 제가 너무 신참이라 계약에 대한 전략을 이끌지는 못했지만, 계약의 전략적 성과는 우리에게 매우 컸습니다. 그 덕에 옐로닷컴과 같은 몇몇 업체들이 우리와 동일한 계약을 맺게 됐으니까요.

Q: 그렇다면 당신의 역할은 무엇이었나요?

A: 저는 계약팀 멤버 세 사람 중 하나였습니다. 계약팀은 저와 제품 개발 담당 부사장, 법무팀 직원 한 명으로 구성됐습니다. 제 역할은 관계 관리자였는데, 사업주들의 특별한 니즈가 있을 때면 저는 그걸 블루 사와 함께 실행했습니다.

Q: 그러면 그 계약에서 당신이 달성한 업적은 무엇이었나요?

A: 그 계약에서 제가 한 일은 블루 사의 비즈니스 개발 직원들과 협업해 계약에 대한 우리의 니즈를 계약서에 담는 것이었습니다. 계약서는 200페이지나 됐지요.

나는 이런 식으로 여러 번 캐물었지만, 그는 그 거래에서 자신이 개인적으로 수행한 일의 실질적인 증거를 말하지 않았다. 그는 그 거래의 전략적 중요성을 자랑스러워했지만, 거래를 성사시킨 전략과 자신은 아무런 관련이 없음을 처음부터 인정했다. 나는 그가 어려운 장애물을 넘어 그토록 큰 합의를 도출하는 데 사용했던 협상 전술에 관한 구체적인 증거를 제시하기를 바랐다(적어도 정말로 열심히 일했다는 증거라도). 하지만 그는 아무것도 자진해서 말하지 않았다. 나는 그가 처음에 그 이야기를 꺼냈을 때 그가 대형 계약을 성사시킨 것 같아서 흥분했지만, 알고 보니 부사장과 법무팀 직원이 모두 주도했던 것 같다.

Q: 고객 경험을 개선하기 위해 우리의 웹사이트에 무언가를 추가하거나 변경해야 한다면 어떤 조치를 할 것이고, 그 이유는 무엇인가요?

A: 저는 카테고리 X를 좀 더 두드러지게 만들 겁니다. 현재 그 카테고리는 사이트 속에 파묻혀 있어서 사람들이 그게 있는지도 잘 모르는 것 같습니다.

Q: 그런가요? 카테고리 X를 좀 더 두드러지게 나타내는 것이 우리에게 전략적으로 중요한 이유는 무엇인가요?

A: 사실, 제가 웹사이트에 추가하고 더 눈에 띄게 만들고 싶은 것은 카테고리 Y입니다.

Q: 그렇군요. 그렇다면 왜 우리는 카테고리 Y를 더 중요하게 여겨야 합니까? 우리가 판매하는 모든 제품 중에서 그것이 전략적으로 중

요한 이유는 무엇인가요?

A: 경쟁자 A가 그 비즈니스를 압도적으로 잘 수행하고 있고, 경쟁자 B 역시 그 비즈니스를 하고 있기 때문입니다. 그리고 고객이 귀사에서도 구매하길 원할 것이기 때문입니다.

Q: 알겠습니다. 이건 나중에 이야기하기로 하고, 카테고리 Z에 대해서 우리가 웹사이트에서 무엇을 바꿔야 할까요?

A: 저는 사람들이 정기적으로 필요로 하는 Z1과 같은 상품을 구매할 수 있도록 '일일 상품 체크리스트'를 만들고 싶습니다. 그러면 상품이 다 떨어지기 전에 고객에게 정기적으로 배송해줄 수 있죠. 이렇게 한다면, 고객들이 경쟁자 C로 이탈하지 않을 겁니다.

그는 이 질문에 끔찍할 정도로 대답을 잘하지 못했다. 그는 카테고리 X라고 했다가 나중에 당황하며 카테고리 Y라고 말을 바꿨을 뿐만 아니라, 중요한 고객 경험이나 경쟁적 요소(상품 구색, 가격, 고객 경험)와 연결되지 않는 작은 개념에 집중하는 등 혁신과 전략적 사고 측면에서 미흡함을 보여주었다.

내러티브 규범과 FAQ 샘플

아마존의 전임 부사장인 데이브 글릭Dave Glick은 6-페이저에 내러티브 규범을 처음으로 적용한 사람이었다. 그는 제프와 내러티브 검토 회의를 여러 차례 진행했지만, 마음먹은 대로 잘 진행되지는 않은 모양이다. 데이브는 이렇게 말했다.

"우리는 그렇게 힘든 회의를 거치면서 전략을 토론할 수 있는 지점에 이르렀습니다. 토론이 끝날 무렵, 우리는 전략에 합의했고, 다섯 개의 글머리기호로 요약했지요. 제프가 이렇게 말하더군요. "매달 그것들을 적어서 문서 맨 위에 둬야 우리가 지난번에 무엇을 결정했는지 기억하겠네요." 그리하여 규범이 탄생했습니다. 다음 달에 저는 이 규범을 문서 앞과 중간 부분에 써 넣고 회의에 참석했습니다. 그렇게 하자 참석자 모두가 기억을 떠올릴 수 있었고 이전 결정을 되풀이할 필요

가 없었기에 회의를 생산적으로 진행할 수 있었습니다."⁵⁹

규범으로 얻는 여러 이점 중 하나는, 관련한 모든 사람을 한 방향으로 강력하게 집결시킬 수 있다는 점이다. 규범은 의사결정을 돕는 일련의 기본 원칙을 제공한다. 제프는 규범을 매우 좋아해서 다른 팀들도 그들의 내러티브에 동참할 것을 요청했다. 규범을 공식화하는 것은 어려운 일이다. 미묘한 뉘앙스 차이가 때로는 프로젝트에 엄청난 영향을 끼치기도 하기 때문이다.

규범은 조직이 어려운 선택지를 두고 절충안을 끌어내는 데 도움을 준다. 규범은 두 개의 이점, 가치, 혹은 결과물 사이에 있는 팽팽한 관계를 끊어낸다. 각각 일리 있는 이유가 있어서 두 가지 결과물을 두고 개인이나 부서가 갈등하는 경우도 종종 있다. 간단히 예를 들자면, '속도' 대 '품질'이다. 분명 둘 다 필요한 것인데, 어떤 팀이나 개인은 속도에 더 초점을 맞추고 다른 이들은 품질에 더 집중하기도 한다.

샘플 규범

간단한 샘플 규범(아마존의 규범은 아님): 속도와 품질은 언제나 중요하지만, 둘 중 하나를 선택해야 하는 상황이라면, 우리는 항상 품질을 우선한다.

이 규범에서는 둘 중(속도 혹은 품질) 어떤 것도 유효하다. 회사의 경영진이 이와 같은 규범을 준수하고 그것을 회의에서 일관되게 언급한다면, 또한 관련 6-페이저에 적용할 것을 주문한다면 이것이 조직을 한 방향으로 집결시키고 활성화하는 데 얼마나 효과적인지 놀라게 될 것이다.

아마존은 '6-페이저 내러티브' 접근 방식을 채택하기 전부터 규범을 가지고 일했다. 예를 들어 제프는 다음과 같은 규범을 지키며 내부 구성원들과 토론했다.

규범: 우리는 물건을 판매할 때 돈을 버는 것이 아니다. 우리는 고객이 구매 결정을 내리도록 도울 때 돈을 번다.[60]

이 규범은 아마존이 초창기에 내려야 했던 도전적이고 논란이 많은 의사결정 사안들을 가이드했다. 그중 하나는 웹사이트에 게시되는 제품 리뷰에 관한 것이었다. 부정적인 리뷰는 잠재적으로 제품을 구매하려는 고객의 의욕을 꺾는다. 그렇기에 매출을 감소시킬 수도 있다. 우리가 돈을 벌기 위해 비즈니스를 하는 거라면 부정적인 리뷰를 그냥 놔둘 이유는 없었다. 하지만 이 규범은 우리가 물건을 팔아서 돈을 버는 게 아니라 고객이 구매 결정을 하도록 도움으로써 돈을 번다는 것이라고 규정한다. 규범은 곧바로 우리의 의무를 분명하게 만든다. 고객이 정보에 입각한 결정을 내리려면 긍정적인 정보와 부정적인 정보가 모두 필요하다. 그렇기에 우리는 부정적인 리뷰를 계속 올려놓았다.

규범: 고객에게 편리한 것과 우리에게 편리한 것 중 하나를 선택해야 한다면, 우리는 전자를 택한다.

당연한 것처럼 보이지만, 기업들이 항상 이 규범을 따르는 것은 아니다. 포장을 예로 들어보자. 간절하게 기다려온 택배 상자를 열 때의 기쁨을 느껴본 적 있는가? 하지만 그런 기쁨도 잠시, 파손된 제품 용기를 보고 짜증이 솟구치던 경험은? 대부분 기업은 포장 작업에서도 회사의 편의를 우선시했다. 배송하기 더 쉽고, 매장에 진열하기 더 편하며, 고객이 훔쳐 가기는 어려운 방식을 택한 것이다.

이 규범을 만들기 전에는 아마존도 똑같은 실수를 저질렀다. 우리는 책을 배송할 때 포장하기 쉽고 저렴하면서 배송 과정 중에 생기는 손상을 예방하기에 충분히 튼튼한 포장재를 개발했다. 1999년에 제프는 어느 노인의 이메일을 받았다. 그는 한 가지 문제를 제외하고는 아마존의 서비스가 좋다고 말했다. 조카가 와서 포장을 풀어줄 때까지 기다려야 하는 일을 제외하면 말이다.[61] 이 이메일을 받고 제프는 그 즉시 새로운 포장 디자인의 개발을 지시했다. 회사가 필요로 하는 모든 특성을 담으면서도 고객이 쉽게 개봉할 수 있는 방식이 필요했다. 아마존은 10년 후 이 개념을 '짜증 없는 포장 계획'이라는 이름으로 다른 제품 라인에도 확장했다.[62]

규범: 결함이 후속 단계로 이동하지 않게 한다. 결함을 발견하면 우리는 사후 대응(고객서비스 – 옮긴이)만으로 문제를 해결하지 않는다. 우리는 그 결함을 없애기 위한 체계적인 방법을 개발하고 구축할 것이다.

이 규범은 주문처리센터와 고객서비스 운영 부서처럼 지속적인 개선이 필요한 환경일 때 유용하다. 결함이 후속 단계로 이동하는 것을 막으려면, 결함을 감지하고 측정하는 시스템을 구축해야 하고 그 결함이 다시 발행하지 않도록 피드백 루프를 생성해야 할 수도 있다. 사람들에게 더 열심히 하라고 독려하거나 고객 서비스 직원의 사후 대응에 의존한다면 문제는 해결되지 않을 것이다. "이런 문제로 불편을 드려 죄송합니다. 앞으로 고객님을 만족시키기 위해 더 노력하겠습니다"와 같은 호소로는 시스템 결함이 개선되지 않는다.

주문처리센터에서 잘 알려진 결함 중 하나는 '불일치'다. 배송 트럭에 적재할 준비를 마친 상자의 실제 무게가, 제품의 예상 무게(여기에 포장재의 무게를 더해야 함)와 일치하지 않는 현상을 말한다. 이것은 주문에 뭔가 이상이 있음을 가리킨다. 아마도 엉뚱한 아이템이 포장됐거나 주문한 아이템이 누락됐을 수 있다. 무게가 일치하지 않으면, '문제 발생' 깃발이 올라가고 직원은 상자를 뜯어 안에 들어 있는 물건을 확인해야 한다. 간단한 일처럼 보이지만, 이런 것들이 많아지면 엄청난 품이 든다. 수백만 개의 제조업체, 중간 유통업체, 판매자들로부터 수천만 개의 아이템에 대한 정확한 중량 데이터를 확보해야 한다. 중량계도 매우 정확해야 한다. 그렇지 않으면 실제로 불일치가 아닌데도 불일치라고 감지할 수 있다.

하지만 결함을 발견하지 않고 발송하면 어떨까? 그러면 고객은 주문한 것과 다른 걸 받게 된다. 고객 경험이 좋을 리 없다.

이 규범을 두고 우리는 "결함을 제거할 것"이라고 말한다. 이것은 공격적인 목표이고 즉시 달성할 수 없는 목표다. 하지만 이 규범은 고객의 강력한 '수호자'가 되어 결함을 예방하고 제거하는 여러 시스템과 프로세스 개발을 이끌었다. 이미 언급했듯이, 이 프로세스 중 가장 잘 알려진 것은 도요타 생산 시스템에서 채택했던 '안돈 코드'다. 안돈 코드는 공장 직원이 결함을 발견하면 코드를 잡아당겨 조립 라인 전체를 중단시킬 수 있는 프로세스다. 아마존의 고객서비스 직원은 결함을 발견하면 누를 수 있는 가상의 버튼을 가지고 있다. 이 제도는 고객 문제가 해결될 때까지 그 결함과 관련 있는 제품을 판매하지 못하게 한다.

이 규범은 수많은 내러티브에 등장했고 고객을 보호하는 데 매우 유용했기에 아마존은 그것을 '최고의 기준을 고수한다'라는 리더십 원칙에 통합했다.

샘플 FAQ

FAQ는 토론을 위해 이슈를 정리하거나 주장에서 중요한 주장이나 리스크를 강조할 때 좋은 방법이다. 이런 FAQ를 통해 작성자는 토론을 통제하고 생산적인 영역으로 대화를 이끌 수 있다. 솔직하고 객관적이며 감정적이지 않은 어조는 이런 질문들에 답할 때 가장 효과가 있다. 사탕발림 소리는 소용이 없다. FAQ는 어려운 이슈를 미리 설명하는 데 도움이 된다. 아마존의 '신뢰 얻기'라는 리더십 원칙은 이렇다. "리더는 경청하고, 솔직하게 말하며, 타인을 존중한다. 리더는 곤란하거나 당황스러울 때라도 소리 높여 자신을 비판한다. 리더는 자신과 팀원들의 몸에서 나는 악취를 향기라고 믿지 않는다. 그들은 자기 자신과 팀원들을 최고와 비교 평가한다." 다음은 우리가 유용하다고 판단한 몇 가지 FAQ다.

- 지난 기간에 우리가 범한 가장 큰 실수는 무엇이며, 그로부터 우리는 무엇을 배웠는가?
- 이 비즈니스의 핵심 인풋은 무엇인가?
- 이 비즈니스에서 상황을 진전시키기 위해 우리가 할 수 있는 가장 큰 일은 무엇이며, 그것을 하려면 우리는 어떻게 조직을 구성해야 하는가?
- 우리가 오늘 제안한 것을 하지 말아야 할 가장 큰 이유는 무엇인가? 다른 대안이 없다고 해도, 우리가 절대 타협하지 말아야 할 것은 무엇인가? 우리가 해결하려는 문제에서 무엇이 어려운가?
- 우리 팀에 X명의 인원이 더 있거나 X달러가 더 있다면, 우리는 그 자원을 어떻게 할당할 것인가?
- 지난 X개월 동안 우리 팀에서 시작한 상위 3개의 새로운 계획, 제품 혹은 실험은 무엇이고, 우리는 그로부터 무엇을 배웠는가? 우리가 통제하기를 바라는 영역에서 우리는 지금 어떤 의존성을 가지고 있는가?

이 책에 나온 사건의 연대

1998년	콜린이 아마존에 입사함
1999년	빌이 아마존에 입사함
	'바 레이저' 프로그램이 시작됨
2001년	공식적인 '주간 비즈니스 검토(WBR)'가 확립됨
2002년	아마존프로덕트 API가 시작됨
	최초의 '투 피자 팀'이 창설됨
2003년	콜린이 '제프의 그림자' 역할을 시작함
	아마존웹서비스(AWS) 그룹이 조직됨

2004년	'워킹 백워드' PR/FAQ 프로세스가 공식화됨
	S-팀 회의에서 파워포인트 사용이 금지됨(6월 9일)
	디지털미디어 조직이 구성됨(빌이 비즈니스팀을 이끎)
	아마존 리더십 원칙의 첫 번째 버전이 회사 전체에 배포됨
2005년	아마존프라임 출시(2월 2일)
	콜린이 '제프의 그림자' 역할을 끝내고 IMDb의 COO가 됨
	(7월)
2006년	AWS의 S3 출시(3월 14일)
	AWS의 EC2의 퍼플릭 베타 출시(8월 25일)
	아마존언박스 출시(9월 7일)
	플필먼트바이아마존 출시(9월 19일)
2007년	킨들 출시(11월 9일)
2008년	비디오온디맨드 출시(9월)
2011년	프라임비디오 출시(2월)

감사의 글

이 책은 우리가 인터뷰하거나 원고 초안을 검토하는 데 동의한 전·현직 아마존인들의 도움이 없었다면 불가능했을 것이다. 그들이 아니었다면 우리는 모든 사실과 이야기를 있는 그대로 기록할 수 없었을 것이다. 로빈 앤드루레비치Robin Andrulevich, 펠릭스 앤서니Felix Anthony, 찰리 벨Charlie Bell, 제이슨 차일드Jason Child, 켐 시베이Cem Sibay, 릭 달젤Rick Dalzell, 이언 프리드Ian Freed, 마이크 조지Mike George, 데이브 글릭Dave Glick, 드루 허드너Drew Herdener, 캐머런 제인스Cameron Janes, 스티브 케셀Steve Kessel, 제이슨 킬라Jason Kilar, 톰 킬랄리아Tom Killalea, 조너선 레블랑Jonathan Leblang, 크리스 노스Chris North, 로라 오르비다스Laura Orvidas, 앤지 쿠에넬Angie Quennell, 디에고 피아첸티니Diego Piacentini, 킴 라크멜러Kim Rachmeler, 비재이 라빈드란Vijay Ravindran, 닐 로즈먼Neil Roseman, 데이브 샤펠Dave Schappell, 조너선 셰

익스Jonathan Shakes, 조엘 슈피겔Joel Spiegel, 톰 츠쿠택Tom Szkutak, 숀 베겔러Sean Vegeler, 존 블라스텔리카John Vlastelica, 찰리 워드Charlie Ward, 유진 웨이Eugene Wei, 그레그 제어Gregg Zehr.

이들 외에 우리와 함께 일했던 모든 아마존인에게 감사를 표한다. 그들과 함께 밤늦도록 열심히 일했던 시간은 말로 표현할 수 없을 정도로 우리를 확장시켜 주었다. 그들 모두 명석함과 열정, 에너지와 번뜩이는 아이디어를 통해 아마존을 매우 특별한 기업으로 만드는 데 일조했다.

제프 베이조스에게 특별히 감사의 말을 전한다. 제프와 함께 일했던 경험은 우리 경력에서 하이라이트였을 뿐만 아니라 우리 두 사람에게 혁신적인 경험이었다.

또한 우리의 원고를 읽고 편견 없는 관점에서 귀중한 피드백을 준 많은 분에게 감사드린다.

우리 가족에게도 고맙다는 말을 전하고 싶다.

옮긴이의 말

인사에서 가장 중요한 것은 평가도 아니고 보상도 아니며 교육도 아니다. 바로 채용이다. 아무나 뽑아서 냉정히 평가하고 다시 교육하는 데 드는 엄청난 비용을 생각한다면, 조금 느리더라도 우리 회사에 적합한 인재인지를 처음부터 천천히 판단해가는 과정이 무엇보다 중요하다. 전략 하나를 세우는 데만 해도 몇 개월을 고심하는데, 정작 조직의 운명을 좌우할지 모를 누군가를 뽑는 채용 절차에 그저 운영 업무를 처리하듯 무심하게 임해서는 곤란하지 않겠는가? CEO를 비롯한 모든 리더는 시행착오를 겪고서라도 채용 프로세스의 질을 높이는 데 자기 시간의 상당 부분을 쏟아야 한다. 요즘 잘나가는 여러 기업 중 아마존이 오래전부터 그렇게 해왔듯이 말이다.

나는 주로 인사 분야를 컨설팅하는 입장이라서 이 책에 나오는 아마존의 채용 프랙티스Practice에 깊은 관심을 가졌다. 게다가 아마존에서 제프 베이조스를 아주 가까이서 보좌한 전직 고위 임원들이 내부자의 시각으로 쓴 책이니 더욱 눈길이 가지 않을 수 없었다. "채용이 중요한지는 알겠는데 대체 어떻게 하란 말인가?"라는 생각을 평소에 했더라면 이 책에서 제시하는 아마존의 사례가 대단히 유용한 지침이 될 것이다.

지금은 미국뿐만 아니라 세계 경제의 바로미터와 같은 존재로 우뚝 선 아마존도, 여느 스타트업이 그러하듯 초창기에 채용 행태를 보면 한숨이 나올 지경이다. 오늘날 위대한 경영자 중 한 사람이라 칭송받는 제프 베이조스는 당시에 지원자들에게 이렇게 물었다. "당신의 SAT 점수는 얼마였나요?" 명문 프린스턴대학교 출신인 그는 꽤 학력 지상주의자였던 모양인지 스펙이 뛰어난 사람들을 선호했다. 학력보다는 다른 스킬이 더 중요한 고객 지원이나 물류 부문의 인력을 뽑을 때도 이런 질문을 던지기 일쑤였다(요즘에 이런 질문을 던지는 기업이 있다면 엄청난 논란에 시달릴 것이 분명하다). 또한 현재는 인터뷰 질문지에서 거의 사라진 "왜 맨홀 뚜껑은 원형입니까?"와 같은 소위 '브레인 티저Brain Teaser' 식의 질문을 던져 그 자리에서 운 좋게 참신한 대답을 하는 사람을 채용했다. 참고삼아 말하자면, 이런 질문에 대답을 잘하는 것과 실제 업무능력 사이에는 상관관계가 없다는 게 연구 결과와 현장의 목소리로 이미 증명됐다.

아마존 역시 회사의 성장과 함께 직원 수도 증가했다. 얼마나 사람을 빨리 뽑아야 했는지 어제 채용된 사람이 오늘 새로운 사람을 채용해야 한다는 농담이 나올 정도였다고 한다. 당연히 채용이 질은 떨어질 수밖에 없었다. 회사가 '이런 사람을 채용하라'는 기준을 제시하지 않았고 구체적인 채용 메커니즘을 정립하지 않았기 때문이다. 본문에 나오듯이 이런 치열한 반성 끝에 '바 레이저'라는 아마존 특유의 채용 프로세스가 정립되었다. '최고를 고수한다'는 리더십 원칙이 원칙에서 머물지 않고 실무 프로세스로 녹아들기까지 노력했다는 점이 나에게는 꽤나 의미 있는 충격이었다.

이렇듯 아마존이라고 해서 처음부터 세련된 시스템과 프로세스를 갖추지는 않았다. 그런데도 우리가 아마존을 배워야 하는 이유는 문제를 문제라 인식하고 회피하지 않았다는 점과 문제를 해결하기 위해 회사의 자원을 집중시켰다는 점, 그리고 해결책을 조직문화 일부로 정립시키는 데 주력했다는 점이다. 이 책을 번역하는 동안 나는 이것이 지금의 아마존을 일구어낸 핵심동력이라는 결론에 이르렀다.

내가 주목한 것이 또 하나 있었는데, 바로 아마존의 독특한 회의 문화였다. 효과적인 회의 운영법은 그간 많이 들어봤을 것이다. 회의 어젠다와 관련된 사람만을 참여시킨다든지, 회의 전에 자료를 배포한다든지, 참석자들이 어젠다와 관련 자료를 필히 숙지하고 회의실에 들어와야 한다든지, 회의의 좌장이 '의사결정'을 중심으로 회의가 진행되도록 퍼실리테이션Facilitation(회의 진행자가 그룹 토의를 이끌어가는 토론의 한 방법)을 잘해야 한다든지, 회의의 결과를 팔로우 업Follow-up할 사람을 반드시 지정해야 한다든지, 회의가 끝나면 회의록을 즉각 작성하여 참석자들에게 빨리 배포해야 한다든지 등이 회의의 효율을 높이는 방법들로 주로 거론된다.

이 중 나의 고개를 갸웃거리게 만드는 지점은 '참석자들이 어젠다와 관련 자료를 필히 숙지하고 회의에 참석해야 한다'는 부분이다. 무슨 이유로 이것을 강조하는지는 알겠다. 아무것도 알지 못한 상태에서 회의실에 들어와 그제야 허겁지겁 자료를 훑어보면 그만큼 소중한 회의 시간을 까먹게 될 뿐만 아니라 어젠다와 관련하여 좋은 아이디어를 제시하기도 불가능에 가깝다는 이유일 것이다. 그런데 참석자들이 회의 시간 전에 어젠다와 관련 자료를 읽으며 숙지해야 할 공짜 시간은 어디에서 뚝 하고 떨어질까? 아니다. 그걸 읽느라 자기가 맡은 업무를 옆으로 제쳐 놔야 하고 그 시간은 고스란히 '아이들 타임Idle Time'이 된다. 겉으로 보이는 회의 시간 자체는 줄어들더라도 어디에선가 그만큼의 시간이 소요돼야 한다. 그러니 회의 시간이 줄어들었다고 해서 마냥 좋아할 일은 아니다. 세상사가 모두 그렇듯, 얻는 게 있으면 잃는 게 있다.

이렇게 반론할지 모르겠다. 회의실에 들어와서야 자료를 뒤적거리기 시작하면 어젠다와 관련해 제대로 된 아이디어를 제시하지 못한 채 '멍하니' 앉아서 시간만 보낼 것이라고 말이다. 물론 그럴 수도 있지만, 만약 진짜로 참석자들이 '멍하니' 앉아만 있다면 애초에 어젠다에 맞지 않는 사람들을 불렀기 때문은 아닐까? '적격자Right person'를 참석시켰더라면 이미 그는 해당 어젠다에 대해 '프로페셔널'이고 회의실에 들어와 자료를 읽기 시작했다 하더라도 조금만 시간을 주면 충분히 어젠다와 회의 목표를 간파할 수 있지 않을까? 적격자를 참석시킨다는 전제만 잘 준수한다면,

업무 시간을 쪼개 자료를 읽게 하기보다는 이미 잡혀 있는 회의 시간에 읽도록 하는 게 더 효율적이지 않을까?

게다가 회의 주최자가 마음대로 참석자를 지정해놓고서 '회의 참석 전에 자료를 숙지하고 들어오라'고 하는 것은 참석자 입장에서 볼 때는 '업무와 재량에 대한 침범'이 아니겠는가? 물론 특정 프로젝트 관련자들 간에 벌어지는 회의에서는 '회의 전 자료 숙지'를 요구하는 것이 정당하고 또 그래야 한다. 하지만 타 직무, 타 부서, 타 조직이 참석해야 하는 회의에서도 이를 요구하거나 기대할 수 있을까? 회의실에 들어와 "자료를 아직 안 읽어봤습니다"라고 말하는 사람을 탓할 수 있을까? 내가 그간 회의를 주최해본 경험을 떠올려봐도 자료를 다 숙지하고 회의실에 입실한, 정말로 '고마운' 사람은 거의 없었다. 그래서 그들을 위해 자료를 브리핑하는 것으로 매번 회의를 시작하고는 했다. 어차피 잘되지 않을 거라면, 즉 회의 전에 자료를 읽고 들어올 사람이 거의 없을 거라면, 회의실에 들어와 자료를 숙지하도록 해줘야 하지 않을까? 다들 현업에 바쁜 사람들이니 회의에 들어와 자료를 읽어주기만 해도 고맙지 않은가?

아마존은 이런 현실을 역으로 활용함으로써 보다 효과적인 회의를 진행하고 있다. 본문에서 언급됐듯이 아마존의 회의는 '침묵'으로 시작된다. 참석자들은 발표자로부터 6페이지로 된 내러티브 문서를 받아 읽는다. '문서 읽기 시간'으로 부여된 20분 동안 회의실에는 종이 넘기는 소리만 나는, 약간은 괴이하기까지 한 적막이 이어진다. 참석자들은 꼼꼼히 문서를 읽으며 궁금한 것을 표시하고 메모한다. 20분이 지나가면, 그때부터 열띤 토론이 벌어진다. 참석자들은 발표자(문서 작성자)에게 질문을 던지거나 아이디어를 제시하고, 발표자는 쏟아지는 질문에 응수하거나 아이디어를 수용한다. 아마존의 숱한 히트 상품들이 이런 문화적 기반 위에서 만들어졌다는 점이 이 책이 우리에게 주는 시사점 중 하나다. 이 책을 읽고 파워포인트가 난무하는 회의 문화를 뜯어 고쳐보겠다는 의지를 충전하기 바란다.

그간 아마존에 대한 책이 숱하게 나왔지만, 대부분 외부인의 시각에서 아마존에 탐침을 꽂고 알아낸 정보에 기반하여 쓰인 책들이다. 이 책은 다르다. 제프의 그림자로 오랜 기간 활동한 자와, 아마존의 디지털 비즈니스를 이끌었던 자가 아마존의 문화적 기반뿐만 아니라 킨들, 프라임, AWS 등 히트 상품들의 탄생 역사를 속속들이 알려준다. 제프 베이조스가 유일하게 인정하는 '아마존 이야기'가 바로 이 책인 이유는 여기에 있다. 조직 경영의 관점에서나 실무자의 시각에서나 이 책은 신선하고 생기발랄한 통찰을 선사한다.

번역자로서 겪는 고충 가운데 하나는 딱 들어맞는 우리말 표현을 도무지 찾기 어려울 때다. 고객의 니즈를 최우선하고 그에 따라 내부 프로세스를 조정하고 운영한다는 뜻의 '워킹 백워드'란 문구가 바로 그랬다. 워킹 백워드뿐만 아니라 '바 레이저'처럼 아마존 내부에서 굳어진 몇 가지 용어는 본뜻을 훼손하지 않기 위해 원래 표현을 그대로 사용했다는 점을 양해해주길 바란다. 부디 아마존을 이해하는 데 내 번역이 조금이나마 기여하기를 바란다.

주

머리말

1 "Surf's Up," Forbes, July 26, 1998, https://www.forbes.com/forbes/1998/0727/6202106a.html#71126bc93e25 (accessed June 2, 2020).

2 코로나19 바이러스의 대유행이 기정사실로 된 지 얼마 지나지 않아, 제프 베이조스는 2020년 4월 16일 주주에게 발송한 편지에서 아마존의 영향력에 대해 언급했다. 그는 봉쇄 조치에 의해 발이 묶인 사람들의 수요가 늘어날 것을 예측하며, 이에 대비하려면 회사가 어떤 노력을 기울여야 하는지 설명했다. 그는 주문처리센터의 안전 지표, 테스트를 늘리기 위한 아마존 프로그램의 가속화, 아마존웹서비스(AWS)와 WHO 등 기타 보건기구와의 협력을 이야기했다. 또한 아마존의 최저임금을 2달러 인상하고 초과근무 수당을 두 배로 올리겠다고 발표했다. 편지에서 그는 재생에너지 사용 비율을 2024년까지 80퍼센트로 끌어올리고, 2040년까지 탄소 배출량 '제로'에 도달하겠다는, 기후변화와 관련된 회사의 약속을 공개했다. 관련한 상세 내용과 직원·고객·인류의 삶의 질 향상을 위해 아마존이 기울이는 노력을 살펴보려면 https://blog.aboutamazon.com/company-news/2019-letter-to-shareholders에 방문해보라.

3 Jeff Bezos, "Letter to Shareholders," 2010, https://www.sec.gov/Archives/edgar/data/1018724/000119312511110797/dex991.htm.

4 Jeff Bezos, "Letter to Shareholders," 2015, https://www.sec.gov/Archives/edgar/data/1018724/000119312516530910/d168744dex991.htm.

5 앞의 글

1부

1장

6　Kif Leswing and Isobel Asher Hamilton, "'Feels Like Yesterday': Jeff Bezos Re-posted Amazon's First Job Listing in a Throwback to 25 Years Ago," *Business Insider*, August 23, 2019, https://www.businessinsider.com/amazon-first-job-listing-posted-by-jeff-bezos-24-years-ago-2018-8.

7　Jeff Bezos, "Letter to Shareholders," April 2013, https://www.sec.gov/Archives/edgar/data/1018724/000119312513151836/d511111dex991.htm.

8　876,800 in Q2 2020 per the quarterly earnings announcement at https://ir.aboutamazon.com/news-release/news-release-details/2020/Amazon.com-Announces-Second-Quarter-Results/default.aspx.

9　Jeff Bezos, "Letter to Shareholders," 2015, https://www.sec.gov/Archives/edgar/data/1018724/000119312516530910/d168744dex991.htm.

10　"Leadership Principles," Amazon Jobs, https://www.amazon.jobs/en/principles (accessed May 19, 2019).

11　About Amazon Staff, "Our Leadership Principles," Working at Amazon, https://www.aboutamazon.com/working-at-amazon/our-leadership-principles (accessed June 2, 2020).

2장

12　Team Sequoia, "Recruit Engineers in Less Time," Sequoia, https://www.sequoiacap.com/article/recruit-engineers-in-less-time/ (accessed May 19, 2019).

13　Brent Gleeson, "The 1 Thing All Great Bosses Think About During Job Interviews," *Inc.*, March 29, 2017, https://www.inc.com/brent-gleeson/how-important-is-culture-fit-for-employee-retention.html (accessed May 19, 2019).

3장

14　Jeff Dyer and Hal Gregersen, "How Does Amazon Stay at Day One?" *Forbes*, August 8, 2017, https://www.forbes.com/sites/innovatorsdna/2017/08/08/how-does-amazon-stay-at-day-one/#efef8657e4da.

15 Statistics derived from Amazon public financial statements 1997 and 2001, https://press.aboutamazon.com/news-releases/news-release-details/amazoncom-announces-financial-results-fourth-quarter-and-1997; https://press.aboutamazon.com/news-releases/news-release-details/amazoncom-announces-4th-quarter-profit-exceeds-sales-and-profit.

16 Jeff Bezos, "Letter to Shareholders," 2016, Day One, https://www.sec.gov/Archives/edgar/data/1018724/000119312517120198/d373368dex991.htm.

17 Dyer and Gregersen, "How Does Amazon Stay at Day One?"

18 Jeff Bezos, "Letter to Shareholders," 2011, https://www.sec.gov/Archives/edgar/data/1018724/000119312512161812/d329990dex991.htm.

19 Taylor Soper, "Leadership Advice: How Amazon Maintains Focus While Competing in So Many Industries at Once," Geek Wire, July 18, 2017, https://www.geekwire.com/2017/leadership-advice-amazon-keeps-managers-focused-competing-many-industries/.

4장

20 Edward R. Tufte, "The Cognitive Style of PowerPoint: Pitching Out Corrupts Within," https://www.edwardtufte.com/tufte/powerpoint (accessed May 19, 2019).

21 The text is taken from a redacted version of the email that Colin saw some 14 years later, when advising another company. Madeline Stone, "A 2004 Email from Jeff Bezos Explains Why PowerPoint Presentations Aren't Allowed at Amazon," *Business Insider*, July 28, 2015, https://www.businessinsider.com/jeff-bezos-email-against-powerpoint-presentations-2015-7 (accessed May 19, 2019).

22 같은 글

23 Nancy Duarte, Slide: ology: The Art and Science of Creating Great Presentations (Sebastopol, CA: O'Reilly Media, 2008), 7.

6장

24 "What Is Six Sigma?" https://www.whatissixsigma.net/what-is-six-sigma/.

25 Donald J. Wheeler, *Understanding Variation: The Key to Managing Chaos* (Knoxville, TN: SPC Press, 2000), 13.

26 이 장 서두에 언급했던 CEO처럼 회사의 주가 소식이 매일 아침 본인에게 직접 전달되기를 바란다면, 매일 정확히 같은 시간에 주가 소식을 인쇄하도록 하고 시각 정보가 찍혀 있어야 한다고 말해야 한다. 그리고 가끔 정해진 시간에 실제의 주가가 전달받은 종이의 내용과 일치하는지 확인해야 한다. 이런 프로세스를 권장하는 건 아니지만, 이전보다 낫지 않은가?

27 XMR or individual/moving-range charts are a type of control chart used to monitor process quality and the limits of variability. See more at https://en.wikipedia.org/wiki/Control_chart.

2부

2부를 시작하며

28 Jeff Bezos, "Letter to Shareholders," 2015, https://www.sec.gov/Archives/edgar/data/1018724/000119312516530910/d168744dex991.htm.

29 Jeff Bezos, "Letter to Shareholders," 2008, https://www.sec.gov/Archives/edgar/data/1018724/000119312509081096/dex991.htm.

30 "Introducing Fire, the First Smartphone Designed by Amazon," press release, Amazon press center, June 18, 2014, https://press.aboutamazon.com/news-releases/news-release-details/introducing-fire-first-smartphone-designed-amazon.

31 Washington Post Live, "Jeff Bezos Wants to See an Entrepreneurial Explosion in Space," *Washington Post*, May 20, 2016, https://www.washingtonpost.com/blogs/post-live/wp/2016/04/07/meet-amazon-president-jeff-bezos/.

32 Jeff Bezos, "Letter to Shareholders," 1999, https://www.sec.gov/Archives/edgar/data/1018724/000119312519103013/d727605dex991.htm.

7장

33 "Amazon.com Announces Record Free Cash Flow Fueled by Lower Prices and Year-Round Free Shipping," press release, Amazon press center, January 27, 2004, https://press.aboutamazon.com/news-releases/news-release-details/amazoncom-announces-record-free-cash-flow-fueled-lower-prices.

34 E Ink technology was commercialized by the E Ink Corporation, co-founded in 1997 by MIT undergraduates J. D. Albert and Barrett Comiskey, MIT Media Lab professor Joseph Jacobson, Jerome Rubin, and Russ Wilcox.

35 "Introducing Amazon Kindle," press release, Amazon press center, November 19, 2007, https://press.aboutamazon.com/news-releases/news-release-details/introducing-amazon-kindle/ (accessed May 19, 2019).

36 Jesus Diaz, "Amazon Kindle vs Sony Reader Bitchfight," Gizmodo, November 19, 2007, https://gizmodo.com/amazon-kindle-vs-sony-reader-bitchfight-324481 (accessed May 19, 2019).

37 Rick Munarriz, "Oprah Saves Amazon," Motley Fool, October 27, 2008, https://www.fool.com/investing/general/2008/10/27/oprah-saves-amazon.aspx (accessed June 30, 2020).

8장

38 "Amazon.com Announces 76% Free Cash Flow Growth and 29% Sales Growth—Expects Record Holiday Season with Expanded Selection, Lower Prices, and Free Shipping," press release, Amazon press center, October 21, 2004, https://press.aboutamazon.com/news-releases/news-release-details/amazoncom-announces-76-free-cash-flow-growth-and-29-sales-growth.

39 Amazon shipping rates: https://web.archive.org/web/20050105085224; http://www.amazon.com:80/exec/obidos/tg/browse/-/468636.

40 Colin Bryar, interview with Charlie Ward, August 12, 2019.

41 Jason Del Rey, "The Making of Amazon Prime, the Internet's Most Successful and Devastating Membership Program," Vox, May 3, 2019, https://www.vox.com/recode/2019/5/3/18511544/amazon-prime-oral-history-jeff-bezos-one-day-shipping.

42 Jeff Bezos, "Letter to Shareholders," 2018, https://www.sec.gov/Archives/edgar/data/1018724/000119312518121161/d456916dex991.htm.

9장

43 The word "Instant" was dropped in 2015.

44 Rob Beschizza, "Amazon Unbox on TiVo Goes Live," Wired, March 7, 2007, https://www.wired.com/2007/03/amazon-unbox-on/.

45 Tim Arango, "Time Warner Views Netflix as a Fading Star," *New York Times*, December 12, 2010, https://www.nytimes.com/2010/12/13/business/media/13bewkes.html (accessed July 1, 2020).

46 Mike Boas, "The Forgotten History of Amazon Video," Medium, March 14, 2018, https://medium.com/@mikeboas/the-forgotten-history-of-amazon-video-c030cba8cf29.

47 Paul Thurrott, "Roku Now Has 27 Million Active Users," Thurrott, January 7, 2019, https://www.thurrott.com/music-videos/197204/roku-now-has-27-million-active-users.

48 Jeff Bezos, "Letter to Shareholders," 2012, https://www.sec.gov/Archives/edgar/data/1018724/000119312513151836/d511111dex991.htm.

49 "Amazon Fire Tablet," Wikipedia, https://en.wikipedia.org/wiki/Amazon_Fire_tablet (accessed June 30, 2020).

10장

50 "What Is Cloud Computing?" AWS, https://aws.amazon.com/what-is-cloud-computing/.

51 Jeff Bezos, "Letter to Shareholders," 2017, Day One, April 18, 2018, https://www.sec.gov/Archives/edgar/data/1018724/000119312518121161/d456916dex991.htm.

52 Jeff Barr, "My First 12 Years at Amazon.com," Jeff Barr's Blog, August 19, 2014, http://jeff-barr.com/2014/08/19/my-first-12-years-at-amazon-dot-com/.

53 Jeff Bezos, "Letter to Shareholders," 2006, https://www.sec.gov/Archives/edgar/data/1018724/000119312507093886/dex991.htm.

54 "Amazon.com Launches Web Services; Developers Can Now Incorporate Amazon.com Content and Features into Their Own Web Sites; Extends 'Welcome Mat' for Developers," press release, Amazon press center, July 16, 2002, https://press.aboutamazon.com/news-releases/news-release-details/amazoncom-launches-web-services.

55 "Amazon.com Web Services Announces Trio of Milestones—New Tool Kit, Enhanced Web Site and 25,000 Developers in the Program," press release, Amazon press center, May 19, 2003, https://press.aboutamazon.com/news-releases/news-release-details/amazoncom-web-services-announces-trio-milestones-new-tool-kit.

56 Jeff Bezos, "Letter to Shareholders," 2015, https://www.sec.gov/Archives/edgar/data/1018724/000119312516530910/d168744dex991.htm.

57 아마존프라임을 출시하기 몇 년 전, 우리는 두 권의 책을 주문하면 무료 배송 혜택을 주는 프로모션을 테스트했다. 우리는 0.49달러짜리 책이 베스트셀러 정상에 오르는 걸 바로 알아차렸다. 영리한 고객들은 자신이 원하는 책을 주문할 때, 0.49달러짜리 책을 장바구니에 추가하면 무료 배송 혜택을 받을 수 있다는 걸 금세 알아차렸다. 우리는 이것을 '희망의 책Book of Hope'이라 불렀다. 비용 추종 전략은 이런 식의 편법을 불가능하게 한다.

58 Werner Vogels, "10 Lessons from 10 Years of Amazon Web Services," All Things Distributed, March 11, 2016, https://www.allthingsdistributed.com/2016/03/10-lessons-from-10-years-of-aws.html.

부록 2

59 David Glick, "When I was at #Amazon, one of my monikers was 'Godfather of Tenets,'" LinkedIn, edited March 2020, https://www.linkedin.com/posts/davidglick1_amazon-tenets-jeffbezos-activity-6631036863471849472-IO5E/.

60 "Jeff Bezos on Leading for the Long-Term at Amazon," HBR IdeaCast, https://hbr.org/podcast/2013/01/jeff-bezos-on-leading-for-the (accessed May 19, 2019).

61 Peter de Jonge, "Riding the Wild, Perilous Waters of Amazon.com," *New York Times*, March 14, 1999, https://archive.nytimes.com/www.nytimes.com/library/tech/99/03/biztech/articles/14amazon.html.

62 "Amazon Certified Frustration-Free Packaging Programs," https://www.amazon.com/b/?&node=5521637011#ace-5421475708 (accessed June 30, 2020).

옮긴이 유정식

경영 컨설턴트이자 인퓨처컨설팅 대표.

포스텍(포항공과대학교) 산업경영공학과를 졸업하고 연세대학교에서 경영학 석사 학위를 받았다. 기아자동차에서 사회생활을 시작했으며 LG CNS를 거쳐 글로벌 컨설팅회사인 아더앤더슨과 왓슨와이어트에서 전략과 인사 전문 컨설턴트로 경력을 쌓았다. 인퓨처컨설팅을 설립한 이후에는 시나리오 플래닝, HR 전략, 경영 전략, 리더십 등을 주제로 국내 유수 기업과 공공기관을 대상으로 컨설팅과 교육을 진행하고 있다. 블로그 '인퓨처컨설팅 & 유정식'을 15년간 운영하고 있으며, 2020년 4월부터는 경영 전문 주간지 《주간 유정식》을 발행하고 있다. 지은 책으로 『나의 첫 경영어 수업』, 『빌 게이츠는 왜 과학책을 읽을까』, 『착각하는 CEO』, 『당신들은 늘 착각 속에 산다』, 『전략가의 시나리오』 등이 있고, 옮긴 책으로 『비즈니스 아이디어의 탄생』, 『최고의 팀은 왜 기본에 충실한가』, 『하이아웃풋 매니지먼트』, 『피터 드러커의 최고의 질문』, 『에어비앤비 스토리』, 『당신은 사업가입니까』, 『디맨드』 등이 있다.

순서 파괴

초판 1쇄 발행 2021년 2월 26일
초판 12쇄 발행 2024년 10월 18일

지은이 콜린 브라이어·빌 카
옮긴이 유정식
펴낸이 김선식

부사장 김은영
콘텐츠사업본부장 임보윤
책임편집 한다혜 **디자인** 윤유정 **책임마케터** 권장규
콘텐츠사업1팀장 성기병 **콘텐츠사업1팀** 윤유정, 정서린, 문주연, 조은서
마케팅본부장 권장규 **마케팅2팀** 이고은, 배한진, 양지환 **채널팀** 권오권, 지석배
미디어홍보본부장 정명찬 뉴미디어팀 김민정, 이지은, 홍수경, 변승주
브랜드관리팀 오수미, 김은지, 이소영, 박장미, 박주현, 서가을
지식교양팀 이수인, 염아라, 석찬미, 김혜원
편집관리팀 조세현, 김호주, 백설희 **저작권팀** 이슬, 윤제희
재무관리팀 하미선, 임혜정, 이슬기, 김주영, 오지수
인사총무팀 강미숙, 김혜진, 황종원 **제작관리팀** 이소현, 김소영, 김진경, 최완규, 이지우, 박예찬
물류관리팀 김형기, 김선민, 주정훈, 김선진, 한유현, 전태연, 양문현, 이민운 **외부스태프** 이민애

펴낸곳 다산북스 **출판등록** 2005년 12월 23일 제313-2005-00277호
주소 경기도 파주시 회동길 490
전화 02-702-1724 **팩스** 02-703-2219 **이메일** dasanbooks@dasanbooks.com
홈페이지 www.dasan.group **블로그** blog.naver.com/dasan_books
종이 아이피피 **출력·인쇄** 상지사

ISBN 979-11-306-3565-1 (03320)

다산북스(DASANBOOKS)는 독자 여러분의 책에 관한 아이디어와 원고 투고를 기쁜 마음으로 기다리고 있습니다. 책 출간을 원하는 아이디어가 있으신 분은 다산북스 홈페이지 '원고투고'란으로 간단한 개요와 취지, 연락처 등을 보내주세요. 머뭇거리지 말고 문을 두드리세요.